PETER SCHWANEMANN

CHRONICA TELIB

SCHATTEN IM NORDOSTEN

LAVORI VERLAG, Freiburg im Breisgau

Impressum

Herausgeber:	LAVORI VERLAG, Freiburg i. Br., 2011
Autor:	Peter Schwanemann
Grafik/Layout:	Annette Pfau
Gesamtherstellung:	LAVORI VERLAG, Freiburg i. Br. im Druckcentrum Stühlinger Guntramstraße 8, 79106 Freiburg i. Br. www.lavori-verlag.de

ISBN: 978-3-935737-17-3

Inhaltsverzeichnis

Ich danke Ann-Katrin, meiner Familie,
meinen Freunden sowie dem Lavori Verlag
für ihre Unterstützung und ihr
Vertrauen in mich.

Prolog

Der Verlauf der Dinge beginnt im Jahre 18 nach Gol Dorms Fall auf dem Planeten Telib, dem sogenannten Planeten des Lebens. Hier dauert ein Jahr 352 Tage, denn diese Zeit braucht der Planet, um einmal um die strahlende Sonne Silja zu kreisen und wieder dasselbe Sternbild anzuzeigen.
Doch mögen diese Angaben zuerst auch noch so genau erscheinen, für manch einen bleibt hier doch die Frage offen, was genau eigentlich ein Tag auf Telib ist, denn ein großer Teil der Bevölkerung der nördlichen Hemisphäre, kennt keinen Sonnenuntergang. Dort scheint es so, als ob die Sonnengöttin Silja nur den Himmel entlang kreist und diese warmen Lande in ein ewiges Licht hüllt.
Doch auch der genaue Gegensatz dazu ist auf Telib zu finden: Im untersten Teil der südlichen Hemisphäre kennen die Bewohner keinen Sonnenaufgang und leben dort im ewigen Schatten. Das einzige Licht, das dort den Himmel erhellt, stammt von den Sternen und den zwei Monden Gjord und Majann, die, auf der Bahn um den Planeten, ihr fahles Licht auf den dunklen, steinigen Boden werfen.
In eben diesen dunklen Gefilden lag einst das dunkle Land Gol Dorm - das Land der Dunklen Wut – welches seit dem Anbeginn der Zeit als Nest des Bösen und Dämonischen galt. Seit jeher sprach der Volksmund nur schlecht von diesem Land und warf die Schuld an einer jeden Ungunst der Götter auf die mystischen Bewohner jenes kargen Landstrichs. Eine Geschichte oder ein Märchen, das von dem Bösen handelte und dennoch nicht Gol Dorm erwähnte, war auf Telib für lange Zeit eine wahre Rarität. Für fast alle Völker Telibs schien es eine unumstößliche Tatsache, ein Fakt zu sein, dass hier die Wurzeln alles Bösen zu finden waren. Und so war Gol Dorm über Jahrhunderte hinweg der Sündenbock einer jeden nördlichen Nation gewesen. Kaum einer war je auch nur in der Nähe dieses Landes gewesen oder hatte tatsächlich einen Beweis für seine Unterstellungen, doch es gab auch keinen der diese Behauptung hinterfragte. Tatsächlich war dieses Feindbild eine Bereicherung ihres Lebens, denn es machte das Leben einfacher, wenn man eine jede Schuld von sich und den Nachbarn fernhalten und sie auf einen weit entfernten Feind schieben konnte.

In all dieser Zeit hat es wohl kaum einen Moment gegeben, in dem dieses Land nicht für irgendein Unheil, einen scheinbaren Fluch oder gar für so etwas Triviales wie schlechtes Wetter verantwortlich gemacht wurde. Doch diese Zeiten sind vorbei. Es ist still um das einstige Gol Dorm geworden.

Vor einundzwanzig Jahren, im Frühling des Jahres 347 nach alter Zeitrechnung, war der lang gefürchtete Tag gekommen: Die dunklen Horden Gol Dorms fielen über die Finsterzinnen in Ashranm ein.
Es war ein grausames Gemetzel, dessen Geschwindigkeit nur von einigen Botenreitern übertrumpft wurde, die dem restlichen Volk diese schreckliche Nachricht überbrachten. Innerhalb von acht Tagen schlugen sich die dunklen Horden, direkt und fast ungebremst, durch die schwache ashrenische Armee, bis zur Hauptstadt Yainra hindurch und schlachteten auf ihrem Weg dorthin jedes Lebewesen, das sich ihnen in den Weg stellte, erbarmungslos ab.
Königin Samilia floh ins Exil und schien ihr Land fürs Erste dem Grauen des Südens überlassen zu wollen. Doch obwohl die Ashren schon bald anfingen, den Namen ihrer Herrscherin zu verfluchen und sie für ihre Flucht zu hassen, blieb das Volk in all der Zeit in ihrem traurigen Herzen. Sie wusste genau, wie eiskalt die Seele des Gol Dormschen Volkes war, und fürchtete zugleich die Grauen, die diese an ihrem Volk verrichten würden. Fortan hatte sie nur noch ein Ziel vor Augen: die Vernichtung Gol Dorms.
Im weiter östlich liegenden Zwergenreich Yrxantil wurde die Ashrenkönigin mit allen Ehren empfangen. Hier konnte sie ihre verbliebenen, treuen Bediensteten wieder um sich versammeln und ihre Pläne festigen. Sie ließ sich nur wenig Zeit, um ihnen ihren Plan zu erklären, doch Widerworte gab es nicht. Und so nutzte sie nun all ihre Kontakte in jedes andere, noch so kleine Reich aus, um schnellst möglich eine große Armee zur Hilfe zu haben.
Ein Netz von Botenreitern zog über das ganze Land. Sie erzählten von dem schrecklichen Grauen, baten die anderen Staaten um Hilfe und erreichten schließlich im Sommer, nach einundachtzig Tagen Ungewissheit alle größeren nördlichen Staaten zu vereinen.
Die große Allianz war geboren: Ein Heer aus über hundert verschiedenen Völkern und Rassen, mit ihren individuellen Sprachen, verschiedenen Sitten, Strategien und Waffen wurde nun zusammengestellt. Nie zuvor hat-

ten so viele verschiedene Kulturen gemeinsam gearbeitet, geschweige denn gekämpft. Nie zuvor hatte sich so eine große Armee zusammen gegen einen so mächtigen gemeinsamen Feind gestellt und nie zuvor hatte es eine Armee gegeben, die so sehr viele Stärken aber auch Schwächen besaß wie diese eine.

Niemand war verwundert, dass Missverständnisse und Streitereien immer wieder an der Tagesordnung standen, denn damit hatten alle gerechnet. Wichtig war nur, dass sie schließlich geschlossen dem Feind gegenüberstehen und ihm die Stirn bieten konnten. Und genau das geschah auch:

Als sie die Grenzen Ashranms erreichten, tat jeder das, was er am besten konnte. Und obwohl ihre Kulturen oft sehr unterschiedlich, wenn nicht gar gegensätzlich waren, vereinte sie nun der Hass auf den gemeinsamen Feind. Ein jeder stand einem jeden der Armee zur Seite und spätestens jetzt waren auch die letzten Streitereien beigelegt. Nun war es tatsächlich eine einzige, riesige Armee, die schon bald die ersten, tiefen Wunden in Gol Dorms Leib schlug.

Doch was dann, nach den ersten größeren Schlachten geschah, weiß kaum noch jemand zu erzählen. Sicher ist nur, dass es ein grausiges Morden war. Entfacht durch abgrundtiefen Hass wurde dieser Krieg zum absoluten Tiefpunkt der moralischen Grundsätze in den letzten hundert Jahren. Auf beiden Seiten gab es unzählbar viele Tote. Gefangene wurden keine gemacht, viel zu groß war der Hass der beiden Gruppen, der ununterbrochen weiter wuchs.

Dreieinhalb Jahre dauerte der Krieg gegen die Dunkle Wut an, bis die wenigen Überlebenden endlich siegreich nach Hause zurückkehrten. Doch diesen war nicht zum Jubeln zumute.

Was war das für ein Sieg, der nur knapp zehntausend der vierhunderfünzigtausend Krieger zurückkommen ließ? Und wer von diesen Kriegern nicht bald durch eine geheimnisvolle Krankheit starb, der war für immer durch tiefe Narben an Körper und Seele traumatisiert. Kaum jemand erzählte von dem Grauen des Krieges oder von den dunklen Landen. Doch selbst diese wenigen Zeugen des Schreckens wurden so gut wie irgend möglich ignoriert und aus der Gesellschaft ausgeschlossen.

Jetzt, da Gol Dorm gefallen war, wollte niemand mehr wissen, was tatsächlich im Krieg gegen das Dunkle Imperium geschehen war. Viel zu viele düstere Mythen hatten sich bereits zuvor um den Namen dieses Landes gerankt und diese schienen durch die dämonischen Krankheiten und die

seelischen Leiden der Krieger, nicht nur bestätigt sondern gar noch verstärkt zu werden.
Der Name Gol Dorm schien fortan zu einem verbotenen Wort zu werden und das, obwohl die vielen Völker ihren Sieg über dieses Land jedes Jahr erneut feierten. Doch so, wie es meist mit solchen Festen war, kannte schon bald fast niemand mehr den eigentlichen Grund dieser Feier. Und so wurde selbst die neue offizielle Zeitrechnung auf etwas scheinbar Unbekanntes bezogen, auf den Fall Gol Dorms.

Jetzt, achtzehn Jahre nach der letzten Schlacht, geht es dem Planeten des Lebens immer noch nicht besser. Wie mit einem Hammer zerschlagen, in Hunderte Teile zersplittert, liegt Telib da. Die Gruppen und Völker, die einst in der großen Allianz vereint gewesen waren, scheinen nun immer mehr dem Schatten zu verfallen, gegen den sie alle noch vor fast zwei Jahrzehnten gekämpft hatten.
Ganz Telib leidet, mehr als je zuvor – wie ein ausgedorrter Boden – unter einem Durst nach Freiheit und Frieden. Die herrschaftlichen Strukturen zerfallen immer weiter, einstige Königreiche und Imperien verschwinden von der Landkarte und hinterlassen Chaos und Anarchie. Längst scheint Telib nur noch eine Ansammlung tausender kleiner Staaten zu sein, die alle nur ihre eigenen Ziele verfolgen.
Und dort wo sich diese kleinen, neuen Länder bilden, ist es nun die Hand der Rebellion, der Unmut, der Hunger oder einfach die Machtgier, die über die Bevölkerung regiert. Einstige große Städte zerbrechen unter Misstrauen, Intrigen und Angst und beginnen sich von innen heraus selbst zu zerstören. Ein Hauch von Krieg an den vielen neu entstandenen Grenzen, welche nun durch dunkle Magier, Raubritter, Gilden, Banden oder Sekten kontrolliert werden. Und hatte die Dunkle Wut des Südens noch vor zwei Jahrzehnten alle geeint, so ist es gerade ihre Zerschlagung, die nun neue Feuer schürt.
Von Telibs imperialer Zeit ist kaum noch ein Stück übrig. Moral und Ethik vergangen. Nur wer stark ist, überlebt. Einigkeit ist etwas für Schwache.

Es besteht längst kein Zweifel mehr:
Sie ist da, die neue Zeit der Angst.

Zwei Enden und ein Anfang

Ein Geheimnis war's, was ihn verstörte
und all seine Lebenslust betörte.

Doch was geheim, ruht tief versteckt,
wird nicht so schnell mehr aufgedeckt.

Die Frage war nach seinem Quell'
und nach des Lebens Grundgestell.

So suchte er in seinem Heim
doch fand nicht mal der Knospe Keim.

Wohl gar nichts wollte Antwort geben
auf diese Frage, nach seinem Leben.

So blieb nur eins: sein eig'ner Mut
zu finden seines Herzens Blut.

I.

Die helle und prächtige Scheibe der Sonnengöttin Silja stand am Zenit und schickte ihr warmes Licht auf Telib herab. Doch obwohl sich langsam der Frühling anbahnte, war Fin nicht nach Sonne zumute. Tief in Gedanken versunken, lag er im Schatten, am offenen Eingang des Zeltes der Jungen und starrte wie träumend auf eine weit entfernte Düne. Einzelne Gedankenfetzen, Erinnerungen glitten immer wieder an seinem inneren Auge vorbei. Er versuchte Antworten zu finden. Antworten auf Fragen, die er sich schon allzu oft gestellt hatte.

Soweit er sich erinnern konnte, hatte er schon immer weit abseits des großen Trubels gelebt und dort von dem Weltgeschehen nicht viel mitbekommen. Er hatte auch kein Interesse daran immer auf dem Stand der Dinge zu sein und von jeder neuen Streiterei irgendwelcher, weit entfernt lebender Völker zu wissen. Das, was für ihn wirklich von Interesse war, lag alles in greifbarer Nähe. Ein Gespräch über weit entfernte Orte erschien ihm bisher wie eine Verschwendung von kostbarer Zeit.

Fin lebte in der goldenen Wüste Sajem. Er war dort in der Nomadengemeinschaft der Brujin aufgewachsen und war mit ihrer Kamelkarawane, von Oase zu Oase gezogen. Bis zu seinem zehnten Lebensjahr hatte er im Zelt der Kinder geschlafen und von da an im Zelt der Jungen. Ein besonderes Verhältnis zu Mutter oder Vater gab es bei den Brujin nicht. Sie sahen sich als eine große Familie und so wurden auch die Kinder auf diese Art erzogen. Genau wie ein jeder andere Brujin hatte Fin lernen müssen, die Wüste zu verstehen, das wenige Wasser der Oasen nicht zu verschwenden und die Kamele zu respektieren und angemessen zu pflegen.

Vor ein paar Tagen war er neunzehn Jahre alt geworden, doch obwohl es die traditionelle Geburtstagsfeier der Brujin gegeben hatte, war dies nichts weiter als ein normaler Akt des Älterwerdens. In drei Jahren, mit zweiundzwanzig würde er endlich erwachsen werden und konnte dann in das Zelt der Männer ziehen. Das würde wirklich ein besonderer Augenblick werden.

Er war ein Brujin, daran hatte er nie gezweifelt. Er kannte nur dieses eine Leben und bis auf seine leicht hellere Hautfarbe schien er sich auch in nichts von den anderen in seinem Stamm zu unterscheiden. Dennoch war es gerade dieser eine Unterschied, der ihm immer wieder Sorgen bereitete. Niemand schien seine hellere Haut wahrzunehmen und das, obwohl ihm dieser Unterschied mehr als offensichtlich erschien. Schon längst hätte er die anderen seines Stammes fragen können, ob und warum es ihnen nicht auffiel, doch er hatte sich nie getraut. Immer wieder versuchte er es zu vergessen, doch ein jedes Mal, da er seine Hand vor Augen nahm, war der Unterschied wieder mehr als offensichtlich.

Vor etlichen Jahren war es ihm das erste Mal bewusst geworden und seitdem hatte er immer wieder in seinem Inneren damit gekämpft und sich gefragt, was es mit seiner Hautfarbe auf sich hatte. Die Stille um dieses Geheimnis ließ ihn dabei in manch einer Nacht aufschrecken und in der Dunkelheit der Nacht nach einer Antwort suchen. Er wollte es unbedingt wissen und hatte dennoch bewusst Angst vor der Stunde der Wahrheit. Er war sich sicher, dass die Antwort sein Leben verändern würde.

An diesem Abend fand eine Versammlung der Männer des Stammes statt und auch Fin hatte eine Vorladung erhalten. Doch warum? Es gab für ihn keinen ersichtlichen Grund. Ein Mann war er längst noch nicht und als Junge wurde man eigentlich nur dann vorgeladen, wenn man eine Tat zu verantworten hatte, die den Prinzipien der Brujin widerstrebte. Er befürchtete das Schlimmste, obwohl er von nichts wusste und sich auch absolut keiner Schuld bewusst war.

Wieder dachte er an das Gespräch mit Solin zurück. Es war früh am Morgen gewesen, fast alle waren noch tief und fest am Schlafen und so lag noch eine sanfte Ruhe über den Zelten. Fin hatte gerade angefangen die Kamele zu füttern, als er plötzlich Solins Stimme vernahm. Er war vor Schreck zusammengezuckt und hatte einen kurzen Augenblick gebraucht, um die Quelle der Stimme ausfindig zu machen. Seine Müdigkeit hatte ihn wohl komplett in Gedanken versinken lassen, und so hatte er den Ältesten überhaupt nicht kommen hören. Hatte er vielleicht beim Füttern etwas verkehrt gemacht?

Aber nein, ein Fehler beim Füttern war längst kein Grund für eine Vorladung und letztlich hätte Solin ihm dann direkt gezeigt, was er besser machen sollte. Die ganze Begebenheit war ein großes Rätsel, denn er hatte auch keinerlei Boshaftigkeit oder Enttäuschung in Solins Augen finden können. Doch wenn es nicht um Bestrafung ging, um was ging es dann?

Ungeduldig, und immer noch mit einem sehr unguten und flauen Gefühl im Magen, wartete Fin die langen Stunden bis zur Abenddämmerung ab. Dann endlich war der Zeitpunkt gekommen: Mit laut schlagendem Herzen betrat er das große, graublaue Zelt und stand sogleich dem Rat der Männer gegenüber.
Die achtzehn Männer seines Stammes trugen die traditionellen, beigen Tuchumhänge und saßen in einem Halbkreis auf etlichen, kleinen, rotblau karierten Teppichen. Sie schauten Fin mit ernstem Blick in die Augen und schienen dabei auf seine Reaktion zu warten, wodurch dieser sich noch unsicherer und hilfloser vorkam.
Bereits jetzt, schon vor dem eigentlichen Beginn der Versammlung, sehnte er sich deren Ende entgegen. Doch dieser Gedanke änderte nichts. Er riss sich, so gut es eben ging, zusammen und schaute dann in die Runde. Wollte denn keiner der Männer auch nur ein Wort zu ihm sagen?
Ununterbrochen versuchte er sich darauf zu konzentrieren, ernst und gefasst zu wirken und seine Hilflosigkeit nicht all zu offensichtlich zu zeigen, während einige schmerzlich lang erscheinende Augenblicke vergingen. Dann endlich stand Solin, das Oberhaupt des Stammes auf, strich sich durch seinen dunklen Schnurrbart, zog flink seine beigen, bis zu den Knöcheln reichenden Wüstenkleider glatt und wandte sich dann an Fin:
„Fin. Du weißt, dass Jungen in deinem Alter nur unter ganz bestimmten Umständen vor den Rat der Männer treten dürfen. Heute ist so ein Moment und wir haben dich gebeten, zu uns zu kommen."
Fin nickte.
„Setz' dich. Unsere Versammlung wird wohl etwas länger dauern."
Fin schloss kurz die Augen, atmete ein und setzte sich dann den Männern gegenüber hin. Er merkte, wie er nun sicher auf dem Boden saß und fühlte, wie seine Angst langsam ein wenig abklang. Erneut atmete er tief durch und wurde dabei dem süßlichen Duft von verbranntem Zedernharz und einem Hauch von Jasminblüten gewahr, der mit der Luft durch seine Nasenhöhlen strich und in seine Lungen eindrang. Immer noch war Fin so aufgeregt, dass sein Herz wie wild pochte. Es war so stark, dass er es sogar in seinem Kopf widerhallen hörte, doch seine Atmung wurde langsam ruhiger und so ließ auch langsam die Aufregung nach.
„Meine Mannen, heute Abend müssen wir über zwei Dinge reden. Das Erste ist der Handel mit den Gnays:
Wie wir vor ein paar Tagen erfahren haben, sind die Gnays sehr an dem fei-

nen Emêlfarer Salz interessiert, das wir beim letzten Besuch bei uns führten. Mehr Salz zu besorgen, ist keine besondere Schwierigkeit, während ihre edel gefertigten Werkzeuge und Waffen äußerst gefragt und als Außenstehender schwer zu erhalten sind. Das Salz könnte der Schlüssel sein, der uns den Weg zu ihren Waren eröffnet.
Und als Zweites – was eigentlich nichts direkt mit dem Rat zu tun hat – müssen wir noch ein altes Versprechen einlösen."
Solin blickte in die Runde und sah, dass Urmjan sich meldete. Urmjan war ein alter vollbärtiger Mann, der mit seinen grauen Haaren, seiner schmalen Statur und der wettergegerbten Haut schon fast wie ein alter Kobold mit einem grinsenden Schrumpfkopf aussah. Auf den ersten Blick hätte man ihn wohl für den ältesten Mann der Runde gehalten, während sein wahres Alter als ein Geheimnis galt, dass er wohl selbst schon nicht mehr wusste. Doch schon alleine aufgrund seiner immer noch sehr flinken Beine schien allen Stammesmitgliedern klar zu sein, dass er längst noch nicht bereit war, den Stamm für immer zu verlassen. Solin nickte ihm zu, woraufhin jener nun seine leicht kratzig klingende Stimme erhob:
„Ich bin dafür, dass wir das Zweite vorziehen. Denn warum sollen wir Fin solange auf die Folter spannen? Oder spricht irgendetwas dagegen?"
Der zweite Punkt hatte also etwas mit ihm zu tun. Aber was für ein Versprechen konnte es sein? Eigentlich war es Fin auch gerade egal, ihm war vor allem wichtig, dass Urmjans Vorschlag umgesetzt wurde, sodass sein Warten so schnell wie möglich ein Ende fand.
Wieder schaute Solin in die Runde und suchte nach Meldungen. Doch die Männer seines Stammes schauten nur lächelnd drein. Offensichtlich waren sie mit Urmjans Vorschlag einverstanden.
„Gut, also erst das Versprechen."
Mit einem tiefen Atemzug hob Solin seinen Blick zur Decke des Zeltes und ließ ihn dann langsam bis zum leicht aufgeschlagenen Ausgang gleiten. Er überlegte, während sich eine magisch anmutende Stille in dem Zelt breitmachte. Fin spürte, wie sein Herzschlag wieder zunahm und sein Puls erneut in seinem Kopf widerhallte. Dann endlich drehte Solin sich wieder zu dem Jungen und musterte ihn von oben nach unten.
„Fin. Ich habe diesen Punkt wohl so weit nach hinten geschoben, da ich wusste, dass es mir schwerfallen wird, dir das Folgende zu sagen."
Solin holte tief Luft. Fin merkte, wie sich sein ganzer Körper immer weiter anspannte. Er stand kurz vor dem Ende seines jetzigen Lebensabschnitts, das wusste er.

„Fin, wir haben dich wirklich in unser Herz geschlossen, haben dich als Brujin aufgezogen und dich als solchen in unsere Gemeinschaft aufgenommen, doch so sehr wir es uns auch wünschen, bist du einfach nicht wie wir."
Die letzten Worte schienen sich in Fins Ohren zu verfangen und hallten dort, wie ein Gerichtsurteil, durch seinen Kopf. Aller Mut und alle Gefasstheit, die er kurz zuvor noch mühselig zusammengerauft hatte, glitten plötzlich von ihm und hinterließen nur noch Chaos.
„Du musst verstehen, dass wir dich wirklich und mit vollem Herzen als Mitglied unseres Stammes sehen und wir sehr glücklich sind, dass es dich gibt. Ich weiß auch, dass dein Herz und deine Seele sicherlich die eines Brujin sind. Doch du stammst nicht von hier. Es fällt mir wirklich sehr schwer das zu sagen, doch Fin: Du bist kein Brujin und du warst auch nie einer."
Dies war zu viel für sein Chaos der Gefühle. Es war, als ob ein krachender Blitz in sein Herz einschlug und ihn innerlich verbrannte, wie in seinen dunkelsten Albträumen, in denen er plötzlich ganz allein dastand.
Es fiel ihm sehr schwer auf einen kurzen, klaren Gedanken zu kommen, doch nach einigen Momenten zwang sich Fin dennoch einige, wenige Worte ab:
„Ich? ... Ich bin ... aber was bin ich denn dann? Ich bin doch kein Gnays oder ein Toyen ... ich bin ..."
Solins Antwort folgte prompt:
„Fin, es gibt viele menschliche Völker und die Brujin sind nur ein sehr kleiner Teil von ihnen. Zu welchem Volk du gehörst, weiß ich leider nicht, doch wenn du willst, kann ich dir all das erzählen, was ich weiß."
Solin hielt ganz kurz inne und war sich offensichtlich selbst uneinig über das, was er gerade gesagt hatte.
„Falls du es nicht wissen möchtest, so brauche ich es dir nicht zu erzählen, doch für jeden anderen Fall habe ich ein Versprechen gegeben. Also möchtest du es hören?"
Fin blickte auf den Boden und kauerte sich zusammen, als ob er sich vor einem Sandsturm schützen müsste, der sogleich über ihn hereinbrechen würde. Doch innerlich brodelte es in ihm. Er wusste, dass es nicht mehr schlimmer kommen konnte, denn das, vor dem er sein Leben lang am meisten Angst gehabt hatte – das er eines Tages zu hören bekam, dass er kein Brujin war – war nun bereits geschehen. Und die Macht, über das Weitere entscheiden zu können, füllte seinen kurzzeitig fast leeren Kopf wieder mit

ein wenig Selbstvertrauen und Stärke. Ganz langsam und bedacht hob er sein Gesicht an, schaute in die Runde der Männer seines Stammes und richtete dabei auch langsam seinen Oberkörper auf. Dann gab er schließlich seine Antwort:
„Ja!"
Die achtzehn Männer schauten ihn erstaunt an. Denn nachdem bei seinen letzten Sätzen noch ein leises Zittern in der Stimme zu hören gewesen war, klang seine Antwort nun erstaunlich selbstbewusst. Sicher und stark kam seine Stimme nun herüber und es schien für einen Moment lang gar so, als ob er mit seiner Stimme die graublauen Zeltplanen zum Flattern gebracht hätte.
Tatsächlich war das Flattern ein leiser Vorbote des Sandsturmes, den Nahme bereits vor einigen Stunden vorhergesagt hatte und der auch der Grund für das Aufschlagen des Lagers war. Hier im Tal Ondrejan, zwischen den dunklen, ockerfarbenen Sandsteinfelsen, hatten sie schon häufig gerastet und auf das Ende eines Sturmes gewartet. Doch dieses Mal hatte es für Fin von Anfang an diesen unangenehmen Beigeschmack gegeben.
Solin wandte sich nun voll und ganz Fin zu und versuchte gefasst und ernst zu wirken. Seine Mimik verriet dennoch, wie schwer es ihm tatsächlich fiel. Krampfhaft versuchte er jeden Teil seines Gesichts neutral zu halten, doch es gelang ihm einfach nicht. Seine Mundwinkel rutschten immer wieder Stück für Stück herab, bis er sie erneut nach oben zog. Von Zeit zu Zeit war ein Zucken in seiner rechten Wange zu sehen und seine Augen schienen Sorge und Trauer widerzuspiegeln.
„Gut, ich werde mein Versprechen halten!
Das erste Mal sah ich dich vor siebzehn Jahren. Damals kam ein alter, graubärtiger Reiter mit seinem Rappen in unser Winterlager in die Oase Sheft. Er erzählte uns von einem Krieg der Völker des Nordens gegen den Süden. Ein grausiger Krieg, in dem Abertausende Leben vergangen waren. Er sprach von Schatten und Dämonen, deren Macht gebrochen wurde und davon, dass nun der Frieden auf Telib zurückkehren würde. Doch dieser Krieger war nicht allein, er trug ein kleines Kind bei sich, das er in unsere Obhut geben wollte:
Gefunden im silbrigen Schein der Sterne und der sanften Mondgöttin, hatte es den Kriegern der nördlichen Lande entgegengelächelt. Niemand von ihnen konnte sich erklären, wie ein menschliches Kind in diese unheiligen Lande kam, in denen sonst nur Schatten und Verderben hausten.

Niemand wusste, woher es stammte oder ob es sogar eine Gefahr darstellte. Die Angst vor dem seltsamen Fund ließ schnell einige Tauren zu den Waffen greifen, doch die Menschenliebe dieses einen Reiters rettete dem kleinen Jungen das Leben.
Der Krieg war bald vorbei und so zogen die wenigen Überlebenden dieser Armee zurück in ihre Heimatländer. Doch der geheimnisvolle Reiter brachte dich zu uns. Er sprach von einer Krankheit, die ihn verfolge und ihm den Tod bringen würde. Sein letzter Wunsch war, dass du weit ab von der Dunkelheit aufwachsen und eine normale Kindheit verbringen könnest. Wir versprachen ihm, für dich zu sorgen und dir, wenn du neunzehn Jahre alt bist, von dieser Begebenheit zu erzählen. Deinen Geburtstag kannte er nicht, doch da er dein Alter auf zwei Jahre schätzte, wählten wir den Tag deiner Ankunft bei uns als deinen Geburtstag. So bliebst du bei uns und der geheimnisvolle Reiter verschwand."
Eine weiche, beruhigende Stille füllte das Zelt, welche nur durch vereinzeltes Pfeifen des Windes unterbrochen wurde. Fin war während Solins Erzählung wesentlich ruhiger geworden und schwieg auch nun noch für eine kurze Zeit. Doch innerlich war er sich einfach nicht sicher, ob diese märchenhafte Geschichte tatsächlich der Anfang seines Lebens sein konnte. Er brauchte mehr Gewissheit und suchte für einen kurzen Moment, in einer jeden Ecke seines Gedächtnisses nach irgendwelchen Anhaltspunkten. Doch dort war nichts zu finden und so wandte er sich wieder dem Stammesoberhaupt zu:
„Wer war dieser Krieger und woher stammte er?"
Als Solin nun merkte, dass Fin diese Erzählung wesentlich besser aufgenommen hatte, als er zuvor befürchtet hatte, schien auch seine Stimmung rapide bergauf zu gehen. Selbst ein leichtes Lächeln war auf seinen Lippen zu erkennen, als er Fin nun seine Antwort gab:
„Das Wissen wir nicht. Als ich damals fragte, gab er mir nur die Antwort, dass seine Person unwichtig sei, und er nur wolle, dass es dem Kind gut gehe."
„Ist das alles? Wisst ihr nicht mehr über mich?"
Fins Stimme klang enttäuscht, fast schon etwas erbost. Von seiner einstigen Aufregung und Schüchternheit zu Beginn der Versammlung war scheinbar nichts mehr vorhanden. Solin gab ihm die Antwort:
„Nun, es gibt noch etwas: Er hinterließ ein Paket für dich, welches du heute, am Tag deiner Einweihung von uns erhalten sollst. Der Inhalt des

Pakets lag neben dem Stein, auf dem sie dich fanden. Der Krieger sagte uns, es sei ein Geheimnis, das er nie lösen konnte. Er hatte die Hoffnung, dass es dir helfen würde, deine Wurzeln zu finden."

Solin atmete erneut tief ein und wartete dabei auf Fins Reaktion.

„Ja, und? Darf ich's sehen?"

Dieser Blick war eindeutig. Solin drehte sich um, legte die wenigen Schritte bis zu seinem Lager zurück und beugte sich dann zu seiner alten, dunkel gemaserten und edel verzierten Holztruhe herab. Ein metallisches Klacken drang durch die Luft und schien bereits das leise Quietschen anzukündigen, das kurz darauf, beim Öffnen des Deckels folgte.

Fins ganzer Körper stand schon wieder unter Spannung. Voller Neugier stütze er sich auf seine rechte Hand und schwenkte ein wenig zur Seite, um so vielleicht schon einen winzigen Augenblick früher einen Blick auf das Paket erhaschen zu können. Dann endlich sah er, wie Solin einen ockergrauen Quader aus seiner Truhe hob.

Für einen kurzen Moment hielt das Stammesoberhaupt den geheimnisvollen Gegenstand in seiner rechten Hand, während er dem Truhendeckel mit der linken einen Stoß gab. Die Truhe knallte zu und so drehte er sich wieder um und kam zurück in die Runde.

Es waren wohl kaum drei Atemzüge vergangen, seit Solin die Truhe geöffnet hatte. Dennoch erschien Fin diese kurze Zeit, bis er das in Pergament gewickelte Paket zum ersten mal in voller Größe zu Gesicht bekam, wieder wie eine halbe Ewigkeit.

„Hier, dieses Paket ist nun dein. Ich habe es über all die Jahre für dich aufbewahrt."

Solin hielt Fin das Paket entgegen und wartete darauf, dass er es ihm abnahm. Doch dieser blieb noch einen Augenblick lang still sitzen, betrachtete den Gegenstand wie eine besondere Reliquie und brauchte so noch einen kurzen Augenblick, bis er langsam seine Arme zu dem Paket erhob. Dann plötzlich griffen seine Hände fest zu und nahmen den geheimnisvollen Quader begierig entgegen.

„Und was ist dort drin?"

Fins Blick war bei dieser Frage fest am Paket verankert. Er sah offensichtlich keinen Grund dafür, zu Solin aufzuschauen, doch diese Unhöflichkeit nahm ihm im Moment niemand übel. Schon seit einigen Momenten war in der gesamten Runde der Männer eine seltsame Stille eingekehrt und all ihre Blicke schienen sich nun nur noch auf das Paket zu richten.

„Tja Fin, diese Frage musst du selbst klären. Es ist dein Paket und darum haben wir auch nie hineingeschaut. Aber von Neugier kann ich mich nicht freisprechen, daher wäre ich dir sehr dankbar, wenn ich erfahren dürfte, was ich nun so viele Jahre mit mir herumgetragen habe."
„Ja … Natürlich!"
Fin zog an der strohigen Schnur, mit der das Paket zugebunden war, und öffnete den Knoten. Die Schnur fiel auf den Boden und wurde von einem leisen Knistern, das durch den ganzen Raum zu dringen schien, abgelöst. Es waren Fins Hände, die über das trockene Pergament strichen und von allen Seiten nach der besten Stelle zum Öffnen suchten. Das Zelt war währenddessen von einer solchen Spannung erfüllt, dass keiner der Männer auch nur eine einzige, kleinere Bewegung wagte. Und die vorsichtigen und langsamen Handgriffe des jungen Brujin ließen diese Spannung nur noch weiter steigen.
Es schien gar so, als ob Fin die Hoffnung besaß, dass er auf diese Weise, im Zweifelsfall die Zeit zurückdrehen, das Paket wieder schließen und dann ungeöffnet lassen konnte. Oder war es vielleicht die Furcht davor, ein Indiz seiner Identität zu vernichten.
Es verging noch einige Zeit, bis das Pergament schließlich knisternd aus Fins Hand auf den Boden fiel und den Blick auf einen hölzernen, flachen Kasten zuließ:
Der Kasten bestand aus einem unverzierten, hellen Nadelholz und schien eher für den Transport als für dekorative Zwecke gefertigt worden zu sein. Die Messingscharniere auf der Rückseite des Kastens und ein kleiner Haken auf der Vorderseite, welcher den Kasten verschloss, waren die einzigen Merkmale, die sich ein wenig von der hölzernen Maserung abhoben. Fin schob den Haken zurück und hob den Deckel des Kastens so vorsichtig und langsam wie irgend möglich an. Die Männer seines Stammes, saßen vor ihm, schauten auf den Deckel des Kastens und konnten fast nichts erkennen. Doch Fins Gesichtsausdruck ließ ihnen viel Spielraum für Interpretationen offen.
Es war wahrlich ein ungewöhnlicher Gesichtsausdruck: Fins Augen waren wie versteinert auf den schmalen Spalt gerichtet, der sich mit jedem Augenblick weiter vergrößerte. Und obwohl er sich eine ewig lange Zeit zum Öffnen ließ, wagte er in all der Zeit keinen einzigen Atemzug zu tun. Dann schließlich kam der Deckel im rechten Winkel zum Stehen. Zwei Bänder an den Seiten der Kiste und des Deckels hatten sich gespannt und hielten

den Deckel nun an seiner Position. Jetzt erwachte auch Fins Gesicht langsam wieder zum Leben.
Sein Blick fiel nun auf eine Landkarte, die auf etlichen Pergamenten in einer ihm fremden Schrift lag und diese zu großen Teilen verdeckte. Auf der rechten Seite der Karte lag ein ledernes Schreibset, bestehend aus drei langen Kohlestiften und einer leicht verzierten Füllfeder. An der linken Seite des Kastens war ein separates Fach eingearbeitet, in dem zwei Tintenfässchen, eines mit blauer und eines mit schwarzer Tinte, eingebettet waren.
Vorsichtig durchfuhren Fins Finger die glatten, weichen Papiere und strichen dabei über die Jahre alte, unbekannte Schrift. Für ihn war dieser Kasten eine komplett neue und unbekannte Welt. Er würde Ruhe und viel Zeit brauchen, um den Inhalt wirklich etwas genauer zu untersuchen, doch beides hatte er in diesem Moment nicht.
Fin verschloss den Kasten wieder, schaute in die Runde und fühlte, wie aller Zweifel von ihm wich. Er merkte, dass die Männer seines Stammes ihn nicht bedrohten und seine einstige Schwäche zu einer Stärke geworden war: Er alleine konnte nun entscheiden, was er weiter machen wollte.
Er öffnete den Kasten erneut, griff vorsichtig hinein, zog langsam eines der Pergamente heraus und legte es behutsam vor sich hin.
„Kann einer von euch diese Schrift lesen?"
Schlagartig kam Leben in die Gruppe der Männer. Ein jeder von ihnen machte sich auf den kurzen Weg um ein wenig dichter an das Schriftstück heranzukommen. Und so standen sie schon kurz darauf im Halbkreis um das Pergament. Es wurde lauter: Etliche Stimmen redeten durcheinander und wiegelten sich dabei gegenseitig auf. Fin beobachtete dieses Schauspiel für einen kurzen Moment, dann übertönte seine Stimme plötzlich die anderen:
„Also kann irgendjemand das entziffern?"
Die Männer wurden wieder still und schauten auf, doch keiner von ihnen antwortete auf die Frage. So griff Fin nach dem Pergament, packte es vorsichtig zurück in den Kasten, stand auf und wandte sich schließlich an Solin.
„Darf ich nun gehen?"
Solin überlegte kurz, worüber Fin nun eigentlich gerade sprach. Wollte er den Stamm verlassen, oder nur das Zelt? Doch schnell nickte er ihm zu. Ihm war wohl klar geworden, dass er keine der beiden Möglichkeiten mit einem „Nein" beantworten konnte.

Am nächsten Morgen machte Fin sich gleich ans Werk. Doch obwohl er sein weiteres Vorgehen eigentlich längst im Kopf durchgespielt hatte, schien ihm jeder Handgriff surreal, als ob er als Geist über seinem eigenen Körper schweben und sich selbst beim Packen der Sachen zuschauen würde. Er war sich einfach noch nicht sicher, ob das, was er tun wollte, das Richtige war, denn bisher hatte er nie eine solch große Entscheidung treffen müssen.

Unendlich viele Gedanken durchfuhren seinen Kopf. Ob es irgendeiner der anderen ahnte? Das Packen der Sachen war Routine und gehörte zu jedem Lagerabbruch dazu, warum sollte es also irgendjemanden komisch vorkommen? Dennoch hatte er ein ungutes Gefühl im Magen.

Fin riss sich zusammen, versuchte auf andere Gedanken zu kommen und wollte einfach seinen Plan umsetzen. Er hatte sich entschlossen, auch wenn er sich nie zuvor eine solche Entscheidung hätte träumen können. Er warf sich seine Sachen auf die Schulter, schaute sich noch ein letztes Mal um und machte sich schließlich auf den Weg zu Solin. Doch die Gedanken ließen ihn immer noch nicht los.

Es war noch kalt in der Wüste. Das warme Licht der Sonnengöttin Silja suchte sich gerade erst den Weg über den Horizont und hüllte dabei die ockerfarbenen Sandsteinfelsen des Tals in ein warmes, rötliches Licht. Hunderte, winzige Dünen hatten sich zwischen den Zeltplanen ihren Platz gesucht und erinnerten Fin an den gestrigen Sandsturm. Doch sonst war kein Anzeichen von dem brausenden Unwetter verblieben. Das gesamte morgendliche Bild schien nun nur noch aus Licht und Schatten, Sand und Stille zu bestehen. Das Geräusch seiner Schritte schien Fin dabei, seltsamerweise gar nicht mehr wahrzunehmen.

Dann erreichte er sein Ziel: Solin half gerade beim Abbau des Zeltes der Männer und hatte schon seit dem frühen Morgen auf Fin gewartet. Er schaute ihm mit einem erwartungsvollen Blick entgegen und wusste genau, was er sogleich zu hören bekommen würde. Für einen kurzen Moment drehte er sich zu seinem Gepäck und den Kamelen um, dann wandte er sich wieder, mit einem freundlichen, aber auch merklich bedrückten Gesichtsausdruck in Fins Richtung.

„Guten Morgen!"

„Guten Morgen."

Fin ging noch einige Schritte auf Solin zu und blieb dann, mit einem ernsten bis traurigen Gesichtsausdruck, direkt vor ihm stehen. Doch während überall um sie herum das Lager zum Leben erwachte, entstand zwischen den beiden eine schlagartige Stille. Es war wie eine Blockade, die Fin und Solin zum Schweigen brachte, obwohl der Inhalt des Gesprächs beiden absolut klar war. Einige traurige und ernste Blicke wurden gewechselt, dann schließlich durchbrach Fin die Stille:

„Du ahnst, was ich nun sagen werde, oder? Und du weißt, dass dies nichts gegen dich oder einen anderen des Stammes ist. Es ist einfach so, dass ich wissen möchte, von woher ich komme. Viel zulange haben sich die Befürchtungen, dass ich kein Brujin bin, in mir ausgebreitet. Nun, da sich diese Befürchtungen bestätigen und ich einige Anhaltspunkte in diesem Kasten habe, wäre es dumm von mir, dieses Rätsel nicht zu lösen. Vielleicht komme ich irgendwann wieder, vielleicht auch nicht, doch vergessen werde ich euch nie. Die Brujin sind nun einmal meine Familie und mein Zuhause."

Solin schaute ihn an und wog dabei seinen Kopf hin und her, als ob er sich nicht ganz sicher war, ob ein Nicken angebracht war. Dann öffnete er seinen Mund ein kleines Stück weit und atmete tief ein.

„Ja, du hast Recht, ich habe es nicht nur geahnt, ich war mir sogar sicher, dass du gehen wirst, denn ich hätte auch nicht anders reagiert. Daher habe ich dir auch schon ein Kamel gesattelt und beladen. Wenn du möchtest, kannst du gleich los."

Auf Fins Mund und Wangen war ein leichtes, dankbares Lächeln zu erkennen, das aber nicht einmal annähernd ausreichte, um die Trauer und den Abschiedsschmerz zwischen den beiden zu übertönen.

„Danke! Meinst du, sie werden es verstehen?"

„Nun ja, die meisten älteren Frauen und die Männer wissen, dass du nicht von hier bist. Sie werden es wohl akzeptieren, wenngleich sie dich auch in ihr Herz geschlossen haben und vermissen werden. Was die Mädchen, Jungen und die Kinder sagen werden, ... Tja ich werde versuchen, es ihnen zu erklären."

Wieder trat ein Moment der Stille ein, bis Fin sich schließlich zum Boden beugte und sein Gepäck aufhob. Sand rieselte von seiner Tasche.

„Nun denn. Ich wünsche euch allen das Beste! Mögen die Sieben gnädig mit euch sein! Ich werde euch vermissen! Das weiß ich jetzt schon!"

Solin legte seine rechte Hand auf Fins Schulter und lächelte ihn dabei mit einem stolzen Blick an. Zugleich kämpfte er mit den Tränen. Für ihn war es in diesem Moment, als ob er urplötzlich feststellte, dass sein eigener

Sohn zum Mann geworden war. Obwohl ein jedes Kind als Kind der Gemeinschaft, von allen Mitgliedern des Stammes aufgezogen wurde, war Fin immer etwas Besonderes für ihn gewesen.
„Pass auf dich auf!"
„Mach ich!"
Fin schaute kurz zu dem Kamel, auf das Solin während des Gesprächs gezeigt hatte, lächelte dem alten Brujin noch einmal dankbar und voll Trauer zu und ging dann mit festen Schritten, über den hellen Boden in die eben angepeilte Richtung.
„Ach so Fin, eine Frage habe ich doch noch!"
Fin drehte sich wieder um und schaute Solin fragend an.
„Wir haben uns gestern alle gefragt, ob noch mehr in der Kiste war. Da du so schnell weg warst, hatten wir gar nicht mehr die Möglichkeit nachzufragen."
„Ja stimmt, ich habe es in meiner Aufregung wohl tatsächlich vergessen! Doch ihr habt nichts verpasst. Außer den Pergamenten lagen eine Karte und ein Schreibset mit schwarzer und blauer Tinte in dem Kasten. Doch auch das wird mir leider nicht weiterhelfen, solange ich niemanden finde, der die Schrift lesen kann. Ich hoffe darauf, jemanden zu finden! Vielleicht finde ich heraus, von wo der Kasten stammt und wem er einst gehörte."
Solin nickte.
„Ja, das wünsche ich mir für dich! Pass' auf dich auf! Den Segen der Götter! Und viel Glück!"

II.

Die goldene Scheibe Siljas erreichte bald ihren höchsten Punkt am Zenit und sorgte so für eine trockene Hitze, die die Luft zum Tanzen brachte. Schaute Fin sich nun um, so sah er weit und breit nur Dünen, die wiederum aus unendlich vielen dieser hellen und kleinen Sandkörnchen bestanden, die Fins bisherige Heimat maßgeblich prägten.
Vor sechs Stunden war er losgeritten und hatte seitdem nicht ein Wort mehr über die Lippen gebracht. Ab und zu hatte er zwar seine Fersen in die

Seiten seines Reittieres gedrückt, um ein stetiges Tempo beizubehalten, aber dieses Mittel zum Zweck schien auch das Einzige zu sein, das Fin in dieser ganzen Zeit an seine Außenwelt weitergab. Innerlich konnte er diese äußere Stille aber längst nicht erreichen:

Er hatte schon kurz nach seinem Abschied ein starkes, dumpfes und wehmütiges Gefühl verspürt, das seitdem immer mehr von ihm eingenommen hatte. Doch wenn er dann nach dem Grund gesucht hatte, so war er nur auf eine riesige Leere gestoßen. Dieses Gefühl hatte er schon schnell nicht mehr ausgehalten und angefangen sein inneres Chaos unter immer weiteren Tagträumen zu vergraben. Seine Gedanken führten ihn bereits jetzt über alle Berge und Flüsse hinweg und zeigten ihm fantastische Völker, Kreaturen, Pflanzen und Städte, die seine volle Aufmerksamkeit auf sich lenkten. Von seiner tatsächlichen Umgebung drang nun nur sehr wenig zu ihm hindurch.

Dennoch gelang es ihm nicht, vor seinen Gefühlen zu fliehen: Immer wieder drangen die traurigen, bedrückenden Momente ans Tageslicht und ein jedes Mal musste er sich wieder selbst eingestehen, dass höchstwahrscheinlich keine seiner Traumwelten auch nur annähernd irgendeinem tatsächlichen Land entsprach.

Das, was er auf den Reisen sonst am liebsten getan hatte, brachte ihm nun nur noch Sorgen: Ein jeder bewusste Blick über die weite Dünenwelt schien seine Gefühle erneut aufbrodeln zu lassen. Ob das aufgrund der Ungeduld auf das Zukünftige oder aufgrund der Sehnsucht nach dem Vergangenen war, erschien ihm in diesen Momenten nicht weiter von Interesse.

So waren schon etliche Stunden verstrichen, ohne das er überhaupt etwas von der Umgebung bewusst wahrgenommen hatte, als er jetzt plötzlich wieder aus seinen Träumen erwachte:

Er war noch ein wenig benommen und bemerkte daher erst sehr spät, dass er schon die ganze letzte Zeit, direkt auf eine kleine, unbekannte Oase zuritt. Ein paar Mal rieb er sich die Augen und zweifelte anfangs selbst daran, dass das, was er sah, tatsächlich real war. Doch seine Skepsis fand keinen fruchtbaren Boden.

Schon wenige Momente später erreichte er den Rand des kleinen Palmenhains, stieg ab und merkte spätestens nun, bei der ersten Berührung seiner Hand mit der harten, fasrigen Borke einer Kokospalme, dass dies weder Luftspiegelung noch Traum war.

Fin lächelte und fühlte sich schon gleich etwas besser. Das Glück schien auf seiner Seite zu sein, denn auch wenn er genug Proviant für mehrere Tage bei sich trug und wohl schon heute Abend den Rand der Wüste erreichen würde, brauchte es schon sehr viel Glück, um zufällig in der Wüste Sajem auf eine Oase zu treffen.
Fin führte sein Kamel an ein paar Büschen und Palmen vorbei, bis an die kleine Wasserstelle, wo er es trinken ließ. Er öffnete seine Stiefel, zog sie aus und ließ seine Füße in den weichen, sandigen Boden am Rande des schmalen Teiches sinken. Er genoss das angenehme Gefühl zwischen seinen Zehen und dachte dabei etwas wehmütig und mit noch stärkerer Zukunftsangst an die lange Zeit zurück, die er in seinem bisherigen Leben mit seinem Stamm verbracht hatte. Doch es musste weitergehen und letztlich war es auch seine eigene Entscheidung gewesen, seinen Stamm zu verlassen. So vertrieb er diese Gedanken wieder und schaute sich ein wenig um:
Die Oase war nicht besonders groß und verdiente eine solche Bezeichnung daher eigentlich nicht. Neun größere Palmen und einige Gebüsche umgaben die kleine Wasserstelle, die wohl etwa vier Schritte von der einen zur anderen Seite maß. Und außer von einigen kleineren Tieren, schien dieser Ort auch von niemandem sonst in letzter Zeit besucht worden zu sein. Nur einige, wenige leicht heruntergedrückte Grashalme zeugten überhaupt von den tierischen Besuchern, während keine einzige Spur im Sand zu erkennen war. Ein Wüstenhase, eine Kokosechse oder allerhöchstens ein Wüstenfuchs kamen als Verursacher für diese Spuren in Frage.
Fin schaute sich weiter um und entdeckte ein dichtes, etwa eineinhalb Meter hohes Gebüsch, von dem kleine, rote Beeren in dicken Dolden herabhingen. Neugier stieg in ihm auf, denn obwohl er viele Pflanzen und Früchte der Oasen kannte, hatte er noch nie eine solche Pflanze mit solchen Beeren gesehen. Ob sie wohl giftig waren? Und selbst wenn sie giftig wären, so hatte Solin ihm doch immer erklärt, dass erst die Menge das Gift zum Gift machte. Sollte er es also wagen und eine Beere probieren?
Fin kniete sich langsam vor das Gebüsch, betrachtete die Beeren noch für einen kurzen Augenblick und rupfte dann eine der dicksten ab. Vorsichtig drehte er sie ein letztes mal zwischen Zeigefinger und Daumen hin und her und schaute sich die Beere von jeder Seite genau an.
Konnte dieses saftige Rot lügen? Wahrscheinlich sollte er nicht so lange darüber nachdenken und einfach seinem Gefühl folgen. Fin steckte sich die

Beere in den Mund, doch zum Kauen kam er nicht mehr: In dem Moment, als er seine Kiefer zum Biss öffnete, zuckte er vor Schreck zusammen und hielt schlagartig die Luft an. Für einen ganz kurzen Moment stand er ganz still, dann spuckte er die noch ganze Frucht angewidert aus, drehte sich um, lief schnell zur Wasserstelle zurück und spülte seinen Mund etliche male aus.

Fin hatte nichts von der Frucht geschmeckt, hatte sie nicht einmal angebissen oder mit der Zunge zerdrückt, doch der bleich schimmernde Knochen, der im Moment, als er die Beere in seinen Mund gesteckt hatte, in sein Blickfeld gelangt war, zeigte ihm urplötzlich, dass diese Früchte eventuell doch giftig sein könnten. Und so versuchte er nun alles, um auch jeden noch so kleinen Rest der Frucht aus seinem Mund zu bekommen.

Schließlich, nachdem etliche Liter Wasser seinen Mund durchspült hatten, atmete er wieder tief durch und machte sich langsam auf den Rückweg zum Gebüsch. Seine Augen streiften von rechts nach links und waren dabei auf der Suche nach einem geeigneten Stock, den er sogleich als Verlängerung seines Armes nutzen wollte. Schnell war ein solcher gefunden, und so drückte Fin schon im nächsten Moment die obersten Äste des Gebüsches mit dem Stock zur Seite, um seinen Fund auf diese Art aus sicherer Entfernung betrachten zu können:

Es war ein menschliches Skelett, das dort an den Wurzeln einer Palme lag. Es war halb von dem Gebüsch eingewuchert und grinste ihm scheinbar hämisch entgegen. Doch während von Haut und Haar absolut nichts mehr zu sehen war, hingen noch einige wenige Lederfetzen von seinen Gebeinen herab.

Ebenfalls eingewachsen, allerdings von einigen dornigen Beerenranken, war der lederne Rucksack des Unbekannten, der auf der anderen Seite der Palme stand. An seinem Aussehen konnte man erahnen, wie lange der Tod seines Besitzers tatsächlich her war. Wenn der Spruch „gut gepflegtes Leder hält ewig" tatsächlich einen wahren Kern besaß, so war dieser Rucksack entweder schon lange nicht mehr gepflegt worden oder seit dem Tod des Unbekannten war schon fast eine Ewigkeit vergangen.

Fin ging in einem kleinen Bogen um das Skelett herum und schaute sich die verwitterten Lederfetzen etwas genauer an. Dieser Rucksack stand vielleicht schon etliche Jahre an dieser Palme und die ganze Zeit über hatte niemand Hand an ihn gelegt. Vielleicht war er gar der allererste Mensch, der diese Oase seit dem Tode des Unbekannten betrat.

Fin war neugierig. Er ging in die Knie, beugte sich vor und fing dann an, den Rucksack zu öffnen. Es war ein seltsames Gefühl, als seine Hände das kratzige, harte und spröde, alte Leder berührten und doch ließ er sich davon nicht aufhalten. Vorsichtig hob er die große, lederne Deckzunge hoch und öffnete die darunter befindliche Schleife, die die obere Öffnung des Rucksacks verschloss.
Dann, schlagartig vom einen auf den anderen Moment stockte Fin erneut der Atem. Sein Puls jagte wieder in die Höhe. Kaum war die Schleife geöffnet, so krabbelte ein flinker, kleiner, schwarz schimmernder Skorpion auf seine ungeschützte rechte Hand. Er hatte sich die künstliche Höhle offensichtlich als Heimstätte erwählt, und schien über den unlieben Besuch überhaupt nicht erfreut zu sein.
Fin spürte die spitzen Ausbuchtungen der Füße auf seiner Haut und merkte, wie seine Angst schlagartig Schweißperlen auf seinem ganzen Körper produzierte. Er sah, wie der Skorpion seinen Stachel emporhob und anspannte, und sprang voller Panik mit einem gewaltigen Satz nach hinten in die freie Wüste.
Der Skorpion, der nicht auf eine solch rasche Bewegung vorbereitet war, flog eine kleine Strecke durch die Luft und landete daraufhin kurz neben dem Rucksack auf dem feinen, weichen Sand. Nach einer kurzen Orientierungsphase verschwand er dann in einem der Gebüsche.
Fin war voller Panik und setzte hastig, einen Schritt nach dem anderen, in die Wüste hinein. Zumindest ein paar weitere Schritte wollte er zwischen dem Rucksack und sich selbst bringen. Doch schließlich hielt er inne und kniete sich für einen kurzen Moment auf den pudrig weichen Sand.
Immer noch war seine Hand am zittern und schien sich wie sein ganzer restlicher Körper nur sehr langsam zu beruhigen. Seine ironisch klingende Bemerkung war daher wohl auch eher eine Trotzreaktion und wenn überhaupt an ihn selbst gerichtet:
„Glück, Glück ... ja, ich hab' ja wirklich so ein Glück, dass ich auf diese Oase gestoßen bin!"
Fin schaute noch einmal ärgerlich aus der Ferne zu dem Skelett herüber und ging dann auf direktem Wege zu seinem Kamel zurück. Immer wieder glitten seine Blicke dabei ängstlich von rechts nach links und suchten den Weg vor ihm ab, um seine nackten Füße so gut wie möglich vor dem giftigen Stachel des Skorpions zu schützen. Doch Aufgeben würde er dennoch so schnell nicht. Viel zu sehr brannte ihm die Neugier unter den Nägeln.

Die alte Kamelkuh hatte sich währenddessen an den kleinen Tümpel gelegt und genüsslich die wenigen Grashalme, die vor ihrem Maul wuchsen, gefressen. Sie freute sich über Fins schnelle Rückkehr und begrüßte ihn mit einem treuen Blick und einem leichten Schnauben. Der junge Abenteurer lächelte, streichelte sanft durch ihr Fell und brummelte einige beruhigend klingende Worte vor sich her, die aber wohl ebenfalls nur an ihn selbst gerichtet waren. Dann setzte er sich hin, zog sich die erst vor kurzem ausgezogenen Lederstiefel wieder an und überlegte sich währenddessen sein weiteres Vorgehen.

Sein Blick streifte wieder zu der Palme herüber, an der der Rucksack des Toten stand. Mochte der Skorpion auch etliche Gefahren mit sich gebracht haben, so zwang ihn der Schrecken nun immerhin dazu, in nächster Zeit wesentlich vorsichtiger zu sein. Seine Neugier nahm nun immer mehr Kontrolle über ihn ein und so kreiste bald nur noch eine einzige Frage in seinem Kopf umher: „Welche Gegenstände und Geheimnisse mochten sich wohl in dem Rucksack verstecken."

Fin ging erneut zu dem Beerengebüsch, hob dort seinen Stock auf und legte dann schließlich noch die wenigen verbliebenen Schritte bis zum Rucksack zurück.

Mit großer Vorsicht, um nichts von dem Inhalt zu zerstören, steckte er sein hölzernes Werkzeug von oben in den Rucksack und hob ihn damit langsam hoch. Dann ging er vier Schritte in die Wüste hinein, kippte den Inhalt über dem feinen, hellen Wüstensand aus und stellte den Rucksack mitsamt Stock ein gutes Stück weit von sich weg.

Doch das, was Fin nun im ersten Moment von dem Inhalt sah, war nicht weiter besonders: einige Kleidungsstücke, ein Trinkschlauch, eine mit kleinen schwarzen Schimmelflecken übersäte Holzdose, die wohl einst den Proviant beherbergte und ein kleines Büchlein.

Fin drehte sich wieder zu dem Rucksack, zog seinen Stock heraus und piekste dann mit diesem auf den Sachen herum, um sicherzustellen, dass von all diesen Gegenständen keine Gefahr ausging. Gerade in weichen Kleidungsstücken, so wusste er aus eigener Erfahrung, versteckten sich die giftigen Tiere sehr gerne.

Doch es regte sich nichts, und so bückte er sich schließlich über den Haufen von Gegenständen, griff zu dem kleinen Büchlein und drehte es neugierig in seiner rechten Hand hin und her. Der helle Ledereinband war vielleicht zwölf Zentimeter hoch und zehn Zentimeter breit, wobei die

gelblich braunen, zerfransten Pergamentseiten nicht von sehr großer Qualität zu sein schienen.
Fin legte den Stock zur Seite, stellte sich wieder aufrecht hin, schlug die erste Seite auf und erschrak bei deren Anblick. Dies war dieselbe, unbekannte Schrift, die auch die Zettel in seinem Kasten zierte und vielleicht war es gar dieselbe Hand gewesen, die dies geschrieben hatte.
Sein Herz fing an schneller und stärker zu pochen, während seine zittrigen Hände durch das Büchlein glitten und eine Seite nach der anderen aufschlugen. Gleichzeitig wurde ihm mit jedem Blatt klarer, dass dieses Buch definitiv kein simpler Roman war, denn eine jede Seite folgte einem ganz bestimmten Schema:
Über den einzelnen, bis zu drei Seiten langen Textblöcken thronte jeweils eine dicke Überschrift in der Mitte der Zeile, während rechts davon jeweils einige einzeln stehende Zeichen zu erkennen waren, die immer direkt am oberen Rand der Seite standen.
War dies ein Notizblock, ein Liederbuch, ein Buch voller Merkzettel, ein Kochbuch oder gar ein Tagebuch? Offensichtlich war nur, dass die Schrift auf fast jeder Seite etwas anders aussah und wahrscheinlich wohl auch an verschiedenen Tagen geschrieben worden war:
Auf einer Seite sahen die Zeichen sehr ordentlich aus, auf einer anderen wild durcheinander. Ab und zu lagen die Zeichen dicht zusammen und anderswo weiter auseinander. Selbst der Farbton der Tinte änderte sich plötzlich nach einigen Seiten: Hier wurde der Blauton etwas dunkler und schien fortan auch tiefer in die Oberfläche des Papiers eingedrungen zu sein. Doch solange er auch suchte, er fand nicht ein einziges Wort, das er lesen konnte.
Schon bald blätterte Fin immer schneller durch das Buch und suchte dabei pausenlos weiter nach ihm bekannten Zeichen, doch dann hörte die Schrift schließlich auf und wurde von leeren Blättern abgelöst. Er zählte die freien und beschrieben Blätter: Vierundsechzig Seiten hatte das Buch insgesamt, doch lediglich sechsundvierzig waren beschrieben und keines der darauf befindlichen Zeichen war ihm vertraut.
Fin atmete tief ein, schlug das Buch zu, steckte das Büchlein in eine Tasche seines Gewands und wandte sich dann den restlichen Sachen zu, doch schon nach einigen schnellen Blicken musste er einsehen, dass dort nichts mehr zu finden war. Der Schock durch den Skorpion war längst verflogen, und als sich nun auch noch langsam ein schlechtes Gewissen dem Toten

gegenüber anbahnte, griff er schnell nach dem alten Rucksack:
Er wollte weder die Kleidung des Toten tragen, noch die Holzdose oder den Trinkschlauch wieder herrichten und so steckte er all diese Sachen zurück in den Rucksack, verschloss ihn sorgfältig und trug ihn zurück zur Oase.
Ein Gedanke schoss durch seinen Kopf: War das Skelett, diese unbekannte Person vielleicht der Krieger, der ihn zu den Brujin gebracht hatte? War es die Person, der er sein ganzes Leben verdankte? Hatte Solin nicht sogar erzählt, dass sein Retter eine tödliche Krankheit mit sich getragen hatte? Fin überlegte für einige Augenblicke und spürte plötzlich ein starkes Schuldgefühl in ihm aufsteigen: Wer auch immer diese Person war, sie hatte es wohl kaum verdient, so behandelt zu werden. Fin riss sich zusammen, ging zu dem Skelett zurück und begann eine Kuhle in den sandigen Boden zu graben.
Schon bald erinnerte nur noch der halb vergrabene Rucksack an die unbekannte Person. Er stand am Kopfe des Grabes und schien von dort aus in die Wüste zu schauen und mit etwas Glück konnte er noch einmal die Zeit überdauern, die bisher vergangen war, bis Fin auf diese Oase getroffen war. Fin hatte sich schließlich noch sehr ausgiebig die Hände und Arme gewaschen und dennoch blieb ein Fünkchen Angst: Wer wusste schon, durch welche Krankheit der Unbekannte gestorben war? Und vielleicht lag ja sogar ein heimtückischer Fluch auf seinen Gebeinen, der nun auf ihn übergesprungen war? Dennoch bereute er seine Entscheidung nicht. Sein Gewissen war nun wieder rein, er hatte vielleicht noch mehr Anhaltspunkte über seine Herkunft gefunden und sich nicht zuletzt auch selbst bewiesen, dass er auch allein nicht hilflos war.
Einige Momente später war er dann schon wieder unterwegs, immer weiter nach Osten durch die ewig weite Wüste. Doch dort, wo zuvor noch Träume über entfernte Länder ihren Platz gefunden hatten, kreisten nun Gedanken über den rätselhaften Unbekannten umher und diese Gedanken ließen ihn erneut in seinem Inneren verharren und kaum ein Signal der Außenwelt bis zu ihm vordringen.

Am frühen Abend erreichte Fin ein Dorf der Gnays. Er hatte schon von weither die runden Häuser sehen können, die sich von den grauen, hellen Felsen hinter dem Ort abhoben und freudig festgestellt, dass er unverhofft auf gute Bekannte gestoßen war.

Schon einige Male war er hier am südlichen Rande von Peobors Klinge gewesen, hatte sogar ein paar Tage neben dem Ort gerastet und dabei miterlebt, wie die Erwachsenen seines Stammes mit den Gnays gehandelt hatten. Der letzte Besuch war gerade Mal zwanzig Tage her und so sah Fin auch jetzt noch den gesamten Ort vor seinem inneren Auge. Er freute sich darauf, die freundlichen Echsen wiederzusehen. Und so ritt er die letzte Etappe auf die halbkugelförmigen Lehmbauten zu, bis er direkt vor zwei gnayser Wachen zum Stehen kam.
Etwa 1,60 Meter waren die beiden aufrecht stehenden Echsen groß, was auch in etwa der durchschnittlichen Größe eines Gnays entsprach. Doch obwohl sie ihm freundlich entgegenlächelten, wären sie Fin wohl durchaus gefährlich vorgekommen, wenn er nicht zuvor bereits so viel gute Erfahrungen hätte sammeln können.
Ihre blaugrüne, schuppige, haarlose Haut, die schmal zulaufenden Gesichter und die großen, grauen Augen zeigten dem Betrachter sofort die entfernte Verwandtschaft zu Schlangen und Echsen. Während der spitz zu laufende, lange Schwanz und die roten Knochenkämme auf ihren Wirbelsäulen eine gewisse Aggressivität und Kampfeslust ausstrahlten. Doch es war nicht alleine der Effekt dieser Körpermerkmale, der die Gnays wie giftige, gefährliche Kämpfer erscheinen ließ, auch die fein gefertigten Waffen in ihren Händen, trugen ihren Teil dazu bei.
Eben diese Waffen waren auch der Grund, warum sich die Brujin in letzter Zeit vermehrt um die Handelsbeziehungen mit den Gnays bemüht hatten. Denn auch, wenn jene durchaus vom Wert ihrer Handwerkskunst wussten und sie sich diese dementsprechend bezahlen ließen, war der Gewinn bei einem Handel mit den Echsenmenschen sehr groß. Selbst bei den höchsten Adligen waren die wunderschönen Werkzeuge, Rüstungen und Waffen beliebt und begehrt, und so wollte auch ein jeder, der etwas auf seinen Reichtum hielt, mindestens eines dieser Kunstwerke sein Eigen wissen.
Dennoch schien es Fin absolut nicht so, als ob die Gnays ein kriegerisches Volk wären. Natürlich fertigten sie Waffen von hoher Qualität, doch suchte man unter den Gnays nach diesen, so fand man sie nur bei den wenigen Wachen des Dorfes.
Auch bei Rüstungen und Kleidungen sah es nicht viel anders aus: Einen Sinn für den Körperbehang besaßen die Echsen offensichtlich nicht, denn weder weiche Stoffe, noch edles Leder schien sie zu interessieren. Nur die Wachen der Gnays trugen vereinzelt Brustpanzer oder Kettenhemden, die

sie aber sofort nach ihrem Dienst wieder von ihrem Körper nahmen.
Doch so, wie der Verlauf der Dinge häufig ist, stieß Fin nun als Allererstes auf eben diese Ausnahme. Die eine Wache trug ein langes, eng geknüpftes Kettenhemd und hielt eine große zweischneidige Axt in den Händen, während die zweite, unbekleidet war und mit einem mit bunten Symbolen verzierten, etwa zwei Meter langen, hölzernem Blasrohr bewaffnet war.
Beide musterten Fin für einen kurzen Augenblick lang und zischten dann ein paar Laute vor sich her, doch erst, als dieser von seinem Kamel gestiegen war, wandte sich die zweite Wache an den jungen Brujin und begrüßte ihn mit einem gebrochenen Slaej, der Sprache der Menschen im westlichen Malchom:
„Szai villkomm! Vir volln viszn, varum tu allain kommszt! Vo szint tie antrin?"
Fin lächelte die Echse an und war dabei doch ein wenig bedrückt, als er wieder an seinen Stamm dachte.
„Seid gegrüßt! Ich komme heute alleine. Ich habe eine große Reise vor mir, denn ich will über Peobors Klinge in den Nordosten reisen."
„Unt vasz machszt tu tann hiar? Vomit könn vir tir helfin?"
„Ich brauche ein paar Tipps, wie und wo ich am besten über die Berge komme."
Die Echse drehte ihre Augen von rechts nach links und wieder zurück und schien einen ganz kurzen Moment zu überlegen, dann zeigte sie nach Süden, auf eines der Gebäude des Dorfes und gab dabei seine Antwort:
„Ia, ehhh, ... keh am bisztn zu Tzjamaz unszrin Ältiztn."
„Danke."
Fin verneigte sich kurz, nahm sein Kamel am Halfter und schlug dann die ihm gezeigte Richtung ein. Sein Weg führte ihn nun durch den halben Ort und zeigte ihm dabei erneut die beeindruckende Architektur der Gnays, die ihn schon seit Langem faszinierte:
Die Gebäude dieser Echsen hatten mit menschlichen Häusern wenig gemein und schienen meist nur als Lager oder Nachtquartier genutzt zu werden. Bis zu fünf Meter maßen die aus Holz und Lehm gefertigten Kugeln in der Mitte und waren bis zur Hälfte in der Erde vergraben. Auf der Außenseite waren die Lehmwände mit feinen Schriftzügen verziert und wurden dort von jeglichen Pflanzen freigehalten, während das genaue Gegenteil im Inneren zu finden war:
Dort waren die Wände mit etlichen Rankpflanzen überwuchert, die den

Gebäuden eine beruhigende, natürliche Atmosphäre verliehen. Doch sonst fand man innen, bis auf einige Möbel, nur den hellen, feinen Sand, der die gesamte untere Hälfte füllte und in den sich die Echsen des Nachts bis zum Kopf eingruben. Von feinen Verzierungen und Schriftzügen war dort nichts zu sehen.

Mittlerweile fühlte Fin sich schon wieder wesentlich besser und dachte für den Moment auch nicht mehr an seinen Stamm oder den geheimnisvollen Toten. Er roch die feucht-warme Luft, die aus den heißen Quellen stieg, um die das Gnays-Dorf errichtet worden war und sah, dass die Echsen ihn mit freundlichen Gesichtern begrüßten. Er fühlte sich wesentlich sicherer als noch wenige Momente zuvor und merkte erneut, dass er ganz offensichtlich längst nicht so hilflos war, wie er noch vor einigen Stunden gedacht hatte.

Kurz darauf erreichte er die Hütte des Ältesten Gnays: Tzjamaz, eine relativ kleine Echse mit helltürkiser Hautfarbe, stand neben seiner Hütte an eine Palme gelehnt und schaute Fin schon grinsend entgegen.

„Hallo, willszt du zu mir?"

„Hallo Tzjamaz", Fin verneigte sich galant, „Ja, ich wollte zu dir, um mich von dir beraten zu lassen."

„Um wasz geht esz denn?"

„Ich bin auf einer großen Reise und möchte über Peobors Klinge nach Nordosten reiten. Allerdings bin ich noch nie in diesen Bergen gewesen und ich weiß weder, wie die Landschaft in der Klinge aussieht, noch was hinter ihr liegt."

„Tja, dasz szieht man! Mit dem Kamel szolltezt du dort lieber nicht drüber wollen."

Tzjamaz grinste, setzte sich auf den mit Gras bewachsenen Boden und wies auf eine Stelle, die ihm direkt gegenüberlag.

„Szetz dich. Ich glaub ich musz dir viel erzählen."

Fin lächelte, band sein Kamel an die Palme, setzte sich Tzjamaz gegenüber und schaute dann freundlich und neugierig zu der alten Echse herüber.

„Dasz erszte grosze Problem dort oben in den Bergen iszt, dasz esz dort szehr kalt szein kann und auszerdem iszt esz dort szehr viel schwieriger zu laufen. Der Boden behsztet nur ausz Felszen und Geröll und an Wege wie hier unten darfszt du gar nicht erszt denken. Ich glaube, dein Kamel würde dasz wohl schaffen, doch szo oder szo wäre esz eine rieszen Qual für esz. Und vor allem brauchszt du eine Waffe, denn dort oben gibt esz gefährliche Tiere, die dich ausz dem Hinterhalt angreifen könnten.

Anszonszten brauchszt du dir keine groszen Gedanken über die Berge zu machen. Doch dann hinter den Bergen liegt dasz Sztromland, ein wildesz Land, dasz ausz Szumpf, Flüszen, Bächen und ewig vielen Bäumen beszteht. Wichtig iszt auch dort eine gute Waffe und vor allem, dasz du gut schwimmen kannszt. Kannszt du schwimmen?"
Fin schaute etwas bedrückt.
„Ein wenig kann ich schwimmen. Wir waren einige Male im Norden am Grenz-Phaw, dort habe ich es geübt."
Die alte Echse grummelte ein paar unverständliche Worte vor sich her und schaute Fin dabei unglücklich an, was dieser mit einem verdutzten „Wie bitte?" beantwortete.
„Ach nichtsz ... ich denke du biszt ein kluger, tapferer und sztarker Junge, aber ich weisz nicht, ob dasz eine gute Idee iszt, dasz du durch dasz Sztromland reiszen willszt. Doch andererszeitsz iszt esz der einszige Weg nach Oszten."
Nun war es für einen kurzen Moment lang still. Beide warteten offensichtlich darauf, dass der jeweils andere das Gespräch fortführte, doch Tzjamaz hatte nichts weiter zu sagen und so war Fin an der Reihe:
„Nun ja, du hast wohl Recht. Ich brauche eine Waffe und meinem Kamel möchte ich diese Reise auch nicht zumuten. Aber wenn ich mein Kamel nicht mehr habe, brauch' ich einen großen Rucksack, um meine Sachen mitzunehmen."
Tzjamaz lächelte Fin an und freute sich offensichtlich, dass sich der junge Mensch seine Ratschläge tatsächlich zu Herzen nahm.
„Nun ja, ein Kamel iszt szehr viel wert. Wenn du dein Tier szowieszo hier laszen muszt, kann ich dir auch ein Angebot machen: Ich lasze eine gute Waffe für dich fertigen, kümmere mich um eine gute Auszrüstung und du bekommszt noch meine resztlichen Münzen, die ich damalsz im Sztromland geszammelt habe. Ich weisz nicht, ob du Gewinn oder Verluszt dabei machszt, aber ich brauche szie eh nicht mehr."
Wollte Tzjamaz ihn nun übers Ohr hauen? Sein Kamel war wahrlich einiges wert, aber andererseits wusste Fin auch von dem hohen Wert der gnayser Waffen, und wenn der Gnays ihm sogar noch Geld dazugab, konnte es ja eigentlich nicht so sehr verkehrt sein. Letztlich lag auch Tzjamaz daran, dass die Handelsbeziehungen mit den Brujin in einem guten Lichte blieben, warum hätte er Fin also betrügen sollen?
„Okay, ich denke, der Tausch ist für uns beide vorteilhaft, also warum nicht?"

„Gut, dann mach ich mich mal auf."
Tzjamaz stand, noch während des letzten Satzes, auf und verschwand sogleich hinter der nächsten Lehmhütte. So machte auch Fin sich langsam an die Arbeit, um die Satteltaschen des Kamels auszuleeren und abzunehmen. Er ließ sich Zeit und vertraute darauf, dass die Besorgungen des alten Gnays eine Zeit lang dauern würden. Doch tatsächlich stand dieser schon fünf Minuten später wieder neben ihm und legte eine große Axt auf den Berg, den Fin soeben aus seinen Habseligkeiten geformt hatte.
Fin lächelte, griff zu der gut einen Meter langen Waffe und betrachtete sie ausgiebig. Der glatt abgeschliffene, hölzerne Stiel lag gut in der Hand und war so sauber in das Axtblatt eingefügt, das er schon beinahe mit diesem verschmolzen zu sein schien. Die beiden polierten, stählernen Klingen glänzten in Siljas abendlichen Schein und schienen den Blick auf das Axtblatt lenken zu wollen. Das feinsäuberlich und doch tief eingearbeitete Muster eines Astes war auf beiden Seiten des Axtblattes zu erkennen, und selbst die Blüten und Blätter an dessen Zweigen erschienen Fin wie ein lebensechtes Abbild.
Vorsichtig wog er das Gewicht der Waffe in seiner rechten Hand und schwenkte sie dabei leicht hin und her. Ihm war klar, dass er den Umgang mit dieser Waffe noch lernen musste, denn die wenigen Waffen, die er bisher in den Händen gehalten hatte, waren allesamt Schwerter oder Degen gewesen. Doch schon alleine die Pracht dieser Axt ließ ihn strahlen und sich auch etwas sicherer fühlen. Tzjamaz richtete seinen Blick während der ganzen Zeit auf den offensichtlich zufriedenen, jungen Menschen, freute sich darüber und lächelte ihn an:
„Gut, ich hole nun noch die letzten Szachen."
Der alte Gnays drehte sich flink um und eilte in Richtung des Dorfzentrums. Schon nach wenigen Momenten, als Fin seinen Blick endlich wieder von seiner Axt los bekam, war er bereits hinter den vielen großen Halbkugeln verschwunden. Die langen, aufsteigenden Dampffahnen der heißen Quellen schwebten über den Häusern und schienen nun auf den ersten Blick die einzigen Bewegungen in jener Richtung darzustellen. Doch obwohl tatsächlich gerade an den Quellen das meiste Leben dieser Siedlung zu finden war, waren die Gnays auch an etlichen anderen Stellen am Werkeln und Arbeiten. Tzjamaz würde sicherlich schon bald wieder auftauchen und so machte sich Fin schnell wieder an das Abladen und Sortieren seiner restlichen Sachen.

Die Zeit verging rasend schnell. Eine Stunde später war bereits alles geregelt. Fin besaß nun die große, stählerne, zweischneidige Axt, einen ledernen Rucksack mit einigem Trockenfleisch und eine Handvoll goldener Münzen aus den Landen hinter Peobors Klinge.
Immer wieder betrachtete er glücklich seine neuen Besitztümer, wog die Axt noch einmal in seiner Hand, schaute sich die eingravierten Köpfe und Tiere auf den Münzen an und begann seine restlichen Besitztümer in den Rucksack zu stecken.
Ob er dabei vom Wert her einen guten Tausch gemacht hatte, wusste Fin nach wie vor nicht, doch er war sich sicher, dass es zumindest der sinnvollste war, den er für seine geplante Reise hätte machen können. Und was auch immer ihn nun erwarten sollte, schon alleine der Materialwert der Münzen würde dafür sorgen, dass er nicht verhungerte.
So packte er nun eine Sache nach der anderen in seinen neuen Rucksack, versteckte die Münzen in einen Beutel, tief unten, unter allen anderen Sachen und hielt schließlich den kleinen Holzkasten seines Retters in seinen Händen.
Einen kurzen Moment lang überlegte er, dann nahm er die Karte und die Aufzeichnungen aus dem Kasten heraus und ging mit diesen zu Tzjamaz. Die alte Echse stand wie so häufig, vor seiner Hütte an eine Palme gelehnt und blickte Fin schon wieder freundlich entgegen.
„Na Fin, haszt du schon allesz fertig? Oder brauchszt du noch wasz?"
Fin legte die Papiere vorsichtig auf den weichen, mit dünnen Grashalmen bewachsenen Boden und schaute Tzjamaz an.
„Ich wollte dich nur fragen, ob du eine solche Schrift schon einmal gesehen hast und sie vielleicht sogar lesen kannst."
Langsam beugte sich der alte Gnays herab, fuhr vorsichtig mit seinen Fingern über die Schrift und schaute sich die Zettel ausgiebig an. Er war still, als er die Schriften kurz darauf wieder losließ, und schaute dann für einen kurzen Moment zum dämmrigen Himmel herauf. So vergingen einige Momente, bis Tzjamaz schließlich ein lang gezogenes „Ja" vor sich herbrummelte.
Endlich Hoffnung! Fin merkte, wie alles in ihm kribbelte, er fühlte die Aufregung, vor dem großen Moment, da sich durch Tzjamaz' Hilfe alles klärte und das große Rätsel gelöst wurde. Doch der alte Gnays machte diesen Traum sogleich wieder zunichte. Er wandte seinen Blick auf Fin und sprach nun auch etwas lauter:

„Alszo nein, ich kann dir leider nicht viel darüber erszählen ... aber guck hier!"
Tzjamaz wies auf ein Wappen, das bei der Landkarte in der rechten oberen Ecke zu finden war.
„Diesz iszt dasz Wappen von Szergonia, einer Gruppe von mächtigen Menschen. Ich weisz zwar nicht viel über Szergonia, aber die Leute hatten dort, hinter den Bergen immer groszen Reszpekt und auch Angszt vor den Szergonen. Szie vermieden einfach jeglichen Kontakt und redeten auch nie über szie. Wurde dieszesz Zeichen geszehen, szo wurden die Sztraszen szehr schnell leer."
Fin war aufgeregt und zugleich etwas über Tzjamaz Erklärung verblüfft:
„Also sind die Sergonen böse. Denn warum sollten die Menschen sonst eine solche Angst vor ihnen haben?"
„Ich weisz esz nicht."
„Und sonst fällt dir dazu wirklich nichts mehr ein?"
„Nein."
Fin fiel einen Augenblick lang in eine nachdenkliche Stille, denn für ihn tat sich hier ein großes Paradoxon auf: Warum lagen diese sergonischen Dokumente in seinem Kasten? War sein Retter ein Sergone gewesen? Und wenn ja, welchen Grund sollte ein vermeintlich böser Mensch haben, ihn zu retten und in fremde Obhut zu geben? Vielleicht wollte sein Retter, dass auch Fin später ein Sergone wurde? Aber dann wäre es doch sinnvoller gewesen, ihn in die Obhut anderer Sergonen zu geben.
Fin konnte das Ganze noch nicht richtig glauben. Irgendetwas war seiner Meinung nach an der ganzen Sache falsch. Entweder waren die Dokumente gar nicht von Sergonen, oder Tzjamaz hatte Unrecht mit der Beschreibung derselben. Doch da wurde Fin plötzlich wieder aus seinen Gedanken gerissen:
„Haszt du noch andere Fragen? Du guckszt szo fragend."
Fin musste, aufgrund von Tzjamaz Fürsorglichkeit, anfangen zu lächeln und schaute ihn dankend an.
„Danke, nein. Ich weiß noch nicht, wie das große Rätsel zusammengehört, aber du hast mich auf jeden Fall schon ein gutes Stück weitergebracht. Dankeschön dafür."
Fin stand auf und klopfte den Sand von seinen Kleidern, als ob er sich bereit machen wollte, um im nächsten Moment loszureiten. Da schaute Tzjamaz zu ihm hoch und schüttelte kurz und heftig seinen Kopf:

„Zzzzrrrrr... Ich wünsch dir viel Glück! Und pasz auf dich auf! Esz gibt viele Gefahren dort oben."

III.

Tzjamaz' Warnung geisterte noch ein wenig in Fins Kopf umher, doch aufhalten ließ er sich dadurch nicht. Natürlich nahm er sie ernst, doch der Wunsch endlich die Wüste zu verlassen und dem Geheimnis seiner Identität nachzugehen, schien all die Angst vor den unbekannten Gefahren zu überragen. Peobors Klinge lag ihm dabei eigentlich nur im Wege.

Sein Bild von Gebirgen war ausnahmslos von den Sandsteinbergen der Wüste Sajem geprägt, und so bestanden Berge, nach seiner Vorstellung, nur aus kargen Felsen. Er ging davon aus, dass Peobors Klinge ähnlich karg wie der Ondrejan oder der Sajwall war, und hatte sich daher auf einen tagelangen eintönigen Marsch eingestellt. Seine Erwartungen, an die Welt hinter den Bergen, waren dafür um so größer. Die ganze Nacht über hatte er von riesigen, unbekannten, fantastischen Ländern geträumt.

Wenn Fin ehrlich war, musste er sich eingestehen, dass er spätestens seit dem Erlebnis in der kleinen Oase von einer gewissen Abenteuerlust gepackt war. Seine Sorgen, seine Trauer und die Gedanken an seinen Stamm verblassten zwar nur äußerst langsam, doch seine neuen Erlebnisse gaben ihm immer mehr Mut für seinen neuen Lebensweg. Es war schon seltsam, dass selbst die Abenteuer seiner Tagträume ihn nun plötzlich in ferne Länder entführten, die ihn bis vor Kurzem noch überhaupt nicht interessiert hätten.

So war er schon früh aufgebrochen, um das vermeintlich karge Hindernis so schnell wie möglich zu passieren. Vier Tage sollte er nach Tzjamaz Einschätzung in etwa brauchen, und so schien es nichts zu geben, was ihn im Moment noch länger auf dieser Seite der Berge hielt. Doch seine Vorstellung von Gebirgen wurde schon sehr bald in Frage gestellt:

Am frühen Morgen war Fin noch gedankenversunken an den grauen, tristen Felsen des westlichen Gebirgsrandes vorbeigestapft, doch je tiefer er in das Gebirge kam, desto mehr wurde er von der Landschaft in den Bann gezogen. Nach etwa einer Stunde fing die Landschaft an, sich zu wandeln. Immer häufiger zeigten sich nun kleine Pflanzen, Gräser, Moose und Büsche, die sich ihren Platz zwischen den rauen Felsen gesucht hatten und sich nach etwa einer weiteren Stunde bereits den Platz mit ersten größeren Bäumen teilten. Der Pflanzenbewuchs wurde immer dichter und so lief er schon bald zwischen riesigen Bäumen hindurch, die wie Säulen eines gigantischen Tempels in den Himmel ragten:

Bis über dreißig Meter zogen sich die riesigen Steinbuchen, Schlangenhautkiefern und Onyxeichen in die Höhe und schienen dort förmlich nach dem Himmel greifen zu wollen. Der Waldboden war überall mit ellenlangen Blättern bedeckt und von großen Farnen, Ranken und Moosteppichen durchsetzt. Doch zwischen Boden und Baumkronen war es seltsam leer: Nur vereinzelt waren die kleinen Nachkommen der riesigen Bäume zu sehen, die sich den Weg zwischen den bis zu zwei Schritt dicken Stämmen ihrer Eltern hindurchsuchten. Doch selbst diese kleinen Bäume waren Fin in den meisten Fällen schon etliche Jahre voraus und überflügelten ihn um ein Vielfaches seiner Größe.

Für sehr viele Lebewesen Telibs wäre ein solcher Wald keine große Besonderheit gewesen, doch Fin kannte nur Wüste, Steppe, Felsen und Oasen und war plötzlich in dieser völlig anderen Welt, die ihm Ehrfurcht gebot.

Voller Freude atmete er die frische, feuchte Luft ein und fühlte den weichen Waldboden unter seinen Füßen. Einige Minuten lang blieb er stehen, schaute nach oben zu den im Sonnenlicht schimmernden Kronen der Bäume und ließ all diese Sinneseindrücke in sich eindringen:

So viel Grün, das aus den Wurzeln der rauen Felsen entsprang mit einem Dach, das genügend Sonnenlicht hereinließ, und gleichzeitig die nötige Feuchtigkeit und Kühle zurückhielt, um dieses große Leben zu gewähren. Dazwischen der Gesang von etlichen kleinen, bunten Singvögeln, das sanfte Rauschen der Bäume und der für Fin einzigartig wirkende Duft von feuchtem Humus.

Mit einer solchen Welt hatte Fin wahrlich nicht gerechnet. Sie war so sehr viel anders, als alles ihm bekannte. Dieses Gefühl freute ihn zwar einerseits, machte ihm aber andererseits auch große Angst vor dem Zukünftigen, denn eventuell waren die Landschaften die vor ihm lagen noch ganz anders und vielleicht auch wesentlich gefährlicher für ihn, als er es sich bisher in seinen kühnsten Träumen vorgestellt hatte.

Fin riss sich wieder los. Auch wenn die hiesige Natur noch so beeindrukkend für ihn sein mochte, brachte sie ihn auf seiner Suche letztlich nicht weiter. Er atmete tief durch, schaute sich noch einmal ausgiebig um und machte sich dann wieder in Richtung Norden auf, wo er sein nächstes Ziel wähnte.

Vor ihm ging es nach wie vor immer noch leicht bergauf, während sich rechts und links seines Pfades, die steilen Abhänge von noch größeren Bergen erkennen ließen. Wie hoch diese Berge wirklich waren, wusste Fin nicht, doch immer wieder leuchteten ihre weißen Spitzen durch das Blätterdach hindurch und ließen ihn erneut staunen.

Doch auch die Pflanzenwelt schien sich kontinuierlich mit jeder Stunde, die er weiter ins Gebirge kam, zu verändern: Das Unterholz wurde immer dichter, der Pfad flacher und der Boden immer weicher. Große Felsen und Steine waren fast gar nicht mehr auf dem Waldboden zu entdecken, doch die dichten Büsche, Farne und Sträucher ließen auch nur noch einen kleinen Sichtradius zu.

Bald schon wurde das Unterholz so dicht, dass Fin sich einen Weg hindurchschlagen musste, obwohl die Umgebung zugleich auch immer heller wurde. Die Anzahl der Baumgiganten nahm nun merklich ab und so erreichte auch immer mehr Sonnenlicht den Boden und schenkte den kleineren Pflanzen mehr Kraft zum Leben. Fin merkte, wie ihm ein immer stärker werdender, kühler und feuchter Wind entgegenkam, der scheinbar Düfte einer anderen Welt mit sich führte.

Doch auch diese Etappe fand wesentlich schneller ein Ende, als Fin es sich gedacht hatte: Etwa gegen Mittag endete urplötzlich der Wald und ging direkt in eine grüne, wilde Hochebene über. Wieder geriet er durch diese ungewohnte und schöne Landschaft ins Staunen, und so hielt er für einige längere Momente am Waldrand inne, um die Landschaft vor sich aufzufangen und in seinem Inneren zu verwahren. Nach einigen Augenblicken machte er sich dann wieder auf den Weg.

Vor ihm erstreckten sich nun grüne Bergwiesen, vereinzelte kleine Wälder, Bäche und Teiche. Und dazu kamen noch etliche verschiedene Tiere, die er allesamt noch nie zuvor gesehen hatte: kleine Singvögel, Grün- und Buntspechte, Amseln, Falken, Adler, Hasen, Rehe, Hirsche, Gämse, Braunbären und die noch wesentlich größere Anzahl von kleinen Insekten aller Art.

Fin war glücklich so viel Neues kennenlernen zu können, obwohl ihm gleichzeitig die drohenden Gefahren bewusst waren: Noch waren die Bären zwar am Bach am Fischen, doch wer wusste schon, wie lange ihnen der Fisch noch schmeckte? Und sicherlich gab es auch noch einige weitere gefährliche Tiere, die er bisher noch gar nicht entdeckt hatte. Doch er ließ sich nicht einschüchtern und suchte sich weiterhin seinen Weg durch die Landschaft.

So verging wieder etwas Zeit, bis Fin sich schließlich am frühen Nachmittag eine kurze Pause gönnte: An einem kleinen Teich hatte er es sich gemütlich gemacht. Er genoss die sanften, warmen Strahlen der Sonnengöttin, aß ein wenig Trockenfleisch, trank etwas Wasser, beobachtete ein paar Libellen, die über der Wasseroberfläche hin und her tanzten, und ließ seine Gedanken in ein paar Tagträumen schwelgen.

Doch die Ruhe des Teiches und Fins Gedanken wurden schnell vom einen auf den anderen Moment gestört. Ganz urplötzlich drang ein seltsames Geräusch in seine Ohren. Zuerst klang es ein wenig wie ein entferntes Grollen, wie ein Gewitter, das weit weg von ihm vorbeizog, doch je länger er lauschte, desto sicherer schien er sich zu werden, dass es tatsächlich eine unmenschliche, tiefe Stimme sein musste, die ihn aus weiter Ferne rief. Immer wieder drangen die Laute an sein Ohr und immer wieder schien es ein tiefes brummiges „Fin" zu sein.

Es war wirklich unheimlich. Fin hatte Angst, er fürchtete sich vor dem, was diese grollenden Geräusche von sich gab. Schnell packte er seine Sachen zusammen und stand bereits im nächsten Moment wieder auf seinen Füßen. Verunsichert lauschte er noch einmal in die Ferne und wartete darauf, dass die Stimme erneut erklang.

Wo kamen diese gespenstischen Geräusche bloß her? Wieder drang das dumpfe Grollen an sein Ohr und diesmal kam es eindeutig aus dem Südwesten. Wurde er etwa verfolgt? Und wenn ja, welches Wesen hatte eine solch mächtige, dumpfe Stimme, die gar über alle Berge hinweghallte? Mit dem Rucksack auf dem Rücken und der Axt in der Hand stand er für eine jede schnelle Entscheidung bereit und wusste lediglich noch nicht genau, was er nun machen sollte. Mit all seinen Sinnen versuchte er im Südwesten irgendetwas zu erkennen, doch es bewegte sich nichts. Nicht einmal ein Tier war auf der weiten, grünen Hochebene zu sehen und das fröhliche Gezwitscher der Vögel war plötzlich auch verstummt.

Sollte er nun losrennen? Einfach nach Norden verschwinden und hoffen, dass die Flucht problemlos gelang? Oder war es vielleicht doch sicherer,

sich irgendwo zu verstecken? Welche Idee hatten die Tiere denn bloß umgesetzt? Er war sich sicher, dass er nur wenige Augenblicke zuvor noch etliche Vögel in den Bäumen gesehen hatte, doch den Moment, als sie verschwunden waren, hatte er offensichtlich verpasst. Hatten die Tiere sich wirklich nur versteckt? Fin wurde immer ängstlicher und konnte sich für einige Augenblicke für nichts wirklich entscheiden. Dann schließlich drangen seine Instinkte ans Tageslicht und zogen seine Füße gen Norden.
Seine ersten Schritte waren noch sehr zögerlich und noch schweifte auch sein Blick immer wieder nach Südwesten, doch als er nun sah, wie die Bäume am Waldrand hinter ihm, von einem starken Wind gepackt, zu schwanken anfingen, riss er sich von diesem Bild los und fing an zu rennen. Mit rasendem Herzen und großen, schnellen Schritten bewegte er sich auf den nächsten, größeren Wald im Norden zu. Immer wieder wagte er dabei einen kurzen ängstlichen Blick nach schräg hinten, doch ein jedes Mal wünschte er sich danach, er hätte es nicht getan. Tief dunkelblaue Wolken waren das Gebirge herauf- und über die Bäume hinweggequollen und breiteten sich nun rasant, wie eine dunkelblaue Feuersbrunst, über den gesamten Himmel aus. Das laute, dumpfe Grollen kam mit jedem Augenblick näher und schien, je lauter und klarer es wurde, immer seltener nach Fin zu rufen. Und als urplötzlich ein extrem starker Regen einsetzte, war auch das grelle, blaue Licht der mächtigen Blitze schon einige Male hinter Fins Rücken über den Himmel gezogen.
Bloß das Grollen und Donnern war nun noch laut genug, um das vielzählige Prasseln der riesigen Regentropfen zu übertönen; und so ließ Fin sich etliche Minuten lang nur noch von seiner Angst und seinen Instinkten leiten. Er rannte, spürte, wie ihn seine Füße vom Boden wegdrückten und immer wieder kurz darauf das ganze, schwere Gewicht seines Körpers abfangen mussten. Es fiel ihm schwer im hohen Gras zu rennen und die großen Wassermassen, die vom Himmel herabstürzten, ließen den Boden weich und glitschig werden. Bald schon ließen seine Kräfte nach. Und als er endlich nach einigen Minuten den Waldrand erreicht hatte, ließ er sich gänzlich erschöpft, am Fuße einer großen Eiche auf den Boden fallen.
Fin beruhigte sich langsam. Es war nur ein Gewitter, auch wenn es wesentlich stärker und lauter war, als jedes, das er je in der Wüste erlebt hatte. Die Stimme war nur eine Einbildung! Von ihr war nichts mehr zu hören! Er würde sich einfach kurz ausruhen, ein paar Mal tief durchatmen und für einen kurzen Moment lang Kraft schöpfen. Dann würde er langsam weiterziehen.

Plötzlich bebte der Boden unter seinem Körper und brachte ein unglaublich lautes Krachen mit sich. Und obwohl Fin für einen kurzen Moment seine Augen geschlossen hatte, nahm er dennoch das grelle Licht des Blitzes unter seinen Lidern wahr.
Sofort riss er seine Augen wieder auf. Er blickte nun direkt auf einen etwa zwei Dutzend Schritte entfernten, großen Nadelbaum. Große, glühende Punkte und kleinere Flammen waren auf dessen Borke zu sehen, die zum Teil auch langsam auf den Boden rieselten. Der ganze Baum und der Boden drum herum schienen vom einen auf den anderen Moment verkohlt worden zu sein. Rauch und Wasserdampf stiegen gespenstisch um den Stamm herum auf. Fin übermannte die Panik. Einen Blitz, der den Boden berührte und so viel Kraft besaß, dass er einen so großen Baum zerstören konnte, hatte er in seinem ganzen Leben in der Wüste noch nicht erlebt.
Die Situation schien ihm, zumindest für einen kurzen Augenblick, wieder seine volle Kraft zurückzugeben. Schon im nächsten Moment stand er wieder auf festen Beinen, zog seinen Rucksack fest auf den Rücken und rannte so schnell es eben ging gen Norden. Alles was er wollte, war nur so schnell wie möglich von hier zu verschwinden. Immer weiter nach Norden und tiefer in den Wald hinein zogen ihn seine Füße, während das Gewitter langsam weiter nach Osten zog.
So vergingen einige Stunden, das Gewitter verschwand in der Ferne, während der Regen blieb. Von den Bergwiesen der Hochebene war in all der Zeit nichts mehr zu sehen gewesen. Doch immerhin kam Fin nun auch langsam wieder ein wenig zur Ruhe. Selbst sein Kopf schien wieder mehr und mehr Abstand von der einstigen Panik und der Angst zu finden. Und während er sich auch jetzt noch ununterbrochen seinen Weg durch das Unterholz der Wälder suchte, fingen seine neuen Erlebnisse langsam an, sein altes Weltbild zu verändern.
Auch körperlich erlebte Fin etwas völlig Neues: Für die Brujin hatte Regen immer als Geschenk der Götter gegolten. Jeder des Stammes genoss die erfrischenden und reinigenden Tropfen mit ganzem Körper. Auch Fin hatte dies sein ganzes bisheriges Leben so gehalten, doch nun wurde ihm schmerzlich bewusst, wie unangenehm kalt und nass an der Haut klebende Kleidung sein konnte.
Es waren wohl mittlerweile schon gut vier Stunden seit dem Einsetzen des Gewitters vergangen und dennoch zeigte der Himmel nach wie vor keiner-

lei Anzeichen für einen baldigen Wetterumschwung. Seit gut vier Stunden kam der nicht endenwollende Fluss von oben herab und ließ den weichen Humusboden unter Fins Füßen zu einer Matschbahn werden. Und wie der Boden konnte auch seine Kleidung schon längst keinen weiteren Tropfen mehr aufnehmen.

Schon sehr bald würde es dunkel werden und Fin war nicht nur ganz durchgeweicht und am Frieren, er hatte auch keine Ahnung, wo er einen sicheren Schlafplatz finden konnte. Dennoch ließ er sich nicht aufhalten. Vielleicht hoffte er einfach innerlich darauf, sich diesem Problem nicht stellen zu müssen, dass er noch heute über die Berge kam oder zumindest direkt auf einen Unterschlupf traf. Doch was auch immer der eigentliche Grund war: Keine dieser Hoffnungen verwirklichte sich.

Am nächsten Morgen wachte Fin zitternd auf. Er hatte sich spät in der Nacht, als ihn die Müdigkeit fast gänzlich übermannt hatte, zwischen die Wurzeln einer großen, uralten Onyxeiche gelegt und sich in seine Zeltplane eingewickelt. Anfangs war ihm dies noch recht warm und trokken erschienen und selbst der Regen hatte langsam in der Nacht aufgehört, doch Fin hatte weder mit dem kalten Wind aus den südlichen Tälern, noch mit dem eisigen Tau gerechnet, der hier wesentlich stärker als in irgendeiner Wüstennacht ausfiel. Die Kälte hatte ihn etliche Male in der Nacht geweckt und immer wieder seine Ruhe gestört.

Langsam zog er sich aus der Plane heraus und schaute sich um. Ein dichter, langsam wabernder Nebelteppich lag in den Tälern um ihn herum, zog gespenstisch zwischen den Bäumen hindurch, ließ nur ihre Kronen herausschauen und spiegelte dabei die feuchte, kühle Luft wieder, die Fin schon seit Langem in seine Nase zog. Vereinzelt waren Knackgeräusche aus dem Unterholz zu hören, die wohl von dort fressenden Wildtieren stammten, doch zu sehen bekam er nichts von ihnen.

Die gesamte Natur erschien in einem bläulichen Lichtschimmer, der durch die dicke, dunkelblaue Wolkendecke entstand. Doch obwohl die Lichtstärke auf Dämmerung wies, waren schon fast zwei Stunden seit dem Sonnenaufgang vergangen.

Fin rieb sich die Arme, die Beine und das Gesicht, zog den Gürtel an seiner feuchten Kleidung etwas fester an und rollte die Zeltplane wieder zusammen.

Spätestens jetzt musste er sich eingestehen, dass er vor dieser komplett anderen Natur ebenso wenig fliehen konnte, wie vor der ihm bekannten

Wüste. Er konnte dieses Gebirge nicht einfach mal eben so bezwingen und hinter sich liegen lassen. Im Gegenteil, je mehr er sich nach der Natur richtete, desto sicherer und schneller würde er über dieses Gebirge kommen. So und nicht anders waren seine Chancen am größten.
Fin holte ein großes Stück Trockenfleisch aus seinem Rucksack, verschloss diesen wieder, setzte ihn auf und machte sich kauend weiter auf den Weg gen Norden.

Die zwei folgenden Tage vergingen recht ereignislos. Das Wetter blieb beständig, der Wald wurde langsam wieder dichter und schließlich flachte auch das Gebirge wieder ab.
Fins Pfad führte schon bald wieder zwischen ähnlich großen Eichen, Buchen, Tannen und Kiefern wie am westlichen Gebirgsrand hindurch und so bahnte er sich nun seinen Weg nach Osten. Doch anders als auf der westlichen Seite der Berge, wurde der Wald hier immer dichter, der Boden wurde langsam weicher, aus Bergen wurden Hügel und selbst diese gab es bald nur noch sehr vereinzelt. Doch von allen Veränderungen der Landschaft erschien Fin eine besonders auffällig: Je weiter er nach Osten kam, desto mehr Bäche, Flüsse, Teiche und Seen trennten den dichten Mischwald auf, und deren Feuchtigkeit spiegelte sich auch in dem weichen manchmal gar matschigen Waldboden wieder.
Bisher hatte Fin noch Glück gehabt. Er hatte immer irgendeine Möglichkeit gefunden, um trocken über diese nassen Hindernisse zu kommen. Ein paar Steine im Bachbett oder ein umgestürzter Baum über dem Fluss hatten ihm bis jetzt vollkommen ausgereicht, doch diese Hindernisse waren auch noch verhältnismäßig klein gewesen.
Vor Fin lag nun das südliche Stromland und auch, wenn er sich diesen Namen bereits durch die umgebende Landschaft erklärte, lag der wahre Grund noch immer vor ihm. Menschen hatte er schon seit Tagen nicht mehr gesehen, doch tatsächlich war das Stromland weitgehend von Menschen erschlossen und Fin war bei Weitem nicht der einzige Junge, der nach einer Lösung für ein Rätsel suchte.

IV.

Als Jendor sein Stemmeisen in den schmalen Spalt zwischen die grauen Granitplatten drückte, entstand ein unangenehm grelles und knirschendes Geräusch. Dann, unter viel Kraft und Fingerspitzengefühl, hob sich die schwere Steinplatte an. Staub und Sand rieselten in den klammen Raum, der wohl schon etliche Jahrzehnte lang keinen Luftwechsel mehr erlebt hatte.

Jendor war angespannt. Ob sich die Arbeit wohl gelohnt hatte? Wieder lauschte er. Nichts, nur das tiefe Rauschen des Ferodon an der Nordklippe und vereinzelte Schreie der Reiher aus der sumpfigen Bucht. Sorgfältig knotete er seine Strickleiter an eine kleine Birke, deren Wurzeln sich einen Weg zwischen den Platten hindurch zum Wasser gesucht hatten, und ließ jene dann in die Finsternis hinab.

Ein dumpfes Klacken der untersten Leitersprosse ließ ihn aufatmen. Immerhin schien der Raum nicht mit Wasser gefüllt zu sein, doch auch das bewahrte ihn nicht vor dem bevorstehenden, dunklen Abstieg. Dieser war bei Weitem der unangenehmste Teil seiner Arbeit, denn um vom Dorf aus nicht gesehen zu werden, galt es das Licht erst dann anzuzünden, wenn er bereits drinnen auf festem Boden stand.

Alte, muffige, verbrauchte Luft, die einen Geruch von feuchtem Humus und Algen mit sich trug, schlug ihm beim Abstieg entgegen. Die Strickleiter schwankte hin und her und gab ihm trotz seiner vorsichtigen Schritte ein unsicheres Gefühl. Dann erreichte er schließlich den schleimig glitschigen Boden. Er war nun komplett von Dunkelheit umhüllt. Endlich konnte er seine Fackel entzünden. Ein Zischen war zu hören, das vom Aufflammen einer hellen, weißen Flamme begleitet wurde. Der Duft von brennendem Phosphor verteilte sich in der Luft.

Jetzt hieß es Ruhe bewahren und die Neugier im Zaume halten, denn gelang das Entzünden der Fackel nicht, so war wieder eines der teuren Zündhölzer verschenkt, die er sich so hart erarbeitet hatte.

Vorsichtig hielt er das brennende Holzstäbchen dicht an die dicke Pechfackel, sodass sich die Flammen förmlich an das Pechtuch anschmiegen konnten. Für einige Augenblicke schien nichts zu passieren, doch als

das Hölzchen etwa bis zur Hälfte abgebrannt war, drang plötzlich ein Knistern durch den Raum. Das Pech hatte sich entzündet und schien die Flammen des Zündholzes zu vergrößern.
Eine grünlich blaue Flamme wuchs langsam heran und stieg bis zur Spitze der Fackel auf. Kurz drang der unangenehme, dunkle Pechrauch in Jendors Nase ein, dann zog er die Fackel von seinem Körper weg und atmete einmal tief durch.
Fehlschlag! Der gesamte Raum schien leer zu sein, doch Jendor ließ sich nicht so leicht beirren. Vorsichtig stieg er die letzten drei Sprossen seiner Strickleiter herab und stand dann auf dem leicht schleimigen und schmierigen Boden des uralten Gemäuers.
Mit etwas verbliebener Hoffnung und einem großen Stück Neugier, schaute er sich um: wozu dieser Raum wohl einmal genutzt worden war? Vielleicht ein Lagerraum? Sein einziger Ein- und Ausgang schien jedenfalls schon vor Ewigkeiten verschüttet worden zu sein und ansonsten zeigte sich auch keine große Besonderheit. Eins stand auf alle Fälle fest: Es war wieder ein Raum mehr auf seiner Liste, der zwar Neugier aber nicht Hunger stillend war, und von diesen hatte er in letzter Zeit leider all zu viele gefunden. Und dennoch hätte er wohl seine gesamte Freizeit hier in den Ruinen verbracht, wenn er bloß die Erlaubnis dazu gehabt hätte. Doch selbst jetzt, im Schutze der Nacht brachte er sich in große Gefahr:
Von höchster Stelle war angeordnet worden, die Ruinen der Ferofest unberührt zu lassen, doch den Grund dafür hatte Jendor sich nie erklären können. War es etwa wirklich nur aufgrund der Gefahren, die in den Ruinen herrschten? Wegen den brüchigen, alten Wänden? Oder befürchtete der König etwa, dass die meisten Abenteurer bereits bei der schweren Überfahrt des Ferodons ihr Leben lassen mussten? Die Schätze, die hier zu finden waren, wollte dieser anscheinend nicht selbst bergen, und außer denen gab es hier, nach all dem, was Jendor wusste, auch nichts Interessantes zu entdecken.
Schnell riss er sich wieder von diesem Gedanken los. Noch einmal schaute er sich um. Er schwenkte die Fackel hin und her, um auch die Ecken komplett ausleuchten zu können, doch dabei fand er nur seine Befürchtungen bestätigt. Der Raum war leer. So griff er etwas missmutig nach der Strickleiter, verlöschte die Flamme seiner Fackel und kletterte wieder nach oben. Er war nur ganz kurz in der Ruine gewesen und hatte sich in der gesamten Zeit bemüht kein einziges Anzeichen dafür an die Umwelt weiterzugeben,

dennoch schien ihm bereits jetzt hinter jedem Schatten eine neue Gefahr zu lauern. Schnell ließ er seinen Blick um sich schweifen und lauschte dabei in die Nacht hinein, doch nach wie vor war kein einziges Lebenszeichen auf dieser Insel zu hören.

Jendor bückte sich, griff zu der Steinplatte und verlagerte sein Gewicht auf seinen Oberkörper, um sie so in ihre alte Lage zurückzuschieben. Mit einigem Knirschen setzte sie sich in Bewegung, schabte über den Boden hinweg und fiel schließlich mit einem dumpfen Ton in die Vertiefung zwischen den anderen Platten. Jendor atmete tief ein, steckte die gelöschte Fackel in seinen Leinensack und griff nach der Strickleiter. Sein Blick schweifte nachdenklich zum Festland hinüber: Es war schon spät, seine Mutter wartete bestimmt schon sehnlichst auf seine Rückkehr.

Für einen kurzen Augenblick schloss er seine Augen und atmete tief ein, dann machte er sich auf, kraxelte schnell über den felsigen und dornenbewachsenen Hügel, schlich an den Mauerresten des Nordturms vorbei und erreichte schließlich den alten Hauptplatz der Burg. Von hier aus war es nur noch ein Katzensprung bis zu seinem Versteck:

Direkt neben dem alten Gebetsschrein stand eine große, hohle, alte Eiche, in der er nach jeder nächtlichen Aktion seine Fackeln, sein Werkzeug und die Strickleiter unterbrachte. Kurz überprüfte er noch einmal, ob er auch wirklich alles mitgenommen und auch ja nichts vergessen hatte, dann legte er die letzten Schritte bis zur Eiche zurück und steckte seine Sachen durch ein Astloch hindurch in den schmalen Hohlraum im Inneren des Baumes. Wieder war eine seiner kleinen Abenteuerreisen zu Ende und leider erneut ohne Erfolg. Er war etwas traurig und enttäuscht, doch beschweren durfte er sich eigentlich nicht. Die vielen Gegenstände, die er in der letzten Zeit geborgen hatte, hatten ihm schon einiges Geld eingebracht – Geld, das ihm eigentlich nicht gehörte. Er schüttelte seinen Kopf und machte sich auf den Weg zu seinem Boot.

Was war bloß in letzter Zeit los? Als er vor etwa hundert Tagen das erste Mal an der Insel angelegt hatte, war sie ihm beinahe wie eine Goldmine erschienen. Drei Mal hintereinander waren ihm die Schätze sozusagen direkt in die Arme gefallen: Schwerter, Rüstungen, alte Silbermünzen oder gar Schmuck. Und nun? Ein einziges Mal hatte er in den letzten sechzig Tagen das Glück gehabt, einen Raum zu finden, der nicht leer war und selbst dort hatte er bloß einen großen Haufen Kohle gefunden.

Nun gut für den nächsten Winter war ein Haufen Kohle sicherlich nichts

Verkehrtes, doch Geld brachte sie nicht ins Haus und eben das war es, was seine Mutter und er am meisten brauchten. Was hätte er auch anderes machen sollen? Seit dem geheimnisvollen Tod seines Vaters vor zehn Jahren lebte er alleine mit seiner Mutter, in einem kleinen Fachwerkhaus am Rande des Dorfes. Und die wenigen Fische, die er jeden Tag fing, reichten kaum zum Überleben aus.

Doch es war nicht nur das Ausbleiben der wertvollen Funde. Irgendwie war es ihm sogar unangenehm gewesen, als der fahrende Händler vor einigen Tagen wieder nach Festenhain gekommen war und dieser ihn immer wieder auffordernd angeschaut hatte. Natürlich hatte dieser keine Ansprüche auf das, was Jendor in der Ferofest fand, aber letztlich hatte er ihm noch etwa sechzig Tage zuvor selbst gesagt, dass er wohl schon nächstes Mal wieder ein paar Schätze für ihn besorgt hätte. Und als der Händler nun schließlich wieder ins Dorf gekommen war, hatte er ihn mit leeren Händen wegschicken müssen.

Was wohl die anderem aus dem Dorf machen würden, wenn sie von seinen illegalen Geschäften erfahren würden? Oder wussten sie es vielleicht schon lange?

Jendor riss sich aus seinen Gedanken, schaute sich noch einmal mit einem hektischen Blick um und setzte seinen Weg in Richtung des Bootes fort: Wie oft war er schon den breiten, gepflasterten Weg zum alten Hafenbecken gegangen? Und doch wusste er kaum, wie er aussah. Ein jedes Mal kam er in der Dämmerung und fuhr in der Dunkelheit zurück. Und alles nur, weil eine einzige Person ein Verbot ausgesprochen hatte. Der Krieg war schon Ewigkeiten her und nie hatte sich einer der hohen Herren blikkenlassen. Keiner hatte sich je darum bemüht, was aus den Ruinen der Festung wurde. Und doch wollte der König darüber bestimmen, wer die Insel betreten durfte und wer nicht.

Hier auf dieser Insel schien es nicht einmal Mäuse oder Kaninchen zu geben und doch galt sie als so sehr gefährlich, dass er sich nicht trauen durfte, tagsüber auf ihr zu landen. Konnte es denn nach all der Zeit überhaupt noch eine Gefahr geben? All seine Erfahrungen sagten ihm, dass es nicht so sei und dennoch trug er eines der gefundenen Kurzschwerter links an seinem Gürtel. Bisher war ihm noch nichts passiert, doch er hatte nach wie vor, bei einer jeden Entdeckungstour, ein ungutes Gefühl.

Es war schon irgendwie seltsam: Die Insel war unbewohnt und Jendor war vielleicht gar der Einzige, der in den letzten Jahrzehnten einen Fuß auf sie

gesetzt hatte. Trotzdem erschien dieser uralte Pfad, als ob er noch heute vom Burgwart persönlich gepflegt werden würde. Doch brachte diese Tatsache eine Gefahr mit sich? War sie alleine schon Grund genug, um jedem das Betreten der Insel zu verbieten? Jendor schüttelte den Kopf bei diesem Gedanken, doch was auch immer der eigentliche Grund war, er wollte der Gefahr nicht schutzlos entgegenblicken müssen.
Seine Gedanken schweiften ab, er träumte vor sich hin, während vor ihm in der Dunkelheit der Schatten seines Bootes auftauchte. Er legte die letzten Schritte zurück, lehnte sich dann gegen die Seite der Yelindra und schob die kleine, einmastige Schaluppe mit einem einzigen Ruck ins Wasser. Er zog sich hinein und setzte rasch das Segel. Seine Gedanken waren selbst jetzt noch an einem ganz anderen Ort. Doch er konnte es sich erlauben. All diese Bewegungen waren längst Routine für ihn.
Die Yelindra glitt aus dem alten Hafen auf den großen Fluss hinaus. Eine kurze Zeit lang flatterte das leinene Segel wie wild hin und her, dann zog ein plötzlicher Windstoß die Schaluppe vollends in den Wind. Das Boot gewann, mit einem kräftigen Ruck an Fahrt und ließ das Wasser vor dem Boot wild zur Seite spritzen. Jendor war wieder auf dem Ferodon.
Mit einigen weiteren routinierten Handgriffen setzte er seinen Kurs flussaufwärts auf die sumpfige Reiherbucht und steuerte dann an einigen Felsen und größeren Stromschnellen vorbei. Sehen konnte er diese nicht, doch er vertraute auf sein Gedächtnis und seinen Orientierungssinn. Beide hatten ihm bisher gute Dienste geleistet, doch eine direkte Überfahrt wagte er dennoch nicht:
Die Strömung im Engpass zwischen der Insel und dem Festland war äußerst stark und unregelmäßig. Überall gab es kleinere Stromschnellen und Strudel, die sich hinter großen, unter der Wasseroberfläche liegenden Felsen bildeten, und die das kleine Boot wahrscheinlich zum Kentern gebracht, Jendor in die Tiefe gerissen und ihn ertrinken lassen hätten. Doch auch die Fahrt flussaufwärts war nicht ungefährlich. Der meist von Süden kommende Wind war gerade zwischen den hohen Klippen unberechenbar und kam manchmal in sehr plötzlichen, heftigen Böen. Ein sicheres Manövrieren schien hier beinahe unmöglich. Erst einige hundert Meter weiter flussaufwärts, in der Reiherbucht wurde der Fluss etwas breiter und ruhiger. Die Strömungen und der Wind waren dort wesentlich gemäßigter und besser einzuschätzen, sodass der Ferodon an dieser Stelle auch sicherer passiert werden konnte.

Heute hatte Jendor zumindest in diesem Falle Glück: Der Wind war zwar recht stark, kam aber konstant von Südosten. Er kam problemlos voran und war schon bald auf der Höhe der Reiherbucht. Nun lenkte er sein Boot nach Nordwesten, in Richtung des kleinen Hafens auf der westlichen Flussseite und schlängelte die Yelindra schließlich zwischen den neun anderen Booten des Dorfes hindurch, um dann den gewohnten Liegeplatz seiner Schaluppe anzusteuern.
Jendor nahm das Tau am Bug des Schiffes in seine linke Hand und zog sich mit einem großen Satz auf den Steg.
Kurz ließ er den üblichen schnellen Blick über die Schiffe und den Steg gleiten, um zu überprüfen, ob einer der anderen Fischer in seiner Nähe war. Er stützte sich an einem Balken ab, zog die Yelindra dicht an den Steg heran und knotete sie an einem der großen Pfosten, die den Anleger an seiner Position hielten. Er stieg in die kleine Schaluppe zurück, hob die mit den gefangenen Fischen vollgepackte Kiste hoch, stellte sie nach oben auf den Steg, kletterte hinterher und machte sich dann mit der Kiste in den Händen auf den Weg ins Dorf.

Jendor ging den Pfad entlang, den er nun bereits seit seiner frühesten Kindheit fast täglich gegangen war. Er verfiel auf seinem Heimweg in Gedanken und Träumereien und fragte sich, ob er jemals von hier wegkommen und etwas anderes, als das dörfliche Leben kennenlernen würde. Alles schien so, wie der Abend eines normalen, durchschnittlichen Tages, doch heute wurde er in seinen Gedanken gestört:
Urplötzlich verfing sich ein Knacken aus dem Unterholz rechts neben dem Pfad in seinem Ohr und ließ ihn vor Schreck zusammenzucken.
Ganz langsam und leise stellte er die Kiste auf den Boden, zog vorsichtig sein Kurzschwert und lauschte in die Dunkelheit hinein. Wieder knackte es, Schritte waren zu hören und diese kamen sogar offensichtlich direkt auf ihn zu. Ihm war klar, dass diese Geräusche nicht von einem Tier stammten. Ein Tier hätte ihn längst gewittert und still an seinem Platz verharrt.
Dann war es plötzlich wieder still. Das Knacken und die Schritte waren wohl bis etwa sieben Meter an ihn herangekommen und endeten nun dort. Jendor fühlte, wie sich sein gesamter Körper auf eine schnelle Reaktion vorbereitete. Sein Herz pochte stark und war bis in seinen Hals fühlbar. Doch er blieb still und wartete weiter ab, lauschte gespannt in das Dickicht hinein und versuchte jede noch so kleine Bewegung mit seinen Augen auf-

zufangen. Dann plötzlich wurde er einem seltsamen Geruch gewahr: Ein ganz zarter Hauch von Zedernöl zog durch die Luft, der offensichtlich von dem fremden Wesen ausging und ein weiterer Beweis für seine These war: Das Wesen war offensichtlich wirklich kein Wildtier, doch ob das positiv war?

Nach wie vor lag eine beklemmende Stille über dieser Szenerie, bis Jendor es schließlich nicht mehr aushielt und laut in den Wald hineinrief:

„Hallo! Wer ist da!"

Kurz blieb es still, doch dann gab plötzlich eine jugendliche, männliche Stimme eine Antwort:

„Ich bin ein Reisender aus dem Westen. Ich komme aus der Wüste Sajem und bin über Peobors Klinge hier her in das Stromland gekommen."

Wieder war es kurz still, dann ergriff Jendor erneut das Wort:

„Ich bin nur ein Fischer, Ihr könnt also gerne aus dem Unterholz heraustreten, ich denke kaum, dass ich eine große Gefahr bin!"

„Gut, ja dann ..."

Erneut waren Schritte und vereinzelte Knackgeräusche zu hören, die ebenso zaghaft erschienen, wie auch der etwas zögerliche, letzte Satz des Fremden.

Jendors Körper stand immer noch unter einer enormen Anspannung und so zählte er wie selbstverständlich die zehn Schritte, die die unbekannte Person tat, bis sie aus dem Unterholz heraustrat und vor ihm zum Stehen kam:

Der vielleicht 20-jährige Mann hatte eine helle Hautfarbe, halblange, dunkelbraune, wellige Haare, hellbraune Augen, trug einen dichten, kurzen Kinnbart und war in ockerne Leinenkleider gehüllt, die fast bis zu den Knöcheln reichten. Darunter war eine dunkelbraune, weite Leinenhose zu erkennen, die unten in die hellbraunen Lederstiefel gesteckt war. Er hatte einen großen Lederrucksack in einer ähnlichen hellbraunen Farbe auf seinem Rücken, an dem an der linken Seite eine große zweischneidige Axt geschnürt war. Sonst schien der Fremde unbewaffnet zu sein und auch keinen Grund dafür zu sehen, zu seiner Waffe zu greifen. So steckte auch Jendor sein Schwert ein und nickte dem Fremden dann mit einem erleichterten Gesichtsausdruck zu.

„Und, was wollt Ihr hier in der Gegend?"

„Tja, das ist wahrlich eine längere Geschichte, die sich nicht so schnell abhandeln lässt, doch zurzeit bin ich nur auf der Suche nach einer warmen,

trockenen Unterkunft und einer leckeren Mahlzeit."
Die Stimme des Fremden klang ein wenig so, als ob ihm gerade ein großer Stein vom Herzen gefallen wäre. Doch ob das nur daran lag, dass er genau wie Jendor nicht mit einer solchen Begegnung gerechnet hatte, wusste er nicht. Dennoch zeigte es ihm zumindest, dass der Fremde ihm wirklich nichts Böses wollte und so verflog auch bei ihm das letzte Misstrauen und die Angst.
„Na, eine warme Unterkunft und etwas zu essen wird sich bei uns im Dorf wohl finden lassen. Kommt doch einfach mit, ich bin sowieso gerade auf dem Weg nach Hause."
Der Fremde lächelte bei dieser Einladung.
„Danke! Das Angebot nehme ich gerne an."
Jendor hob die Kiste wieder hoch, gab dem Fremden einen Wink, indem er seinen Kopf nach links in Richtung des Dorfes neigte, und setzte sich dann mit ihm zusammen in Bewegung.

Festenhain war ein weit abseits liegendes kleines Dorf, das vor etwa 300 Jahren als Verbindungsposten zur Ferofest errichtet worden war. Doch seit dem Bürgerkrieg und der Zersplitterung des Warender Kaiserreichs, bei dem auch die besagte Festung zerstört worden war, war Festenhain nichts weiter als ein kleines, einsames Fischerdorf im äußersten Westen des südlichen Stromlandes.
Und so verwunderte es auch kaum, dass die 82 Bewohner dieses Ortes in kleinen, einfachen Fachwerkhäusern mit Schilfdach wohnten, die meist nicht einmal Glas in den wenigen Fenstern hatten.
Der Ort selbst war ein typisches Rundlingsdorf, das um eine uralte, große Dorfeiche herum errichtet worden war, und bis auf einen Schmied, der gleichzeitig Stellmacher und Schiffsbauer war, einem Müller, einem Bäcker und zwei Bauern, ausschließlich von Holzfällern und Fischern bewohnt war.
Jendor wohnte mit seiner Mutter am östlichen Rand, im dritten und letzten Ring des Dorfes, wohin er normalerweise vom Anleger aus über einen direkten Weg gelangen konnte. Doch heute wandte er sich weiter gen Westen und steuerte zuerst den Dorfplatz an, um dort dem Fremden eine Unterkunft bei einem der beiden Bauern zu besorgen.
Er war sich sicher, dass zumindest der alte Gerstenbur ein offenes Herz für diesen Gast haben würde, denn schließlich kam es nur selten vor, dass

fremde Leute in diese Gegend kamen und in Festenhain verweilten. Daher wurde auch ein jeder Fremde als ein Bote aus der Ferne betrachtet. Jeder Reisende brachte Neuigkeiten und Geschichten mit sich und ließ das Dorf somit auch ein wenig an der Außenwelt teilhaben. Wie konnte man einer solchen Person gegenüber nicht gastfreundlich sein?

Doch bis zum Hofe Gerstenbur schafften sie es nicht. Gerade in dem Moment, als sie am nördlichen Rand des Ortes ankamen, drangen plötzlich weibliche Schreie an ihre Ohren. Es war die Stimme von Jendors Mutter, die offensichtlich von den Klippen im Osten hierherhallte. Den Inhalt der Schreie konnte Jendor nicht verstehen, doch es war offensichtlich, dass hier irgendetwas nicht stimmen konnte. Sofort ließ er die Kiste mit den Fischen fallen und rannte los.

Vor ihm lag nun der lichte Klippenforst. Unter den alten, kräftigen Rotbuchen und Maronen war auch um diese Zeit noch ein leichter Dämmerungsschimmer auf dem weichen Laubboden zu erahnen. Ohne sich ein einziges Mal umzuschauen, rannte er schnurgerade zwischen den großen Bäumen hindurch. Immer noch waren die andauernden Hilferufe von direkt vor ihm zu hören. Dann endlich sah er auch den Ursprung der Schreie:

Es kam von ganz vorne an den Klippen. Von dem Ort, an dem seine Mutter gerne saß, um in die Ferne zu schauen. Er sah einen einzelnen grauen Wolf, der mit einer Frau am Kämpfen war. Immer wieder schlug sie den Wolf mit einem langen Stab von sich fort, doch sie schien an Kraft zu verlieren. Lange würde sie diesen Kampf nicht mehr durchhalten können. Eine unglaubliche Wut stieg in Jendor auf. Noch während des Rennens ließ sie ihn laut fluchen:

„In Schatten verdammte Tollwut!"

Er stürmte auf den Wolf zu. Er zog sein Kurzschwert und machte sich zum Kampf bereit. Sein Feind war ein einzelner ausgemergelter Wolf, doch gerade das machte ihn noch gefährlicher! Die Zähne dieser Bestie rammten sich in diesem Moment in den Wanderstab seiner Mutter. Es war höchste Zeit! Jendors Schlag traf den Buckel des Wolfes und schnitt eine tiefe Wunde in das Fell. Im selben Augenblick zerbrach der hölzerne Stab mit einem lauten Knacken. Dem Druck dieser spitzen Zähne konnte kaum etwas standhalten. Die Wunde an seinem Rücken schien den Wolf nicht zu schwächen. Im Gegenteil schien er nun sogar noch rasender zu werden.

Der Wolf schüttelte seinen Kopf und sprang dabei zur Seite. Große Splitter

des Stabes fielen mit den Tropfen seines schaumigen Speichels auf den Boden. Dann sprang er nach vorne und schnappte zu. Ein beißender Schmerz fuhr durch Jendors rechten Arm. Er war nach hinten gesprungen, hatte seinen Arm vom Maul des Wolfes weggezogen, doch der Wolf war schneller. Trotz Jendors kräftiger Bewegung glitten die spitzen Zähne des Wolfes noch über seine Knochen hinweg. Sie hatten sich durch seine Lederjacke und seinen Pullover gebohrt. Höllische Schmerzen drangen durch seinen Arm, als die Zähne seine Haut und sein Fleisch zerrissen. Dann schloss sich das Maul. Jendors Arm war noch im letzten Moment aus dem Maul entkommen, seine Jacke nicht. Der Fischer brüllte vor Schmerz und zog seinen Arm in Richtung seines Körpers. Er merkt, wie fest der Wolf die Jacke in seinem Maul hielt. Mit weit aufgerissenen Augen starrte die Bestie ihn an. Blut mischte sich mit seinem schaumigen Speichel. Dicke Tropfen fielen herab und sammelten sich auf Jendors Hose.
Die Angst, der Hass und die Wut auf den Wolf nahmen gleichzeitig überhand. Er konnte nichts mehr erkennen. Ein roter Schleier der Verzweiflung hatte sich vor seine Augen gelegt. Mit seiner gesamten verblieben Kraft drückte er sich vom Boden ab und sprang. Ein gewaltiges Gewicht bestimmt halb so schwer, wie er selbst, hing mit den Zähnen an seinem Arm. Der Wolf flog ein Stück mit ihm durch die Luft. Beide landeten wieder auf dem steinigen Boden. Jendor war in Panik, wusste überhaupt nichts mehr. Er musste unbedingt wieder einen klaren Gedanken finden!
Ein schmerzlich lang erscheinender Moment verging. Der Wolf zerrte noch einmal an seinem Arm. Er brachte ihn leicht ins Taumeln. Die unglaublichen Schmerzen schienen bei diesem Ruck noch stärker zu werden. Noch waren seine Knochen ganz, auch wenn der Arm verletzt war, der Wolf zerrte nur an der Jacke. Doch wie viel Zeit blieb ihm noch, bis er ein zweites Mal zubiss?
Plötzlich hörte Jendor einen scharfen, stählernen Hieb. Ein Zittern jagte durch den gesamten Wolfskörper. Erneut erklang das Geräusch. Nun öffnete das Raubtier langsam sein Gebiss. Es ließ seine derzeitige Beute los.
Der Körper des Wolfes sank zu Boden. Die Angst wich und der Schleier vor Jendors Augen lichtete sich langsam wieder. Das Erste, was er sah, war eine große stählerne Axt, die den Hals des Wolfes durchtrennte. Der Schädel schlug kurz auf den Boden auf, dann stürzte er die Steilwand hinunter. Jendor drehte seinen Kopf, sah erst die Klippe herab und dann in das Gesicht des Fremden. Sein Mund stand weit auf, er war außer Atem, war

ebenfalls den ganzen Weg hierher gerannt. Dann griff der Fremde nach Jendor und zog ihn ein Stück weit von der Klippe weg.

V.

Fin saß auf einem alten, rustikalen Stuhl in der Nähe des warmen Kamins. Sein Blick lag auf den Flammen des lodernden Feuers, während er seinen Gedanken grenzenlosen Raum bot. Für ihn war es das erste Mal, dass er in einem solch festen, steinernen Gebäude saß. Sein ganzes Leben über hatte er in Zelten oder unter freiem Himmel geschlafen und die wenigen kleinen Lehmhäuser der Oasenbewohner und der Gnays, in die er bereits hineingeschaut hatte, waren mit dieser eigentlich recht kleinen Behausung nicht einmal annähernd vergleichbar.

Immer noch in Gedanken vertieft, ließ Fin seinen Blick umherschweifen und nahm die Bilder begierig auf. Reich schienen Jendor und seine Mutter nicht zu sein. Selbst die Zelte der Brujin, die nur für kurze Rasten errichtet wurden, waren wesentlich schöner und edler geschmückt als dieses alte, steinerne Haus. Einige buntgefärbte, raue Stoffe, ein paar geschnitzte Stöcke, ein Fischernetz und zwei Regale versuchten das triste Grau der rauen Wände, zu übertönen. Und schaute man auf den kalten Boden, so fand man dort nur einige wenige Felle, deren schlechter Zustand auf ein sehr hohes Alter schließen ließ.

Fins Blick wanderte weiter und fiel schließlich auf Jendor:

Der junge Fischer war wohl etwa 18 Jahre alt und kam ihm auf den ersten Blick recht unscheinbar vor. Dies lag wohl vor allem an seiner Kleidung. Die dunkelbraune Leinenhose und das hellgraue Leinenhemd, die ausgefranste, dicke, dunkelbraune, fast schwarze, leinene Jacke und die ledernen Stiefel, in denen die Hosenbeine endeten, passten fast perfekt mit der sonnengebräunten Haut in seinem Gesicht und an seinen Händen zusammen. Doch bei genauerem Hinschauen war seine Erscheinung wesentlich interessanter und auffälliger als es der erste Blick vermuten ließ: Seine schmale, spitze Nase schien beinahe zwischen den großen, braunen Augen und dem kräftigen Mund unterzugehen, während die kurzen, dunkelblonden Haare

und die eher dezenten Augenbrauen dem Gesamtbild eine friedfertige und nette Ausstrahlung verschafften.
Plötzlich wurden Fins Gedanken gestört. Jendor war offensichtlich seinen Blicken gewahr geworden, verzog nun seinen rechten Mundwinkel nach schräg oben und blinzelte ihm mit seinem rechten Auge zu.
„Schauen die Jungen bei euch so sehr viel anders aus. Ihr könnt die Augen ja gar nicht mehr von mir lassen!"
Seine Stimme klang scherzhaft und freundlich und doch stieg Fin vor Scham ein leichtes Rot ins Gesicht. Es war ihm unangenehm und peinlich, dass er dabei ertappt worden war, wie er Jendor eine längere Zeit lang angestarrt hatte. Schnell wandte er seinen Blick ab und schaute auf den Boden.

Mittlerweile waren gut eineinhalb Stunden seit dem Wolfsangriff vergangen. Hermelia, Jendors Mutter hatte sich direkt nach dem Kampf auf den Weg gemacht und Fariaa geholt. Die Schneiderin des Dorfes wurde von allen Bewohnern geschätzt und hatte aufgrund ihrer handwerklichen Fähigkeiten den Platz der Wundheilerin anvertraut bekommen. Und so waren auch Jendors Wunden von ihren sorgsamen Händen behandelt worden.
Fin biss noch jetzt die Zähne zusammen, wenn er daran dachte, wie Jendors Schmerzensschreie durch den Raum gedrungen waren. Hochprozentigen Schnaps hatte die Schneiderin über seine Wunden laufen lassen, bevor sie diese mit einigen Nadelstichen zusammengenäht hatte. Doch nun schien Jendor bereits seine gesamte Lebensfreude wiedergefunden zu haben. Mit einem lächelnden und hungrigen Blick löffelte er die heiße Fischsuppe und schaute nur vereinzelt etwas unglücklich auf seinen verbundenen Arm.
Doch auch Fin selbst hatte mittlerweile Vorliebe für Hermelias Köstlichkeit gefunden. Er löffelte begierig die warme Speise in sich hinein und musst dabei an die Geschehnisse an der Klippe zurückdenken. Eigentlich war es nur eine Kurzschlussreaktion gewesen, die ihn innerhalb weniger Augenblicke seine Entscheidung treffen ließ. Warum er Jendor letztlich hinterhergerannt war und sich schließlich sogar selbst in Gefahr gebracht hatte, nur um dieser eigentlich fremden Person zu helfen, wusste er bis jetzt noch nicht sicher.
Fin war froh, dass es so gut ausgegangen war, doch ein gewisser Schauder

blieb nach wie vor. Er war nur seinen Instinkten gefolgt und hatte dabei gar keine Ahnung gehabt, ob sein selbstgefährdender Eingriff überhaupt sinnvoll war. Nicht nur, dass er noch nie zuvor ein solch gefährliches Tier getötet, es war auch das erste Mal gewesen, dass er überhaupt mit seiner Axt gekämpft hatte. Und nun saß er hier, an einem Tisch mit den beiden Gastgebern, denen er ihrer Meinung nach das Leben gerettet hatte. Irgendwie erschien ihm das alles noch ziemlich unwirklich.

„Und? Mögt Ihr uns erzählen, warum Ihr eigentlich hierher gekommen seid?"

Hermelia schaute Fin freundlich an und drückte dabei mit ihrem hölzernen Löffel ein großes Stück Lachsfleisch gegen den Tellerrand, um es so auf diesen zu bekommen.

„Duzt mich ruhig! Ich bin ein normaler Mensch, wie ein jeder andere auch!"

„Sehr gerne! Dann gilt für dich aber auch das Gleiche."

Hermelias Freude über Fins Wunsch war offensichtlich, denn eigentlich mochte sie diese förmlichen Anreden überhaupt nicht. Sie hielt sie eher für ein unangenehmes Überbleibsel der zum Glück längst vergangenen Kaiserzeit, und das war auch nicht sonderlich verwunderlich:

Als sie noch ein kleines Mädchen gewesen war, hatte ihre Großmutter ihr von schlechteren Zeiten erzählt und davon, dass es dem Volk seit dem Untergang des Warender Kaiserreichs wesentlich besser ging. Hohe Abgaben und sehr strenge Fischereigesetze seien damals mit dem Kaiserreich zusammen untergegangen und hätten für das einfache Volk die Wende gebracht. Für Hermelia waren diese Geschichten eine große Warnung gewesen, nie wieder die Gründung eines neuen Kaiserreichs zuzulassen und alles, was mit dem Kaiserreich zu tun hatte, hinter sich zu lassen.

Aber noch bevor Jendors Mutter ihre persönliche Meinung zu diesem Thema preisgeben konnte, ließ Jendor seine Neugier sprechen:

„Jedenfalls würde es auch mich sehr interessieren, warum du in diese Gegend gekommen bist. Ich denke, es wird ja nichts Schlimmes sein, oder ..."

Fin unterbrach Jendor in seinem Redefluss:

„Nein, nein, es ist wahrlich nichts Schlimmes. Es ist nur etwas schwer zu erklären."

„Erzähl ruhig, wir haben genug Zeit!"

Fin atmete tief durch, blickte zur Decke auf und wandte sich schließlich wieder Hermelia und Jendor zu.

„Nun gut! Wie ich euch ja bereits erzählt habe, komme ich vom Stamme der Brujin aus der Wüste Sajem, doch das ist nur ein Teil der Wahrheit. Vor acht Tagen wurde ich von den Ältesten meines Stammes vor die Tatsache gestellt, dass ich gar nicht von Geburt an zu meinem Stamm gehört habe. Offensichtlich bin ich ein Findelkind, dass in einem Krieg weit weg von hier, im Feindesland gefunden wurde. Doch da ich nicht zu den Kreaturen dieses Landes gehörte, nahm mich einer der Krieger mit und brachte mich nach Ende des Krieges zu den Brujin, die daraufhin meine Familie wurden."

Für einen kurzen Moment war es still. Hermelia und Jendor schauten neugierig zu Fin herüber und warteten anscheinend darauf, dass dieser ihnen noch mehr erzählte, doch er schien für den Moment keinen Grund dafür zu sehen. So wog Jendor seinen Kopf schließlich neugierig von rechts nach links und setzte das Gespräch fort:

„Wer war denn dieser Krieger und warum hat er dich nicht selbst aufgezogen?"

Fin grinste, als er diese Frage hörte.

„Tja, um das herauszufinden, bin ich hier!"

„Weißt du denn gar nichts von ihm oder hast du immerhin ein paar Anhaltspunkte?"

Jendors Neugier war vollends entfacht und diese Tatsache kam Fin mehr als recht. Auch wenn er weder Jendor noch Hermelia als besonders wissend einstufte, keimte dennoch ein wenig Hoffnung in ihm, dass die beiden ihm beim Lösen des Rätsels helfen konnten.

„Ja doch, ich habe einen kleinen Holzkasten mit einigen Schriften und Karten, doch ich kenne die Schrift nicht, die dort verwendet wird."

Nun blitzte auch Hermelias Neugier auf und ließ sie wieder in das Gespräch einsteigen:

„Magst du sie uns zeigen? Vielleicht können wir ja diese Schrift lesen."

„Natürlich! Warum nicht?"

Fin stand auf, ging zu seinem Rucksack herüber, öffnete ihn, holte den Kasten heraus, steckte ihn unter seinen Arm und schaute noch für einen kurzen Moment nachdenklich auf seine Habseligkeiten. Dann drehte er sich wieder um, ging zu seinem Stuhl zurück, stellte seinen Kasten auf den Tisch und setzte sich wieder hin. Es war still im Raum. Seine Finger glitten behutsam über die Oberfläche des Kastens, öffneten den Messingverschluss und hoben schließlich den Deckel an. Die beiden Gastgeber folgten mit

neugierigen Blicken seinen Bewegungen, als er nun langsam die Karte und die Texte hervorholte und sie auf den Tisch legte.
Sofort schnellten die Hände der beiden Stromländer nach vorne. Fin bekam einen kleinen Schrecken und befürchtete all zu groben Umgang mit seinen Dokumenten, doch die beiden zügelten sich augenblicklich wieder, um nun ganz vorsichtig ihre Fingerspitzen auf das alte Pergament zu legen. Ganz langsam zogen Hermelia und Jendor die Schriften zu sich herüber und schauten sie sich ausgiebig an.
Einige Momente vergingen, in denen alles erstarrt zu sein schien, dann war eine leichte Stimmungsänderung zu spüren: Je länger die beiden die Schriften betrachteten, desto unzufriedener wurden ihre Gesichter und desto häufiger war auch ein Kopfschütteln zu sehen. Schließlich hob Jendor seinen Kopf und schaute wieder zu Fin herüber.
„Ich bin mir nicht ganz sicher! Natürlich, die Zeichnungen auf diesem Pergament sehen wie eine Karte aus, doch ich weiß weder was sie genau zeigen, noch kann ich irgendeins der Schriftzeichen entziffern. Doch irgendwie ... irgendwie kommen mir auch ein paar der Zeichen bekannt vor."
Nun schaute auch Hermelia wieder auf und ließ auch ihre Ratlosigkeit heraus:
„Dem kann ich mich nur anschließen. Ich habe absolut keine Ahnung, was dort steht, aber ich bin mir sicher, dass ich das Wappen irgendwoher kenne. Doch bis auf ein ganz schlechtes Gefühl regt sich bei mir nichts. Es scheint mir beinahe so, als ob das Wappen nicht unbedingt für etwas Gutes steht. Hast du denn wirklich noch gar keine Anhaltspunkte?"
Fin fühlte einen Druck auf seinen Lungen, das Atmen fiel ihm plötzlich schwerer und ein Gefühl der Verzweiflung umgab ihn. Bisher hatte er immer noch gehofft, dass Tzjamaz irgendwie Unrecht hatte, doch nun schienen sich seine Worte zu wiederholen.
„Angeblich ist dies wohl das Wappen der Sergonen, doch ich wollte euch mit diesen Vermutungen nicht schon vorher auf etwas einstellen, das eventuell gar nicht wahr ist."
Hermelia wurde zuerst etwas bleich im Gesicht und lief schon kurz darauf vor Aufregung rot an.
„Aber genau das ist es! Das ist das Zeichen der Sergonen!"
Fins Verzweiflung erlebte ein Höhepunkt, was auch in seiner etwas lauteren und flimmernden Stimme hörbar war.
„Aber wer sind den nun diese Sergonen?"

Hermelia saß mittlerweile ganz gerade. Ihr ganzer Körper stand unter Spannung, wobei sie sich mit den Händen auf dem Tisch abstützte, als ob sie jeden Moment aufspringen und wegrennen wollte.
„Das sind die, die vor neunzig Jahren die Ferofest zerstört haben, die, die nur auf Zerstörung und Chaos aus sind und jegliches natürliches Leben verachten. Sie morden und brandschatzen und sind durch weltliche Waffen kaum verwundbar."
„Aber das ist nicht logisch, das kann einfach nicht sein! Warum sollte mein Retter mir solche Schriften mitgeben? Er selbst kann doch wohl kaum ein Sergone gewesen sein, wenn er doch fürs Gute gekämpft hat."
„Weißt du denn, dass er für das Gute gekämpft hat? Bist du dir da ganz sicher?"
„Nein, ich weiß es natürlich nicht, doch ich wüsste auch nicht, warum ein schlechter Mensch mich zu meinem Stamm hätte bringen sollen. Er hätte doch wohl gewusst, dass ich dort nicht nach dunklen Sitten oder Ähnlichem erzogen werde."
„Ich habe keine Ahnung, doch ich weiß, dass dieses Wappen das der Sergonen ist. Und das bedeutet für dich, dass du dich hier nicht lange aufhalten solltest. Wenn irgendjemand aus diesem Ort davon Wind kriegt, dass du Dokumente der Sergonen besitzt, so kannst du dich freuen, wenn es nur die Papiere sind, die sie verbrennen."
„Gibt es denn irgendjemanden, der diese Schrift übersetzen kann?"
„In unserem Ort definitiv nicht!"
Jetzt meldete Jendor sich wieder zu Wort, der in der ganzen letzten Zeit wie abwesend auf den Boden gestarrt hatte.
„Ich weiß es wieder! Wo ich die Schrift gesehen habe. In den Ruinen der Ferofest gibt es einen dunklen Raum, der halb unter Wasser steht und in dem große Steintafeln an der Wand hängen. Auf diesen Steintafeln waren teilweise auch diese Zeichen zu sehen, obwohl die Tafeln fast nur in unserer Schrift verfasst waren. Der Raum hatte eine unangenehm bedrückende Stimmung, und da dort offensichtlich nichts zu finden war, habe ich ihn schnell wieder verlassen."
Hermelia schaute besorgt zu ihrem Sohn herüber.
„Ich weiß schon, warum ich mir jedes Mal Sorgen mache, wenn du dort nach Schätzen suchst."
Doch Jendor hatte Fins vollkommene Aufmerksamkeit erregt, der nun sofort alles wissen und offensichtlich auch nicht so schnell wieder locker lassen wollte.

„Was ist diese Ferofest und was stand dort auf diesen Tafeln?"
„Die Ferofest sind nur noch Ruinen, eben diese Festung, die die Sergonen vor über neunzig Jahren zerstört haben. Sie liegt auf einer felsigen Insel im Ferodon.
Eigentlich ist es bei hoher Strafe verboten sie zu betreten, doch unser Geldmangel hat mich immer wieder dazu bewogen, dort nach wertvollen Überbleibseln zu suchen. Naja, und was den Inhalt der Tafeln angeht, dazu kann ich leider nicht viel sagen, denn ich habe nicht viel davon gelesen. Es schien so eine Art Auflistung von Daten zu sein. Zumindest fing es mit der Vereinigung zum Warender Kaiserreich an."
Fins Augen waren gebannt auf Jendor gerichtet. Sein Mund stand einen ganz kleinen Spalt weit offen und zeigte ein interessiertes Lächeln. Die Hoffnung auf eine heiße Spur hatte sich augenblicklich in seinem Inneren ausgebreitet.
„Ich weiß zwar nicht, ob mir das wirklich weiterhilft, doch sehen möchte ich das schon gerne!"
„Ich kann dort morgen Früh mit dir hinfahren, doch bedenke bitte, dass es verboten ist und du daher kein einziges Wort darüber verlieren darfst."
Hermelia hob schlagartig ihren Kopf an und schaute Jendor entsetzt an:
„Jendor! Ich bin eigentlich schon gegen jeden Abend, den du dort verbringst, doch dass du nun auch schon des Morgens dahin fahren willst, kann ich nicht zulassen! Die Gefahr ist viel zu groß, dass dich dort jemand erwischt!"
„Mutter, du hast vielleicht Recht, doch abends lohnt es sich überhaupt nicht. Wenn wir etwas finden würden, müssten wir dennoch gleich wieder zurückkehren. Außerdem kann ich mit Fin auf der anderen Seite der Insel anlegen! Das ist zwar schwieriger, sollte aber zu zweit machbar sein. Und falls jemand sieht, dass ich nach Süden fahre, so behaupten wir halt einfach, dass ich mit Fin zum Hulmensee gefahren bin, um ihm die bunten Seerosen zu zeigen."
Fin wurde der plötzliche und ausgiebige Rummel um diese kurze Exkursion schon fast ein wenig unangenehm. Er wollte nicht, dass jemand anderes durch ihn in Schwierigkeiten kam. Doch bevor er etwas sagen konnte, hatte Jendor bereits seinen Gesichtsausdruck gedeutet und konterte seinen Gedanken:
„Fin, vielleicht helfen dir diese Tafeln tatsächlich nicht weiter, doch falls du immer gleich mit dieser Einstellung herangehst, wirst du dieses Rätsel nie

lösen können. Das beste Beispiel dafür ist meine Schatzsucherei: Manchmal finde ich wochenlang überhaupt nichts und dennoch gebe ich nicht auf, weil ich weiß, dass in irgendeinem dieser Räume sicherlich noch etwas Wertvolles liegt. Schließlich finde ich dann wirklich wieder einen kleinen Schatz und weiß, dass sich das alles gelohnt hat.
Wer weiß schon, wo die Lösung deines Rätsels zu finden ist? Das Einzige, was ich dir sicher sagen kann, ist: Wenn du nicht zur Ferofest fährst, so wirst du dein Leben lang nicht wissen, ob du sie dort nicht vielleicht doch gefunden hättest."
Jendor hatte offensichtlich Recht, obgleich Fin etwas überrascht war, wie energisch dieser ihn nun plötzlich zu diesem Abenteuer auf der Insel überreden wollte. Es erschien ihm sogar ein wenig so, als ob Jendor nur die Chance ergreifen wollte, um endlich einen ganzen Tag bei den Ruinen zu sein. Doch war es verwerflich, dass er bei diesem Abenteuer auch an seine eigenen Interessen dachte?
Letztlich war Fin der wahre Grund egal. Er hatte schon bei den ersten Sätzen über die Ruine einen Hauch von Spannung, Geheimnissen und Abenteuer gespürt. Und obwohl er auch jetzt noch etwas zweifelte, und eine mögliche Bestrafung fürchtete, war dieser Hauch mittlerweile zu einem starken Wind herangewachsen. Spätestens seit Jendors letzten Sätzen war er vollends von der Abenteuerlust gepackt. Er hatte seinen Stamm schließlich nicht verlassen, um hier als Taugenichts zu enden. Nein, jetzt musste er etwas wagen, sich dem großen Unbekannten stellen und dabei auch keine Rücksicht auf die eventuellen Gefahren nehmen.

Am nächsten Morgen waren Fin und Jendor schon früh am Anleger und machten die Yelindra zum Auslaufen bereit. Ein großes Netz, zwei Reusen, einige größere Körbe und drei dicke, harte Äste wurden noch auf das Boot geladen, dann ging die Reise ins unbekannte Abenteuer los. Fin selbst hatte den größten Teil seiner Sachen bei Jendor zu Hause gelassen und nur seinen Rucksack, etwas Brot, seinen Trinkschlauch und seine Axt dabei. Dies entsprach auch in etwa dem Handgepäck von Jendor, der lediglich ein Kurzschwert anstelle der Axt mit sich trug und auch der Urheber für diese spärliche Ausrüstung war. Der Gedanke dahinter war der, dass möglichst viele Fundstücke in ihren Rucksäcken Platz finden konnten und die Gefahr somit kleiner war, dass sie irgendetwas Wertvolles zurücklassen mussten.
Es schien, als ob keiner der Beiden noch lange warten wollte und so waren sie auch schon bald auf dem Wasser. Sie nahmen Kurs nach Osten, in

Richtung der Reiherbucht, überquerten einen großen Teil des Flusses und lenkten dann in den östlichen Ferodon ein. Von nun an begann der schwierige Versuch, am östlichen Ufer der Insel anzulanden:

Das Wasser des östlichen Ferodons war nur etwas wilder als das des westlichen und war somit problemlos befahrbar. Wollte man allerdings von dort aus an die Festungsinsel anlegen, so wurde dies durch wesentlich mehr Felsen unter der Wasseroberfläche und das steilere und felsigere Ufer bei Weitem schwerer, als auf der westlichen Seite. Hier war auch kein altes Hafenbecken, wie auf der anderen Seite, vorhanden. Doch die Tatsache, dass sie hier von der Insel verdeckt wurden und somit nicht vom Dorf aus gesehen werden konnten, hatte Jendor dennoch dazu bewogen, von hier an die Insel zu fahren.

So trieb die Yelindra den Ferodon herab und ließ ihr Segel schlapp im Wind flattern, während Jendor derweil gespannt auf den richtigen Moment wartete, um es in den Wind zu ziehen. Er hatte vor, das Boot mit unterstützender Kraft der Ruder an der Insel anzulanden. Fin hatte dabei die weniger ruhmreiche Aufgabe, mit einem der Äste bewaffnet an der Spitze des Boots zu stehen und es im Notfall sofort und mit aller Kraft von gefährlichen Felsen wegzudrücken.

Der junge Fischer hatte schon etliche Male nach Steuerbord gelenkt und sich so der Insel genähert, drei Mal hatte Fin die Yelindra vor größerem Übel bewahrt, sodass sie nur haarscharf an großen Felsen vorbeigerast war. Und doch waren es jedes Mal vor allem die unberechenbaren Strömungen gewesen, die sie zum Umkehren gezwungen hatten.

Erst beim elften Versuch gelang es ihnen doch noch, zwischen zwei weit herausragenden Klippen an einem schmalen Sandstrand unbeschadet an Land zu kommen. Doch auch wenn dieser Teil des Plans geglückt war, lagen noch einige weitere große Hürden vor ihnen:

Raue, steile Granitfelsen, die etwa sechs bis zehn Meter emporragten und die beiden großen, bis weit ins Wasser hinauslaufenden Klippen miteinander verbanden, türmten sich nun vor ihnen auf. Gekrönt wurde das raue Gebilde durch etliche alte Pinien, Ahorne und Buchen, die hier und da ihre kräftigen Wurzeln über die Felsen schlugen und unter den golden flimmernden, morgendlichen Strahlen der Sonnengöttin, wie Wächter dieser Insel erschienen.

Doch das eigentliche Problem an diesen Felsen war, dass ihre steilen Wände zu eben waren, um Aufstiegsmöglichkeiten bieten zu können.

Denn mochte die Oberfläche auch noch so rau sein, so waren dennoch keine Nischen oder Spalten zu sehen, die einem Kletterer ausreichend Halt hätten geben können.

In diesem Moment gab es anscheinend nur eine einzige Möglichkeit, wie sie die Klippen erklimmen konnten und diese konnte mit etwas Pech sehr teuer für den jungen Fischer werden. Doch Jendor zögerte nicht lange und warf sein großes Netz nach oben gegen die Felsen. Ein, zwei, drei Mal, dann hielt es endlich und bot den zwei jungen Abenteurern eine relativ sichere Aufstiegsmöglichkeit. Doch ob das Netz wirklich hielt?

Jendor schaute Fin nachdenklich an, was dieser wohl als Aufforderung ansah. So zog der junge Abenteurer einmal kräftig am Netz, um sich selbst von der Festigkeit zu überzeugen und kletterte dann ohne weitere Worte vorsichtig die Wand hinauf. Ein Windstoß brachte das Netz kurz zum Zittern, dann wurde es wieder ruhig und Fin erreichte schließlich den Rand der Felsenklippe. Das letzte Stück zog er sich an einer größeren Baumwurzel herauf und winkte Jendor dann schließlich von oben her zu.

Um einige Sorgen erleichtert, schaute der junge Fischer zu Fin herauf und lächelte ihn an. Er hatte bis zu diesem Moment noch ein flaues Gefühl im Magen gehabt und innerlich die Sicherheit des Netzes angezweifelt, doch jetzt, da er Fin oben stehen sah, verschwand ein großer Teil seiner Zweifel und ließ ihn endlich wieder durchatmen. Auch er nahm nun die festen Seile in die Hand und kletterte hinterher.

Schnell hatte er sich die ersten vier Meter in die Höhe gezogen und wähnte sich schon fast auf dem sicheren Felsen, als plötzlich drei kurz hintereinander folgende hohe Knallgeräusche zu hören waren. Das Netz rutschte gut zwanzig Zentimeter herab. Für den Moment schien es wieder festzuhalten, doch für wie lange? Schlagartig kehrten Jendors Befürchtungen zurück. Er war schon über die Hälfte der Strecke hochgeklettert. Er konnte nicht mehr zurück.

Der junge Fischer konzentrierte sich vollständig auf das Klettern. Er wollte nur noch so schnell wie möglich nach oben kommen. Er spürte das unter seiner Last knartschende Netz in seinen Händen. Dann erreichte er endlich den Rand der Felsen. Er griff nach einer langen Buchenwurzel und zog sich daran vollends auf den Felsen. Fin schaute ihm geschockt entgegen.

Beide standen nun etwa auf der Mitte der Insel, direkt an den Klippen. Und während sich östlich von ihnen der golden schimmernde Ferodon erstreckte, zeigte sich auf der westlichen Seite ein dichtes Wäldchen aus

Pinien, Buchen, Ahornen und einigen Eichen. Von den Ruinen der Festung sahen sie nur wenig, doch selbst der kleine, dichte Wald konnte längst nicht alle Trümmer verbergen.
Unter ihren Füßen hing das teure Fischernetz, das vor wenigen Momenten ein großes, neues Loch hinzubekommen hatte.

VI.

Jendor hatte seinen Werkzeugbeutel aus der hohlen Eiche geholt und war dann wieder zu Fin zurückgekehrt. Dieser wiederum hatte es sich mittlerweile auf einer alten Treppe, die auf eine der zerborstenen Burgmauern führte, bequem gemacht und schaute von dort aus voller Neugier auf den dunklen Gang, der vor ihm in die Trümmer eines einst riesigen Turmes führte.
Um sie herum war beeindruckend zu sehen, wie sich die Natur diese Insel zurückeroberte: Ranken, Farne, Gräser, Moose und selbst einzeln stehende, größere Bäume waren zwischen den Mauerresten zu finden. Es war ein karger und felsiger Boden und die Trümmer der Ruinen schienen diesen Eindruck noch weiter zu verstärken. Dennoch hatten die Pflanzen offensichtlich genug Nahrung zwischen den rauen Überresten der Festung gefunden, um hier ihr Leben zu verbringen.
Doch es waren nicht nur die Pflanzen alleine, auch das Licht der aufgehenden Sonnenscheibe gab ihren Teil zu der Stimmung dieses Ortes dazu, und so verwandelten Siljas warmen, orange Strahlen diese grünen Trümmer in ein fast romantisch anmutendes Bild der Vergänglichkeit und Lebendigkeit.
„Auf, auf! Je früher wir drin sind, desto früher sehen wir Resultate."
Fin grinste, aber Jendor hatte letztlich das Wesentliche getroffen. Seiner eigenen brennenden Neugier konnte es im Moment sowieso nicht schnell genug gehen und so stand er flink auf und nickte seinem Kumpanen fröhlich zu. Endlich konnte ihr Abenteuer beginnen.
Der junge Fischer zog eine Fackel und eine Streichholzschachtel aus der Tasche, nahm ein Hölzchen aus der Schachtel und entzündete es an dem

kleinen Sandstein, den er extra für diesen Zweck bei sich trug. Fin erschrak ein wenig, als er das plötzliche Aufflammen sah und das Zischen des brennenden Phosphors hörte, doch schnell wurde ihm der Sinn des kleinen Hölzchens bewusst, und ehe er sich versah, war die lange, dicke Pechfackel auch schon entflammt.

„Hier, bitte schön!"

Jendor drückte seinem Kameraden die Fackel in die Hand und steckte seine hölzerne Streichholzschachtel in seinen Rucksack zurück, während Fin sich bereits in die Richtung des alten Turms drehte. Mit einem fragenden Blick in seinen Augen zeigte er mit der Fackel in seiner ausgestreckten, linken Hand auf den geheimnisvollen, dunklen Gang. Der junge Fischer nickte ihm zu, denn falls er sich nicht gänzlich täuschte, sollte sich eben dort der besagte Raum befinden. Und so legten sie noch einige wenige Schritte im Morgenlicht zurück, bevor sie sich dann in die Dunkelheit des schmalen, dunklen Ganges wagten und sich vorsichtig tiefer hineintasteten.

Doch von Vorsicht war schon bald nicht mehr die Rede. Ihre Augen hatten sich schnell an die Dunkelheit gewöhnt und so eilte Jendor nun immer tiefer in den Gang hinein, während Fin sich gezwungen sah, ihm genauso schnell zu folgen. Der junge Brujin hatte Jendor vorgelassen, da ihm klar gewesen war, das dieser sich in den Ruinen wesentlich besser zurechtfinden würde, als er. Doch diese Entscheidung bereute er schon schnell: Nun gab alleine sein Begleiter die Geschwindigkeit an und ließ ihm somit keine Chance, sich in der Umgebung zurechtzufinden.

Fast die ganze Zeit, die Fin auf Jendor gewartet hatte, hatte er damit verbracht, sich neugierig umzuschauen und schon im vornhinein von ihrem Abenteuer zu träumen. Ein paar Mal war ihm dabei die Vorstellung durch den Kopf gegangen, wie er den Gang betrat und dann in die Tiefe des Turms vordrang. Doch dabei hatte er offensichtlich ein jedes Mal eine komplett falsche Vorstellung von diesem Ort gehabt. Die Trockenheit und Sauberkeit, die das Bild in seinem Kopf zuvor beherrschten, mussten nun der Realität weichen:

Überall hingen Algen und verschiedenste Pflanzenwurzeln von der Decke und den Wänden herab, der Boden war schmierig und dadurch gefährlich glatt und die Luft, die in dem Gang stand, roch nach Fäulnis und Moder. An ihre Ohren drang das leise, widerhallende Geräusch von kleinen Wassertropfen, die irgendwo in der Tiefe dieser Ruine monoton auf eine kleine Wasserfläche fielen.

Auch diese Umgebung war für Fin etwas gänzlich Neues, doch in diesem Fall empfand er diese Erfahrung nicht als positiv: Bereits einige Augenblicke, nachdem er den Gang betreten hatte, war ein unangenehm beklemmendes Gefühl von Ekel und einer leichten Übelkeit in ihm aufgekommen, und je mehr dieses nun wuchs, desto deutlicher zeigte es ihm auch, wie sehr sich sein Unterbewusstsein gegen diese unerwartet enge und feuchte Umgebung sträubte.

Doch der junge Abenteurer biss die Zähne zusammen und ging seinem Kameraden vorsichtig hinterher. Immer weiter in den Gang hinein, bis der junge Fischer plötzlich stehen blieb und sich zu ihm umdrehte.

„Es ist nicht mehr weit. Dort vorne sollten wir schon auf die Überreste der Wendeltreppe treffen, von der aus wir dann herab in den darunterliegenden Raum kommen können. Das ist dann bereits der Raum, von dem ich erzählt habe. Wir können bloß hoffen, dass das Wasser nicht noch weiter gestiegen ist!"

Fin versuchte ein leichtes Lächeln auf seine Lippen zu projizieren, was ihm aber aufgrund seiner Übelkeit sehr schwer fiel. Dennoch schien Jendor sein Unwohlsein nicht wahrzunehmen. Ohne ein weiteres Wort zu verlieren, drehte sich der junge Fischer wieder um und ging mit noch schnelleren Schritten als zuvor in die gespenstische Dunkelheit des Ganges hinein.

Wieder vergingen einige kurze Augenblicke, bis Jendor erneut stehen blieb. Fins Gedanken drehten sich zu dem Zeitpunkt immer noch größtenteils um sein eigenes Unwohlsein, dennoch bemerkte er schnell, warum Jendor stehen geblieben war: Vor ihnen endete der Gang in einem kleinen runden, grünlich veralgten Raum, in dessen Mitte sich die Umrisse der alten Wendeltreppe von der Dunkelheit abhoben. Der Raum schien außer dem engen Gang, durch den sie hereingekommen waren, keinen anderen Zugang mehr zu besitzen. Sowohl der nach oben führende Teil der Wendeltreppe, als auch der ehemals gegenüberliegende Gang waren durch herabgestürzte Trümmer, Balken und Felsen verschüttet und ließen keine Chance für ein Weiterkommen offen. Lediglich der Teil der Wendeltreppe, der nach unten führte, schien noch recht frei zu sein und eventuell weiterzuführen.

Jendor drehte sich zu Fin um und schaute ihn für einen Atemzug freudestrahlend an. Doch nach wie vor bekam er nichts von Fins Unwohlsein mit, drehte sich ohne jeden Wortwechsel wieder zurück und setzte seinen Weg zur Wendeltreppe fort.

Fin wusste, dass ihm nichts anderes übrig blieb, als Jendor zu folgen. Alles andere wäre töricht gewesen – vor allem wenn er so kurz vor seinem Ziel umgekehrt wäre. Also versuchte er sein Unwohlsein so gut es ging zu vergessen, drückte die stalaktitenähnlich herunterhängenden Algenteppiche zur Seite und ging Jendor hinterher. Sechs Schritte setzte er in den Raum hinein, dann stand er wieder neben seinem Begleiter.
Direkt vor ihnen führte die Treppe in die Tiefe herab. Doch während Jendor noch einen Augenblick lang auf Fin und das Licht seiner Fackel gewartet hatte, hatte dieser plötzlich gemerkt, wie sein Unwohlsein nachließ und sich seine Neugier immer mehr in den Vordergrund drängte.
Kurz warf der junge Fischer seinem Gefährten einen schnellen, aufgeregten und neugierigen Blick zu, dann leuchtete Fin bereits mit der Fackel die Treppe herunter und erfüllte somit Jendors Wunsch. Der Blick auf den darunterliegenden Raum wurde frei:
Die schwankenden Schatten des Fackellichts tanzten auf den alten Steintafeln an der Wand herum und verfingen sich vereinzelt auch an grauen Moosen, Flechten und Algen, die sich in fast jeder Mauerriefe festgesetzt hatten. In der Mitte des Raumes floss ein kleines glänzendes Rinnsal, das sanft über den unebenen Boden lief und irgendwo verschwand.
Das Aussehen dieses Raumes fügte sich eigentlich unmittelbar zu allem anderen, was Fin seit dem Betreten des Ganges gesehen hatte. Dennoch erschien es ihm aber beinahe so, als ob der unter ihnen liegende Raum weit einladender war, als der Gang, die Wendeltreppe oder eben der Raum in dem sie im Moment standen. Es war einfach die Tatsache, dass dieser Raum ausnahmsweise einmal angenehmer war, als Fin ihn sich zuvor vorgestellt hatte. Doch auch Jendor lächelte noch stärker, als das Licht der Fackel ihm den Blick in den Raum ermöglichte:
„Hey! Wir haben doch wirklich übermäßig Glück! Keine Ahnung, wohin das Wasser verschwunden ist, doch das ist ja vorerst auch egal!"
„Stimmt!"
Urplötzlich schien Fin auch sein letztes Bisschen Abneigung gegen diese enge, dunkle und feuchte Umgebung zu verlieren. Und so ging er nun mit großen Schritten die glatte, veralgte Treppe hinab. Jetzt war es auf einmal Jendor, der folgte. Doch Fins Übermut forderte auch schnell seine Opfer: Es waren nicht nur die Algen, sondern vor allem seine schnellen Schritte, die die Treppe zu einer Rutschpartie werden ließen: Plötzlich schienen seine Füße keinen Halt mehr zu finden und auch das schnelle, reflexartige

Rudern seiner Arme konnte die Lage nicht mehr retten. Etwa auf der halben Höhe der Treppe fiel er mit seinem gesamten Gewicht auf seinen Rücken und rutschte die letzten zehn Stufen auf diesem herab. Doch seine darauf folgenden Rückenschmerzen waren nur das kleinere Übel gegenüber der kompletten Dunkelheit, die die Beiden nun umgab.
Noch war das Blubbern und Zischen des heißen Pechs der Fackel aus dem Tümpel in der Mitte des Raumes zu hören, doch dann verlosch auch diese letzte, kleine Hoffnung und ließ Fin und Jendor in der kühlen Dunkelheit mit den plätschernden Hintergrundgeräuschen, alleine.
„Verflucht! Kannst du Tollpatsch nicht ein bisschen besser aufpassen? Das nächste Mal nehm' ich die Fackel wieder selbst in die Hand."
„Tut mir leid. Ich ... ich kann's nun leider auch nicht mehr ändern. Hast du denn noch ein paar von deinen Zauberhölzchen?"
Jendor grummelte sichtlich erbost und kramte in seiner Tasche herum, woraufhin kurz darauf ein kleines brennendes Streichholz in der Dunkelheit erschien. Dann zündete er eine neue Fackel an und wandte sich schließlich mit harten Worten an Fin:
„Diese Zauberhölzchen, wie du sie nennst, habe ich für eine Unmenge an Geld von einem reisenden Alchemisten gekauft. Oder um es anders zu sagen: Ein Hölzchen kostet mehr als drei Fackeln. Daher werden wir ab sofort beide eine Fackel tragen. Dann ist es auch nicht mehr so schlimm, falls du wieder einmal spontan dazu Lust verspürst, dich auf deinen Hintern zu setzen ... Und falls es mir passiert, ist es dann auch nicht so schlimm."
Bei seinem letzten Satz ließ Jendor wieder ein sanftes Lächeln auf seine Lippen. Er hatte beim Anblick von Fin – der von oben bis unten mit grünen Pflanzen behangen war und schuldig drein schaute – an sich selbst denken müssen, wie er vor gut dreißig Tagen ähnlich wie Fin von einer Treppe heruntergerutscht war und damals wahrscheinlich ähnlich ausgesehen hatte, wie dieser in eben diesem Moment.
„So und nun heb' bitte die Fackel wieder auf. Wir wollen Mal sehen, ob wir sie wieder zum Brennen bekommen."
Fin kniete sich hin, tat wie gebeten und ging zwei Schritte auf Jendor zu, um ihm dann die Fackel entgegenzuhalten. Der junge Fischer schwenkte seine sogleich darunter und ließ die orangegelben Flammen um das nasse Pechtuch schlagen, das schon kurz darauf unter der Hitze der Flammen zu knistern begann. Trotzdem dauerte es wohl etwa eine knappe halbe

Minute, bis Fins Fackel endlich wieder mit vollem Licht brannte und so nutzten die beiden diese Zeit, um sich schon ein wenig in dem Raum umzuschauen:
Überall hingen große, beschriftete Steintafeln an der Wand, doch auch diese waren nicht von den Algen und Flechten, die den ganzen Raum bedeckten, verschont geblieben. Einen weiterführenden Gang oder eine nach unten führende Treppe sahen sie allerdings nicht, dafür hatten sie aber bereits den Ort gefunden, an dem das Wasser abgeflossen war:
Offensichtlich hatte ein Teil des Bodens nachgegeben und dem Wasser den Weg in einen darunterliegenden Gang freigegeben. Doch das schien zurzeit weder für Fin noch für Jendor von Interesse zu sein und auch alle Vorsicht gegenüber jeglicher damit verbundenen Gefahr schien in ihrer Neugier unterzugehen. Ohne auch nur einen genaueren Blick auf das Loch zu werfen oder auf den brüchigen Boden achtzugeben, wandten sich die Beiden den vielen Texten auf den Schrifttafeln zu:
Die schwarze Farbe in den eingemeißelten Buchstaben und Schriftzeichen der veralgten, glatten Marmortafeln schien beinahe magisch im flackernden Licht der Fackeln zu glänzen und zu glitzern. Überall leuchtete das Wasser, das sich in den Vertiefungen gesammelt hatte und die warmen, orangefarbenen Pechfeuer mit hunderten kleinen leuchtenden Flecken widerspiegelten.
So glitten ihre Blicke über die jahrzehntealte Schrift und nahmen gierig ihren Inhalt auf, der immerhin eine Sache bewies: Jendors Erinnerungen und Einschätzungen hatten ihn offensichtlich nicht im Stich gelassen, denn tatsächlich war eine Art Zeitleiste zu erkennen, die sich rechts herum durch den runden Raum zog und einen Auszug aus der Geschichte des Warender Kaiserreichs wiedergab:
Angefangen vom stromländischen Bund, über die Kaiserreichsgründung, die Rebellenkriege von Chad Kah und den Faruner Handelspakten waren alle wichtigen Daten verzeichnet. Nur der Untergang schien noch zu fehlen. Oder war das vielleicht der Inhalt der sergonischen Zeichen, die am Ende der letzten Tafel angefügt waren? Denn auch diese schwammige Erinnerung Jendors stimmte tatsächlich mit der Realität überein:
Neun Zeilen in sergonischer Schrift waren auf der letzten Tafel an den Text angefügt worden. Doch der Inhalt dieser Zeilen schien für sie ein Geheimnis zu bleiben.
Vorsichtig versuchte Jendor die verblassten und mit Algen bewachsenen

Zeichen mit seinem rechten Zeigefinger nachzufahren, doch statt die Zeichen dadurch sichtbarer zu machen, wischte er nur einige Algen in die dünnen Scharten. Die sergonische Schrift war im Gegensatz zu den handwerklich eingemeißelten Schriftzeichen des restlichen Textes wohl nur mit einem alten Messer hineingeritzt worden. Sie war ohnehin schon schwer zu erkennen, doch durch die Algen schien sie nun gänzlich im grüngrauen Geflecht zu verschwinden.
Machte es nun noch einen Sinn, diesen Text mühsam auf ein Stück Pergament zu übertragen? Tatsächlich war doch die Wahrscheinlichkeit, dass dieser uralte Text eine Aussage über Fin machte, nahe null. Denn höchstwahrscheinlich war er am Ende der Revolution geschrieben worden und somit schon viele Jahrzehnte alt. Warum hätte also jemand damals, an diesem Ort einen Text über eine Person schreiben sollen, die noch gar nicht geboren war?
Doch es war auch gar nicht ihr Ziel gewesen den Inhalt der Schrift zu entziffern, viel mehr hatten sie gehofft den Aufbau der Zeitleiste und den des sergonischen Anhangs vergleichen zu können und somit, zumindest kleinste Teile der sergonischen Schrift, zu übersetzen. Doch dabei half ihnen das sergonische Gekritzel einfach nicht weiter. Weder die Anordnung der Worte, noch der Aufbau des Textes sahen den Einträgen der Zeitleiste ähnlich und somit ging jegliche Vergleichsmöglichkeit verloren. Der Text war absolut wertlos.
Doch so schnell wollten die Beiden nicht aufgeben. Die Sergonen waren hier gewesen und hatten eine Botschaft hinterlassen. Warum sollte diese also das Einzige sein, was von ihnen zu finden war? Ihre Blicke verließen die Tafeln und streiften weiter suchend durch den Raum, und so standen sie plötzlich beide vor der Stelle, an der sich das Wasser einen Weg gebahnt und ein knapp einen Meter großes Loch im Boden hinterlassen hatte.
Jendor kniete sich nieder und schaute vorsichtig herab. Ein böiger, kühler und frischer Wind kam ihnen entgegen, der mit der abgestandenen Luft in manch anderen Räumen nicht zu vergleichen war. Ein schmaler, fast unsichtbarer Wasserfilm glitt über die Kanten hinab und vereinte sich in etlichen kleinen Wassertropfen, die schließlich auf dem felsigen Boden des dunklen Ganges zerplatzten.
Die beiden Abenteurer schauten sich kurz an und wussten sofort, dass sie nichts weiter sagen brauchten. Beide waren bereits von Neugier und Abenteuerlust gepackt und wussten, dass in diesem geheimnisvollen Gang ihr

nächstes Ziel liegen würde. Und so zog Jendor unvermittelt sein Seil aus dem Rucksack, band das eine Ende um einen der großen herabgestürzten Felsbrocken und warf das andere Ende in das dunkle Loch hinunter, dann schaute er hastig zu Fin herüber.
„Möchtest du zuerst?"
„Gerne!"
Mit einem frechen Grinsen auf den Lippen nahm Fin das Seil in die linke Hand, warf die Fackel herunter und kletterte hinterher. Auch jetzt knisterten wieder die Flammen des brennenden Pechs, die den dünnen Wasserfilm auf dem harten, felsigen Boden verdunsten ließen, doch dieses Mal blieb das Feuer erhalten. Fin hob die Fackel auf und schaute sich um:
Der Gang war gerade Mal eineinhalb Meter breit, vielleicht zwei Meter hoch und führte anscheinend von der Mitte der Insel, leicht schräg nach unten an das westliche Ufer. Der Windzug, den die beiden bereits oben verspürt hatten, war hier nun noch klarer zu spüren und schien offensichtlich vom Ferodon aus in den Gang hineinzuwehen. Und aus eben dieser Richtung des Ganges war auch ein kleiner Lichtschimmer zu vernehmen.
„Oh!"
Jendor stand mittlerweile neben Fin und hatte sich schon flink umgeschaut. Fin gruselte es etwas, als er die Schatten in Jendors neugierigem Gesicht im wehenden Licht der beiden Fackeln sah.
„Was meinst du? Erst hoch oder erst runter?"
„Naja, ich schätze wir finden oben eher etwas. Unten ist wahrscheinlich schon alles von den ganzen Sturmfluten in den letzten Jahrzehnten weggespült worden, und falls doch noch etwas liegen geblieben sein sollte, wird das wohl spätestens mit dem Wasser aus dem Raum über uns weggeschwemmt worden sein. Immerhin ist hier nicht einmal mehr etwas von den Steinen, die das Loch zuvor gefüllt haben, zu sehen."
„Ja, da muss ich dir wohl Recht geben ..."
Die beiden Abenteurer drehten sich nach Osten und gingen langsam den Gang hinauf. Es war dunkel und die Fackeln leuchteten nur etwa vier Meter weit. Ein Ende war nicht zu erkennen und so gingen sie einige Augenblicke lang den alten Tunnel hinauf, bis plötzlich nach gut dreißig Metern ein leichter Lichtschimmer am Ende des Ganges erschien. Es war nur ein kleiner, schmaler Balken, doch das wenige Licht reichte aus, um in Fin und Jendor gleichzeitig Neugier, Freude, Furcht und Angst hervorzurufen.

Beide sahen nun ihr nächstes Ziel vor sich und eilten immer schneller auf das geheimnisvolle, dämmrige Licht zu. Was wohl die Quelle dieses Lichtbalkens war? Die Antwort folgte prompt, als sie nach einigen weiteren Schritten vor einer schweren eisernen Tür zum Stehen kamen.
Sie stand nur einen ganz kleinen Spalt weit offen, doch das wenige Licht, das vom dahinterliegenden Raum in den Gang fiel, hob sich so sehr von der kompletten Dunkelheit des Ganges ab, dass es schon beinahe wie das Glitzern eines wertvollen Schatzes auf sie wirkte. Die Neugier sprudelte wie ein Geysir in ihnen auf und so stießen sie gemeinsam die schwere Eisentür auf und standen kurz darauf in einem großen Saal:
Der etwa dreißig Meter lange Raum war durch kleine Risse in der östlichen Wand in den Genuss von vielen kleinen Sonnenstrahlen gekommen. Fenster waren keine zu erkennen. So waren ihre Fackeln auch hier noch die größten Lichtspender im gesamten Saal, doch das fahle Licht der Risse erreichte dafür auch die Ecken des Raumes, in die das Licht der Fackeln kaum mehr vordrang. Der Anblick erschien gespenstisch, wie eine uralte, verlassene Tempelhalle, die schon seit langer Zeit kein lebendes Wesen mehr erlebt hatte. Und obwohl die beiden anderen Eingänge im Norden und im Süden des Raumes komplett verschüttet waren und auch die anderen Wände einen sehr maroden Eindruck machten, schienen die sechs großen Säulen, die in Zweierreihen, die fast fünf Meter hohe Decke hielten, noch auf Ewigkeit stehen bleiben zu wollen.
An den Wänden waren die Überreste von großen Bannern zu erkennen, die wohl einst die Prachtstücke dieses Saales waren. In jeder Ecke standen große Feuerkelche und an den Wänden waren etliche Fackeln angebracht. Doch der schönste Lichtspender in diesem Saal war der große Kronleuchter in der Mitte des Raumes, der einst die große Tafel beleuchtete. Doch genau wie der ganze Rest, war auch eben diese lange Tafel von einer dicken Staubschicht bedeckt.
Überhaupt war der ganze Raum erstaunlich trocken, und obwohl der feuchte Wind des Ferodons wohl schon seit Ewigkeiten den Gang hinauf und durch die halb offene Tür geweht war, hatte sich weder dessen Feuchtigkeit niedergeschlagen, noch dessen Bewegung in der dicken Staubschicht abgezeichnet. Diese Tatsache war äußerst seltsam, legte eine fast schon magisch anmutende Aura auf diesen Ort und hätte sie wohl normalerweise schon alleine in den Bann gezogen. Doch die Beiden waren in diesen Moment von etwas ganz Anderem gebannt:

Offensichtlich war auch in diesem Raum keine Zeit mehr für große Aufräumaktionen gewesen. Überall lagen umgeworfene oder gar zerbrochene Stühle, vereinzelt Waffen und erschreckenderweise sogar die sterblichen Überreste der dazugehörigen Besitzer.
Jendor stockte der Atem, während Fins Gesicht sogar kreidebleich wurde. Beide standen eine Zeit lang einfach so da, bis Jendor seinen ganzen Mut zusammennahm und vorsichtig ein paar Schritte in den Saal hineinging.
Es war ein seltsames Gefühl, als ob er plötzlich einen lebenden Zeitzeugen getroffen hätte, der ihm hautnah erzählte, wie blutig und grausam der Krieg wahrhaftig gewesen war. Doch tatsächlich waren es nur blanke Gerippe, die unter der Staubschicht hervorschauten.
Jendor ging weiter in den Raum hinein und schaute sich die bleichen Knochen aus einiger Entfernung an. Er hatte großen Respekt vor den Toten und wollte ihnen trotz seiner großen Neugier nicht unbedingt ihr letztes Eigentum aus den knöchernen Händen reißen. Doch war das überhaupt notwendig? Es lagen so viele Gegenstände frei herum, die man sich vielleicht problemlos nehmen konnte, ohne die Ruhe der Toten zu stören.
Jendor ließ seinen Blick weiterstreifen und setzte dabei einen Schritt nach dem anderen weiter in den Raum hinein. Alles schien ruhig zu sein, kein Ton war zu hören und außer ihm selbst und dem Staub, den er bei seinen Schritten aufwirbelte, konnte er keine Bewegung im Raum wahrnehmen.
Fin, der immer noch mit seiner Angst kämpfte, stand nach wie vor, wie an den Gang gefesselt, an der großen Eisentür und verfolgte Jendors Entdeckungsreise aus dieser Entfernung.
Dann blieb sein Gefährte plötzlich stehen, zog seinen Kopf ein wenig nach vorne, ging ganz langsam auf ein Skelett zu und hob unmittelbar vor dessen Füßen ein Buch vom Boden auf. Für einen kurzen Moment lang musterte er sein vielleicht ziegelsteingroßes Fundstück, pustete über den Einband hinweg und drehte sich dann urplötzlich um.
„Fin! Hier sind schon wieder sergonische Zeichen drauf!"
Jendor lächelte vor Freude über seinen Fund und machte sich auf den Weg zu Fin. Er hatte seine Angst offensichtlich schon komplett verloren und schien nun immer mehr in seiner Entdeckung aufzugehen.
„Irgendwo hier ist bestimmt der Schlüssel für diese geheimnisvolle Schrift zu finden, und wenn nicht in diesem Buch, dann sicherlich in einem anderen Buch oder einen der anderen vielen Sachen, die hier überall auf dem Boden verstreut liegen."

Der junge Fischer hatte bereits etwa die Hälfte des Weges zu Fin zurückgelegt, als er schließlich das Buch aufschlug, ohne dabei seine Schritte zu zügeln.
„Na Mal schauen, was sich darin verbirgt."
Fins Atem stockte schon wieder. Doch es war nicht vor lauter Aufregung vor dem Inhalt des Buches. Nein, es war der stechende Schrecken und die Angst vor dem ungewissen Bösen, das sich nun in seinen Augen spiegelte: Ein dunkler, wabernder Schatten hatte sich im Moment des Buchaufschlagens hinter Jendor vom Boden gelöst und war mit einigen Staubwirbeln in die Luft aufgestiegen. Mit ihm erschien nun auch ein seltsames, tiefes, vibrierendes Geräusch, das langsam zu einem dumpfen Brummen und Grollen anzuschwellen schien. Doch Jendor nahm diese nahe Gefahr offensichtlich überhaupt nicht wahr. Er blätterte furchtlos weiter in dem Buch herum und hielt dabei sein langsames Schritttempo bei. Da platzte schließlich Fins Verzweiflung mit einer sehr lauten Stimme aus ihm heraus:
„JENDOR!!!"
Fin drehte sich um und rannte den Gang herab. Er hörte, wie das Brummen immer lauter wurde, wie Jendor einen lauten Schrei des Schreckens von sich gab und wie offensichtlich auch er hinter ihm den Gang hinablief. Dann drang plötzlich eine tiefe, rauchige und doch glasklare Stimme durch das immer noch lauter werdende Brummen hindurch:
"Elendes Rattenpack!"
Fin wagte einen raschen Blick nach hinten, während ihn seine Füße ununterbrochen weitertrugen, doch auch das Gesehene gab ihm lediglich noch mehr Kraft, um den Gang noch schneller herabzurennen. Jendor hatte bereits eine große Strecke aufgeholt und befand sich nun schon kurz hinter ihm, während die spitzen, rubinrot-leuchtenden Augen des schwarzen Schattens wiederum noch dichter hinter jenem zu sehen waren.
Nun lag die Passage mit dem Seil vor ihm, doch ein weiterer Blick nach hinten überzeugte ihn davon, dass das Benutzen des Seiles seinen unausweichlichen Tod bedeutet hätte. Viel zu lange hätte er für das Hochklettern benötigt und viel zu schnell wäre der Schatten bei ihm gewesen. So rannte er einfach weiter über den nassen und gefährlich glatten Felsboden. Getrieben von der Hoffnung, dass der Gang tatsächlich in der Freiheit, am Ferodon endete.
Dann war er plötzlich draußen, stand auf einem großen Felsen in dem Lichte Siljas zwischen den Wogen des Ferodons und sah, wie auch Jendor

mit einem gewaltigen Satz heil den Gang verließ. Der Schatten grollte weiter, doch anscheinend wagte er es nicht, sich nach draußen zu begeben. Und während seine roten Augen weiterhin im Gang schimmerten, erklang wieder seine düstere, tiefe, rauchige Stimme:
„Die Nacht bricht bald herein und wird EUCH keinen neuen Tag gewähren!"
Jendor stöhnte vor Schmerz und Erschöpfung und hielt seinen rechten Unterarm fest in seiner linken Hand. Immer wieder, in sehr schnellen Abständen pulsierte ein pochender und hämmernder Schmerz durch den ganzen Arm. Er war sich nicht sicher, ob die Schmerzen nur alleine von der Wunde des Wolfsbisses herrührten, oder ob er bereits neue Wunden durch das dunkle, schattenhafte Wesen besaß. Er war sich allgemein über gar nichts mehr sicher, doch dafür spürte er die nicht zu verleugnende Raserei, die wie wild durch seinen Körper zu streichen schien und ihm einen Teil seiner Selbstbeherrschung raubte. War das die Tollwut des Wolfes? Ein Fluch dieses Geistes? Wie auch immer die Antwort auf diese Frage war, er wusste, dass er sich unbedingt beruhigen musste. Er musste so schnell wie möglich wieder einen klaren Kopf bekommen, um nicht zu vorschnell zu handeln. Doch er durfte auch auf keinen Fall hier verharren.
Jetzt war nur noch wichtig, dass er Fin, der sich gerade an den rauen Felsen hochhangelte, folgte und dass er dann so schnell wie möglich von der Insel runterkam. Er holte Anlauf, sprang und landete direkt an der Felswand. Sein Blickfeld verschwamm und ließ nur noch einen klaren Blick auf sein Ziel an der Spitze der Klippe über ihm zu. Seine Nerven gaben kaum noch Signale zurück und außer den Felsen in seinen Händen fühlte er kaum noch etwas. Dann endlich war er oben, er hörte das tiefe Brummen und die düsteren, tiefen Schreie des Schattens. Doch den Inhalt konnte und wollte er nicht verstehen.
Und so rannte er Fin hinterher, durch den kleinen Wald hindurch immer weiter in Richtung der Yelindra.

VII.

Es war gegen Mittag, Hermelia war gerade vor dem Haus, mit dem Aufhängen der Wäsche beschäftigt, als plötzlich ihr Sohn und Fin vor ihr standen. Beide waren von oben bis unten durchgeschwitzt und waren offensichtlich den ganzen Weg vom Anleger bis zum Haus hinauf gerannt. Ein maßloser Schrecken spiegelte sich in ihren Augen wieder, der es Hermelia kalt den Rücken herunterlaufen ließ.

Ohne ein Wort zu verlieren, stürmten beide an Hermelia vorbei, dann zog Jendor seine Mutter ins Haus und verschloss die Tür hinter ihr.

„Du meine Güte, was ist denn mit euch los?"

„Mutter, setz' dich bitte erst mal hin!"

Hermelia faltete, mit einem schon fast apathischen Blick, das nasse, graue Handtuch zusammen, das sie kurz zuvor noch an die Leine hängen wollte. Dann setzte sie sich langsam hin und ließ ihren Blick über die beiden jungen Männer gleiten. Ihr Sohn erschien ihr eigentlich völlig normal, doch was war das? Ihre Augen hatten den mit Blut verkrusteten Verband entdeckt, auf dem ihr Blick nun zum Stehen kam.

„Jendor, du musst unbedingt sofort zu einem Medikus. Sonst stirbst du mir noch an Tollwut!"

„Mutter bitte, wir haben gerade ganz andere Probleme."

„Bitte was? Was kann denn noch schlimmer sein!?!"

Von dem Schock des Satzes ihres Sohnes getroffen, ließ Hermelia sich komplett in ihren Stuhl zurückfallen und kam der Verzweiflung immer näher. Ihre Augen hatten sich schlagartig von Jendors Arm gelöst und waren dann auf einen nicht definierbaren Punkt in seinem Gesicht gewandert. Mit einem seltsam leeren Blick starrte sie ihn einfach nur an.

Jendor holte tief Luft und setzte zur Erklärung an. Er erzählte seiner Mutter von dem großen Saal, von den Gegenständen und den Skeletten und davon, dass plötzlich das schattenartige Wesen hinter ihnen her war. Hermelia wurde derweil immer bleicher und schien immer tiefer in Sorgen zu verfallen. Schließlich stieß sie einen ängstlichen Seufzer aus.

Ihr Sohn fuhr ungebremst fort, verteidigte Fins und sein Vorgehen und sagte ihr, dass sie die Ruhe der Toten gewahrt hätten. Als er dann schließ-

lich den Satz des schattenartigen Wesens wiederholte, war er den Tränen nahe. Man sah es in seinen Augen und hörte es auch in seiner Stimme.
„Die Nacht bricht bald herein und wird EUCH keinen neuen Tag gewähren!"
Jendor machte eine kurze Pause und wartete auf die Reaktion seiner Mutter. Als diese aber weiter regungslos da saß, fuhr er mit einer noch verzweifelter klingenden Stimme fort:
„Mutter, wir werden in der nächsten Nacht sterben, wenn wir nichts unternehmen! Wir brauchen sofort Hilfe von irgendjemanden, der sich mit so etwas auskennt!"
Hermelia blieb immer noch still sitzen, während Jendor mit ängstlichen Augen auf eine Antwort seiner Mutter wartete, doch diese ließ sich alle Zeit der Welt. Und so begann eine drückende, gespenstische Stille, die das Rauschen der Bäume draußen vor dem Haus wie eine ablaufende Sanduhr erscheinen ließ. Erst als Jendor dann nach einigen Momenten noch flehender und unterwürfiger nachbohren wollte, wurde Hermelia plötzlich mit wütender Stimme aktiv:
„Verdammt, warum machst du auch immer so dummes Zeug!?!"
„Mutter!"
„Zieh' dich da selbst raus! Oder wie soll ich dir denn dabei bitte helfen? Wenn du wirklich Hilfe willst, dann frag doch die anderen aus dem Dorf, die helfen dir bestimmt! Erst recht, wenn du ihnen erzählst, dass du täglich auf der Burg bist und dich an den Schätzen des Königs bereicherst. Die Leute hier im Ort haben sich sowieso schon gefragt, was dort für seltsame Töne von der Festungsinsel herüberkamen. Sie sind bestimmt beruhigt, wenn du ihnen erst mal erzählt hast, dass nur du es warst, der dort herumgetollt ist.
Oder geh am besten gleich in den Wald zu Nebelbart. Der freut sich sicher über einen netten Besuch von dir. Und wenn du Glück hast, kannst du ihn ja vielleicht sogar überreden, dass er dich unsichtbar macht, sodass du dann, wann immer du willst, zu deiner verdammten Festung fahren kannst."
Jendor stand, wie zu einer Säule erstarrt, vor Hermelia und regte sich vor lauter Verzweiflung überhaupt nicht mehr. Er hatte sich mehr Hilfe von seiner Mutter erhofft, doch diese zeigte ihre Verzweiflung und Hilflosigkeit nur durch das Herauslassen ihrer lange angestauten Wut über seine Unvernünftigkeit. Offensichtlich hatte auch sie keine Idee, was die beiden

nun machen sollten. Und so trat wieder eine unangenehme Stille ein, die die verzweifelten Blicke von allen Dreien noch viel hoffnungsloser erscheinen ließ.
Doch Fin, der sich bisher im Hintergrund gehalten hatte, versuchte einen klaren Kopf zu behalten und irgendwie doch noch eine Lösung zu finden: „Wer ist dieser Nebelbart?"
Hermelia schaute zu Fin herüber und antwortete mit einer stark flatterigen Stimme, die sich anhörte, als ob sie am liebsten weinen wollte, es aber einfach nicht konnte.
„Er ist ein Hexer und Einsiedler, der nördlich von hier in einem sehr dichten Wald zwischen den Klippen wohnt. Man sagt, er sei an allem Schlechten hier in der Gegend schuld: an Fehlernten, schlechtem Wetter und eisigen Wintern. Angeblich stammt er aus dem dunklen Süden. Wie er wirklich heißt, weiß niemand. Nebelbart nennt man ihn nur, weil sein langer, weißer Bart scheinbar direkt in den Nebel übergeht, der sich dort häufig in seinem Tal sammelt."
„Habt ihr irgendeinen anderen Hexer, Magier oder Schamanen hier in der Gegend?"
„Nein, zum Glück nicht."
„Ob das Glück ist, weiß ich nicht, aber so haben wir offensichtlich keine andere Wahl, als diesen Nebelbart zu suchen."
Hermelia zuckte schlagartig zusammen und stemmte ihre Hände auf die Lehnen ihres Stuhls, als ob sie im nächsten Moment vor Schreck aufstehen wollte.
„Bist du verrückt? Kennst du etwa nicht die vielen Geschichten über Hexer und Magier und über das, was sie der Menschheit schon alles angetan haben?"
Fin zuckte mit seinen Achseln und schaute gefasst auf die Tür. Den von Angst erregten Blick und die weit aufgerissenen Augen Hermelias konnte er im Moment nicht mehr ertragen.
„Mag schon sein, dass es böse Magier und Hexer gibt, doch bisher habe ich nur einen reisenden Gaukler und Marktmagier und einen Schamanen der Gnays kennengelernt und beide waren äußerst freundlich und nett.
Und was bleibt uns auch anderes übrig? Vielleicht wird uns dieser Hexer wirklich töten, aber wenn wir diese Gefahr nicht eingehen, werden wir wohl sowieso in der nächsten Nacht sterben."
Jendor hob seinen Kopf ein Stück weit an und drehte ihn in Richtung sei-

nes Gefährten, während sich Hermelia wieder in den Stuhl fallen ließ.
„Also Jendor wagen wir es?"
Der junge Fischer nickte, stand auf und drehte sich dann komplett zu Fin.
„Ja, du hast Recht. Das ist unsere einzige Chance."
Nun standen sich beide gegenüber und schauten sich gegenseitig auffordernd an. Doch obwohl bereits eine eindeutige Entscheidung gefällt worden war, zögerten beide, den ersten Schritt zu machen. So war es schließlich gerade Hermelias besorgte, mütterliche Stimme, die ihnen den nötigen Mut zum Aufbrechen gab:
„Nun denn, wenn ihr beide glaubt, die Probleme, die ihr euch durch euer unvernünftiges Verhalten eingebrockt habt, mit einer anderen unvernünftigen Idee lösen zu können, werde ich euch nicht aufhalten. Ich kann euch nun sowieso nicht mehr helfen. Aber so oder so solltet ihr euch beeilen, denn ihr habt nicht mehr viel Zeit bis Silja hinter dem Horizont verschwindet."
Jendor nickte ihr wortlos zu, drehte sich um, ging zu seinen Sachen, packte noch etwas Proviant, Kleidung, eine Decke und ein paar andere Dinge in seinen Rucksack, setzte ihn sich auf und schnürte sein Schwert an seine Hüfte. Auch Fin machte sich sogleich daran, all seine Habseligkeiten zurück in den Rucksack zu stecken und so waren beide schon kurz darauf zum Aufbruch bereit.
Jendor öffnete die Tür, drehte sich noch einmal für einen kurzen Blick an seine Mutter um und verließ mit einem „Komm Fin!" das Haus.

Wellen sammelten sich vor dem Bug der kleinen Yelindra, die mit straffen Segeln nach Norden den Ferodon aufwärtsfuhr. Die beiden jungen Männer, die unter ihrem Segel saßen, hatten schon seit einiger Zeit kein Wort mehr gewechselt und starrten beide mit einem besorgten bis angsterfüllten Blick nach vorne. Der Wald an den Ufern wurde immer dichter und schon bald schienen auch die letzten Spuren der Zivilisation, in einem unendlich großen Urwald zu verschwinden.
Beide fühlten diese dunkle Angst in ihrer Brust, die sich wie eine gewaltige, schwarze Hand um ihr zerbrechliches Herz legte und die trotz der immer größer werdenden Entfernung zur Ferofest immer weiter wuchs. Und als sie nun schließlich die Wälder von Nebelbart vor sich sahen, blieben ihnen nur noch knapp fünf Stunden bis zum Einbruch der Nacht.
„Fin glaubst du wirklich, dass wir das Richtige tun? Was ist, wenn der Geist

uns nur einschüchtern wollte, wir ihn nie wiedersehen würden und dafür aber unser Leben nun durch den Besuch bei Nebelbart verlieren?"
„Fandest du, dass sich das, was der Geist uns hinterherrief, wie ein Scherz angehört hat?"
„Nein, nicht wirklich ... aber was wäre wenn?"
„Jendor beantworte mir bitte eine Frage."
Fin schaute mit ernstem Gesicht zu Jendor herüber, welcher ihm mit herabhängendem Kopf zunickte.
„Gibt es irgendeine Person in eurem Ort oder der Umgebung, die jemals von Nebelbart angegriffen oder gar getötet wurde?"
Jendor schaute auf.
„Nein, aber wir sind ihm bisher auch alle größtmöglich aus dem Weg gegangen."
„Okay, das Nein reicht mir schon aus."
Und wieder wurde es still zwischen den beiden, die langsam aber sicher auf den Strand am Rande des dichten Walds zufuhren. Nur die plätschernden Wellen am Bug der Yelindra, das Rauschen des Windes in den Bäumen am Ufer und das Flattern des Segels schienen noch an das Fortlaufen der Zeit zu erinnern. Es waren die einzigen monotonen Geräusche, die sie in dieser letzten kurzen Zeit vor dem Anlanden begleiteten und sie zu einer halben Ewigkeit werden ließen.
Dann endlich war das kratzende und schleifende Geräusch des feinen Sandes zu hören, auf dem die Yelindra am Ufer aufsetzte.
Fin sprang in das seichte Wasser vor dem Boot, griff nach dem Tau, das am Bug befestigt war, und knotete es an einen dicken, verwitterten Baumstumpf am Strand, der dort seine kräftigen Wurzeln wie lange Tentakeln in alle Himmelsrichtungen ausstreckte.
Jendor, der zuvor die Segel eingeholt und zusammengeschnürt hatte, warf seinem Gefährten nun die beiden Rucksäcke herüber und folgte ihm dann auf den feinkörnigen Sandstrand.
Es war schon fast gespenstisch, wie sich die alten, großen, knorrigen Buchen und Eichen vor ihnen mit dem rauschenden Wind bewegten. Manche dieser Bäume waren wohl schon mehrere Hunderte, wenn nicht gar Tausende Jahre alt und hatten wohl auch schon den einen oder anderen Blitzschlag, etliche eisige Winter und viele heiße Sommer überlebt. Dies waren nicht einfach nur Bäume, viel mehr schien es Fin und Jendor beinahe so, als ob diese Bäume alle einen eigenen Charakter und eine eige-

ne Seele besaßen. Und dabei ließ das Wissen, dass der gefürchtete Nebelbart in diesen Wäldern hauste, die Umgebung nicht unbedingt einladender erscheinen.
Beide fühlten sich beobachtet und waren sich absolut sicher, dass sie es auch waren, doch ihre Entscheidung war getroffen und ihr Ziel lag nur noch wenige Dutzend Schritte vor ihnen.
Vielleicht waren sie hier fehl am Platz, doch immerhin gab es hier eine Chance zu überleben. Und so traten sie unter das schützende Kronendach der mächtigen Bäume und ließen ihre Blicke durch den Wald streifen: Adlerfarn, Bickbeer-, und Brombeersträucher und etliche Gräser und Moose begrünten den weichen Waldboden, der von den warmen, orangenen Sonnenstrahlen der langsam herabsinkenden gerechten Göttin erhellt wurde. Dazwischen befand sich ein kleiner nicht bewachsener Streifen, der sich vom Strand her bis tief in den Wald zu ziehen schien.
Konnte es ein Zufall sein, dass gerade an der Stelle, wo sie mit der Yelindra angelandet waren, dieser einzelne und offensichtlich häufiger benutzte Pfad durch die sonst unberührt wirkende Natur führte? Konnte dies vielleicht der Pfad Nebelbarts sein?
Niemand gab ihnen eine Antwort auf diese Frage, doch sie vertrauten ihrem Gefühl und folgten dem Pfad einige Minuten lang in den Wald hinein, bis dieser urplötzlich vor ihren Füßen endete. Direkt vor ihnen stand nun ein beeindruckendes Werk der Natur: eine Hütte, die aus vielen kleinen, lebenden Weiden zu bestehen schien.
Für einen kurzen Moment blieben sie wie gebannt stehen und starrten auf das Gebäude. Doch so ungewohnt ihnen dieses Bild zu erst erschien, war es dennoch irgendwie vertraut. Auch wenn die Wände aus mehreren Hundert Weidenstämmen, die aneinander, ineinander und miteinander hochgewachsen waren, bestanden, waren die Formen und Maße so präzise, als ob die Hütte von einem Maurer gesetzt worden wäre. Selbst einen Türrahmen und zwei Fensterrahmen hatten die Weidenstämme freigelassen.
Die Wände besaßen durch die vielen schlanken Stämme eine gewellte Kontur, waren aber dennoch im Gesamtbild glatt und gerade. Erst an der Spitze des Hauses, am First teilten sich die einzelnen Bäume wieder auf, um darüber gemeinsam eine große, kugelförmige Krone zu bilden.
Die umgebende Natur hatte sie auch so schon sehr beeindruckt, doch alles bisher Gesehene erschien ihnen immerhin von Natur aus möglich und erklärbar. Diese Hütte konnten sie sich allerdings nur durch magische

Einflüsse erklären und so schien sich plötzlich die Antwort auf ihre Frage zu ergeben: Es musste der Pfad Nebelbarts sein und das Gebäude vor ihnen war wahrscheinlich seine Hütte.
Jendor holte gerade Luft, um laut nach dem geheimnisvollen Magier zu rufen, als er plötzlich eine sanfte, tiefe, männliche Stimme hinter sich hörte.
„Pssst, du erschrickst sie sonst."
Die beiden jungen Männer zuckten wie vom Blitz getroffen zusammen und drehten sich dann schlagartig um.
Vor ihnen stand ein älterer Mann, der vom Aussehen her etwa 45 Jahre alt sein musste. Sein leicht faltiges und wettergegerbtes Gesicht wurde durch einen dichten weißen Vollbart umrahmt, der ebenso wie sein volles, langes, glattes Haar, bis kurz über die Brust reichte.
Bis auf einen glatten, knorrigen Wanderstab schien der Mann kein Werkzeug und keine Waffe bei sich zu tragen. Sein dunkelgrüner Lodenmantel hing glatt an seinem Körper herab und ließ nur noch das Ende seiner dunkelbraunen, leinenen Hose und die stark behaarten, nackten Füße herausschauen. Doch mochte der Schreck im ersten Moment auch noch so groß gewesen sein, das friedfertige Gefühl, das diese Person umgab, schien nun jegliche Ängste vor ihr verschwinden zu lassen.
„Der Wald genießt die Laute der Natur, doch der schrille Schrei eines Menschen kann ihn aus seiner Ruhe reißen. Was macht ihr zwei hier?"
Die Beiden waren offensichtlich gänzlich aus der Fassung, hatten einerseits Ehrfurcht und waren andererseits so über diese Person erstaunt, dass ihnen in diesem Moment überhaupt kein klarer Gedanke mehr in den Sinn kam. Beide hatten sich Nebelbart völlig anders vorgestellt, und wenn sie ehrlich waren, so hatten sie auch eher mit einem schmerzvollen Tod, als mit einer solchen Begrüßung gerechnet. Doch andererseits war auch das Haus von Nebelbart – wenn es denn seines war – so sehr viel anders, als sie es sich in ihren kühnsten Vorstellungen ausgemalt hatten. Alles schien plötzlich so, als ob ihre gesamten vorherigen Vorstellungen aus einer komplett falschen Illusion bestanden hätten.
„Will keiner von euch mit mir reden? Ein paar Worte werden euch weder der Wald, noch ich verübeln."
Der unbekannte Mann lächelte freundlich, drehte sich um, stellte seinen Stab an den Stamm einer Buche und wandte sich danach wieder zu Fin und Jendor, um nach wie vor auf eine Antwort zu warten.
Es war seltsam: Sie hatten den Stab zwar nicht unbedingt als Gefahr ange-

sehen, aber in der Hand des Mannes hatte er dennoch ein gewisses Gefühl der Furcht in ihnen hervorgerufen. Doch nun, da er an den Baum gelehnt stand, erschien er plötzlich nur noch verschwindend klein zu sein. Viel zu unscheinbar war dieser kleine Ast, gegenüber der gigantischen Buche, deren Stamm weit über einen Meter an Durchmesser besaß. Und so verschwand langsam auch der letzte negative Gedanke über diesen Wald und Nebelbart aus ihren Köpfen.

Beide fühlten sich plötzlich sicher. Und ohne zu wissen warum, spürten sie auch ein wohliges Gefühl der Geborgenheit. Mochte auch dieser wütende Geist hinter ihnen her sein, in diesem Moment gab es absolut nichts und niemanden, der sie bedrohte.

Und so packte Fin es schließlich an, räusperte sich leise und begann vorsichtig mit seinem Erklärungsversuch:

„Wir suchen nach dem Magier, der hier in diesem Wald wohnen soll. Er ist vielleicht unsere einzige, unsere letzte Hoffnung."

„Einen Magier sucht ihr? Nun als Magier möchte ich mich nicht unbedingt bezeichnen, aber ich bin zumindest der einzige Mensch, der hier zwischen diesen uralten und weisen Bäumen wohnt. Doch sagt: Was genau ist denn euer Problem? Wie könnte ich euch bei der Lösung helfen?"

Diese Sätze vertrieben nun fast alle verbliebenen Zweifel. Beide merkten, wie ein kribbelndes Gefühl von Hoffnung in ihnen aufstieg. Auch wenn dieser ältere Mann sich selbst nicht als Magier bezeichnete, so schien es ihnen offensichtlich, dass er Nebelbart sein musste. Und dass eben dieser zaubern konnte, wusste ein jeder in Festenhain und auch die Hütte war ein weiterer Beweis für diese Tatsache.

Doch zumindest für den Moment schien er diese magischen Kräfte nicht für etwas Böses einsetzen zu wollen. Sein Gesicht lächelte und um ihn lag eine Aura der Geborgenheit und Sicherheit, die die beiden sanft umhüllte. Dennoch hielt Jendor sich nach wie vor zurück und überließ Fin das Reden, denn in seinem Herzen waren trotz alledem immer noch einige der Vorurteile gegen Nebelbart verankert.

Fin atmete einmal tief ein und versuchte so ruhig wie möglich die Situation in nur einem Satz darzustellen:

„Wir werden von einem Geist verfolgt, der uns gedroht hat, dass wir noch in dieser Nacht sterben werden."

Nebelbart kippte seinen Kopf ein wenig zur Seite. Doch obwohl Fins Satz offensichtlich eine schlimme Situation widerspiegelte, lag bei seiner Ant-

wort immer noch ein leichtes Lächeln auf seinen Lippen:
„Ein Geist. Das hört sich tatsächlich problematisch an. Doch wenn ich euch helfen soll, brauche ich mehr Informationen von euch. Wie kommt es, dass der Geist euch verfolgt? Und wie sieht dieser aus?"
„Nun ja ..."
Fin zögerte etwas und schien nach den rechten Worten zu suchen.
„Wir beide waren in den Ruinen der Ferofest und haben dort nach Informationen über ... über die Sergonen gesucht. ... Nun ja, nach einigem Suchen fand Jendor dann ein Buch, das in der Nähe eines Skelettes lag und während er es öffnete, stieg dieses dunkle Wesen wie aus dem Nichts hinter ihm vom Boden auf.
Es sah aus wie ein abscheulicher Schatten. Es bestand aus einem seltsamen schwarzen Nebel und hatte zwei glühend rote Augen. Es brummte mit tiefer Stimme und brüllte uns an. Wir haben uns schnell umgedreht und sind so schnell wie möglich ins Freie gelaufen. Das schien unsere Rettung gewesen zu sein, denn der Geist hat uns dort nicht weiter verfolgt. Doch er rief uns hinterher, dass wir diese Nacht nicht mehr überleben werden."
Der ältere Mann war bei der Nennung der Sergonen zusammengezuckt und schien nun auch plötzlich gänzlich auf diese fixiert zu sein. Es war das erste Mal, das das Lächeln auf seinen Lippen für kurze Zeit verschwand, als er jetzt die nächste Frage stellte:
„Warum sucht ihr zwei nach den Sergonen?"
Wieder zögerte Fin kurz, wurde dann aber wohl gewahr, dass jegliche kleine Information, die er dem Fremden gab, eigentlich nur etwas Positives für sie zu Folge haben und kaum schaden konnte.
„Nun ja, Ihr müsst wissen, dass ich auf der Suche nach meinen Wurzeln bin. Der einzige Anhaltspunkt, der mir helfen könnte, besteht aus ein paar Texten in sergonischer Schrift. Daher haben wir beide nach einer Möglichkeit gesucht, mehr über mich herauszufinden."
Der Mann strich durch seinen Bart, überlegte für einen kurzen Augenblick und schaute Fin musternd an. Kurz atmete er noch einmal tief ein und gab dann seine Antwort:
„Ein Sergone oder ein Abkömmling ihrer bist du mit Sicherheit nicht. Der Wald hat euch hereingelassen ohne mich zu warnen und das ist ein eindeutiges Zeichen dafür, dass ihr reine und helle Herzen besitzt. Mag euch auch einiger Kummer bedrücken, doch in euren Herzen wird man wohl kaum einen üblen Gedanken finden können."

Nach diesem letzten Satz atmete nicht nur Fin tief durch, der nun seine ärgsten Ängste schlagartig verloren hatte, nein auch Jendor fühlte sich schon wesentlich sicherer und wusste einmal mehr, dass Fin absolut Recht gehabt hatte, als er auf der Yelindra über Nebelbart geredet hatte.
„Doch euch bleibt nicht viel Zeit. So wie du das Wesen beschrieben hast, wird dieses wohl ein Xilimia sein und das bedeutet wahrlich eine große Gefahr. Xilimias sind besonders mächtige Schattengeister, die meist nur von dunklen Magiern bei äußerst wichtigen Dokumenten zum Einsatz gebracht werden. Falls dieser Geist also wirklich ein solcher ist, so scheint in diesem Buch etwas sehr Wichtiges zu stehen. Vielleicht wäre es damals kriegsentscheidend gewesen und vielleicht ist es auch heute noch von großer Wichtigkeit für die Sergonen."
Fin bekam es mit der Angst zu tun, schaute kurz nervös auf die herabsinkende Scheibe Siljas und fragte Nebelbart dann mit leicht flatternder Stimme:
„Aber was genau ist ein solcher Schattengeist? Wie kann man sich vor ihm schützen? Und wie können wir ihn vernichten?"
Der ältere Mann drehte sein Gesicht ein wenig, schaute eine kurze Zeit in die Weiten des Waldes und suchte dabei anscheinend nach den richtigen Worten, dann drehte er sein Gesicht wieder zu Fin und fuhr fort.
„Schattengeister sind die verlorenen Seelen bösartiger Wesen jeglicher Art. Sie sind normalerweise nicht besonders gefährlich, doch wenn ihre Macht durch Magie gebündelt wird, um einen Gegenstand oder einen Ort zu bewachen, so können sie sich in elementare Gestalten verwandeln und mit diesem Element enormen Schaden anrichten. In eurem Fall schätze ich das Element des Xilimia aufgrund der rot leuchtenden Augen auf Feuer.
Das Skelett, das ihr gefunden habt, war wahrscheinlich das eines Boten oder gar eines Magiers, der einen Xilimia-Bann auf sich und dem Buch getragen hat. Falls dies der Fall sein sollte, so war es die Seele des Toten, die ihr als Schattengeist gesehen habt.
Ein Xilimia liegt so lange im Dämmerschlaf, bis irgendeine Person die Ruhe des beschützten Gegenstandes stört. Ihr habt den Xilimia wahrscheinlich in dem Moment erweckt, als ihr das Buch vom Boden aufgehoben habt. An jedem, der dieses Buch ab dann betrachtet hat, hängt nun eine Blutsmarke, die für den Xilimia über alle Entfernung zu sehen ist. Er wird jede Person, die dieses Buch seitdem gesehen hat, verfolgen und versuchen sie umzubringen."

Fins Verzweiflung stieg offensichtlich weiter an, sodass er bereits anfing, seine Haare zu zerzausen und nervös mit den Zähnen zu knirschen.
„Aber kann man ihn denn nicht irgendwie vernichten?"
„Ein Xilimia ist ein Schattengeist, ein Geist, der nur das reine Licht Siljas fürchtet. Keine normale Waffe kann ihm ein Leid zufügen und auch die Worte der meisten Geweihten und Priester wirken verhältnismäßig schwach. Für die Vernichtung eines Xilimias gibt es nur zwei sichere Optionen: Entweder nimmt man das heilige Licht Siljas zur Hilfe und raubt ihm so seine Kraft oder man bedient sich der Magie der Veränderung und bricht den dunklen Zauber, der auf ihm liegt.
Ersteres scheint annähernd unmöglich, denn niemals würde sich ein Schattengeist freiwillig den Sonnenstrahlen hingeben. Doch auch Zweiteres birgt einige Probleme in sich: Sein wahrer Name ist von großer Wichtigkeit und auch der Zauber, der auf ihm lastet, muss von dem Bannenden beherrscht werden. Wird der Schattengeist nicht gebannt, so wird er erst verschwinden, wenn er seine Mission erfüllt hat."
Für Fin sammelte sich hier mittlerweile eine große Kette von unüberwindbaren Hürden an, die ihn seine Haare weiter zerzausen ließen. Anscheinend war er der kompletten Verzweiflung nahe und hegte auch keine große Hoffnung mehr. Doch als er kurz zu Jendor herüberschaute, bemerkte er, dass es diesem anscheinend noch schlechter ging. So riss er sich wieder zusammen und suchte weiter nach einer Lösung:
„Aber wie sollen wir seinen Namen erfahren, so lange nach seinem Tod? In die Festung können wir wohl kaum wieder zurückkehren, denn dort würden wir dem Tode direkt in die Arme laufen."
Nach wie vor behielt der ältere Mann seine Ruhe und trug Fin seine Antworten langsam und sachlich vor, wobei er immer noch ein leichtes Lächeln auf den Lippen behielt. Ja es schien sogar beinahe so, als ob ihm jegliche schlechten Gefühle unbekannt wären:
„Das kommt ganz darauf an. Habt ihr das Buch denn noch bei euch?"
Fin nickte, woraufhin Nebelbart fortfuhr:
„Der wahre Name des Xilimia ist immer auf einer geschützten Stelle des bewachten Gegenstandes oder Ortes eingelassen. Er ist nicht durch weltliche Waffen zerstörbar. Selbst wenn ihr das Buch verbrennen würdet, würde die Seite mit seinem Namen unbeschadet bleiben und sich erst dann auflösen, wenn der Xilimia entweder seinen Auftrag erfüllt hat oder er gebannt wurde."

„Aber das Buch ist in sergonischer Schrift geschrieben und diese können wir beide nicht lesen. Könnt Ihr uns vielleicht dabei helfen? Beherrscht Ihr die Schrift der Sergonen?"
„Nein, ich beherrsche sie nicht. Das Sergonia ist eine komplexe, geheime und magische Schrift, die über 300 Zeichen umfasst. Seit Ewigkeiten wird sie nur von Sergone zu Sergone weitergegeben, denn auf diese Weise können sie ihr gesamtes Wissen und ihre dunklen Zauber vor fremden Augen schützen. Doch auch wenn ich seinen Namen wüsste, könnte ich den Geist nicht bannen."
Fin ließ den Kopf hängen und schien nun auch seine letzte Hoffnung verloren zu haben.
„Also sind wir verloren."
„Nicht unbedingt. Es gibt wohl ein Paar verschiedene Möglichkeiten, wie ihr dem Xilimia entkommen könnt, doch beide haben ihre größeren Haken."
Der ältere Mann holte tief Luft.
„Die erste wäre die Flucht in die Lande des ewigen Lichts. Ich halte es zwar für absolut unwahrscheinlich, doch wenn ihr es schaffen würdet, lebend in die Lande des Lichts zu gelangen, so wäret ihr dort vor dem Schattengeist sicher. Doch ihr könntet die Lande auch fortan nicht mehr verlassen.
Die zweite Möglichkeit wäre, dass ihr euch in die Hände von Sergonen begebt und ihnen das Buch überlasst. Diese Möglichkeit ist äußerst riskant, kann euch aber auch wieder absolute Freiheit verschaffen.
Für euch wäre es natürlich das Optimalste, wenn die Sergonen euch das Buch wegnähmen, es sich anschauten und sie dadurch ebenfalls eine für den Xilimia sichtbare Blutsmarke erhalten würden. Die Sergonen müssten den Xilimia daraufhin bannen, um ihr eigenes Leben zu retten. Falls sie euch dann wieder freilassen würden und sie zugleich nichts mit dem Inhalt des Buches anfangen könnten, wäret ihr wieder in Sicherheit und bräuchtet keine weiteren Gefahren durch die Sergonen fürchten.
Doch das anzunehmen, scheint mir wahrlich etwas sehr gewagt. Viel eher befürchte ich, dass sie euch festhalten würden und schlimmstenfalls einen neuen mächtigen Zauber aus dem Buch adaptieren könnten.
Andererseits scheint es mir aber auch fragwürdig, ob die verbliebenen Sergonen die mächtigen und dunklen Zauber ihrer Ahnen beherrschen und sie somit denn Xilimia bannen können. Sollte dies nicht der Fall sein, so hättet ihr vor eurem Tod immerhin noch eine Gruppe Sergonen ausgerottet.

Ich weiß, die Möglichkeiten hören sich beide nicht unbedingt rosig an, aber so bleibt euch immerhin die Chance eure Leben zu retten."
Es wurde für einen Moment lang still: Fin schien zu überlegen, der ältere Mann wartete auf Fins nächste Frage und Jendor war immer noch wie zu einer Säule erstarrt. Ein Windstoß zog durch die Kronen der mächtigen Laubbäume und hinterließ ein lautes Rauschen, dann wandte sich Fin wieder an den älteren Mann:
„Wo liegen denn diese Lande des ewigen Lichts?"
„Oben weit im Norden, wo Silja niemals schläft. Dort gibt es keine Nacht und somit hätte euer Feind keine Möglichkeit euch zu folgen."
„Ist das dann nicht unsere einzige Chance? Oder gibt es hier in direkter Nähe ein Gruppe Sergonen?"
„Nein, in der näheren Umgebung gibt es zum Glück keinen einzigen Sergonen. Die nächste Gruppe, die mir bekannt ist, wohnt etwa zwei Tagesreisen flussaufwärts. Aber somit ist diese immer noch wesentlich näher, als die Lande des ewigen Lichts."
Fin verlor innerhalb kürzester Zeit einen Großteil seiner gerade erst wieder aufgebauten Hoffnung. Es erschien ihm unmöglich jetzt noch einen Weg zu finden, um Jendor und sich zu retten; und er fragte sich innerlich, warum Nebelbart ihnen erst so viel erzählte, wenn jegliche Flucht schließlich doch unsinnig war. So schaute er auf den Boden und ließ seinen Unmut über Nebelbarts anscheinend sinnlose Hilfe heraus:
„Und wie sollen wir dort so schnell hinkommen? Wir haben nur noch knapp einen viertel Tag Zeit."
Fin ärgerte sich und schien sich sicher zu sein, dass auch Nebelbart auf seine letzte Äußerung keine positive Antwort mehr geben konnte. Eigentlich war es ihm auch egal, ob überhaupt noch eine Antwort kam und so überlegte er, ob er sich nicht einfach hier auf der Stelle auf den weichen Waldboden setzen und auf den baldigen Tod warten sollte.
Doch Fin hatte sich getäuscht und gewann bei der Antwort des älteren Mannes plötzlich wieder ein kleines bisschen Hoffnung:
„Das stimmt nicht ganz. Ihr könnt euch zumindest zwischenzeitlich vor dem Xilimia schützen, indem ihr euch auf tiefem Wasser oder in der Luft aufhaltet. Der Xilimia kann sich nur auf fester Materie bewegen und euch somit nicht erreichen, solange ihr selbst nicht auf festem Boden steht. Wenn ihr also mit einem Boot auf dem Ferodon fahrt und die Ufer nur im Tageslicht betretet, so seid ihr vorerst sicher.

Doch versteht mich nicht falsch. Die Schifffahrt selbst ist auf Dauer keine sichere Lösung. Der Xilimia hat die Intelligenz seines alten Wirtes und wird sicherlich schneller einen Weg finden, um auf euer Schiff zu kommen, als es euch lieb ist. In dem Moment, wo er sich in seine elementare Gestalt verwandelt, wäre es sicherlich fatal, wenn er sich im Wasser befinden würde, doch solange er euch nur verfolgt, könnte er selbst den tiefsten Ozean passieren, indem er über den Meeresboden gleitet."

Fin atmete tief durch, schaute nach Westen zur herabsinkenden Sonnenscheibe Siljas und drehte sich ein letztes Mal zu dem älteren Mann.

„Also fahren wir gen Norden, bleiben des Nachts auf dem Wasser und suchen nach den Sergonen. Könnt Ihr uns genauer sagen, wo sich die Sergonen dort aufhalten?"

Der Mann lächelte und nickte Fin zu.

„Man findet sie in ihrer Siedlung, eineinhalb Tagesreisen südlich der Ferodon-Quelle, am südlichen Rand des Fegran-Gebirges. Wenn ihr den Ferodon etwa zwei Tage von hieraus herauffahrt, so werdet ihr bereits aus einiger Entfernung auf einem großen Hügel auf der westlichen Uferseite ihr Dorf erblicken."

Fin atmete tief durch und schien langsam aber sicher seine Hoffnung und seinen Lebensmut wiederzufinden. Nebelbart hatte ihnen einen klaren Weg aufgezeigt und diesem galt es nun zu folgen.

„Ich danke Euch vielmals, Ihr habt uns sehr geholfen! Können wir Euch irgendwie für eure Hilfe entlohnen?"

„Ich besitze alles, was ich brauche und wünsche und bin glücklich, euch geholfen zu haben. Das ist bereits Belohnung genug."

Der ältere Mann lächelte Fin an und nickte freundlich, als Jendor plötzlich hinzutrat.

„Entschuldigt, auch ich habe noch zwei Fragen: Meine Mutter wird sich sicher große Sorgen um uns machen, wenn wir nicht bald wieder kommen, aber eine Rückreise können wir uns kaum leisten. Würdet ..."

Der ältere Mann unterbrach Jendor.

„Vergiss deine Sorgen. Sie wird bald auf mich treffen und dann von euch erfahren."

„Danke."

„Und was war deine zweite Frage?"

Jendor nickte ganz leicht, hob dann seinen Arm hoch und packte vorsichtig mit seiner Hand auf den Verband.

„Ich wurde von einem Wolf gebissen und merke bereits das Fieber der Tollwut in mir aufsteigen. Habt Ihr irgendein Mittel, das mir helfen kann, wieder gesund zu werden?"
Der ältere Mann drehte sich ohne ein weiteres Wort zu sagen um und ging daraufhin in den Wald hinein, während sich Fin und Jendor fragende Blicke zuwarfen. Sollten sie noch bleiben und warten? Oder hatte er sie nun verlassen, ohne ein Abschiedswort zu sagen?
Immer kleiner schien der ältere Mann in der Entfernung zu werden, bis er dann plötzlich ganz verschwunden war.
Sie hatten kaum noch Zeit, die Sonnenscheibe sank immer weiter herab und drohte schon bald Platz für die Nacht zu machen. Sollten sie wirklich noch weiter warten?
Plötzlich stand der ältere Mann wieder neben Jendor und hielt ihm seine Hände entgegen:
„Hier, nimm. Diese roten Beeren solltest du zu dir nehmen, bevor du dich das nächste Mal zum Schlafen legst, während du dann die Blätter direkt auf deine Wunde legen und mit dem Verband fest andrücken musst."
Der ältere Mann legte Jendor die Beeren und die Blätter in seine linke Hand und schaute ihn freundlich an, während dieser noch gänzlich verblüfft und etwas erschrocken, über das plötzliche Wiederauftauchen Nebelbarts, mit offenem Mund dastand. Doch dann riss er sich wieder zusammen, lächelte und bedankte sich.

VIII.

Die Zeit verging rasend schnell:
Die Sonnengöttin ließ ihre goldene Scheibe gerade den Horizont berühren, als die kleine Schaluppe eine große, im Wasser liegende Eiche passierte. Ein paar der Äste berührten sie unter Wasser, doch die Yelindra ließ sich nichts anmerken und fuhr ungebremst mit einiger Fahrt weiter gen Norden. Immer wieder stieß das Fischerboot auf die wenigen größeren Wellen des Ferodons und kam ein jedes mal leicht ins Schaukeln. Doch keine dieser Wellen barg eine reelle Gefahr.

Das Wasser glitzerte im goldenen Schein der untergehenden Sonnenscheibe. Ein Schwan landete majestätisch in einer kleinen Bucht auf der östlichen Seite des Flusses, eine Gruppe Stockenten tauchte nach Nahrung und die Singvögel setzten zu ihren schönsten Melodien an, bevor sie sich dann auf den Bäumen zum Schlafen setzten. Und mittendrin in diesem Bild – das kleine Boot, das auf dem großen Fluss vom Wind getrieben nach Norden glitt.

Für einen Maler wäre dies wohl ein perfektes Motiv gewesen und Verliebte hätten die Atmosphäre als romantisch empfunden, doch all dies nahmen die beiden jungen Männer nicht wahr. Beide saßen verzweifelt und verkrampft auf dem Boot und hatten nur eine einzige Sache im Sinn: So schnell wie möglich dieser Landschaft zu entfliehen und weit weg nach Norden zu kommen.

Bisher schien ihnen das Glück noch hold zu sein, denn schon seit einiger Zeit wurden die Segel der Yelindra, durch einen stetigen, kräftigen Wind nach Norden gedrückt. Doch wie lange dieser Wind noch anhielt, wusste niemand genau.

Der Abschied von Nebelbart war äußerst kurz gewesen, denn obwohl sie sich in dem uralten Wald geborgen und wohlgefühlt hatten, hatte sie die Angst vor dem nahen Sonnenuntergang zu Hast und Ruhelosigkeit getrieben. Ohne auch nur einmal zurückzuschauen, waren sie durch den alten Wald gelaufen, waren wenige Augenblicke später am Strand angekommen und hatten die Yelindra zurück ins Wasser geschoben.

Es waren Furcht und panische Angst, die das Boot seitdem zu lenken schienen und ihnen keine Zeit für eine Rast erlaubten. Verzweiflung war in ihren Gesichtern zu erkennen. Noch war es hell und noch fuhren sie auf einem scheinbar normal verlaufenden Fluss, doch schon bald würde es dunkel werden und Jendor wusste, dass sie dann irgendwann in der Dunkelheit die scheinbar endlos langen Föhrensümpfe erreichen würden.

Ein letztes Mal schauten die beiden zur Sonnengöttin herauf und genossen ihre warmen Strahlen, dann verschwand die tief orange Scheibe hinter Peobors Klinge – hinter dem Gebirge über das Fin noch vor wenigen Tagen in das Stromland gekommen war.

Fins Blick war noch für einige Momente auf diese Stelle gebannt, dann ließ er ihn schließlich über die grünen Berge schweifen und dachte dabei für einen kurzen Moment an die Brujin zurück. Doch seine Gedanken drifteten schon schnell ab und verfingen sich daraufhin in ein paar Tagträumen,

die ihm die Bilder der letzten Tage vor sein inneres Auge führten:
Nun blieb ihm wirklich keine Möglichkeit mehr, einfach wieder zu seinem Stamm zurückzukehren und sein Leben wie all die Jahre zuvor fortzusetzen. Natürlich war sein altes Leben irgendwo ein recht sicheres und beständiges gewesen, doch jetzt, da er darüber nachdachte, merkte er auch, dass er in den letzten Tagen wohl beinahe mehr erlebt hatte, als in seinem gesamten bisherigen Leben zuvor.
Wenn er diese nächste Hürde bewältigen konnte und wieder frei von diesem Schattengeist war, so hätte er zwar immer noch nichts über seine Herkunft erfahren, doch für sein Leben und seine Erfahrung war es sicherlich eine Bereicherung.
Damals, am Tag nach dem Gespräch mit den Männern seines Stammes, hatte er sich noch unsicher und schwach gefühlt; doch seitdem hatte sich dieses Gefühl schon enorm verändert. Mittlerweile fühlte er sich als Mann und wusste, für sich selbst und um sich zu sorgen.
Und wenn er eines sicher wusste, so war es, dass er nichts bereute. Selbst wenn er nun bald sterben würde, so wusste er, dass dieser Pfad der richtige gewesen war. Der richtige Pfad zu seinem Selbst. Nun gut, er hatte sicherlich Fehler gemacht, doch noch war nichts zu spät.

Langsam legte sich die Nacht um die Yelindra. Und während die kleine Mondscheibe, der sanften Wächterin Majann, das wilde Wasser des Ferodons in ihrem weichen, silbernen Licht erstrahlen ließ, war ihr großer, goldener Bruder Gjord noch hinter den Bäumen im Osten versteckt und schaute von dort aus zwischen den Ästen hindurch. Der kräftige Wind, der bisher von Süden gekommen war, drehte nun langsam ein klein wenig nach Nordwesten und wurde dabei etwas schwächer.
Für einen kurzen Moment stand Jendor auf, zog das Segel ein Stück weit nach, schaute kurz im Stehen in die Ferne und setzte sich dann wieder seinem Gefährten gegenüber.
„Fin hast du einen guten Plan, wie wir wieder von den Sergonen fliehen können? Ich glaube kaum, dass sie uns freiwillig wieder laufen lassen. Und wenn wir Pech haben, so bringt uns dieser Versuch sogar den Tod."
Fin verzog seinen rechten Mundwinkel, drehte seinen Kopf nach Norden und schaute eine Zeit lang in die Richtung ihres Ziels. Dann wandte er sich wieder Jendor zu, sah ihn mit nachdenklichem Blick an und erwiderte schließlich:

„So weit wird es nicht kommen. Wir sollten erst kurz vor Sonnenuntergang dort auftauchen, dann suchen wir uns ein gutes Versteck und werfen von dort aus das Buch in ihre Siedlung. Es wird sicherlich jemanden geben, der das Buch aufhebt. Der Rest erledigt sich dann von selbst."
„Die Idee ist gut, doch was ist, wenn wir doch entdeckt werden?"
„Hmm ... da hast du wohl Recht. Vielleicht sollten wir uns aufteilen, und falls tatsächlich einer von uns erwischt wird, so behauptet dieser einfach, dass er alleine sei. Der andere versucht ihm dann, zur Flucht zu verhelfen."
Jendor überlegte kurz, nickte Fin dann zu und wandte sich schließlich wieder nach Norden.
Erneut kehrte eine längere Stille zwischen den beiden ein, die erst wieder durchbrochen wurde, als sie etwa zwei Stunden später den südlichen Rand der Föhrensümpfe erreichten. In der gesamten Zwischenzeit war kaum eine Veränderung der Umgebung zu spüren gewesen, doch der Übergang in die Sümpfe kam dafür überraschend abrupt:
Schon kurz nachdem die beiden den ersten säuerlich herben Hauch von Sumpfwasser wahrgenommen hatten, verbreiterte sich bereits das Flussbett, das Wasser wurde ruhiger und flacher und der unangenehme Geruch von Fäulnis, Schlamm und Torf stieg mit einem jeden Atemzug weiter an.
So vergingen einige Augenblicke, und als sie schließlich vollends vom Sumpf umgeben waren, vermischte sich auch schon das goldene Licht Gjords mit den silbernen Strahlen Majanns und ermöglichte den beiden Abenteurern die Umgebung besser zu betrachten:
Überall rechts und links des Flussverlaufs brandeten die Fluten des Ferodons an den Ufern größerer Inseln. Knorrige Bäume, trockenes Schilf und schlammige Strände zeichneten die Umgebung aus. Vereinzelt hatte sich der Fluss offensichtlich auch etwas weiter in das torfige Gebiet hineingespült und versorgte diese Buchten und Flussarme mit klarerem, sauberen Wasser.
Doch das war die Ausnahme. Fast alle Seen, Teiche und Tümpel dieser Sümpfe rechts und links des Ferodons, waren mit tiefschwarzem Wasser gefüllt. Sie waren die Quelle dieses herben, säuerlichen Geruchs, der von einer Hundertschar von verfaulenden Pflanzenteilen ausging. Und falls sich das Wasser dieser Tümpel überhaupt einmal richtig verdünnte, so wohl nur bei äußerst starkem Hochwasser des Ferodons. Und ein solches war offensichtlich schon etliche Jahre, wenn nicht gar Jahrzehnte her.

Überall ragten skelettartige, tote Kiefern aus dem dunklen Morast, die durch das Licht der beiden Monde eine doppelte Schattenwelt erzeugten. Die Abbilder bösartiger Kreaturen, Hände und Klauen schienen sich in der Dunkelheit zu verstecken und von dort bereits auf ihr nächstes Opfer zu warten.

Als Fin und Jendor dieses Schauspiel mit ansahen, wurde ihnen immer mulmiger. Jendor war zwar schon häufiger in die Föhrensümpfe gefahren, doch bisher hatte er immer vermeiden können, sich in der Dunkelheit der Nacht in den Sümpfen aufzuhalten. Diesmal hatte er aber keine andere Wahl mehr und alles, was ihm blieb, war der Wunsch auch diese Nacht außerhalb der Sümpfe in der Geborgenheit Festenhains zu verbringen.

„Jendor, wo sind wir hier? Was ist das für ein abscheulicher Ort?"

Der junge Fischer schaute zu Fin auf und sprach mit einer leisen und doch gefassten Stimme. Es klang, als ob er sich diese Frage schon selbst Tausende Mal gefragt und beantwortet hätte und dennoch nicht zufrieden mit seiner eigenen Antwort war:

„Dies sind die Föhrensümpfe. Der Ferodon fließt von Norden nach Süden durch sie hindurch. Daher bleibt uns leider keine andere Wahl, als ihm durch sie hindurch zu folgen. Und das bedeutet für uns, dass wir nun etwa drei bis vier Stunden lang diesen Gerüchen und diesen Schattenspielen dieses verfluchten Ortes ausgesetzt sein werden."

Fins Gesicht schien während dieser Erklärung langsam bleicher zu werden, doch Jendor war sich nicht sicher, ob es wirklich an dem Inhalt der Erklärung lag. Vielleicht waren es auch nur Majanns sanfte Strahlen, die seine Haut nun mehr und mehr in feines Silber getaucht hatten. Aber dass Fins Mut von seinen Worten hart getroffen worden war, war spätestens bei seiner Antwort offensichtlich:

„Verflucht? Heißt das, dass dies ein gottloser Ort ist?"

Jendor schluckte, atmete tief ein und schaute Fin mit einem ernsten Blick an, der seine eigene Angst aber kaum verdecken konnte.

„Fin schau dich um: Diese Schatten sind die Abbilder der dunklen Seele Fenerils, der seinen Hass auf das Leben und das Göttliche mit jedem Fingerzeig um sich schlagen lässt. Überall ragen die Opfer seiner Arbeit aus dem Wasser und dem Schlamm. Was lebt hier noch? Ein paar Kiefern, Moos, Gras und die abartigen Kreaturen Fenerils."

Fin ließ seinen Kopf langsam herabsinken und scharrte mit seinen rechten Zehenspitzen auf dem Boden des Bootes herum.

„Wer ist dieser Feneril? Und ... und können wir uns vor ihm schützen? Uns in Sicherheit bringen?"
Jendor stieß mit offensichtlicher Verzweiflung und mit einigem Unmut einen großen Hauch Luft aus, als ob er versuchen wollte, mit diesen Gebärden Fins Fragen zu zerschmettern.
„Nein Fin, sicher können wir uns schon längst nicht mehr fühlen. Selbst wenn wir morgen Früh heile aus den Klauen Fenerils herauskommen, haben wir nach wie vor diesen Schattengeist hinter uns, der uns in jedem Moment ergreifen und uns die Luft in den Lungen verbrennen könnte."
„Aber wer ist denn nun dieser Feneril?"
Jendor schüttelte traurig den Kopf und war etwas unglücklich über die Frage, denn eigentlich war ihm gerade überhaupt nicht nach einer Märchenstunde zumute. Doch was sollte er machen? Fin schaute ihn halb neugierig und halb ängstlich an, wartete offensichtlich auf eine Antwort, und dass er nichts von Feneril wusste, konnte er ihm auch nicht verübeln. Also erzählte er ihm die uralte Geschichte:
„Nun ja, ... Es wird erzählt, dass Gjord, der goldene Krieger diese Sümpfe vor Ewigkeiten erschuf, um den goldgierigen Kobold Feneril zu bestrafen. Nach der Sage versprach Gjord dem Kobold einen Kartoffelsack voll Gold, sollte er es schaffen, nur mit einem Eimer die gesamten Sümpfe trocken zu legen. Dieser machte sich daraufhin sofort an die Arbeit, ohne zu bemerken, dass der Ferodon die Sümpfe mit immer neuem Wasser speiste. Und so trug er Eimer um Eimer aus dem Sumpf heraus und wunderte sich, dass das Wasser einfach nicht weniger wurde.
Schließlich wurde Feneril immer missmutiger. Er hatte wohl schon über ein Jahr lang versucht, das Wasser aus den Sümpfen zu holen, als er schließlich im Norden auf den Ferodon stieß. Er wurde zornig und fing an den Boden, die Pflanzen und die Tiere mit seiner Magie zu vergiften. Er schrie nach Gjord und schimpfte laut, er hätte ihn betrogen. Und so erschien der goldene Krieger am Himmelszelt und rief zu Feneril herab, was denn los sei.
Doch Feneril wurde immer zorniger und bekam kein einziges vernünftiges Wort mehr heraus. Da packte Gjord den kleinen Kobold am Schopf, hob ihn empor und machte ihm ein Angebot:
Gjord würde ihm den Kartoffelsack voll Gold geben, wenn Feneril im Gegenzug dafür nie wieder die Sümpfe verlassen und nie mehr einem Menschen zu Gesicht treten würde.

Feneril willigte ein und wurde von Gjord, mitsamt dem Sack voll Gold, auf die mittlere Insel des Sumpfes gesetzt, von wo aus er sich auf den Weg machte, um ein gutes Versteck für sein Gold zu suchen. Doch wohin er auch lief, überall fühlte er sich beobachtet. Die vielen Bäume, die aus dem Morast ragten, schienen ihn zu verfolgen und sein Versteck auszuspionieren. Feneril wurde wieder zornig, fing an zu fluchen und zu stampfen, doch er wusste, dass er Gjord keine Schuld geben konnte. Er hatte ihm den ganzen vollen Sack mit Gold gegeben und seinen Teil der Vereinbarung eingehalten. Und so schleppte Feneril seinen Sack durch den Sumpf und suchte weiter nach einem geeigneten Versteck für seinen Schatz."

„Und du bist dir sicher, dass diese Geschichte stimmt?"

„Diese Geschichte wurde mir als kleines Kind von meinem Großvater erzählt. Ob sie stimmt? Bisher war ich mir nicht sicher, doch nun ... schau dich selbst um! Die Schatten dieser Kiefern beobachten uns genauso sehr, wie es Feneril wahrscheinlich selbst tut."

Fin folgte Jendors Fingerzeig und blickte zum Ufer einer kleinen Insel im Westen herüber, wo sich die doppelten Schatten der Bäume wie ein Muster auf den moosigen Boden legten.

Doch plötzlich zuckte Fin zusammen. Waren da nicht gerade eben noch die roten Augen des Xilimia gewesen? Und tatsächlich, ein zweites Mal blitzen die beiden roten Flammen auf. Er war wieder da, ganz nah, am Ufer und richtete seine gierigen Blicke auf sie. Fin wollte gerade vor Schreck laut aufschreien, als ihm plötzlich ein Gedanke durch den Kopf schoss:

Ob er wusste, dass sie ihn schon entdeckt hatten? Wahrscheinlich nicht, denn obwohl er so nah an ihnen dran war, hörte man keinen Ton von ihm. Nein, er wähnte sich sicherlich noch unentdeckt und das sollte er auch ruhig weiterhin tun, denn so hatten Fin und Jendor immerhin die Möglichkeit ihn im Auge zu behalten, während er sich ansonsten sicherlich wieder besser verstecken und die beiden schließlich tatsächlich überraschen würde.

Fin drehte langsam seinen ganzen Körper zu Jendor um und flüsterte ihm dann ganz leise seinen Plan zu. Doch dieser war im ersten Moment wie vom Schreck getroffen und wandte seinen scheinbar apathischen Blick aufs linke Ufer, wo er ebenfalls einige Augenblicke lang die flammenden, roten Augen neben dem Boot entlangwandern sah.

Als der junge Fischer sich dann wieder einigermaßen gefasst hatte und in der Lage war, Fin aufmerksam zuzuhören, nickte er diesem zustimmend zu und kümmerte sich wieder wortlos um das Ruder. Er war auch jetzt noch vom plötzlichen Auftauchen des Schattengeistes erschrocken und brauchte, genau wie Fin, noch eine längere Zeit, um wieder ganz klar denken zu können.

Mittlerweile waren wohl schon knapp zwei weitere Stunden vergangen. Majann hatte gerade ihr helles, silbernes Gesicht hinter Peobors Klinge zum Schlafen gelegt und ließ Gjord nun als einsamen Krieger der Nacht zurück. Dieser stand schon fast senkrecht über den beiden Abenteurern, sodass auch kaum noch ein Schatten zu sehen war. Und so hatten sie bereits etwa die Hälfte der Sümpfe passiert, als sich plötzlich ein mystisches Glänzen und Glitzern über die Umgebung legte:
Überall erschienen kleine, golden leuchtende, glitzernde und flimmernde Punkte, die sich wie ein Netz über die vielen Inseln um sie herum legten. Und je weiter sie nach Norden kamen, desto stärker schien dieses Phänomen zu werden. Schon alleine deswegen stieg ihre Furcht weiter an, doch dem nicht genug, kam nun auch noch ein immer lauter werdendes, weiches Summen hinzu.
Es war ein dumpfer, gespenstischer Ton, der von allen Seiten widerhallte und beinahe so klang, als ob ein großer Hummelschwarm durch die Nacht schwirrte und irgendwo vor ihnen nach Nahrung suchte. Doch was war es wirklich?
Zwei, drei Mal hatten sich die beiden Gefährten nun schon zweifelnd angeschaut und sich gefragt, ob sie tatsächlich noch heute Nacht durch diese Sümpfe reisen wollten, doch jedes Mal war ihre Antwort eindeutig: Sie hatten keine Zeit mehr, jedes Warten war ein Schritt zurück und ein Schritt näher zum Tod. Es blieb ihnen keine andere Wahl mehr. Sie hielten Kurs und fuhren immer weiter auf das Unbekannte, das warme und doch bedrohlich wirkende Licht und das dumpfe, gespenstische Summen zu. Doch die drückende Angst vor dem was vor ihnen lag, stieg immer weiter an.
War Feneril die Quelle dieser Geräusche? War es das Leuchten seines Goldes, das er hier im Sumpf verteilt hatte und das nun in Gjords Schein zu leuchten begann? Und vor allem, wo war der Xilimia? Fin hatte ihn aus den Augen verloren, nachdem Majann im Westen untergegangen und es durch das Fehlen ihres Lichtes immer dunkler geworden war. Saß er nun vielleicht schon im Schlamm unter ihrem Boot?

Es war ein wirklich sehr unangenehmes, bedrückendes Gefühl, das sich in ihrem Boot breitmachte. Doch nach wie vor blieb ihnen keine andere Wahl als dem Fluss zu folgen und auf ihr Glück zu hoffen. Und so steuerte Jendor weiter nach Norden.

Plötzlich kratze irgendetwas Großes am Kiel des Bootes entlang und brachte es dabei leicht zum Schaukeln. Es war zwar kein besonders gespenstisches Geräusch, doch schon alleine die Angst vor Feneril und dem Xilimia gab dem lauten Kratzen eine enorme Kraft. Beide waren für einen kurzen Moment lang vom Schrecken gefesselt, doch Jendor riss sich bereits einen Augenblick später wieder zusammen, um auf keinen Fall die Kontrolle über die Situation zu verlieren.

Eigentlich hörte es sich nur so an, als ob sie über einen mit Algen bewachsenen Stein fahren würden – und solche Steine waren auch häufiger an flacheren Stellen des Ferodons zu finden – doch diese Erklärung konnte hier definitiv nicht zutreffen, denn das schabende Objekt bewegte sich von Süden nach Norden, in die Richtung, in die das Boot fuhr, gegen die Strömung.

Bei dieser Erkenntnis erschrak Jendor noch einmal und spürte, wie die Furcht bis in das tiefste Mark seiner Knochen vordrang. Sofort lenkte er hart nach Steuerbord und zog die Yelindra mit einem kräftigen Ruck von dem unbekannten Ding weg, doch für wenige Augenblicke hallte das Geräusch auch dann noch in ihren Ohren wieder.

Dann hörte das Schaben plötzlich auf und schon kurz darauf wurde auch der Blick auf den Angreifer frei: Es war der knochige Rücken einer alten, etwa eineinhalb Meter langen Auechse, die sich nun weiter nach Norden bewegte.

Für einen kurzen Moment stieß Fin einen leichten Angstschrei aus, den er gerade noch so leisehalten konnte, um nicht zu viel Aufmerksamkeit auf sich und Jendor zu lenken.

„Du meine Güte, was ist das denn?"

Jendor, dem beim Anblick der Auechse ein großer Stein vom Herzen gefallen war, ließ ein erleichtertes Lächeln auf seinen Lippen und erklärte es Fin mit ruhiger werdender Stimme:

„Das war nur eine Auechse. Im Gegensatz zu den großen Krokodilen am Delta des Ferodon sind diese kleinen Verwandten eigentlich ungefährlich. Sie ernähren sich meistens von Fisch und würden einen Menschen nur bei äußerst starkem Hunger angreifen."

„Dann hoffe ich nur, dass es keinen großen Hunger hat."

Fin fühlte sich längst noch nicht sicher, doch als er Jendors Lächeln im Mondschein sah, ließ auch er für kurze Zeit ein leichtes Lächeln auf seine Lippen, um sich direkt darauf wieder hektisch umzusehen. Doch was war das?

Das Summen war plötzlich wieder etwas leiser geworden und schien nun plötzlich von Süden zu kommen und auch das Glitzern und Leuchten auf den Inseln und Landzungen schien vor ihnen wieder weniger zu werden. Offensichtlich waren sie gerade im Moment des Schreckens am Mittelpunkt dieser merkwürdigen Magie vorbeigefahren.

Es ärgerte Fin schon ein wenig, dass er nun nicht mitbekommen hatte, was der Auslöser von diesem seltsamen Phänomen war. Doch letztlich waren sie so – wie Jendor sagte – schneller als erhofft an dieser potentiellen Gefahr vorbeigekommen. Vielleicht war es sogar besser, nicht zu wissen, was es mit den Geräuschen und Lichtern auf sich hatte.

So verging wieder einige Zeit. Die beiden jungen Männer fuhren weiter nach Norden, vorbei an den immer weniger werdenden Lichtern und schon bald aus dem Sumpf heraus. Der Ferodon wurde wieder schmaler und tiefer, der Grund wurde wieder heller und auch der Uferbewuchs wurde immer dichter und reicher an verschiedenen Pflanzen.

Bald ging die Nacht ihrem Ende entgegen, Gjord verschwand im Westen hinter Peobors Klinge und schuf Platz für die Sonnengöttin, die ihre ersten dunkelorangen Strahlen durch die Baumkronen im Osten warf. Die Müdigkeit der beiden wurde immer stärker und so einigten sie sich schließlich darauf, dass Fin erst noch einige Stunden schlafen sollte, um Jendor dann schließlich am Steuer abzulösen.

Ein gutes Gefühl hatte Fin bei dem Gedanken bei Weitem nicht. Nicht nur, dass er noch nie selbst am Steuer eines Bootes gesessen hatte, er hatte auch allgemein, als Kind der Wüste kaum eine Ahnung wie man sich auf dem Wasser und auf Booten verhielt. Doch ihm war zugleich bewusst, dass es keine andere Möglichkeit gab und so gönnte er sich erst einmal den lang ersehnten Schlaf.

Der gesamte nächste Tag war für beide eine unangenehme und nicht endenwollende Qual. Jendor war vor Müdigkeit am Zittern, als er kurz vor Mittag Fin das Steuer übergab. Wortlos behandelte er seine Wunde mit den Blättern, aß die Beeren, die er von Nebelbart bekommen hatte, und legte sich schließlich Schlafen. Fin war zwar mittlerweile recht erholt, doch obgleich weder der Flussverlauf noch der Wind seine Aufgabe am Steuer erschwerten, ließen ihn Angst und Pflichtbewusstsein stundenlang, wie eine Statue am Ruder verharren. Und so schmerzte bereits Fins halber Körper unter den Verspannungen, als Jendor am Nachmittag endlich wieder aufwachte.

In der Höhle des Löwen

Flari, die Zeit rennt und du sitzt hier.
Es ist Zeit zu gehen, sonst sterben wir.

Jeden Moment kommt er um die Eck'
findet uns und unser kleines Versteck.

Wir müssen weg, wir haben keine Zeit
Wir müssen weg, ganz, ganz weit!

IX.

Am späten Nachmittag waren Fin und Jendor schon ein ganzes Stück weiter nach Norden gekommen. Der Wind hatte fast durchgehend kräftig von Süden in das Segel der Yelindra gedrückt und die sergonische Siedlung, schon früher als erhofft, in ihr Blickfeld gebracht:
Das kleine Dorf lag, genau, wie es Nebelbart beschrieben hatte, auf einem Hügel am westlichen Ufer. Die Gebäude schauten schon von weiter Ferne über eine paar Felder und Wiesen und zwischen den dicht stehenden Laubbäumen hindurch, und sahen sich aus der Entfernung alle recht ähnlich. Es waren einfache Hütten mit bläulich grauen Schieferdächern, wie sie wohl häufiger im Stromland zu finden waren. Doch keines der Gebäude schien ihrer Vorstellung als Magierbehausung zu entsprechen. Auch die frischen, grünen Kräuterwiesen und die wohl erst vor Kurzem gepflügten Felder, auf dem langen Südhang des Hügels, zeigten keine einzige Besonderheit, die sie normalerweise misstrauisch gemacht hätte. Und wären sie nicht auf der Suche nach dieser Siedlung gewesen, so hätten sie diese wohl für ein abgelegenes Holzfäller- und Bauerndorf gehalten.
Bis jetzt war ihnen das Glück noch hold geblieben, denn entgegen all ihren Befürchtungen schienen die Sergonen keinerlei Notiz von ihrem Boot zu nehmen. Sie waren nun bereits sehr dicht an das Dorf herangekommen und dennoch schien sich dort oben nichts zu regen. An fehlenden Sergonen lag das aber sicherlich nicht. Glaubte man den rauchenden Schornsteinen, so waren mehr als ein Dutzend Personen in dem Ort unterwegs, und jeder hätte das helle Segel der Yelindra ins Auge fallen können.
Es war schon etwas seltsam. Sie hatten natürlich darauf gehofft, ungesehen in die Nähe der Sergonensiedlung zu kommen, doch die Angst davor, dass sie schon vorher entdeckt und abgefangen wurden, war dennoch wesentlich größer als dieser kleine Hoffnungsschimmer gewesen. Und so erschien ihnen dieses Bild einer dörflichen Idylle auf dem Hügel, wie eine erste, große Erleichterung auf ihrem Weg zur Freiheit. Dennoch schaffte es eine einzelne Frage, ihre Unsicherheit weiter zu schüren:
Gab es vielleicht doch noch jemanden, der als sergonischer Wachposten auf den Fluss und die Umgebung achtete? Jemanden, der schließlich einen

Trupp entsenden würde, um ihr kleines Boot abzufangen?
Die Antwort auf diese Fragen würde sich wahrscheinlich nie absolut sicher finden lassen. Im Moment schien es zwar noch so, als hätten sie noch keinerlei Aufmerksamkeit auf sich gezogen, doch konnten sie sich alleine deswegen schon in Sicherheit wähnen? Vielleicht wurde ihr kleines Boot auch einfach noch nicht als Gefahr wahrgenommen und erst, nach dem sie in der Nähe der Siedlung anlegten, für die Sergonen interessant. Abwegig war dieser Gedanke jedenfalls nicht. Und so streiften auch weiterhin Zweifel, Ängste und Sorgen durch ihre Köpfe.
Der Ferodon war mittlerweile auf eine Breite von sechs Schritt geschrumpft und gerade noch tief genug, um der Yelindra ein sorgloses Fahren zu ermöglichen. Rechts und links am Ufer wuchsen Ahorne, Pappeln, Erlen, Birken, Farne, Gräser und Moose zwischen etlichen größeren Felsen heraus. Diese kündigten bereits hier das schmale aber hohe Fegran-Gebirge an, das die Grenze zwischen dem nördlichen und dem südlichen Stromland bildete.
Ihr Ziel lag nun direkt vor ihnen, und so setzte Fin sich vorne in den Bug und hielt Ausschau nach einer geeigneten Stelle zum Anlegen. Sein Blick streifte flussaufwärts und suchte nach großen, dicht stehenden Baumgruppen am Ufer und nach etwas ruhiger liegenden Buchten und Stränden. Doch auch Jendor hatte derweil allerhand zu tun, denn auch der Fluss zeigte immer stärker, wie nah sie dem Fegran bereits waren. Er war mit immer größeren Steinen gespickt, an denen Jendor das Fischerboot heil vorbeimanövrieren musste.
Noch eine knappe Viertelstunde fuhren sie weiter flussaufwärts, bis sie schließlich einen geeigneten Ort gefunden hatten: Vor ihnen tat sich eine breite Flussaue auf, die sowohl im Osten als auch im Westen etliche Dutzend Meter in den Wald hineinreichte. Jendor holte das Segel ein, schob die beiden Paddel ins Wasser, manövrierte das Boot in die Auen hinein und ruderte dann zwischen den vielen kleinen Insel-Baumgruppen hindurch. Immer weiter nach Westen, in Richtung der sergonischen Siedlung.
Für Fin war dies ein absolut neuer und ungewohnter Anblick. Er war in den letzten Tagen zwar schon in einigen Wäldern gewesen, hatte auch zuvor schon einige Palmenhaine und kleinere Wälder an den Oasen und Flüssen der Wüste Sajem gesehen und nicht zuletzt auch einige Auwälder aus der Ferne von der Yelindra aus beobachtet, doch nun, da er sich direkt in einem solchen Auwald befand, erschien ihm die Art, wie er gewachsen war,

doch noch so gänzlich anders als alles ihm Bekannte:
Überall ragten kleine Inseln aus dem Wasser, die mehr aus Baumstämmen, Wurzelballen und Wurzelknollen als aus Erde bestanden, von denen Hunderte, Meter lange, manchmal über armdicke Wurzeln, in das Wasser herabhingen und dann schließlich unter Wasser wieder im sumpfigen Boden verschwanden. Auf diesen kleinen Bereichen zwischen den Wurzeln der Bäume wuchsen Flechten, Moose und Gräser, die eine jede Insel wie einen kleinen, für sich unabhängigen, undurchdringbaren Dschungel erscheinen ließen.
Durch diesen Auwald paddelte und stakte Jendor hindurch. Immer wieder hielt er kurz ein und ließ seinen Blick einige Zeit lang suchend umherstreifen, bis ihm schließlich ein kleiner, sichtgeschützter Nebenarm ins Auge fiel. Mit etlichen Paddelhieben und einigen Paddelstößen, gegen verschiedene Baumstämme, näherten sie sich diesem neuen Ziel und legten schließlich an einem kurzen, steilen Abhang an. Mit einem gewandten Seilwurf zog Jendor die Yelindra dichter an eine Weide heran und band sie dann an den vielen langen Wurzeln fest.
Fin war immer noch von diesem Naturschauspiel beeindruckt. Er sah sich noch kurz vom Boot aus um, stieg dann von der Yelindra auf den Abhang und kletterte vorsichtig hinauf. Schon kurz darauf stand er bereits am oberen Ende, hielt sich an einem Ast fest und schaute von dort aus in alle Richtungen, während Jendor noch dabei war, die Paddel und das Segel sicher zu verstauen.
Der Auwald ging direkt vor Fins Füßen abrupt in einen Laubwald über – das dichte Unterholz ließ ihn in diese Richtung nur wenige Schritt weit sehen – hinter ihm erstreckte sich hingegen der eben durchfahrene Auwald, dessen Anblick er noch einige Momente genoss. Doch schnell wurde er wieder seiner Situation gewahr; und so kletterte er schon bald wieder zur Yelindra hinab und bereitete sich dort mit Jendor auf die kommenden Stunden vor.
Sie setzten ihre Rucksäcke auf, lockerten ihre Waffen und stiegen schließlich gemeinsam den Abhang hinauf. Schnell warfen sie noch einige wenige Blicke in ihrer Umgebung, um dann, so vorsichtig und leise wie irgend möglich, in Richtung des Hügels zu schleichen, auf dem sich die Siedlung befand.
Eigentlich hatten sie darauf gehofft, noch möglichst lange den Schutz des dichten, unberührten Walds nutzen zu können, doch schon nach gut ein

Dutzend Schritt, war es mehr als offensichtlich, dass hier in der Nähe Menschen wohnten: Etwas weiter im Süden war ein säuberlich abgesägter Baumstumpf zu erkennen, weiter nördlich verlief ein Trampelpfad, und an mehreren Stellen um sie herum waren die übriggebliebenen Strunken von abgeschnittenen Pflanzen zu sehen. Gleichzeitig wurden sie auch einem leichten Hauch von Rauch und Ruß gewahr, der mit vereinzelten, sanften Nebelschwaden den Hügel herabzugleiten schien. Doch es blieb ihnen keine andere Wahl, und so schlichen sie den Abhang hinauf.
Nach etwa hundert Schritt blieb Fin plötzlich stehen, hielt Jendor mit seiner flachen Hand zurück und lauschte kurz in alle Richtungen. Als er sich dann schließlich sicher zu sein schien, dass niemand in ihrer Nähe war, drehte er sich zu Jendor um und flüsterte ihm leise zu:
„Wir hatten doch geplant, dass wir uns aufteilen, damit die Gefahr nicht so groß ist, dass wir beide gepackt werden. Aber ich frage mich gerade, ob es überhaupt nötig ist, dass wir beide nach oben gehen? Normalerweise sollte es doch ausreichen, wenn nur einer das Buch dort hinbringt, denn letztendlich machen zwei Leute auch doppelt so viel Krach und werden von daher auch eher entdeckt. Oder was meinst du?"
„Vielleicht hast du Recht, doch andererseits hat der Schattengeist mehr Angriffsfläche, wenn wir getrennt sind. Wenn wir beide dort oben stehen und die Sergonen auch diesen Fluch bekommen, ist die Chance hoch, dass der Schattengeist erst auf die Sergonen losgeht und diese den Geist dann bannen. Wenn wir aber getrennt sind, würde er sich vielleicht zuerst den Alleinstehenden greifen, bevor er die große Gruppe angreift, und derjenige wäre dann aussichtslos verloren.
Aber letztlich musst du es selbst wissen. Ich werde das Buch jedenfalls dort hinbringen und würde mich freuen, wenn ich das nicht alleine machen muss."
Fin schaute auf den Boden und war offensichtlich mit seinen Ängsten am Kämpfen. Keine der beiden Möglichkeiten schien ihm wirklich sicherer als die jeweils andere zu sein und vor allem wollte er nicht, dass er schließlich die Schuld daran trug, dass sie beide in die Hände der Sergonen fielen. Doch eine optimale Lösung gab es offensichtlich nicht und so schaute er wieder auf und nickte Jendor zu.
„Du hast Recht. Ich komme mit."
Jendor lächelte, klopfte Fin auf die Schulter, drehte sich dann wieder nach Nordwesten und stieg weiter den Berg hinauf.

Es war eine angespannte Stimmung. Beide schauten sich andauernd um, lauschten immer wieder in die Ferne und Nähe und achteten auf jeden Schritt, um ja kein Geräusch zu erzeugen. Doch gänzliche Stille war einfach unmöglich: Ab und zu trat doch einer von den beiden auf einen Zweig oder Ast, der vom Laub verdeckt war und der daraufhin mit einem knackenden Geräusch zerbrach. Ihre Kleidung gab bei jeder Bewegung ein leises Rascheln von sich und auch ihr Atmen war für einen sergonischen Wächter, der in die Wälder hineinlauschte, sicherlich hörbar. Beide bissen bei jedem ungewollten Geräusch die Zähne zusammen und versuchten noch vorsichtiger und bedachter zu sein, doch sie hatten einfach nicht genug Erfahrung um alle Geräusche zu vermeiden, und so blieb ihnen letztlich nichts anderes übrig, als sich so viel Mühe wie möglich zu geben und die Geräusche so gut wie möglich zu begrenzen.
Dann endlich, nach einer Zeit, die ihnen wie eine Ewigkeit erschien, erreichten sie, scheinbar unbemerkt den Rand der sergonischen Siedlung. Leise krochen die Beiden in ein dichtes, hohes Buchengebüsch und versteckten sich. Von hier konnte Fin ein gutes Stück weit in den Ort hineinschauen und versuchte sich so einen Überblick von diesem zu verschaffen: Das Dorf war im Norden, auf ihrer Seite direkt bis an den Waldrand herangebaut worden und lag im Westen und Süden an einigen größeren Feldern und Wiesen. Es bestand aus zehn bis zwölf kleineren Häusern, die aus groben Felsen und Mörtel errichtet worden waren. Die Dächer dieser Gebäude waren mit großen, bläulich grauen Schieferplatten aus dem Fegran gedeckt und wurden von qualmenden Schornsteinen gekrönt. Nicht eine einzige auffällige Besonderheit war an den Häusern zu finden und auch die freilaufenden Hühner und Ziegen schienen das Bild eines Bauerndorfes zu bestätigen. Lediglich die edel gekleideten Personen, die immer wieder zwischen den Häusern zu sehen waren, überzeugten den Beobachter schließlich doch noch vom Gegenteil.
Plötzlich zuckte der junge Brujin vor Schreck zusammen. Irgendetwas hatte ihn unerwartet an der Schulter berührt. Doch er blieb still und merkte bald, dass es Jendors Hand war. Jener hatte wohl so auf sich aufmerksam machen wollen. Langsam und leise drehte Fin sich um und sah, wie der junge Fischer ihm ein Zeichen gab. Offensichtlich wollte der, dass Fin hier liegen blieb und wartete, während er zu einem anderen Gebüsch weiterschlich. Fin nickte zustimmend und so drehte Jendor sich um, krabbelte etwa fünfzehn Schritt weiter nach Westen und verschwand schließlich aus Fins Blickfeld.

Von diesem Moment an begann eine Ewigkeit, in der beide darauf warteten, dass Silja den Horizont im Westen berührte und die baldige Nacht einläutete.
Fin wurde schon bald immer müder, seine Beine und Arme taten ihm von der andauernden Anspannung weh und seine Aufmerksamkeit ließ mehr und mehr nach. Zwölf Mal war nun bereits jemand an seinem Versteck vorbeigekommen, davon alleine fünf Mal dieselbe Person, doch Jendor schien sich bisher noch jede Menge Zeit zu lassen.
Doch dann, als Fin sich nach einigen Stunden ein weiteres Mal umschaute, lag das Buch plötzlich auf dem Weg vor seinem Versteck. Er war überrascht. Hatte Jendor es geschafft so leise zu sein, dass er davon überhaupt nichts mitbekommen hatte, oder war er mittlerweile tatsächlich so unaufmerksam geworden?
Wenn das Zweite der Fall war, so könnte ihm dies zum Verhängnis werden. Ihm war durchaus bewusst, dass die typische erste Bewegung, nach dem Finden eines wertvollen Gegenstandes, das Umschauen war, um einen eventuellen Besitzer oder Zeugen zu finden. Wenn er in jenem Moment nicht komplett konzentriert war und sich absolut still verhielt, nütze auch das beste Versteck nichts. Doch Fin wurde noch im selben Moment in seinen Gedanken gestört. Der lang ersehnte Moment trat ein:
Ein junger, braun gelockter Sergone kam zwischen zwei Häusern hindurch und sah das Buch auf dem Weg liegen. Kurz schaute er sich um, ging dann auf das Buch zu, bückte sich, hob es auf, betrachtetet den Einband, schlug es auf und las ein paar Zeilen. Dann schaute er sich noch einmal um, brummelte etwas vor sich her und ging mit seinem Fundstück in Richtung Dorfmitte.
Die Zeit verging, Stimmen kamen aus der Richtung, in die der Sergone verschwunden war, doch eine jede von ihnen war zu leise, um etwas zu verstehen, während die Wände der Häuser die Sicht versperrten. Es war einer dieser Zustände, in denen die Zeit noch viel langsamer zu vergehen schien. Fins Geduld neigte sich schon schnell dem Ende entgegen, doch bis zum Einbruch der Nacht war es sicherlich noch eine halbe Stunde hin. Der Schattengeist würde sicherlich auch dann noch einige Zeit benötigen, bis er die Siedlung der Sergonen erreichte, und ob dann tatsächlich alles gut lief, war ohnehin mehr als fragwürdig.
So zehrten Ungeduld, Angst und Neugier an Fins Ruhe und Bedachtheit, doch er hatte einfach keine andere Wahl, als sich weiter zusammenzurei-

ßen und zusammengekauert im Gebüsch zu verharren. Leicht fiel ihm dieses Los allerdings nicht.

Drei weitere Stunden vergingen, in denen weder Fin etwas von Jendor noch Jendor etwas von Fin hörte. Es war eine Zeit von körperlicher und seelischer Belastung und Qual, die nun vom einen auf den anderen Moment zu Ende ging:

Plötzlich schlug ihnen ein Schwall von Hitze ins Gesicht, während mehrere Flammensäulen und -wellen über die Dächer der Häuser und an deren Wänden vorbeischossen. Lautes Knistern und tiefes Grollen drangen durch die Dunkelheit der Nacht, das immer wieder von lauten, schmerzerfüllten, menschlichen Schreien unterlegt wurde.

Innerhalb weniger Momente schien das gesamte sergonische Dorf auf den Beinen zu sein und sich in der Nähe des Dorfplatzes zu sammeln. Wieder und wieder stiegen große Flammensäulen auf, die fast immer laute Schmerzensschreie mit sich brachten. Und je länger sich die Flammenbrunst dahinzog, desto häufiger zog auch ein Geruch von verbrannten Haaren und verkohltem Fleisch an ihnen vorbei.

Dann plötzlich trat eine seltsame Stille ein, die kurz darauf durch einen lauten, mehrstimmigen, melodisch vorgetragenen Vers in einer unbekannten Sprache durchbrochen wurde.

Ein plötzlich aufblitzendes, gleißend helles, violettes Licht strahlte von dem Dorfplatz der Sergonen aus, zwischen den Häusern, durch jede noch so kleine Riefe hindurch und überzeugte die beiden Gefährten davon, dass der Schattengeist nun gebannt sein musste. So drehte Jendor sich um, kroch ganz langsam aus dem Gebüsch in den Wald hinein, stand auf und lief dann den Hügel hinab, in Richtung des Bootes, tief in den Wald hinein.

Als Fin sah, dass es Jendor offensichtlich gut ging und auch er den Angriff des Schattengeistes schadlos überstanden hatte, atmete er tief durch und ließ für kurze Zeit ein Lächeln auf sein Gesicht. Doch sein positiver Gesichtsausdruck veränderte sich auch sogleich wieder. Rufe schallten plötzlich aus dem Dorf heraus:

„Hey da! Stehen geblieben!"

Jendor war entdeckt. Fin hörte schon die Schritte, die in ihre Richtung liefen, und bekam es mit der Angst zu tun. Voller Panik sprang er auf, drehte sich um und rannte Jendor hinterher in den Wald hinein.

Doch Jendor war weg, keine Bewegung, kein Geräusch, kein Anzeichen von seiner Existenz schaffte es, zu Fin durchzudringen. Der Wald, der sich

vor ihm auftat, lag in tiefster Dunkelheit und war ihm absolut unbekannt. Wie ein blindes Huhn rannte er den Hügel hinab, immer tiefer in den Wald hinein und hörte dabei die Stimmen und Schritte der Sergonen hinter sich. Dann war plötzlich alles vorbei. Fin stolperte über eine große Wurzel, landete in einem großen Bogen auf seinem Bauch und konnte im ersten Moment vor lauter Schmerzen nicht mehr aufstehen.
Das Atmen fiel ihm schwer und sein Brustkorb drückte ihm scheinbar auf sein Herz und die Lungen. Er versuchte sich zusammenzureißen und langsam wieder auf seine Beine zu kommen, doch als er dies endlich geschafft hatte, hielten ihn bereits mehrere Arme fest im Griff.
Die Sergonen drückten ihn sogleich wieder auf den Boden und schlugen sofort auf sein Gesicht, seinen Oberkörper und seinen Bauch ein. Fast alle seine Muskeln zitterten und bebten unter den vielen schmerzhaften Faustschlägen, die von allen Seiten auf seinen Körper prallten, doch er wehrte sich nicht. Blut lief aus seiner Nase und aus einer Wunde an seiner Wange. Dann wurden die Schläge langsam weniger. Seine Feinde hatten offensichtlich bemerkt, dass er sich überhaupt nicht wehrte und so zogen sie Fin auf seine Beine und nahmen ihn in ihre Mitte.
In den darauf folgenden Minuten war der junge Brujin wie in Trance und bekam von dem, was um ihn geschah, nur sehr wenig mit. Leute redeten auf ihn ein, er wurde geschüttelt, es wurde an ihm gerissen, dann drückten und zogen sie ihn mit ins Dorf, während seine Beine schon sehr bald dem Druck nachgaben. Immer mehr Ängste kamen in ihm auf, die ihn innerlich versteinern ließen und seine Wahrnehmung enorm einschränkten. Etliche Augenblicke lang drang nicht ein einziges Wort bis in Fins Bewusstsein vor.
Im Ort angekommen wurde er in eines der Häuser geführt, sein Rucksack wurde grob von seinem Rücken gerissen und seine Hände hinter seinem Rücken mit einem dicken Seil an eine hölzerne Säule gebunden. Dann verließen ihn die Gestalten. Sein Körper sackte zusammen und ließ ihn an der Säule zum Sitzen kommen.
Einige Minuten vergingen, in denen er nur wie gebannt aus der Tür auf ein großes Feuer schaute, das in der Mitte des Ortes brannte. Drumherum saßen etliche Personen, die dessen Wärme und Licht offensichtlich als Versammlungsort erwählt hatten.
Für Fin war es eine scheinbare Ewigkeit, in der die wild wirbelnden und tanzenden Flammen des Feuers die einzigen Bewegungen auf dem Platz zu

sein schienen. Er war immer noch benommen und so drang nur sehr wenig bis in sein Innerstes vor. Doch schließlich wurde sein Kopf wieder etwas klarer, sodass er nun begann, den Ablauf der Geschehnisse zu verstehen, und über eben diese nachzudenken:
Wäre er doch bloß im Gebüsch sitzen geblieben. Nur weil er Jendor hinterhergelaufen war, den sie nun gar nicht erwischt hatten, war er jetzt in Gefangenschaft. Genau in diesem Moment hätten sie beide frei sein und das sergonische Dorf hinter sich lassen können, doch er hatte seiner Angst nachgegeben und war gerannt, anstatt in seinem zumindest vorerst sicheren Versteck sitzen zu bleiben. Er war ein Narr und hatte sich durch seine eigene große Angst in diese aussichtslose Situation gebracht.
Vielleicht war es die Sorge um Jendor, vielleicht aber auch nur die große Wut über seine eigene Dummheit, doch so oder so hoffte er innerlich, dass Jendor die Finger von den Sergonen und ihn auf sich selbst gestellt ließ. Doch wie so oft wurde Fin auch jetzt in seinen Gedankengängen gestört:
Ein alter Mann trat in das kleine, steinerne Haus. Er hatte lange graue Haare, einen grauen Vollbart und war in violette, lange, seidene Kleider gehüllt, die er sich wie ein Mantel umgeworfen hatte. Der Mann setzte sich Fin gegenüber auf einen hölzernen Stuhl, der dort an einem kleinen runden Tisch stand. Doch entgegen Fins Vermutung sagte er absolut gar nichts. Er schaute ihn einfach nur mit einem fast leer scheinenden Blick an und bewegte sich in den nächsten Minuten nicht ein einziges Stück mehr.
War das nun ein Wächter? War dies nun ein Verhör? Wartete der Mann darauf, dass Fin irgendetwas sagte, oder las er vielleicht sogar schon seine Gedanken? Wieso starrte er ihn so an?
Fin quälte der starre Blick dieses alten Sergonen, doch plötzlich wurde ihm bewusst, dass es wahrscheinlich genau das war, was sie bewirken wollten. Sie wollten, dass Fin sich all diese Gedanken und dadurch sich selbst verrückt machte.
Aber nein, er würde dem widerstehen. Er würde einfach versuchen seine Gedanken auf etwas ganz anderes zu lenken und dabei abwarten, was passieren würde. Hätten sie ihn töten wollen, so hätten sie es schon längst machen können, und wenn sie es dennoch in nächster Zeit tun wollten, so konnte er sich dagegen sowieso nicht wehren. Doch wenn sie etwas wissen wollten, so mussten sie ihn schon fragen. Er würde warten.
So verging eine ewig lang erscheinende Zeit in der sich der Sergone und Fin ununterbrochen in die Augen schauten, während sich draußen offen-

bar eine größere Diskussion anbahnte: Immer lauter wurden die einzelnen Stimmen, die auch immer öfter von anderen Stimmen unterbrochen wurden. Dann wurde es plötzlich wieder wesentlich stiller, und während sich Fin noch nach dem Grund fragte, betraten drei weitere Sergonen in ähnlicher, violetter Kleidung den Raum des kleinen Hauses.
„Los aufstehen! Du kommst jetzt mit nach draußen!"
Fin bewegte sich nicht und schaute weiter mit starrem Blick auf den alten Sergonen.
„Hat er was gesagt?"
„Nein, er scheint sich stur stellen zu wollen."
Fin jubelte innerlich auf, als er den letzten Satz des alten Sergonen hörte. Mochte diese ewig lange Zeit des Schweigens und Anstarrens auch noch so unangenehm gewesen sein, so schien er immerhin dieses kleine Geduldspiel gewonnen zu haben, und das gab ihm bereits etwas Mut zurück. Anscheinend konnte er die Situation immer noch ein klein wenig kontrollieren.
„Nun steh endlich auf! Oder willst du, dass wir nachhelfen?"
Fin stand auf und schaute mit einem nichtssagenden Blick zu dem jungen Sergonen herüber, der ihm den Befehl dazu gegeben hatte. Doch jener achtete nicht weiter auf Fins Verhalten und gab lediglich seinem schwarzhaarigen Begleiter an seiner linken Seite einen Wink, woraufhin dieser sich zu Fin begab und das Seil von der Säule losband.
„So lasst uns gehen."
Der junge Sergone drehte sich um, ging aus dem Haus auf das Lagerfeuer zu und kümmerte sich nicht weiter um den jungen Brujin, während die drei verbliebenen violett gekleideten Männer Fin in ihre Mitte nahmen und ihn nach draußen führten.
Fin schaute sich um und sah im Osten, wie Majann bereits hoch über den großen Wäldern stand und die ganze Umgebung mit ihren silbernen Strahlen füllte. Vom Hügel herab hatte man eine faszinierend gute Aussicht über den Ferodon und die Wälder, doch sehr lange konnte er diese Aussicht nicht genießen.
Der alte Sergone, der zuvor als Wächter bei ihm gesessen hatte, drückte ihn plötzlich unsanft auf den Boden, sodass er nun zwischen den anderen Sergonen am Feuer saß. Vorsichtig und ohne ein Wort zu sagen, rappelte Fin sich auf, setzte sich gerade hin und schaute in die Runde:
Im Kreis um das Feuer saßen sechsundzwanzig verschieden alte

Menschen, die alle dieselben violetten, seidenen Tuchgewänder trugen, die Fin bereits von seinem Wächter und den drei anderen Sergonen kannte. Unter diesen sechsundzwanzig Personen gab es auch fünf Frauen, die verstreut zwischen den Männern saßen und offensichtlich mit ihnen gleichgestellt waren. Alle schauten sie auf Fin und schienen dabei weder Boshaftigkeit noch Freude in ihren Blicken zu haben.
Für einen Moment lang war es seltsam still. Der Wind schien sich mittlerweile fast gänzlich gelegt und einen klaren, dunkelblauen Sternenhimmel hinterlassen zu haben. Ein Schwarm Graugänse war in diesem Moment das Einzige, was den Himmel ein klein wenig bedeckte, doch auch diese zogen still weiter. Bloß die Geräusche des sanft knisternden Feuers und einiger zirpender Grillen drangen noch durch die frische Luft der Nacht. Doch schließlich wurde die Stille durchbrochen. Ein sehr alter weißhaariger Mann erhob das Wort. Wahrscheinlich war es der Älteste unter den Sergonen, der sich nun an Fin wandte:
„Du kommst in unser Lager, wirfst uns ein uraltes Buch zu, entfesselst auf diese Weise einen Xilimia, der uns kurz darauf angreift und fünf unserer Brüder tötet, und sagst auch Stunden nach deiner Gefangennahme kein einziges Wort?
Ich will doch sehr für dich hoffen, dass du jetzt schlau genug sein wirst und es dir und uns so einfach wie möglich machst. Breche dein Schweigen und sag uns, wer du bist!"
„Fin!"
Die Sergonen schauten ihn fragend an. Nicht nur, dass diese Antwort nun so unerwartet plötzlich kam, vor allem hatten sie offensichtlich auch mehr als nur einen Namen als Antwort erwartet. Doch letztlich war es alles, nach dem gefragt worden war und Fin wollte ihnen auch nicht mehr unter die Nase reiben, als sie erfragt hatten. Immerhin stand er so auf der sicheren Seite, denn falls er zu viel erzählte, war auch die Gefahr wesentlich größer, dass etwas dabei war, was er den Sergonen lieber nicht hätte erzählen sollen.
„Du bist nicht sehr gesprächig! Doch das stört mich nicht weiter und es ändert auch nichts an der Situation. Du trägst die Schuld für den Tod von fünf unserer Brüder! Du wirst dir denken können, wie wir ein solches Verbrechen bestrafen!"
Natürlich konnte Fin es sich denken, denn immerhin hatte er während der gesamten Zeit, die er dem grauhaarigen Sergonen gegenübergesessen

hatte, genug Zeit zum Überlegen gehabt. Aber auch wenn das, was er sich damals gedacht hatte, tatsächlich die Bestrafung war, die die Sergonen vorhatten, so hoffte Fin immer noch darauf, dass eine plötzliche Schicksalswende ihn vom sicheren Tod errettete. Diese Wende konnte mit viel Glück in Form eines guten Bekannten erscheinen; und so gab Fin die einfachste Antwort:
„Nein!"
„Gut, ich will es dir sagen: Eigentlich solltest du den Maden als Fraß dienen! Doch aufgrund besonderer Umstände mildere ich das Maß der Bestrafung und setze sie auf lebenslange Versklavung herab."
Ein lautes Raunen ging durch die Menge der Sergonen, auf das eine Vielzahl übler Blicke auf ihn folgte.
„Du hast uns einen großen Dienst erwiesen, der selbst noch mehr wiegt, als die Tode unserer Brüder: Durch dich haben wir die lange verschollen geglaubten Texte des Ikach Kor erhalten, die uns unglaubliche Macht geben werden."
Fin war wie vom Blitz getroffen, als er nun von dem angeblichen Wert des Buches hörte. Nebelbart hatte also mehr als nur Recht gehabt, als er von kriegswichtigen Dokumenten sprach. Nur was für Dokumente waren es nun genau? Er spürte, wie eine Gefühlsmischung aus Angst, Neugier und Schuld in ihm aufstieg.
„Und wer ist dieser Ikach Kor?"
Der alte Sergone bekam ein hämisches Grinsen auf seinem Gesicht und schaute herablassend auf Fin hernieder, während der diese Frage bereits bereute.
„Nicht wer! Was ist das Ikach Kor!?! Doch ich will es dir sagen: Das Ikach Kor ist ein Jahrtausende altes Artefakt einer vor langen Zeit ausgestorbenen Echsenrasse. Es ermöglicht einem Magier ein Portal in die Dimension des absoluten Chaos zu öffnen und gibt ihm somit die Macht Dunkle Krieger und Sklaven in unsere Welt zu holen.
Das Ikach Kor ist die Waffe, die uns Sergonen endlich wieder unsere verdiente Macht zurückgeben und uns eine solide Grundlage für unser großes Reich geben wird. Doch du brauchst dich nicht fürchten. Solange du dich fügst, wirst du in unserer Welt als unser persönlicher Sklave leben dürfen."
Das hämische Grinsen des weißhaarigen Sergonen verstärkte sich merklich, während er sich offensichtlich immer weiter in seine dunklen Machtfantasien hineinsteigerte. Fin blieb währenddessen still und versuch-

te ein teilnahmsloses Gesicht zu behalten, denn ändern konnte er momentan sowieso nichts mehr.
Doch dieser Zustand hielt nicht sehr lange an. Urplötzlich verlor er diesen aufgesetzten Gesichtsausdruck wieder, als der Anführer der Sergonen plötzlich hinter sich griff und die Texte aus seinem Kasten hervorzog.
Daran hatte er überhaupt nicht gedacht. Ihm war zwar klar gewesen, dass die Sergonen ihm seinen Rucksack abgenommen hatten, doch dass sie dadurch auch gleichzeitig in den Besitz seines Kastens gekommen waren, hatte er bisher offensichtlich verdrängt. Und so schien sein erstes Gefühl beim Anblick des Kastens, als ob sein Herz mit aller Kraft von einer grausamen Hand zerquetscht werden würde.
Doch schnell fasste er sich wieder. Immer noch bebte zwar die Angst in seinem Innersten, doch andererseits war ihm auch plötzlich klar geworden, dass er nun endlich die Möglichkeit haben würde, einen Sergonen nach dem Inhalt der Schriften zu befragen. Es war ein schmerzlicher Moment und doch konnte er vielleicht so sehr viel in seinem Leben verändern. Ein Gefühlschaos – und so schoss Fins Puls sofort in die Höhe, als der Sergone fortfuhr:
„Selbst deine geheimen Dokumente konnten wir problemlos entschlüsseln."
Die letzten Worte durchschossen Fins Kopf wie ein wild gewordener Kugelblitz. Nun war kein Funken Ruhe mehr in ihm zu finden:
Geheime Dokumente? Entschlüsseln? Das war seine Chance! Die Sergonen dachten offensichtlich nicht nur, dass er der Besitzer der Dokumente war, sondern auch, dass er sie lesen konnte und sie eventuell gar verfasst hatte, und das konnte eigentlich nur vorteilhaft für ihn sein.
Dennoch musste er enorm vorsichtig sein, um nicht unglaubwürdig zu werden, denn letztlich wusste er ja selbst nicht, was in den Dokumenten stand. Wenn er nun aber nach dem Inhalt fragte, so würden sie es wahrscheinlich nur als eine Überprüfung ansehen, während er dadurch aber endlich den Inhalt der Texte hören würde und somit auch ein Stück weit mehr über sich selbst herausfinden konnte. Fin holte für einen ganz kurzen Moment tief Luft, dann setzte er seinen Plan in die Tat um:
„Ach so? Und was steht dort?"
Der Anführer stand einen Moment lang still da und schien absolut nicht mit Fins Frage gerechnet zu haben, dann aber fasste er sich wieder und antwortete ihm:

„Der Inhalt ist für uns nicht weiter von Wert. Wir werden schon in baldiger Zukunft eine riesige Armee aus Dunklen Kriegern besitzen. Mehr benötigen wir nicht, um unser Ziel zu erreichen."
Fin war sich nicht sicher, doch aus irgendeinem Grund hatte er das starke Gefühl, dass die Sergonen diese Texte eben doch nicht übersetzen konnten und ihr Anführer nur deshalb auf seine Dunklen Krieger baute. Das Verhalten, das der Sergone direkt nach Fins Frage gezeigt hatte, spiegelte jedenfalls sehr viel Unsicherheit wider.
Fin musste es einfach herausbekommen. Selbst wenn er Unrecht hatte, wollte er in dem Fall zumindest wissen, was in den Dokumenten stand. Er nahm es auch in Kauf, dass er dann höchstwahrscheinlich für sein Verhalten bestraft werden würde:
„Du sagst also, dass diese Texte nicht von Wert für euch sind? Ich denke, dass ihr die Texte nicht übersetzen könnt und keine Ahnung habt, was in ihnen steht, denn sonst würdest du ganz andere Töne spucken."
Fins Ton war noch frecher, als er es eigentlich geplant hatte und so fing er auch bereits im Moment seines letzten Satzes an, diesen frechen Tonfall zu bereuen. Letztlich waren die Sergonen am längeren Hebel und konnten mit ihm machen, was sie wollten. Und was sie wollten, wurde Fin auch sofort bewusst:
Schon sprangen zwei der violett gekleideten Männer einer rechts und einer links von ihm auf und hoben ihre langen, fein geschnitzten Stäbe zum Schlag, als plötzlich etwas völlig Unerwartetes geschah: Der Anführer der Sergonen hob seine rechte Hand und brüllte:
„HALT! Er ist MEIN persönlicher Sklave und NIEMAND außer mir darf ihn für seine Frechheiten bestrafen."
Die beiden Angreifer hielten in ihrem Schlag ein, schauten verdutzt zu ihrem Anführer herüber, und setzten sich schließlich wieder hin.
Fürs Erste schien Fin seiner Bestrafung entkommen zu sein, doch die Stimmung, die die ganzen Sergonen ihm gegenüber in Form von düsteren Blicken zeigten, schien sich nun durch seine Bemerkung noch weiter verschlechtert zu haben. Eine Antwort auf seinen letzten Satz bekam er allerdings nicht, was er als Beweis dafür sah, dass er mit seinem Gefühl richtig lag. Und so schloss der Anführer der Sergonen seine Rede ab:
„Ich habe nichts weiter dazu zu sagen.
Was geschehen ist, ist geschehen. Wir sollten uns nun etwas zur Ruhe legen, denn wir alle haben eine lange Nacht hinter uns. Er dort wird vorerst

im alten Pferdestall unterkommen, dort könnt ihr ihn für die nächsten Stunden festketten. Morgen Früh sehen wir weiter."
Fins Angst stieg wieder auf ein Vielfaches, obgleich er auch gespannt war, was ihn nun erwartete. Einerseits hörte sich der Name 'alter Pferdestall' zwar nicht sehr gemütlich und einladend an, andererseits schien es aber so, als ob er dort immerhin seine Ruhe haben konnte. Und so widersetzte Fin sich nicht, als ihn der grauhaarige Sergone, der ihn bereits zuvor bewacht hatte, in ein kleines zerfallenes Steinhaus am Rande der Siedlung brachte, wo er schließlich an die Wand gekettet wurde.
Kurz darauf war Fin auch schon wieder alleine. Der grauhaarige Sergone hatte den Stall verlassen und war in Richtung des Feuers gegangen. Und da auch zehn Minuten nach seinem Verschwinden keine andere Wache zum Stall kam, schien er tatsächlich nicht weiter bewacht zu werden.
Es war offensichtlich, dass die Situation zu einem Fluchtversuch einlud, doch nach zwei erfolglosen Versuchen, die Kettenschlösser zu öffnen, gab Fin auf. Die eisernen Schellen waren einfach zu dick, der Bolzen im Scharnier war auf beiden Seiten breitgeschmiedet, sodass er nur mit schwerem Werkzeug herausnehmbar wäre, und das schwere Schloss schien ihm keine Möglichkeit zum Knacken zu lassen. So ließ er seiner großen angestauten Müdigkeit freien Lauf und fiel schon bald in wirre Träume.

„Hey Fin! Pssst ... Fin wach auf!"
Fin öffnete seine Augen, die nur einen leichten, blauen Lichtschimmer vom Nachthimmel, der durch den Türrahmen in den Raum fiel, wahrnahmen. Er merkte, wie ein drückender Schmerz auf seinen Unterarmen lag und etwas Kaltes, Hartes an seinen Handgelenken hing, dann wurde ihm plötzlich wieder die Situation bewusst. Doch was war das eben für ein Geräusch gewesen? Hatte da jemand nach ihm gerufen? Und wieder tauchte die Stimme auf:
„Bleib bitte leise, damit sie nichts mitbekommen."
Es war Jendor. Fin erkannte seine ängstlich flüsternde, leise Stimme. Nur was machte er hier? Wenn sie ihn erwischten, ging es weder ihm noch Jendor besser und eine Flucht schien Fin im Moment unmöglich zu sein.
„Kannst du dich befreien?"
Fin war etwas verärgert über diese doch sehr dumme Frage, die sich eigentlich von selbst beantwortete.
„Nein, das kann ich nicht. Könnte ich mich selbst befreien, so wäre ich

wohl kaum noch hier. Ohne das richtige Werkzeug oder den Schlüssel komm ich hier nicht raus."

Jendor zischte:

„Hey nicht so laut. Ich habe leider auch kein Werkzeug, mit dem ich dir helfen könnte, doch ich werde mich gleich auf den Weg machen und Hilfe holen.

Ich habe die letzten Stunden in einem Gebüsch gelegen und habe alles mit angehört. Ich denke nicht, dass sie dir in nächster Zeit etwas antun werden. Und außerdem hast du so vielleicht die Chance, endlich zu erfahren, was auf den Zetteln ..."

Fin zischte dazwischen:

„Nein das glaub ich weniger. Falls du erst dem weißhaarigen Sergonen zugehört hast, so wirst du doch sicherlich auch gehört haben, wie er über die Zettel geredet hat. Ich bin mir sicher, dass sie keine Ahnung haben, was auf ihnen steht. Aber lass' uns lieber über meine Flucht reden. Wen willst du zur Hilfe holen? Wer wird freiwillig nur wegen eines Unbekannten gegen die Sergonen antreten?"

„Ich weiß es noch nicht, aber ich werde Nebelbart fragen. Und außerdem geht es mittlerweile nicht mehr nur um dein Leben, als mehr um alles Leben auf Telib. Wenn das, was der Weißhaarige gesagt hat, wirklich stimmt, so haben wir ihnen eine unglaublich starke Waffe gegeben, die wir ihnen so schnell wie möglich wieder entreißen müssen."

„Gut, dann mach das. Aber passe auf dich auf! Ich will nicht, dass du auch noch in die Hände der Sergonen fällst."

„Mach ich! Und du halt dich tapfer!"

„Ja. Viel Glück!"

Nach Fins letzten Worten fing es vor ihm an zu rascheln, doch sehen konnte er Jendor erst, als er durch die Tür ging und einen leichten Schatten warf. Dann war er wieder weg und Fin lag schon wieder alleine auf dem harten steinernen Boden, der nur durch ein wenig altes Stroh etwas Wärme wiedergab.

X.

„Wach' auf du Bastard!"
Fin hörte, wie jemand etwas ausspuckte, und fühlte schon einen kurzen Augenblick später, wie etwas Feuchtes und Schmieriges in seinem Gesicht landete. Angewidert öffnete er seine Augen und schaute von unten herauf in das Gesicht seines Wächters, welches aus dieser Perspektive wie ein graubraun behaartes Ei auf einem fetten, violetten Kartoffelsack erschien. Doch selbst bei diesem Anblick war Fin absolut nicht nach Lachen zumute. Für einen kurzen Atemzug überlegte er, ob er sich gegen diese Art des Weckens wehren sollte. Doch er verstieß den Gedanken schon gleich wieder, denn seine derzeitige Position würde er dadurch wohl nur verschlechtern.
So rappelte er sich langsam auf und merkte dabei, wie unsanft die Ketten und der harte Boden in der Nacht mit seinem Körper umgesprungen waren: Zuerst schien es nur ein dumpfes, taubes Gefühl im Fleisch unter den Druckstellen zu sein, doch als er nun seinen Rücken streckte, fuhr ihm der Schmerz wie ein Blitz durch das tiefste Knochenmark hindurch.
Kurz zuckte er zusammen, riss intuitiv seine Hände nach hinten, um sich so seinen Rücken zu halten, doch die schweren Ketten fesselten ihn an die Wand und hielten ihn von jeder größeren Bewegung ab. Es war eine bittere Erfahrung, einfach gar nichts machen zu können und nicht einmal eine Möglichkeit zu besitzen, diesen Zustand zu verändern. Doch er musste sich damit abfinden, und so biss Fin die Zähne zusammen, suchte nach einer möglichst schmerzfreien Körperhaltung und versuchte all seine Leiden, so gut es ging, zu ertragen.
Seine Lage als Gefangener brachte ihm nun das erste Mal in seinem Leben das bittere Gefühl von Intimitätsverlust und Hilflosigkeit. Doch was ihn fast noch mehr als seine körperlichen Qualen schmerzte, war die Tatsache, dass sich der alte Sergone, der ihm die ganze Zeit gegenüberstand, an seinen Schmerzen ergötzte. Ein jedes Zusammenzucken, jedes Ächzen und jedes Stöhnen sog dieser mit Wonne in sich auf. Sein breites, teuflisches Grinsen wurde bei einer jeden Qual, die Fin durchlitt, breiter und hätte er nicht den ausdrücklichen Befehl bekommen, Fin körperlich unbeschadet

zu lassen, so hätte er ihm sicherlich noch ganz andere Torturen auferlegt. Es war offensichtlich, dass es ihm gefiel, den jungen Mann so leiden zu sehen.
„So und jetzt wirst du erst mal ordentlich gebadet, damit du nicht mehr ganz so widerlich stinkst."
Fin hatte keine Ahnung, wovon der alte Sergone sprach und musste im selben Moment an den unangenehm, fauligen Mundgeruch zurückdenken, den ihn der Wächter am Abend zuvor in den langen Stunden nach seiner Gefangennahme, ins Gesicht geschnaubt hatte. Doch er hatte sich entschlossen zu kooperieren und so blieb er still und wehrte sich auch nicht, als der Wächter ihm die Hände mit einem großen Strick zusammenband, die Ketten löste und ihn schließlich an dem Strick nach draußen führte.
Es war noch früh am Morgen. Die tief orange Sonnenscheibe Siljas stieg gerade über die Bäume im Osten und schien Fin sanft ins Gesicht. Der Gesang einiger kleinerer Vögel glitt durch die frische Frühlingsluft, während der kühle Geruch von taubenetzten, frischen Gräsern und Kräutern das Bild, zu einem scheinbar normalen Frühlingstag vollendete.
Im Ort war mittlerweile wieder reges Leben eingekehrt, das scheinbar nichts mehr von der gestrigen Aufregung widerspiegelte: Einige Sergonen waren am Frühstücken, ein paar fütterten gerade die Tiere, während andere wiederum in der Sonne standen oder gerade aus dem Wald kamen und in Gespräche vertieft waren. Doch so normal dieses Bild auch einem Außenstehenden erscheinen mochte, für Fin zeigten sich nur verschwommene Schatten, die in der Geschwindigkeit seiner erzwungenen Bewegung und der Furcht und Angst verschwanden. Dieser Tag war ein arger Umbruch in seinem Leben und zeigte ihm mit rauer Gewalt, wie unangenehm es in Gefangenschaft sein konnte.
So blieb ihm auch keine große Zeit zum Umschauen oder Überlegen. Mit groben Rucken am Strick zog ihn der Wächter vom alten Stall weg, der Sonne entgegen, in den Wald hinein, während er immer noch keinerlei Anstalten machte, sich dagegen zu wehren. Kurz überlegte er zwar, warum er zum Waschen in den Wald geführt wurde und fürchtete auch für einen Atemzug, dass sein Wächter ihn dort ermorden wollte, doch dann erinnerte er sich an den Ferodon, der im Osten an der Siedlung vorbeifloss.
Kurz darauf sah er dann tatsächlich die kleinen Wellen des Flusses zwischen den Bäumen hindurchglitzern. Doch anstatt den direkten Weg zum Wasser zu nehmen, zog ihn sein Wächter noch einige Dutzend Meter nach

Norden, bis er ihn dann schließlich auf eine schmale Landzunge im Fluss brachte und ihm die Fesseln abnahm.
„So, du kannst dich waschen. Aber beeile dich, ich habe nicht ewig Zeit."
Fin schaute sich um und sah gleich als Erstes die dichten, grünen Blätter der Buchen und Weiden, die ihre Äste bis weit über den Fluss hängen ließen, doch zum Herüberhangeln waren sie eindeutig zu dünn. So schaute er sich weiter um und suchte nach einer anderen Möglichkeit zu fliehen, während er sich langsam dem Wasser näherte.
War Jendor vielleicht noch in der Nähe? Aber nein, er hatte sich ja aufgemacht, um Hilfe zu holen und war nun wohl schon etliche Stunden weiter im Süden. Fin richtete seinen Blick auf die strömenden Fluten des Ferodon.
Sollte er durch den Fluss fliehen? Er könnte sich zum Waschen bücken und dann einfach ins Wasser springen und wegschwimmen. Aber nein, der Wächter war sicherlich nicht so dumm, sich für einen solchen Fall nicht zu wappnen. Falls er keine Waffe bei sich trug, so beherrschte er sicherlich einen oder mehrere Zaubersprüche, die Fin in sehr kurzer Zeit gefährlich werden konnten. Wenn er also wirklich fliehen wollte, so musste er zuerst den Wächter unschädlich machen und ein solcher Versuch wäre ebenfalls viel zu riskant. Selbst wenn es ihm gelänge, so hätte er danach keine Möglichkeit mehr, an seine Besitztümer zu kommen.
Nein, er würde sich einfach fügen und hoffen, dass er irgendwie anders aus dieser Situation herauskam. Noch konnte er darauf hoffen, dass Jendor Hilfe holte und ihn befreite.
Fin zog sich sein Wüstenkleid aus, legte es zur Seite, kniete sich vor den Fluss und begann sich zu waschen. Er fühlte, wie ein Schauer über seinen Rücken glitt, als er sich das eiskalte, kristallklare Wasser ins Gesicht schlug und mit seinen beiden Händen verwischte. Sein ganzer Körper fing an zu zittern und bekam sogleich eine Gänsehaut, als er sich dann weiter wusch. Dennoch war es so angenehm vitalisierend, als ob seine schmerzenden Gelenke und müden Muskeln durch das kalte Wasser mit neuer Energie geladen würden. Jetzt war er wirklich wach, und nachdem er seine nasse Haut grob mit den Händen trocken gerubbelt hatte, zog er sich wieder an und drehte sich zu dem Wächter um.
„Hände her!"
Fin verzog ein wenig sein Gesicht. Er hatte gehofft, dass ihm erneute Fesseln erspart bleiben würden, doch diese Hoffnung erfüllte sich nicht. Es

gab auch eigentlich keinen Grund für seine Feinde ihn nicht zu fesseln, und solange er keinen weiteren Unmut wecken wollte, blieb ihm nichts anderes übrig, als das zu tun, was ihm gesagt wurde. So hielt er dem Wächter seine Hände entgegen, wurde erneut gefesselt und daraufhin am Seil den ganzen Hügel hinaufgezogen.

Im Ort schienen mittlerweile auch die letzten Sergonen wach geworden zu sein: Aus allen Ecken und Enden waren Geräusche zu hören und Bewegungen zu sehen und so richteten sich Dutzende Augen mit teils herablassenden, teils bösen Blicken auf Fin, als er durch den Ort hindurch, zu einem kleinen Haus am nördlichen Rande der Siedlung geführt wurde.

Äußerlich sahen alle Gebäude der sergonischen Siedlung recht ähnlich aus: Es waren sehr einfache, kleine, graue Häuser mit grob verputzten Wänden, aus den Felsen und Steinen der Gegend. Und während die Fensterläden und Türen aus einem dunklen Eichenholz gezimmert waren, sorgte bläulich grauer Schiefer für ein dichtes Dach. Doch in diesem äußeren Bild zeigte sich nichts von der inneren Individualität eines jeden Hauses. So war auch das Gebäude, in das Fin nun geführt wurde, ganz anders eingerichtet, als man vielleicht von außen erahnt hätte.

Als der Wächter die Tür des kleinen Hauses öffnete, schlug Fin eine leicht abgestandene, nach Rauch und Rosenduft riechende Luft entgegen. Ein leichter Lichtschimmer von fünf größeren Kerzen auf dem Tisch in der Mitte erlaubte die Betrachtung des einzigen Raumes, aus dem das ganze Haus bestand:

Die drei Fenster, die in den Wänden rechts, links und gegenüber der Tür zu sehen waren, waren von außen mit den Fensterläden verschlossen und ließen kein Tageslicht hinein. An der linken Wand stand ein Schreibtisch, auf dem einige alchemistische Werkzeuge, Gläser, Mörser, Messer, Pulver, Flaschen mit verschiedenfarbigen Flüssigkeiten und getrockneten Pflanzen verteilt waren. Neben der Tür stand ein Regal voll mit etlichen Büchern und Papierstapeln. Rechts in der Wand war ein Kamin eingelassen, neben dem ein verschmutzter und verrußter alter Schrank stand. Hier hatten anscheinend Kochtöpfe, Pfannen, Besteck und ähnliche Haushaltsgegenstände ihren Platz gefunden, während sich die wohl persönlichste Stelle des Raumes an der Wand gegenüber der Tür befand:

Ein Bett und eine kleine Kommode standen dort unter dem Fenster und waren beide mit etlichen Kleidungsstücken übersät. Diese Stelle war auch am schwersten zu erreichen, denn in der Mitte des Raumes stand der besagte Tisch, der einen Großteil des Platzes füllte. Auf diesem wiederum thronten die fünf großen Kerzen, die zwischen Fins Kasten, etlichen Zetteln aus dem Kasten und dem Buch aus der Festung angeordnet waren. Und als ob der Raum nicht sowieso schon eng genug wäre, stand an einer jeden der vier Seiten ein einfacher Stuhl.

Dieses Bild des Raumes von der Tür aus gesehen, konnte Fin nur für einen sehr kurzen Augenblick in sich aufnehmen. Dann führte ihn der Wächter herein und wies ihn an, sich auf den Stuhl vor dem Tisch zu setzen. So tat Fin wie befohlen, während der Wächter hinter ihm stehen blieb.

Für einige Zeit blieb es daraufhin still. Fin überlegte, was jetzt wohl kommen könnte und blieb dabei immer wieder mit seinen Augen auf den sergonischen Aufzeichnungen aus seinem Kasten hängen. Doch während in ihm nun schon wieder Gedanken über die Schriften und seinen Retter aufkeimten, schlug plötzlich die Tür auf und machte dem alten Sergonen, den Fin am vorigen Abend als Anführer kennengelernt hatte, Platz.

Mit langsamen, fast müden Schritten betrat er den Raum und war offensichtlich freudig überrascht, dass Fin bereits da war. Doch noch bevor er irgendetwas zu dem jungen Brujin sagte, drehte er sich nach links zu dem Wächter und bat diesen, Fin und ihn alleine zu lassen. Dieser verzog daraufhin sein Gesicht, als ob er der Bitte nur sehr ungern Folge leisten wollte, doch auch er war wohl darauf bedacht, sich keinen Ärger einzufangen und so verließ er sogleich das Haus.

Fin war sich derweil noch nicht wirklich sicher, ob seine neue Position eine Verschlechterung oder Verbesserung darstellte und während er daher mit etwas Angst auf die Zukunft schaute, verschloss der alte Sergone die Tür von innen, ging um den Tisch herum und setzte sich dann ihm gegenüber.

„Du heißt Fin, richtig?"

Fin nickte und war über den ungewohnt freundlichen Ton des alten Sergonen überrascht.

„Ich bin Efrim Donner, der Ordensvater dieser Gruppe von Magiern. Doch lass uns nun zur Sache kommen: Wie bereits erwähnt, befindet sich in diesem Buch ..."

Efrim hob das Buch aus der Ferofest hoch.

„... eine und um genau zu sein die einzige Abschrift des Textes vom Ikach Kor. In der letzten Nacht habe ich die darin befindlichen Aufzeichnungen studiert und erfahren, dass der damalige Verfasser die Trümmer dieses echsischen Tors entdeckt und untersucht hat. Das eigentliche Artefakt

besaß schon damals keinerlei Macht mehr und ist wohl kaum mehr für jemanden von Interesse. Doch dank dieser Abschriften und einigen anderen, alten Überlieferungen gelang es dem Verfasser eine komplette Anleitung zu rekonstruieren, die es uns ermöglichen wird, ein neues Tor, ähnlich dem Ikach Kor, zu erstellen und zu benutzen.
Für dich als einfachen Bauernlümmel mag sich das vielleicht einfach anhören, doch in Wahrheit ist die ganze Prozedur sehr komplex und schwierig und bedarf vielen Komponenten, wie einem großen Steinkreis mit einem nach Osten ausgerichteten Tor, die richtige Sternenkonstellation, die nur alle 213 Jahre auftritt und etliche magische Gegenstände, die die gebündelte Magie auf das Tor im Steinkreis lenken."
Der alte Sergone holte tief Luft und bekam dabei ein breites, bösartiges Lächeln auf seinem Gesicht.
„Und soll ich dir etwas sagen?"
Fin wollte antworten, merkte aber, dass diese Frage wohl rhetorisch gemeint war, denn der alte Sergone setzte seinen Redefluss ungehemmt fort.
„In genau zehn Tagen wird das erste Mal seit 213 Jahren wieder die benötigte Sternenkonstellation auftreten. Wir werden bis dahin alles vorbereitet haben, uns im Osten bei einem Steinkreis der dort hausenden Echsen befinden und das Ritual durchführen."
Fin schluckte und wusste nicht genau, was geschweige denn ob er überhaupt etwas sagen sollte. Der Sergone hatte ihn selbst darauf hingewiesen, wie extrem unwahrscheinlich es war, dass einfach alles passte, doch was hätte es ihm gebracht, Fin in dieser Sache anzulügen? Es schien tatsächlich so, als ob Jendor und er im gänzlich ungünstigsten Moment das Buch gefunden hatten.
Wieder schaute der alte Sergone zu Fin herüber.
„Doch für den Moment ist dies alles nur Zukunftsmusik. Meine Leute bereiten in diesem Augenblick das Ritual vor und so habe ich genügend Zeit mich mit dir über andere Dinge zu unterhalten."
Der alte Magier holte wieder tief Luft und griff in seine violette Robe hinein, aus der er kurz darauf das kleine Büchlein des Toten, aus der unbekannten Oase herausholte.
„Woher hast du dieses kleine Buch?"
Fin schaute auf den schmalen Einband und überlegte kurz, ob er einfach die Wahrheit sagen sollte, doch dann kam ihm der Gedanke, dass ihm eine

Lüge doch mehr Vorteile verschaffen könnte:
„Ich habe es von meinem Onkel geerbt. Er war ein reisender Magier."
Der alte Sergone schaute etwas zweifelnd.
„Von deinem Onkel? Ist dir denn bewusst, was das hier ist? Und wie starb dein Onkel überhaupt?"
Fin war klar, dass er aufpassen musste, um sich nicht in eine unmögliche Geschichte zu verstricken, denn höchstwahrscheinlich konnte Efrim das Buch lesen und somit auch Fins Behauptungen überprüfen. Und so versuchte er möglichst nah an der tatsächlichen Wahrheit zu bleiben:
„Nun, ich denke, dass es ein Tagebuch ist, aber ich kann es nicht lesen. Daher habe ich es einfach zusammen mit seinen restlichen Schriften in den Kasten getan. Er war der einzige Bruder meines Vaters und der Einzige aus unserer Familie, der jemals die Karriere als Magier eingeschlagen hatte. Er war eigentlich ununterbrochen auf der Suche nach irgendetwas, von dem er uns nie erzählte, und reiste daher von Ort zu Ort.
Nur ein bis zwei mal im Jahr kam er für wenige Tage zu uns. Doch als er dann für fast drei Jahre kein Lebenszeichen mehr von sich gegeben hatte, fingen wir an, uns Sorgen zu machen. Und schließlich fand ein Bekannter von uns seine sterblichen Überreste unter einem Beerenbusch in einer kleinen, abgelegenen Oase."
Der alte Sergone kratzte sich am Kinn und schien zu überlegen. Würde er Fins Erklärung akzeptieren und glauben?
„Du hast Recht, es ein Tagebuch! Doch selbst die kurze Zeit, die ich an ihm verschwendet habe, war schon zu viel für diesen Schund."
Efrim schien sich bei diesem Satz besonders große Mühe zu geben, etliche abwertend klingende Töne in seiner Stimme mitschwingen zu lassen, die offensichtlich dafür gedacht waren, Fins Gefühle zu verletzen.
„Ich habe dich lediglich deshalb nach diesem Buch gefragt, weil ich mir nicht erklären konnte, aus welchem Grund du so etwas Unwichtiges und Langweiliges bei dir trägst. Doch da du es nicht lesen kannst, erklärt dies eigentlich schon alles."
Fin erwiderte die Äußerungen mit düsteren Blicken, was ihm in Anbetracht der Erniedrigung seines angeblichen Onkels als passend erschien, doch der alte Sergone achtete anscheinend gar nicht weiter auf Fins Reaktion und setzte seinen Monolog fort.
„Doch lassen wir diesen Spielkram."
Efrim ließ das kleine Tagebuch vor seine Füße fallen und trat es im nächsten Augenblick, mit seinem rechten Fuß in die Ecke.

Das war nun zu viel des Guten. Fin stieß intuitiv ein lautes „Hey!" aus, um seinen Ärger über den Umgang mit dem Buch auszudrücken. Er hatte nun schon so sehr versucht, sich vorzustellen, dass der Tote sein Onkel war, dass ihm der Tritt schon intuitiv wie eine Verletzung seiner Ehre und der Ehre dieser fiktiven Person vorkam. Und vielleicht spielte auch jetzt noch der Gedanke, dass der Tote sein Retter gewesen sein könnte, eine Rolle dabei.
Efrim drehte sich wieder zu Fin um.
„Ach, dir ist dieser Schund also etwas Wert. Da tut es mir aber leid, dass ich dein Büchlein mit Füßen trete."
Ein breites, sadistisches Grinsen glitt über seine Wangen und unterlegte seine ironischen Worte, die er wie verbale Schläge auf Fin niederhageln ließ. Dann atmete er tief ein und schaute wieder wesentlich ernster zu seinem Gefangenen herüber.
„Hör mir zu! Ich werde dir eine einzige Chance geben, dich als mein Diener verdient zu machen: Du wirst zwei Dinge für mich machen müssen. Falls du beide mit gänzlicher Loyalität erfüllst, so werde ich dir all deine Besitztümer wiedergeben und dir erlauben mit ihnen und deinem kleinen Leben all das zu machen, was du begehrst. Einzig wirst du nie wieder zu uns zurückkehren dürfen. Wir schätzen unsere Ruhe! Würdest du dennoch zurückkehren, so würdest du deine verdiente Strafe erhalten."
Fin schaute Efrim mit fragendem Blick an und hoffte darauf, dass er die beiden Dinge nun auch unmittelbar benennen würde. Doch der alte Sergone holte erst einmal tief Luft und nahm sich die Zeit seine Macht mit einem teuflischen Grinsen zu untermalen, bevor er dann tatsächlich fortfuhr:
„Als Erstes verlange ich von dir, dass du mir ALLES über diese Schriften und die Karte erzählst."
Efrim griff nach zwei Blättern aus Fins Kasten, fuchtelte wild mit ihnen in der Luft herum und schaute seinen Gefangenen dabei mit einem seltsam neugierigen als auch abwertenden Blick an. So vergingen wieder ein oder zwei Atemzüge der Stille, in dem wohl keiner der beiden wusste, ob er etwas sagen sollte oder nicht. Doch dann fuhr der alter Sergone urplötzlich fort:
„Deine zweite Aufgabe wird dagegen recht einfach sein und hängt mit der Beschwörung der Dunklen Krieger zusammen: Sobald das Tor ins Chaos geöffnet ist, wirst du dich den erscheinenden Kriegern in den Weg stellen, damit sie sich vor dir sammeln und nicht chaotisch von dannen laufen.

Sicherlich könnte diese Aufgabe auch von einen von uns erfüllt werden. Doch ich sehe kein Grund dafür, das Leben einer meiner Gefolgsleute in Gefahr zu bringen, solange mir eine andere Möglichkeit bleibt."

Fin schaute den alten Sergonen mit gekräuselter Stirn an. Obwohl er nichts sagte, war es offensichtlich, dass ihm die Frage „Warum sollte ich das machen?" auf den Lippen lag. Doch Efrim wurde diesem Gesichtsausdruck gewahr und konterte den unausgesprochenen Gedanken sofort:

„Deine Entscheidungsmöglichkeiten sind wesentlich geringer als du denkst: Entweder stirbst du durch die Klinge einer der erscheinenden Krieger, oder sie gehorchen dir und bleiben zusammen. Dies ist aber deine einzige Chance zu überleben. Versuchst du uns irgendwie zu verraten oder zu betrügen, so wird dir dies den sofortigen Tod einbringen. Verweigerst du von vornherein deine Mithilfe so erwartet dich exakt das gleiche Schicksal.

Entschließt du dich diese Aufgaben zu erfüllen, so werden wir dich dennoch genaustens im Auge behalten. Eine einzige falsche Bewegung hat deinen Tod zur Folge. Kommt dir die Idee, uns noch während des Rituals zu betrügen, so erwartet dich ein noch viel qualvollerer Tod. Doch deine Aufgabe wird selbst dann noch schnell durch einen von uns erfüllt werden. Deine Wahlmöglichkeit besteht also nur zwischen 'Leben und Freiheit' und 'einsamer Tod als dreckiger Sklave'. Unsere Pläne wirst du nicht verhindern können."

Diese Aussage war mehr als klar und deutlich und brachte Fin in eine schmerzlich drückende Zwickmühle zwischen seinen Prinzipien und dem Gewissen, dass er selbst mit einem „Nein" nichts an der Situation ändern konnte. Er konnte sich einfach nicht wirklich darüber im Klaren werden, ob es irgendjemanden mehr schaden würde, wenn er tatsächlich auf den Vorschlag eingehen würde und mit seinem Leben davon käme. Denn so, wie Fin die Lage sah, würde Efrim im Notfall tatsächlich nicht davor zurückschrecken, einen seiner eigenen Leute für seinen dämonischen Plan zu opfern – viel zu fanatisch waren sein Blick und seine Stimme, als dass er sich von einer solch kleinen Hürde aufhalten lassen würde.

Natürlich würde er sich im Nachhinein Vorwürfe machen, doch solange er noch am Leben war, konnte er die anderen Völker Telibs im Kampf gegen die Sergonen unterstützen. Auch wenn es ihm mehr als nur zuwider war, den Sergonen zu helfen, war es für ihn der beste, wenn nicht gar der einzige Weg, um überhaupt etwas gegen die Sergonen zu unternehmen.

Efrim wartete auf eine Antwort und so hob Fin sein Kinn an, blickte seinem Gegenüber in die Augen und gab ihm ein „Okay", obgleich er sich im Kopf noch nicht sicher war und immer noch darauf hoffte, dass er noch vor dem Ritual irgendeine Möglichkeit fand, die Wege der Sergonen zu durchkreuzen.

XI.

Jendor war von kompletter Dunkelheit umgeben. Das wenige Licht, das durch die Kronen der Bäume fiel, reichte nicht einmal aus, um seine eigenen Hände vor Augen zu sehen und an die vielen Baumstämme vor ihm oder den Boden unter seinen Füßen war gar nicht erst zu denken. So versuchte er sich, so gut es ging, mit all seinen anderen Sinnen im Wald zu orientieren:
Ab und zu, wenn er auf einen Stein oder eine Felsspitze trat, die aus dem weichen Waldboden herausragte, spürte er, wie sich die Oberfläche unter seinen Füßen veränderte. Das dichte Blätterdach der Bäume rauschte bei jedem kleinen Windstoß und ließ dann auch vereinzelt den Blick auf den dunkelblauen Sternenhimmel zu. Eine feuchte, herbe Geruchsmischung von Kräutern, Moosen, Pilzen und Humus drang mit einem jeden Atemzug in seine Nase ein und je weiter er vorankam, desto stärker zeigte sich auch die Nähe zum Fluss: Schon bald bemerkte er eine leichte Note von Schlamm und Algen in der Luft und auch die Feuchtigkeit dieser schien langsam weiter anzusteigen.
Doch auch all diese Wahrnehmungen halfen ihm in seiner derzeitigen Situation nicht weiter. Der einzige Sinn, der ihn beim Finden seines Weges unterstützen konnte, war das Tasten seiner Hände: Wie die Tentakel eines Tintenfisches bewegte er seine Arme in Wellenbewegungen vor seinem Körper hin und her und konnte so die Büsche und Bäume, die vor ihm auftauchten, noch rechtzeitig erkennen und umgehen. Dennoch wurden seine Schritte immer wieder durch die Dunkelheit und die Ungewissheit abgebremst, und so schien auch die Zeit immer schneller zu vergehen, während der verbliebene Weg kaum an Länge verlor.

Doch der Zeitdruck war nur ein kleiner Teil der vielen Dinge, die ihm Angst einflößten und sein vorsichtiges Handeln schien seine Sorgen und Bedenken noch mehr zu schüren. Je stärker er sich darauf konzentrierte, einen jeden Sinneseindruck aufzufangen, desto stärker wurde auch seine körperliche Spannung und seine Angst vor den möglichen Gefahren vor seinen Füßen. Aber auch seine Furcht vor der ungewissen Zukunft wurde immer größer, denn dass sein Erfolg oder Misserfolg über einen großen Teil der Zukunft des Stromlandes bestimmen würde, schien ihm mittlerweile immer klarer zu werden. Wenn er nun etwas falsch machte, so war vielleicht ganz Telib dem Untergang geweiht, denn außer ihm wusste kein anderer freier Mensch von den dunklen Plänen der Sergonen. Und etwas Falsches, geschah erfahrungsgemäß schneller, als man dachte.
Jendor versuchte sich abzulenken, doch seine Hilflosigkeit in dieser Umgebung brachte ihn immer wieder zurück zum gleichen Gedanken: Was würde passieren, wenn das Nächste, was er mit seinen Händen berührte, kein Baum, sondern ein wildes Tier oder ein Sergone war?
Die Antwort auf diese Frage schien er zumindest vorerst nicht zu bekommen, denn schon wenige Augenblicke später zeigten sich die ersten Ausläufer der morgendlichen Dämmerung. Langsam konnte er wieder mehr Konturen erkennen und so beschleunigte er seine Schritte bei jedem Funken Licht, der mehr an seine Augen drang.
Doch der Sonnenaufgang hatte auch seine schlechten Seiten: Der junge Fischer konnte nun nicht mehr auf den Schutz der Dunkelheit hoffen, die ihm und seinem Boot sonst als Sichtschutz vor den Sergonen gedient hätte. Jetzt, da es bereits hell wurde, blieb ihm nichts anderes übrig, als auf sein Glück zu hoffen, denn vielleicht hatten die Sergonen auch nach dem gestrigen Vorfall noch keine Wache aufgestellt. In einem jeden anderen Fall zählte fortan jede einzelne Sekunde. Je heller es wurde, desto größer wurde auch die Gefahr, entdeckt zu werden.
Von dieser Sorge getrieben, beschleunigte Jendor seine Schritte immer weiter. Seine Angst, dass die Sergonen ihn doch noch entdecken könnten, stieg noch bis zum letzten Moment weiter an. Doch dann erreichte er schließlich unentdeckt die Yelindra, kletterte den kurzen Abhang hinunter, knotete die kleine Schaluppe los und drückte sie hastig mit einem Paddel vom Ufer ab.
Er fühlte, wie ihm ein Stein vom Herzen fiel, doch letztlich war auch dieser nichts weiter als ein Sandkorn in der Wüste. Noch war er nicht in

Sicherheit und Hilfe hatte er auch noch nicht holen können. Doch während seine Gedanken, auch jetzt noch, immer wieder zu den Geschehnissen der letzten Nacht zurückkehrten, schien der Ferodon vor ihm bereits ein Sinnbild seiner Zukunft widerzuspiegeln:
Etliche große Felsen, die direkt unter der Wasseroberfläche lagen, machten ihm nun das Leben schwer und die schlechte Sicht in der frühen Dämmerung ließ die Gefahr, die von diesen ausging, noch weiter steigen. So manövrierte er mit voller Konzentration zwischen den Felsen hindurch und suchte sich mit den Paddeln einen Weg nach Süden. Doch die größte Hürde hatte er noch lange nicht erreicht.

Es war Mittag. Jendor hatte schon ein gutes Stück zurückgelegt und gönnte sich an einem breiten, feinkörnigen Strand am westlichen Ufer eine kurze Pause. Er aß ein wenig von seinem Brotlaib, trank einen großen Schluck Wasser, und während er auf den sanft dahinströmenden Ferodon schaute, verfiel er in Tagträume und Gedanken:
Was sein Vater wohl nun gemacht hätte? Jendor hatte ihn kaum gekannt und wusste auch nicht viel von ihm. Irgendwie sah er ihn immer noch als sein Vorbild an, denn all das, was in seinem Leben von Wichtigkeit war, hatte er von ihm gelernt. Doch andererseits schob er auch alle Wut und Schuld auf ihn, wenn es ihm einmal schlecht ging. Aber würde das jetzt in diesem Moment irgendetwas nützen? Hatte sein Vater es überhaupt verdient, so von ihm behandelt zu werden?
Er konnte sich nur an wenige schöne Momente mit seinem Vater erinnern, ganz voran diejenigen, in denen sein Vater ihm etwas beigebracht hatte, so wie zum Beispiel das Fischen oder das Segeln. Andererseits waren da aber auch die Erinnerungen an die Trauer nach seinem Verschwinden: Lange Zeit war es ihm damals schlecht gegangen und selbst in den Jahren danach und bis heute hatte er immer wieder seinen Vater vermisst. Doch ein jedes Mal, wenn dann die Gedanken an ihn aufgekeimt waren, hatte er das Verschwinden seines Vaters einfach zu verdrängen versucht. Immer wieder hatte er seine Gedanken mit einem einfachen Satz verworfen:
„Ich habe nun einmal keinen Vater und bin nur von meiner Mutter aufgezogen worden."
Doch so einfach war es tatsächlich nicht, denn wenn Jendor sich konzentrierte, so sah er auch jetzt noch ein Bild von seinem Vater vor seinem inneren Auge. Ein Bild aus der Zeit, als er noch ein kleiner Junge gewesen war und zu seinem Vater aufgeschaut hatte.

Vielleicht hätte er schon lange mit all dem Abschließen können, wenn er bloß die Sicherheit gehabt hätte, dass sein Vater wirklich tot war. Doch sicher konnte und wollte er sich einfach nicht sein. Auch wenn seine Mutter ihm auf die Frage, wo sein Vater jetzt sei, immer die Antwort „Im Land der Seelenruhe" gab, hatte man nie seine Leiche gefunden.

Die Nacht seines Verschwindens lag Jendor noch immer im Gedächtnis und lebte dort von Zeit zu Zeit in einem nächtlichen Albtraum wieder auf. Und dann schien es ihm auch plötzlich wieder so, als ob er wieder mitten drin im Geschehen wäre:

Es ist eine laue Sommernacht. Das schrille Summen der Mücken zieht sich durch den Raum, während Jendor seine nackte Haut so gut wie möglich mit seiner Decke vor den Blutsaugern zu schützen versucht. Er liegt nur im Halbschlaf da, bis er schlagartig von dumpfen, lauten Schritten, die sich langsam auf ihr Haus zu bewegen, gänzlich geweckt wird. Vorsichtig schaut er unter seiner Decke hervor, und versucht durch die schmalen Spalten zwischen den Brettern der Tür nach draußen zu schauen, doch er erkennt nichts. Lediglich einige Strahlen, des fahlen Sternenlichtes dringen bis zu seiner Pupille vor. Eine Frage blitzt in seinem verängstigten Kopf auf: „Was mag das bloß für ein Wesen sein, das so schwere Schritte setzt?"

Währenddessen wird das dumpfe Geräusch der Schritte immer lauter, und als es schließlich direkt vor ihrem Haus verstummt, scheint die Antwort auf Jendors Frage nicht mehr weit zu sein. Noch für einen ganz kurzen Atemzug kehrt eine gespenstische Stille ein – ein eiskalter Schauer gleitet über Jendors Rücken, der ihn für diesen Moment erstarren lässt – dann bricht die Tür mit einem gewaltigen Knall aus ihren Angeln.

Bis zu diesem Moment waren seine Augen noch starr auf die Tür gerichtet, doch jetzt, da diese mit einem dumpfen Schlag auf den Boden fällt, steht plötzlich sein Vater in seinem Gesichtsfeld. Im schwachen Licht der Sterne sieht er, wie sein Vater nach einer Axt greift und zwei Schritte auf die Tür zu macht. Dann hallt die laute, fast schon schreiende Stimme seines Vaters in die Dunkelheit hinein:

„Wer bist du, dass du es wagst, mit rauer Gewalt in unser Heim vorzudringen?"

Jendors Sicht verschwimmt für einen Augenblick in der beißenden Panik, die plötzlich in ihm aufkommt. In seiner unglaublichen Furcht springt er unter sein Bett und versteckt sich dort so schnell es geht in der hintersten Ecke. Doch auch an diesem Platz spürt er die plötzliche Kälte, die sich im ganzen Raum breitmacht. Es ist eiskalt, so kalt, dass er sogar die Eiskristalle in der Luft schmeckt und seine schnellen, kurzen Atemzüge als kleine Dampfwolken vor seinen Augen sieht. Er hört, wie etwas mit lauten, schweren Schritten das Haus betritt und fängt schließlich, so laut er kann, an zu schreien.

An dieser Stelle wachte Jendor jedes Mal auf, und auch wenn er darüber nachdachte, konnte er sich nicht mehr an den Rest erinnern. So verließ er sich auf das, was seine Mutter ihm erzählt hatte:

Ein großes, dunkles Wesen ähnlich einem riesigen Bären, mit glitzerndem, dunkelblauen Fell hatte das Haus betreten. Mit ihm war auch diese beißende Kälte hereingekommen, die die Luft des gesamten Hauses mit feinen Eiskristallen erfüllt und die Möbel mit einer dünnen Schneeschicht bedeckt hatte. Sein Vater hatte vergeblich versucht das Wesen mit der Axt zu verletzten, doch dieses hatte nur mit einer mächtigen und tiefen Stimme gebrummt und dann seinen Vater gepackt. Unter lauten, schmerzerfüllten Schreien hatte er sich noch etliche Male zu befreien versucht, doch das Wesen hatte ihn fest in seinen Klauen gehalten und war dann mit ihm in der Dunkelheit verschwunden.

Jendor wurde plötzlich wieder der Realität und der Gefahr seiner derzeitigen Situation bewusst und riss sich aus den Gedanken. Er hatte gerade ganz andere Probleme, als das Verschwinden seines Vaters und die Zeit drängte immer noch. Schnell ging er die wenigen Schritte bis zum Fluss, bückte sich und spritzte sich mehrere Male Wasser ins Gesicht, um sich so für die nächsten Stunden wach zu halten, dann stieg er wieder in die Yelindra, stieß sich vom Ufer ab und setzte seine Reise fort.

Der junge Fischer schaute sich um. Das Gebiet, durch das er nun fuhr, war jenes, in dem Fin das Ruder gehalten hatte. Er selbst war vorher noch nie in dieser Gegend gewesen und somit konnte er sich fürs Erste noch von seiner Müdigkeit ablenken, in dem er sich die unbekannte Landschaft anschaute. Doch bereits am Nachmittag kam er dann in ihm bekannte Gefilde. Seine Augenlider wurden derweil immer schwerer, er fing immer wieder an mit offenen Augen zu träumen und auch das kalte Wasser, das er sich von Zeit zu Zeit ins Gesicht tropfte und in die Augen rieb, half nicht mehr allzu viel.

Doch er wollte einfach noch nicht aufgeben. Er war der festen Meinung, dass er erst dann eine Ruhepause verdient hatte, wenn er die Föhrensümpfe hinter sich gelassen hatte. Und das würde er wohl nicht vor Sonnenuntergang schaffen.

So hielt er sich weiter krampfhaft wach, schaute ab und zu auf das rechte und linke Ufer und machte den einen oder anderen Hieb mit seinen Paddeln. Doch sein Wille ließ immer mehr nach und so gab er schließlich der Müdigkeit Platz, holte intuitiv die Paddel ins Boot und nickte ein.

Plötzlich wachte Jendor auf. Er merkte, wie sich viele, kleine, warme Strahlen auf seine Haut legten und seinen kalten Körper langsam wieder aufwärmten. Es waren die Strahlen der aufgehenden Morgensonne, die zwischen den Kiefern hindurch, in sein Gesicht schienen und ihn beim Öffnen seiner Augen blendeten. Ein riesiger Schreck fuhr durch seinen Kopf, ließ ihn sofort aufrecht sitzen und weckte auch die letzten Regionen seines Körpers auf. Hastig schaute er sich um:
Die Yelindra lag am sumpfigen Ufer einer kleinen Moorinsel und schaukelte sanft bei jedem Auftreffen der kleinen Wellen des Ferodons. Offensichtlich befand er sich in den Föhrensümpfen und hatte die ganze Nacht über am Ufer dieser kleinen Insel im Boot gelegen und geschlafen.
Angst befiel ihn und ließ ihn hastig nach einem der beiden Paddel greifen. Mit diesem drückte er die Yelindra dann rasch vom Ufer ab und spürte für einen Moment lang nur noch das starke Schlagen seines Herzens. Noch einmal schaute er sich um und fürchtete, dass irgendwelche Gefahren in der Nähe sein könnten, doch tatsächlich zeigte sich ihm nichts dergleichen. Und da er nun wieder ein wenig Abstand zur Insel gewonnen hatte und weiter nach Süden trieb, beruhigte er sich auch langsam wieder. Er atmete ein paar Mal tief durch und musste urplötzlich laut lachen: Er hatte Angst gehabt, alleine im Dunklen durch die Föhrensümpfe zu fahren und hatte sich deshalb extra beeilen wollen. Doch nun war er eingeschlafen und hatte ohne etwas davon zu wissen die ganze Nacht, schutzlos mitten in den Föhrensümpfen verbracht.
Er tastete sich noch einmal ab und stellte freudig fest, dass noch alle Körperteile unverletzt und vorhanden waren. Auch sein Rucksack und die Sachen auf der Yelindra waren offensichtlich von niemandem berührt worden. Wieder musste Jendor laut lachen und ließ dann den Schrecken und die Angst mit einem Gefühl der Freude und Dankbarkeit heraus:
„Danke Gjord, danke Majann! Danke, dass ihr beide mich so gut behütet habt!"
Der junge Fischer schaute sich noch einmal und dieses Mal auch etwas ruhiger um. Er schien wahrlich Glück gehabt zu haben: Nicht nur, dass er

die Nacht unbeschadet überstanden hatte, nein er hatte offensichtlich auch schon gut zwei Drittel der Sümpfe passiert und konnte somit noch vor Mittag bei Nebelbart ankommen. Ein weiteres Lächeln glitt über sein Gesicht, er streckte sich, trank etwas Wasser aus dem Ferodon und holte etwas Brot und Stockfisch aus seinem Rucksack. Kurz darauf ruderte er wieder frisch und gestärkt weiter nach Süden.

Es verging einige Zeit, und als Jendor schließlich wieder an dem langen Sandstrand vor Nebelbarts Wald anlegte, stand Siljas Scheibe bereits unmittelbar vor dem Zenit. Der Himmel hatte sich mittlerweile mit dicken Wolken bezogen und schien nun nur noch auf das Startzeichen für den großen Regen zu warten, während die mächtigen, uralten Laubbäume, die vor ihm in die Höhe ragten, sich den dunklen Wolken entgegenzustellen schienen und sich für den großen Kampf bereit machten.

Es war seltsam, vor ein paar Tagen hätte er nicht einmal einen Gedanken daran verschwendet, jemals einen Fuß in dieses Gebiet zu setzen und nun sehnte er sich bereits nach der Geborgenheit und dem Schutz des Waldes. Trotzdem spürte er aber auch zugleich eine tief verwurzelte Furcht, die ihn noch für einige Augenblicke am Boot stehen und ihn seine Gedanken sortieren ließ. Über Jahre hatte er sich ein solch falsches Bild von Nebelbart angeeignet, dass es ihm nun schwer fiel, ohne jegliches Unbehagen zu ihm zu gehen. Doch schließlich siegte sein Verstand und so machte er sich auf und folgte dem schmalen Pfad in den Wald hinein.

Ob Nebelbart wohl eine Nachricht von seinen Bäumen bekommen hatte, dass Jendor zurück war? Das letzte Mal hatte er doch davon erzählt, dass die Bäume nur Leute mit gutem Herzen hereinließen, warum sollten sie dann also nicht auch von Jendors Ankunft erzählen können?

Während er noch mit diesem und anderen ähnlichen Gedanken spielte, betrat Jendor den Wald und bemerkte, wie er sich nun wieder sicherer und beschützter fühlte. Genau das war das Gefühl, nachdem er sich gesehnt hatte: Die mächtigen Kronen der uralten Bäume schienen wie ein großes sicheres Dach, das ihn vor allem Übel der Außenwelt schützen wollte, während der sanfte Wind zwischen den Stämmen seine Sorgen wegzupusten schien.

Doch die Zeit war rar und sein Ziel ein anderes als der Schutz des Waldes; und so folgte er dem kleinen Trampelpfad durch den Wald und stand schon bald wieder vor der lebenden Weidenhütte des älteren Mannes. Aber von ihrem Bewohner war nichts zu sehen.

Jendor schaute sich um und wollte schon laut nach Nebelbart rufen, als er sich gerade noch rechtzeitig daran erinnerte, dass dieser sie darum gebeten hatte, leise zu sein, da sich der Wald sonst von ihnen gestört fühlte. So blieb er ruhig, schaute sich etwas um und lauschte in den Wald hinein. Doch es war absolut nichts, außer dem harmonisch anmutenden Rauschen der Bäume im Wind, zu hören.
Aber vielleicht war Nebelbart ja auch gar nicht so weit weg, denn immerhin würde es schon bald anfangen zu regnen. Jendor drehte sich um, ging bis zu der Weidenhütte und schaute von außen durch die Türöffnung hinein. Doch dort sah er lediglich einen hellen, sandigen Fußboden. Die gesamte Hütte schien leer zu sein. Nicht einmal ein Bett war darin zu finden.
Da merkte er plötzlich, wie die Verzweiflung und die Angst, vor jeder weiteren abgelaufenen Minute wieder in ihm aufkeimten. Er musste Nebelbart finden, doch wie, wenn er noch nicht einmal nach ihm rufen durfte? Jendor war ratlos und wünschte sich innerlich, so wie Nebelbart mit den Bäumen reden zu können. Denn obwohl er selbst noch daran zweifelte, dass Nebelbart dies tatsächlich konnte, wäre es für ihn in diesem Moment die allerbeste Möglichkeit gewesen, um zu erfahren, wo sich der ältere Mann zurzeit aufhielt.
Der junge Fischer drehte sich um, ging auf die große, alte Buche zu, an die Nebelbart bei ihrem letztem Besuch seinen Stab gestellt hatte, und setzte sich vor ihr auf den weichen Waldboden.
Für einen Moment lang gönnte er sich ein wenig Ruhe, entspannte sich und ließ den Wald auf sich einwirken. Er spürte, wie sich eine wohlige, gemütliche Stimmung in ihm breitmachte, die ihm ein Gefühl der Sicherheit und des Schutzes gab und ihn für einen kurzen Moment lang seine Probleme vergessen ließ.
Dann, während er so vor sich auf den bunten, mit Blättern übersäten Boden schaute und die frische Waldluft einatmete, drang plötzlich ein Geräusch an seine Ohren: Der Regen hatte eingesetzt und ließ nun seine ersten, dicken Tropfen auf die Blätter der Kronen fallen. Ob Nebelbart wohl bei schlechtem Wetter nach Hause kam?
Da hörte Jendor plötzlich schwere Flügelschläge und sah, wie ein großer Steinadler direkt an ihm vorbei auf den Platz vor Nebelbarts Hütte flog. Er erkannte ihn sofort, denn es war derselbe Steinadler, den er schon so häufig über die Berge und Wälder fliegen gesehen und schon so oft beobach-

tet und bewundert hatte. Doch noch nie war er ihm so nahe gewesen. Aber warum landete er gerade jetzt so nahe bei ihm? War er ein Freund Nebelbarts? Ein Informant, ein Spion oder ein Kundschafter?
Angst vor dem unbekannten Besucher schien er jedenfalls nicht zu haben. Seine dunklen, wild glänzenden Augen blickten für einige Augenblicke musternd auf Jendor, doch dann hob er gewandt seine Flügel, flog wieder zwischen den Bäumen hindurch und aus dem Blickfeld der Fischers heraus.
Schnell stand Jendor auf, ging um die Buche herum und wollte dem Adler hinterherschauen, doch als er kurz darauf in dessen Flugrichtung schaute, konnte er dort kein einziges Anzeichen mehr von jenem entdecken. War er so schnell über die Kronen der Bäume aufgestiegen? Jendors Gedanken wurden mit einem Schreck beendet, denn urplötzlich stand Nebelbart neben ihm und lächelte ihn freundlich an.
„Na? Was machst du denn wieder hier? So wie es scheint, habt ihr den Xilimia bannen können!"
Jendor war für einen Moment lang, wie durch den Schreck versteinert, denn obwohl er damit gerechnet hatte, dass Nebelbart auch heute wieder so urplötzlich auftauchen würde, war dies nun gerade in dem Moment geschehen, da all seine Gedanken ganz woanders gewesen waren. Doch der ältere Mann schaute ihm geduldig und freundlich entgegen und schien ihm alle Zeit der Welt für seine Antwort zu geben.
So atmete der junge Fischer einmal tief durch und sammelte dabei seine Gedanken, um kurz darauf schlagartig seine Probleme und Ängste, mit einer sehr schnellen, verzweifelt klingenden Stimme, aus sich herausplatzen zu lassen:
„Ja, die Sergonen haben den Xilimia gebannt. Doch wir haben einen großen Fehler gemacht, als wir ihnen das Buch zuwarfen. Nun scheint es so, als ob sie durch das Buch in den Besitz eines Artefaktes kommen könnten, welches ihnen ermöglicht, eine Armee aus irgendeiner anderen Welt zu holen. Wenn wir nicht schnell etwas dagegen unternehmen, steht vielleicht der Friede ganz Telibs auf dem Spiel."
Nebelbart schüttelte leicht den Kopf und lächelte Jendor dabei an.
„Was ist bloß mit den heutigen Menschen los? Bereits das letzte Mal ward ihr so hastig und wolltet unmittelbar wieder los und nun magst du auch nicht mehr Zeit als unbedingt nötig aufbringen, um mir deine Sorgen vorzutragen?"

Jendor schaute Nebelbart mit offenem Mund an und hatte das Gefühl, als ob dieser nicht im geringsten verstanden hätte, wie extrem gefährlich die derzeitige Situation war.
„Aber das ist es doch eben. Die Zeit läuft uns davon. Jeden weiteren Augenblick, den wir länger warten, können die Sergonen zur Ausführung ihrer Pläne nutzen."
Nebelbart blieb ruhig und schien absolut keinen Grund für Hektik zu sehen.
„Mein Junge, du musst noch sehr viel lernen, allem voran Geduld zu üben. Sag mir bitte, was du für sinnvoller hältst: Entweder überlegen wir eine kurze Zeit lang über eine Lösung und sehen dann einen Tag lang zu, wie die Welt untergeht, oder wir nehmen uns einen ganzen Tag lang Zeit, um einen wirklich guten Plan auszutüfteln und retten dann in kürzester Zeit die Welt.
Also sag mir, was hat mehr Sinn?"
Jendor war still. Er fühlte einerseits, wie der Zeitdruck in seinem Kopf etwas nachließ und andererseits, wie er sich für seine angeprangerte Ungeduld schämte. Dann schaute er zu Nebelbart herüber, der offensichtlich immer noch auf eine Antwort wartete.
„Ja, ich muss zugeben, dass du Recht hast. Ein zu hastiges Vorgehen würde wahrscheinlich wirklich ein Scheitern zur Folge haben."
„Gut, dann erzähl mir bitte eure Geschichte, sodass ich mir mit meinem eigenen Verstand ein Bild der Lage machen kann. Und sag: Wo ist eigentlich dein Freund aus der Wüste?"
„Fin? Der ist Gefangener der Sergonen. Sie haben ihn bei unserer Flucht gefasst."
„Gut!"
Jendor fühlte sich, als ob ihm ein Blitz durch die Ohren gefahren wäre:
„GUT? Was ist bitte schön Gutes daran, dass Fin Gefangener der Sergonen ist?"
Nebelbart lächelte immer noch und schien durch absolut nichts aus der Ruhe gebracht zu werden.
„Siehst du? Schon wieder ein Moment, in dem du viel zu schnell handelst. Du solltest besser versuchen ganz unvoreingenommen und logisch über die Situation nachzudenken: Fin wurde von den Sergonen gefasst und somit sicherlich mit dem Buch in Verbindung gebracht. Nun bleiben die beiden Fragen offen, ob sie wissen, dass ihr zu zweit ward und ob der Xilimia einen Sergonen getötet hat oder nicht"

Nebelbart schaute Jendor, welcher mittlerweile an seiner eigenen Weltanschauung zweifelte, fragend an, während es diesem beinahe so schien, als ob ihm der ältere Mann alles was er sagte, im Mund umdrehte und aus allem Negativen etwas Positives machte. Doch das Seltsamste daran war, dass so wie Nebelbart seine Sätze formulierte, auch Jendor selbst von seiner Meinung überzeugt wurde. Um so mehr war er gespannt, was der ältere Mann auf seine Antwort sagen würde.

„Ich denke nicht, dass sie wissen oder denken, dass wir zu zweit waren, denn sie haben weder nach mir gesucht, noch Fin danach befragt. Und was den Xilimia angeht, so hat er vier oder fünf Sergonen mit in den Tod gerissen."

„Siehst du? Das bestätigt, was ich mir zuvor gedacht hatte. Du solltest wissen, dass die Sergonen für Außenstehende eigentlich nur eine einzige Bestrafung kennen und die ist der Tod. Wenn sie Fin aber am Leben gelassen haben, so heißt das entweder, dass sie ihn für einen Sergonen halten – was ich aber kaum glaube – oder dass sie ihn noch für irgendetwas benötigen.

Ich kann mir sehr gut vorstellen, dass sie die Texte aus dem Buch in Wahrheit doch nicht richtig entschlüsseln konnten und nun darauf hoffen, dass Fin ihnen dabei helfen kann."

Jendor schüttelte den Kopf.

„Nein, so ist das nicht. Ich habe gehört, was ihr Anführer zu Fin gesagt hat: Dass diese Waffe wesentlich mehr Wert ist, als die Leben der verstorbenen Sergonen und dass sie Fin deshalb nur versklaven, anstatt ihn zu töten."

Auch diesmal schien Nebelbart etwas gegen Jendors Einwurf zu haben und hob schon während Jendors Aussage seinen rechten Zeigefinger zur Erläuterung.

„Sicherlich magst du Recht haben, dass der Anführer dies gesagt hat, doch das was du da beschrieben hast, wäre Dankbarkeit und die wirst du bei Sergonen niemals finden. Die Sergonen streben nach totaler Macht und der vollendeten magischen Kontrolle. Um das zu erlangen, würden sie absolut alles bis auf das Töten ihrer Ordensbrüder tun. Es ist also ausgeschlossen, dass sie Fin nur aus Dankbarkeit nicht getötet haben. Wäre er ihnen nicht mehr von Nutzen, so hätten sie ihn unmittelbar umgebracht."

Jendor schien von Nebelbarts Ausführung über die Sergonen und Fins Situation, nicht sehr angetan zu sein und versuchte nun wie Nebelbart nach dem Positiven in dem Ganzen zu suchen.

„Okay, ich verstehe, was du meinst, nur warum ist diese Situation gut? Du hast doch gesagt, dass sie gut sei, oder nicht?"
„Ja das stimmt, denn durch Fin hast du jetzt eine Kontaktperson, die dir im Lager der Sergonen helfen kann, ohne dass diesen direkt etwas auffällt. Das könnte dir sicherlich schon ein ganzes Stück weiterhelfen."
Diesmal schien Jendor, die Erklärung nicht ganz so gut zu gefallen und man sah an seinen herunterhängenden Mundwinkeln, dass er offensichtlich auf eine sicherere Lösung dieses Problems gehofft hatte.
„Und was soll ich jetzt machen? Ich meine, allein habe ich doch keine Chance gegen die Sergonen. Gibt es irgendwo eine Gruppe von Personen, die sich freiwillig gegen diese dunklen Magier stellen würde und auch eine reelle Chance gegen sie hätte? Was ist mit dir? Würdest du mir helfen?"
Nebelbart schaute in die Ferne in den Wald hinein und klopfte sich sanft mit seiner leicht geballten rechten Hand gegen sein Kinn. Dann verharrte er einige Augenblicke in dieser Position und schien nachzudenken, bis er sich plötzlich wieder zu Jendor drehte und seine Antwort gab:
„Es existiert eine Akademie von Elementarmagiern, in der weiße Magie gelehrt wird. Sie liegt im Südosten des nördlichen Stromlandes, auf der anderen Seite des Fegran-Gebirges. Dort studieren sie die elementaren Kräfte von Wasser und Feuer, die beide in ihrer Nähe zu finden sind.
Diese Magier würden dir sicherlich helfen und sich gegen die Sergonen stellen. Doch falls du sie fragst, kann ich dir in nächster Zeit nicht mehr helfen. Sie vertreten leider eine falsche und für mich unangenehme Anschauung der Welt und behandeln die Natur nur wie einen toten Gegenstand. Daher wäre ich unter ihnen mehr als nur fehl am Platze."
Jendor überlegte kurz und suchte innerlich noch nach einem Weg, wie er Nebelbart doch noch dazu bringen konnte, mitzukommen.
„Hast du noch eine andere Idee? Gibt es noch irgendjemand anderen, der auch eine reelle Chance gegen die Sergonen hat und freiwillig gegen sie antreten würde?"
„Sicherlich. Es gibt tausende Gruppen und Völker, die sich sofort gegen die Sergonen stellen und auch siegen würden, doch niemand von ihnen lebt hier in unmittelbarer Nähe. Es wird wohl wirklich das Beste sein, wenn du nach Diumos gehst."
Jendor schaute herab auf den Boden und wurde sich schlagartig der Tatsache bewusst, dass er nun allein durch unbekanntes Gebiet reisen musste und schließlich auch noch nach etwa vier Tagesreisen einen kleinen

Ort finden musste, an dem er bisher noch nie gewesen war.
„Glaubst du, dass ich diesen Ort finden werde und dass wir es dann auch noch rechtzeitig schaffen werden?"
Nebelbart zeigte nach wie vor sein unbekümmertes Lächeln, klopfte Jendor auf die Schulter und antwortete ihm:
„Falls es ein Faktum gibt, das auf alle Magie dieser Welt zutrifft, so ist es das, dass die Stärke eines Zaubers aus der Menge der astralen Kraft, die der Zaubernde einsetzt, abhängt. Und da dieses Ritual, von dem du erzählt hast, sicherlich sehr viel Kraft benötigt, werden die Sergonen auch eine sehr lange Zeit aufwenden müssen, um es durchzuführen.
Glaube mir, wenn du dich beeilst, so könnt ihr die Sergonen noch zerstreuen, bevor auch nur ein Hauch von Gefahr in der Luft liegt."
Jendor hatte von der letzten Erklärung nicht ein Wort verstanden, doch er vertraute auf Nebelbart und war sich sicher, dass er Recht hatte.
„Gut, das leuchtet ein. Nur, wie kann ich diese Akademie finden?"
„Diumos? Sie ist nicht zu übersehen. Du musst ein paar Mal im Gebirge die Richtungen wechseln und wirst dann schon bald unmittelbar vor der Akademie stehen. Die Akademie selbst ist gut doppelt so groß wie eine stromländische Festung. Sie ist von einer sehr hohen Mauer umgeben und in zwei Teile aufgeteilt:
Im Westen wirst du die Türme des Wassers sehen, die allesamt mit leuchtendem Blau umhüllt wurden und schon von Weitem zu sehen sind. Im östlichen Teil der Akademie stehen hingegen die roten Türme des Feuers. Auch sie heben sich gut von der Farbe der Umgebung ab. Zu verfehlen ist Diumos also nicht."
Jendor schaute den älteren Mann fragend an, was dieser offensichtlich bemerkte.
„Junge, du bist schon wieder von Ungeduld befallen. Ich kann dir nur raten, sie auf Dauer abzulegen, denn wenn du das tust, so wird auch dein Leben einfacher. Aber gut, ich will dir sagen, wie du zu der Akademie findest:
Folge dem Ferodon bis in das Fegran-Gebirge hinein und achte fortan auf die westlichen Zuflüsse. Beim dritten – der Ferodon wird dort nur noch ein größerer Bach sein – folgst du dem zufließenden Bach bis zur Quelle und lenkst dort deine Schritte nach Norden, wo du bald auf ein schmales, langes Tal treffen wirst. Diesem Tal folgst du bis zum Ende, wo es in ein weiteres quer verlaufendes Tal mit einem größeren Bach mündet. Hier folgst

du dem neuen Tal nach Westen, mit der Strömung des Baches und wechselt rechtzeitig auf die rechte Bachseite, denn schließlich wirst du an eine Stelle kommen, an der links von dir der Bach als Wasserfall in das nördliche Stromland herabfällt, während du auf der rechten Seite einen Abhang hinabsteigst und dann die Akademie vor dir sehen wirst. Bis dorthin sind es etwa vier bis fünf Tagesreisen zu Fuß, falls du also ein Stück mit deinem Boot fahren kannst, solltest du das durchaus machen. Es würde dir sicherlich viel Zeit ersparen."

Jendor hörte aufmerksam zu, wiederholte daraufhin noch einmal den von Nebelbart erklärten Weg, in seinem Kopf und nickte dem älteren Herren schließlich zu. Er bedankte sich bei ihm, wünschte ihm alles Gute und ließ sich dann, trotz aller Ratschläge, wieder von seiner Angst und Unruhe treiben.

XII.

Ein leichter Tritt gegen seine Füße und ein unfreundliches, lautes „Hey du Hund! Aufwachen!" riss Fin aus seinen Träumen. Es war ein neuer Tag, der zweite Tage, an dem er in Gefangenschaft aufwachte und auch an diesem wurde er grob geweckt.

Gedanken schossen durch seinen Kopf und brachten die Erinnerungen an den gestrigen Tag mit sich: Er hatte sich schließlich dazu durchgerungen, die Wahrheit über seine Identität offenzulegen und Efrim die tatsächliche Geschichte des Kastens zu erzählen. Natürlich stand diese Geschichte im Widerspruch zu der von seinem angeblichen Onkel, doch die Gefahr, für seine Lüge bestraft zu werden, ging er bewusst ein. Wenn er tatsächlich freikommen konnte, so wollte er zumindest vorher die Hilfe eines Sergonen genutzt haben, um zu erfahren, was in den Texten seines geheimnisvollen Retters stand. Und nicht zuletzt war die Wahrheit über den Kasten auch eine der zwei Bedingungen für seine Freilassung gewesen.

Doch der Tag war unspektakulär geblieben. Der junge Brujin war nicht für seine Lügen bestraft und sowohl er als auch Efrim waren bitter von den Schriften enttäuscht worden. Der alte Sergone hatte natürlich seine

Gründe gehabt, als er Fin angewiesen hatte, ihm alles über den Kasten und die Texte zu erzählen und die hatte Fin bereits am Abend seiner Gefangennahme erraten:
Die Sergonen konnten rein gar nichts mit den Aufzeichnungen anfangen. Es waren zwar fein säuberlich und ordentlich geschriebene sergonische Zeichen, doch die Anordnung dieser schien wahllos und ohne jeden Zusammenhang. Anfangs hatte Efrim noch darauf gehofft, dass es sich nur um eine andere Sprache handelte, doch auch diese Theorie schlug er sich schnell wieder aus dem Kopf, nachdem er feststellen musste, dass manche 'Wörter' nicht nur aus Buchstaben sondern manchmal auch aus wirr zusammengesetzten Satzzeichen, Zahlen und alchimistischen und astronomischen Symbolen bestanden.
Die Texte schienen sich einfach nicht entschlüsseln lassen zu wollen, und da er auch von Fin keinerlei hilfreiche Information bekommen konnte, gab der alte Sergone schließlich auf und ließ den jungen Brujin wieder in den alten Stall bringen.
Die restlichen Stunden des Tages hatte dieser mit Ketten gefesselt im Stall gelegen und die ewig lange Zeit mit schwermütigen Träumereien vertrieben. Seine Stimmung war immer weiter gesunken und die Tatsache, dass selbst die Sergonen seine Texte nicht entziffern konnten, ließ seinen Lebensmut noch ein weiteres Stück schrumpfen.
Die einzige Abwechslung, die er in der langen Zeit des übrigen Tages bekam, bestand nur darin, dass sein Wächter ihm zu Mittag die Kante eines trockenen, alten Brotes brachte und ihm zum Essen für einige Minuten die Hände befreite. Doch dieser kurze Moment erschien ihm wesentlich schneller zu vergehen, als ein jeder andere kurze Augenblick.
Fin hatte schließlich noch eine weitere Nacht auf dem harten und kalten Boden geschlafen, war erneut rau geweckt worden und wurde wie am Tag zuvor zum Waschen an den Fluss geführt. Sein trockenes Stück Brot bekam er heute bereits zum Frühstück, doch diesmal ließ ihm sein Wächter sogar noch weniger Zeit zum Essen als am Tag zuvor, schimpfte ungeduldig während er aß und fesselte ihm, unmittelbar nach dem er das letzte Stück Brot in seinen Mund gesteckt hatte, seine Hände.
Es war beängstigend, wie viel Stress und Ungeduld in den Bewegungen des alten Sergone zu erkennen waren; und dessen Hektik ließ Fin auch keine Möglichkeit, den Grund hinter diesem Verhalten zu finden. Grob zog der Wächter den jungen Brujin auf seine Beine und zerrte ihn erbarmungslos,

mit kräftigen Rucken in Richtung des Dorfplatzes. Er hatte nicht einmal darauf gewartet, dass Fin seinen letzten Bissen herunterschluckte, und während sich der junge Brujin einerseits neugierig nach dem Grund für all das fragte, ließ der grobe Umgang seines Wächters seine Angst immer weiter steigen. Doch dieser Zustand fand zum Glück ein Ende, als Fin schließlich den Dorfplatz vor sich sah. Das Rätsel war gelöst:

Im Moment schienen sich dort alle Sergonen zu versammeln und der Grund dafür war leicht zu erraten. Noch heute würden sie aufbrechen, um so früh wie möglich beim echsischen Steinkreis anzukommen, doch zuvor mussten noch einige grundlegende Dinge geklärt werden. Eine handvoll Sergonen gab dem Rest der Gruppe Bericht über die vorbereiteten Dinge und über die Gegenstände, die zum Steinkreis mitgenommen wurden:

Alle Utensilien, die für das Ritual benötigt wurden, drei große Zelte, Decken, Kleidung, Kochtöpfe und -geschirr, einige Lichtquellen wie Fackeln und Öllampen und eine große Menge an Verpflegung für die ganze Gruppe der Sergonen waren fertig eingepackt und auf siebenundzwanzig Rucksäcke verteilt. Dieses Gepäck stand nun hintereinander aufgereiht auf dem Dorfplatz, sodass sie unmittelbar nach dieser Besprechung aufbrechen konnten, solange ihnen nicht vorher noch irgendetwas in die Quere kam.

Doch nicht alle Sergonen schienen es so eilig zu haben, wie Fins Wächter. In aller Ruhe ergriff Efrim noch einmal das Wort und schien sich dabei keinerlei Mühe zu geben sich kurzzufassen. Er lobte seine Leute, dass sie die Vorbereitungen so schnell hinbekommen hatten, und erzählte ihnen dann, dass es nach seinen Berechnungen nur noch neun Tage, bis zum Eintreten der benötigten Sternenkonstellation seien. Wenn sie bis dahin beim Steinkreis wären und alles vorbereitet hätten, könnte das Ritual endlich stattfinden.

Die Sergonen jubelten und schienen bei dieser Mitteilung alle einen seltsamen, gierigen und glasigen Blick zu bekommen. Fin stand währenddessen eher verängstigt als selbstbewusst am Rande des Kreises und wurde dort von seinem Wächter festgehalten. Er fürchtete sich vor der Zukunft und das Gejubel der Sergonen drückte dabei noch weiter auf seine Stimmung.

Schließlich löste sich der Kreis auf. Die einzelnen Sergonen verteilten sich um das Gepäck und halfen sich gegenseitig die Rucksäcke und Taschen fest an und auf ihre Körper zu schnüren. Fin bekam seinen eigenen Rucksack zugewiesen, der allerdings von außen mit zwei Kartoffelsäcken und einigen Schnüren verpackt war. Ungläubig schaute er das Bündel an und konnte sich nicht erklären, warum sein Rucksack überhaupt mitgenommen wurde und warum er ihn dann auch noch zugewiesen bekam. Doch als sein Wächter seinen fragenden Gesichtsausdruck sah, erklärte er Fin mit herablassenden und groben Worten, dass sich sein gesamter Besitz in seinem Rucksack befände und er die Sergonen somit direkt nach der Durchführung des Rituals verlassen könne, wobei das Wort 'verlassen' eher wie 'in Ruhe lassen' klang.

Doch Fin bezweifelte diese Aussage. Es kam ihm einfach zu seltsam vor, dass in seinem Rucksack angeblich nur seine eigenen Sachen verstaut worden waren und dieser dann trotzdem noch extra mit den alten Kartoffelsäcken verpackt worden war. Möglichst unauffällig ließ er seine Hände über die Säcke gleiten und fühlte vorsichtig durch sie hindurch, um so herauszubekommen, was darunter verborgen sein mochte. Doch er wurde positiv überrascht:

Er bemerkte, dass seine Axt auf den Rucksack geschnallt war und etwas Festes, Eckiges, das er als seinen Kasten entzifferte, in seinem Rucksack lag. Selbst die harten, runden Formen der Münzen, die ganz unten im Rucksack verstaut waren, konnte er spüren. Sein Zweifel verschwand langsam und brachte ihn auf den Gedanken, dass die Sergonen einfach vermeiden wollten, dass er zu schnell an seine Axt kommen konnte, was ihn letztlich auch zu einem überraschenden Angriff hätte leiten können. Doch warum dann das Ganze, wenn ihm doch alle sagten, dass sie glücklicher wären, wenn er sie in Ruhe lassen würde? War es nicht einfacher, ihn schon jetzt gehen zu lassen?

Eine Antwort bekam er nicht und er vermied es auch tunlichst, diese Frage auszusprechen, denn zurzeit konnte er seine Situation wohl sowieso nur zum Schlechten ändern. So blieb er still, setzte sich seinen Rucksack auf und wartete eine kurze Zeit, bis schließlich der Befehl zum Aufbruch kam und er sich mit dem sergonischen Trupp in Bewegung setzte.

In den nächsten Stunden liefen sie schnurgerade nach Osten, was leicht am Fegran-Gebirge, das die ganze Zeit auf ihrer linken Seite lag, zu sehen war. Immer tiefer drangen sie dabei in die urigen, dichten, grünen Wälder des südlichen Stromlandes ein, in denen Fin nicht eine Spur von Äxten, Sägen, Wegen, Pfaden oder sonst irgendwelchen Eingriffen durch einen Menschen finden konnte.

Es schien ihm sogar beinahe so, als ob sie die allerersten Menschen wären, die sich einen Weg durch diese gigantischen Hallen aus Eichen-, Buchen-,

Kastanien-, Birken- und vereinzelten Ulmenstämmen suchten. Doch obwohl der Wald die ganze Zeit einen ähnlichen Aufbau besaß, konnte man ihm dennoch keine Einseitigkeit vorwerfen. Immer wieder zeigten sich auch vereinzelte Erlen, Linden, Kiefern, Platanen, Fichten und Tannen und variierten so die Farbtöne auf ihrem Weg, und auch etliche Farne und größere Gräser, Beeren- und Dornenbüsche, Efeu, Baumranken, Misteln und Pilze schienen sich hier schon vor Ewigkeiten das Anrecht auf ihren Lebensraum gesichert zu haben. Eine Geräuschkulisse von Millionen flatternden Blättern im Wind und immer wieder hervorstechenden Gesängen der Singvögel und Greifvögel gab ihren kleinen Teil zur Perfektion dieser Kulisse dazu. Doch auch das alles war nur ein Teil des großen Gesamtbildes.

Dort, wo sich der große Trupp von violett gekleideten Menschen und ihrem Gefangenen nun einen Weg suchte, zogen sich auch immer wieder Bäche oder kleinere Flüsse durch die Landschaft und auch das Fegran-Gebirge zeigte mit seinen rauen Felsausläufern immer wieder seine Nähe. Es war eine dämmrige Welt, die nur wenig Sonnenlicht durch die eng aneinander gewachsenen Baumkronen ließ und das Gesamtbild in ein mystisches Licht tauchte. Doch dieser Anblick war nicht ihr Ziel und so ließ sich der Trupp, trotz dieser beeindruckenden und Ehrfurcht gebietenden Natur, keine große Zeit zum Verschnaufen. Die Gruppe machte zwar gegen Mittag eine kurze Pause an einem größeren See, doch noch bevor sich Fins Körper ein wenig erholt hatte, setzten sie ihren Marsch in den nun einsetzenden und immer stärker werdenden Regen fort.

Schon bald waren alle komplett durchnässt, doch Aufhalten ließen sie sich davon nicht. Ohne auch nur ein Wort über den Regen zu verlieren, stapften sie durch den immer matschiger werdenden Waldboden, der die Füße vereinzelt zentimetertief und manchmal gar bis auf den rauen Felsboden durchsacken ließ.

Es war Frühling im Stromland und was Jendor wie ein jeder anderer Stromländer als normal empfunden hätte, ließ in Fin eine nicht unerhebliche Verzweiflung aufsteigen. Selten war ihm das Laufen so schwer gefallen und nie zuvor hatte er diese Angst verspürt, dass er beim nächsten Schritt noch tiefer einsacken oder gar ganz versinken könnte. Doch diese Angst war nicht das Einzige, was sich in seinem Kopf tat:

Ein paar Mal hatte er bereits überlegt, ob es in diesen Wäldern vielleicht eine sichere Möglichkeit zur Flucht gab. Ob er nicht einfach nach links

oder rechts springen und sich dort durch das Unterholz schlagen konnte. Doch ein jedes Mal entschied er sich auch gleich wieder dagegen. Sein Problem war einfach, dass er für eine solche Flucht viel zu wenig über diese Landschaft und ihre Eigenarten wusste. Und die einzige Eigenart dieser Landschaft, die sie freiwillig preiszugeben schien, war die Tatsache, dass seine Spuren im Matsch schon von Weitem sichtbar waren.
Wenn er wirklich fliehen wollte und es vielleicht sogar schaffte einen kleinen Vorsprung zu erhalten, so würden seine Spuren die Sergonen viel zu schnell zu einem jeden denkbaren Versteck führen. Und selbst wenn dann der äußerst unwahrscheinliche Fall eintreten würde, dass die Flucht doch gelänge, hätte er spätestens dann absolut keine Ahnung mehr, wohin er laufen sollte. Eine Flucht auf diese Art schien einfach absolut aussichtslos. Es blieb ihm offensichtlich nichts anderes übrig, als sich Efrim und seinen Leuten zu beugen.
So lief der junge Brujin mit dem Trupp nach Osten durch die Wildnis, versuchte so wenig wie möglich an seine schon bald schmerzenden Füße zu denken und sich mit der abwechslungsreichen Natur abzulenken. Doch wie er bald feststellen musste, gelang ihm auch das immer schlechter, je später es wurde.
Selbst als der Trupp gegen Abend nach Norden schwenkte und eine baldige Rast in nicht allzu ferner Nähe zu erahnen war, sank Fins schlechte Stimmung immer weiter. Weder er noch seine einfachen, ledernen Stiefel waren jemals einen solchen langen und anstrengenden Marsch am Stück gelaufen. Und da seine Stiefel nicht viel gegen den schlammigen, nassen Waldboden entgegenzusetzen hatten, tat das eindringende, modrige Wasser das seine, um seine Füße mit dicken Blasen zu übersäen.
Doch Fins Qualen endeten an diesem Tag vom einen auf den anderen Augenblick: Kurz vor Sonnenuntergang erreichten sie schließlich ein felsiges, offenes Tal des östlichen Fegrans, in dem schnell ein wackeliges Zeltlager errichtet wurde. Fins Beine konnten sich nun endlich ein wenig ausruhen, während er die vielen einzelnen Zeltplanen miteinander verknüpfte. Er war froh, dass er seine Füße endlich stillhalten und die Schmerzen für den Moment vergessen konnte.
Die darauf folgende Nacht schlief Fin mit gefesselten Armen und Beinen im Zelt seines Wächters. Sein Schlaf war wesentlich angenehmer und erholsamer als in den beiden Nächten zuvor, doch als er dann früh am nächsten Morgen auf ähnlich unsanfte Weise wie an den vorherigen Tagen

geweckt wurde, hatte sich sein Körper noch längst nicht richtig erholt.
So verging die Zeit. Vier weitere Tage ließ Fin mit durchgehend ähnlichem Umgang und körperlichen Torturen über sich ergehen. Jeden Tag kamen sie in immer feuchteres Gebiet. Der scheinbar unendliche Wald bestand schon bald nur noch aus wenigen Baumarten wie Erlen, Birken, Pappeln, Weiden und vereinzelten Kiefern, die auch mit diesem wesentlich feuchteren Boden zurechtkamen. Gleichzeitig wurde der Wald merklich lichter und ließ auch schon bald genug Sonnenstrahlen für die Existenz kleinerer Bäume, Büsche, vereinzelter Blumen und etlicher Pilze hindurch.
Fin fühlte sich schon bald wie auf einer unendlichen Wanderschaft oder einer Pilgerfahrt durch diese unbekannte Wildnis. Wie in einer Prüfung, die ihm alles abverlangte, um ihn auf die Überlebenschancen in dieser nassen Welt zu testen. Er merkte, dass er langsam anfing, abzustumpfen, seine Schmerzen an den Füßen zu vergessen und sich an diese für ihn nach wie vor ungewohnte, nasse Umgebung zu gewöhnen. Für ihn schien dieser ganze Landstrich schon bald nur noch aus einem einzigen großen See voller Bäume zu bestehen und so war er daher auch um so mehr erstaunt, als sie schließlich am frühen Nachmittag des fünften Tages der Reise ihr Ziel in den nordwestlichsten Ausläufern der Zamalch-Sümpfe erreichten:
Inmitten dieser nassen Landschaft, diesem riesigen, uralten Auwald, ragte ein etwa dreißig Meter hoher und hundertzwanzig Meter langer, unbewaldeter Hügel in die Höhe. Seine Oberfläche war von rauen, grasbewachsenen Felsen gespickt, die ihn wie ein Außenposten einer längst vergangenen Kultur erscheinen ließen. Doch das Faszinierendste an diesem Hügel befand sich auf seiner Spitze: Staunend schaute Fin zwischen den Erlen der Auen hindurch und lenkte seinen Blick den Hügel hinauf, wo er etliche, große, spitze Felsnadeln in die Höhe ragen sah.
Dies war der Ort an dem Efrim sein düsteres Ritual durchführen wollte: ein vierzig Meter großer Kreis aus zwanzig dicht stehenden, je etwa acht Meter hohen, runden, spitzzulaufenden Obelisken, die ein großes, steinernes Tor aus zwei vierseitigen Säulen und einem umgekehrt trapezförmigen Dach ummantelten. Alle diese Obelisken, die Säulen und das Dach waren aus glattem, dunkelgrauem, von Natur aus mit hellen Adern gemusterten, Stein gefertigt und waren über und über mit seltsamen, eckigen, eingemeißelten Zeichen übersät, die Fin ebenso vielzählig, wie die runden und weichen Zeichen der sergonischen Schrift vorkamen.
Es war erstaunlich, wie präzise und genau diese Symbole in den Stein eingearbeitet worden waren, denn trotz der Vielzahl der verschiedensten

Zeichen, konnte man problemlos zwei gleiche erkennen. Es war mehr als offensichtlich, dass das Einmeißeln dieser Schrift eine wahre Ewigkeit gedauert haben und dieser Ort dem Erbauer dementsprechend überaus wichtig gewesen sein musste. Doch bis auf Fin schien dieser Steinkreis niemanden in den Bann zu ziehen.
Es waren noch gut vier Tage bis zum Eintreten der Sternenkonstellation Zeit, dann erst wollte Efrim das Ritual durchführen und doch schienen die Sergonen schon jetzt, unmittelbar nach der Ankunft in Stress zu verfallen. Anscheinend hatten sie jede einzelne dieser Minuten für die Vorbereitung eingeplant:
Acht der Sergonen fingen sofort an, ein Lager auf dem nördlichen Teil des Hügels aufzubauen, während sich fünf der anderen im zuerst errichteten Zelt darum kümmerten, den Inhalt der Rucksäcke auszupacken und zu sortieren. Fin wurde mit drei Sergonen in den umliegenden Wald geschickt, um dort genügend Feuerholz für die nächsten Tage zusammenzusammeln und traf dabei auch immer wieder auf Efrim, der scheinbar ohne ein System durch die Auen um den Hügel wanderte und anscheinend nach irgendetwas suchte.
Die größte Anzahl der Sergonen befand sich allerdings in der ganzen nächsten Zeit in der Nähe des Steinkreises. Immer wieder konnte Fin sehen, wie einzelne Personen das Tor erklommen oder mit provisorischen Leitern an den Säulen heraufstiegen. Dort oben entleerten sie irgendwelche Beutel, schlugen mit Hammer und Meißel auf dem Stein herum und gossen manchmal auch Gefäße mit Flüssigkeiten über den Säulen aus.
Er merkte, dass plötzlich eine gespannte Stimmung in der Luft lag und irgendetwas ganz gewaltig in den Köpfen der Sergonen brodelte. Es schien ihm beinahe, als ob die Situation in jedem Moment eskalieren könnte und sich seine Feinde schon im nächsten Augenblick gegenseitig angreifen und töten könnten. Doch obwohl diese bedrückend dicke Luft zwischen den Sergonen unübersehbar war, passierte in den nächsten Tagen nichts.
Fin tat, wie ihm geheißen wurde, kümmerte sich um den Erhalt des großen Feuers und widerstand der Versuchung, die Spannungen zwischen den Sergonen weiter anzustacheln. Er hatte keine Ahnung, was so sehr zwischen den Sergonen stand und war sich dennoch sicher, dass ihm ein unüberlegtes, falsches Wort oder eine unpassende Bemerkung, viel zu schnell gefährlich werden konnte.
Die Dämmerung legte sich über die Auwälder der nördlichen Zamalch-

Sümpfe und ließ Silja, noch für einen kurzen Moment ihre letzten, tiefroten Strahlen auf den Hügel legen.
Nun war der Moment gekommen. Efrim hatte sich bereits seit dem frühen Morgen auf das Ritual vorbereitet, während seine Leute die letzten Vorbereitungen am Steinkreis erledigt hatten. Doch als Silja nun hinter dem Horizont verschwand und Platz für die eintretende Nacht machte, standen plötzlich wieder alle beisammen.
Als allerletzte Vorbereitung wurden jetzt die größeren Holzscheite des Lagerfeuers zu dem Steinkreis gebracht und dort rundherum, auf zehn kleinere Feuer zwischen den Säulen verteilt. Diese wurden daraufhin mit gemahlener, roter Kreide zu einem Stern, einem Decagram verbunden. Fin bekam nun auch den Befehl sich, seine – wie Efrim sagte – Kriegskluft anzuziehen und sich auf der östlichen Seite des Kreises, gegenüber dem Tor und direkt vor die Obelisken zu stellen. Dies war laut Efrim die Position, um den Kriegern des Chaos Einhalt zu gebieten und sie auf diese Art und Weise zwischen dem Tor und Fin zu sammeln.
Er erklärte dem jungen Brujin ein zweites Mal mit einem ähnlichen hämischen Grinsen auf seinem Gesicht, dass diese Aufgabe äußerst gefährlich sei und er nicht garantieren könne, dass Fin sie überlebte. Doch gleichzeitig wäre dies auch die einzige Chance, die er Fin gäbe, um vielleicht doch lebendig von dannen zu kommen.
Noch einmal wies er darauf hin, dass er natürlich einen seiner eigenen Leute anweisen könnte, diese Aufgabe zu übernehmen und dass er es selbstverständlich auch tun würde, falls Fin sich doch noch in irgendeiner Weise unkooperativ zeigen sollte. Doch solange Fin überleben wollte und das tat, was Efrim ihm sagte, sehe er keinen Grund, das Leben eines seiner eigenen Leute aufs Spiel zu setzen. Dies war nun die zweite von Efrim geforderte Aufgabe, und wenn Fin diese erfolgreich durchführte, durfte er sofort danach von dannen ziehen. So folgte Fin diesem Befehl, holte seine Axt von seinem Rucksack und ging dann auf die östliche Seite des Steinkreises, wo er sich dem Tor gegenüber positionierte.
Er hatte ein wirklich schlechtes Gefühl im Magen. Es war nicht nur die Furcht davor, dass die Aufgabe tatsächlich so sehr gefährlich sein könnte, wie er sie sich vorstellte, als vor allem auch die Tatsache, dass ihm die gesamte Aufgabe und die Art, wie Efrim ihm alles erklärt hatte, sehr suspekt vorkam:
Konnte er etwa nicht so weit denken, dass Fin direkt nach dem Erscheinen

dieser Dunklen Krieger zur Seite treten und Efrims zukünftige Armee in alle Windrichtungen verteilen konnte? Natürlich, er hatte ihm erzählt, dass sie ihn die ganze Zeit beobachten würden, doch er konnte sich wirklich nicht vorstellen, dass die Sergonen in einem solchen Fall tatsächlich sofort reagieren und schnell genug einen seiner Leute an seine Stelle bringen konnten.

Doch während Fin bei diesen Überlegungen noch alleine im Kreis gestanden hatte und nur von seinem Wächter aus einiger Entfernung beobachtet worden war, kamen nun die restliche Sergonen in einer langen Reihe, vom Lagerplatz den Hügel herauf.

Ohne einen Ton von sich zu geben, spaltete sich die menschliche Schlange direkt vor dem Steinkreis auf und verteilte sich zwischen den Obelisken, um das Tor herum. Schon kurz darauf war in jeder einzelnen kleinen Lücke zwischen den Obelisken ein Sergone zu sehen und direkt hinter Fin stellte sich schließlich Efrim auf.

War das des Rätsels Lösung? War Fin nur eine Art lebendes Schild? War Efrim wirklich so egoistisch, dass er ihn als Schutz benutzte, während die Hälfte seiner Leute ungeschützt und der Rest nur durch diese kleinen Feuer geschützt dastanden? Und wenn ja, warum ließen sie diese Ungleichheit zu? Immerhin schien es Fin bisher immer so, als ob Efrim lediglich die Position eines Ältesten besaß, nicht aber wesentlich bessergestellt als die anderen Sergonen war. Brauchte man überhaupt einen Krieger zwischen dem Kreis und dem Tor, wenn doch sowieso in jedem Zwischenraum des Kreises ein Sergone stand und in jeder zweiten Lücke sogar zusätzlich ein kleines Feuer brannte?

All das schien Fin immer suspekter zu werden. Irgendetwas musste er übersehen haben. Aber vielleicht war es auch einfach der Punkt, dass er keinerlei Ahnung von Magie und erst recht nicht von einem solchen Ritual hatte. Vielleicht war es tatsächlich alles so, wie Efrim sagte, Fin konnte tatsächlich nach dem Ritual seiner Wege gehen und im Nachhinein vielleicht sogar seinen Fehler wieder bereinigen. So oder so würde er die Augen offen halten und auf jede Bewegung und jeden Ton achten.

Doch gerade als Fin diesen letzten Gedanken fasste, fing es auf einmal überall um ihn herum an leise zu summen. Fin war überrascht, schaute sich langsam um und war sich nicht sicher, ob es die Sergonen waren, die alle gleichzeitig angefangen hatten im Chor diesen Ton von sich zu geben, oder ob das Geräusch vielleicht bereits die ersten Auswirkungen des Rituals waren.

Das Summen wurde lauter, wurde schon bald zu einem Brummen, welches Mark, Knochen und auch den Boden unter Fins Füßen zum Vibrieren brachte. Fin merkte, wie das Adrenalin schlagartig in seinem gesamten Körper umherschoss. Er war bereit, könnte sofort seine Axt emporreißen oder sich mit einem schnellen Sprung zur Seite retten. Gleichzeitig merkte er aber auch die Angst, die sich immer weiter in ihm anstaute. Ihm war klar, dass nun einfach alles passieren konnte. Er war längst nicht mehr Herr seiner Lage. Von seiner einstigen Konzentration und seiner besonderen Aufmerksamkeit war kein Stück mehr zu bemerken.

Dann wurde es schlagartig heller und wärmer. Die kleinen Feuer vor den Sergonen waren plötzlich alle groß entflammt und streckten ihre glatten, wirbelnden Flammen etliche Meter weit in den Himmel. Noch konnte Fin in den etwa einen Meter großen Zwischenräumen zwischen den Obelisken und den Flammensäulen hindurchschauen und die einzelnen Sergonen hinter den Feuern erahnen. Doch schon bald wurden die Flammen der Feuer so grell, dass er geblendet wurde, wenn er auch nur in etwa in die Richtung eines dieser Feuer schaute, während das Brummen zugleich zu einem immer lauteren Getöse anstieg und der Boden unter seinen Füßen unangenehm stark zitterte.

Er merkte, wie ihm kalte Schweißperlen die Stirn herunterliefen, doch er war sich absolut nicht sicher, ob diese nur alleine durch die Hitze der Feuer, oder auch durch seine unglaubliche Angst, die ihn beinahe versteinern ließ, entstanden.

Dann klang das Getöse urplötzlich, wie auf einen Schlag ab und verstummte nach einem kurzen Atemzug komplett. Im selben Moment schien es auch beinahe so, als ob eine dunkle, kühle Welle innerhalb weniger Augenblicke vom Himmel herabfiel und sich wabernd über den Steinkreis legte. Immer weiter drängte diese Welle das grelle Licht der Feuer zurück und dämmte es ein. Schon bald schienen die Feuer wieder ganz normal zu brennen, doch ihr Flammen erschienen nun wesentlich dunkler, als es vor dem Beginn des Zaubers der Fall gewesen war. Doch diese Wahrnehmung mochte auch eine Sinnestäuschung durch das vorherige unnatürlich grelle Licht sein.

Fin war auch jetzt noch für einige Augenblicke geblendet und konnte in der plötzlichen Dunkelheit nur vereinzelte Schatten erkennen. Panisch riss er seinen Kopf herum, krallte sich krampfhaft an seine Axt und fürchtete in jeder Richtung einen angreifenden Gegner. Dann gewöhnten sich seine

Augen aber langsam wieder an die neuen Lichtverhältnisse und gaben ihm wieder etwas mehr Sicherheit zurück, während die feuchte, kühle Luft, die nun von den Auen her in seine Nase wehte, das ihre dazugab um seine hastigen, panischen Bewegungen abzukühlen.

Als der junge Brujin nun zum Himmel heraufschaute, blinkten und blitzten über ihm die Sterne und schienen von dem ganzen Trubel hier unten auf Telibs Rücken nichts mitzubekommen. Doch vor ihm flimmerte die Luft mit einer Stärke, als ob riesige, farblose, dunkle Flammen in dem Tor aufstiegen und dabei alles Sichtbare in seltsamen Mustern verwirbelten.

Plötzlich begannen die Sergonen einen seltsam monotonen Sprechgesang in einer für Fin unbekannt klingenden Sprache. Ungewohnt scharfe Zischlaute und harte Klackergeräusche drangen nun durch die Nacht und schienen irgendetwas zu rufen, doch für einen kurzen Augenblick lang tat sich nichts.

Es war gespenstisch, eine wirklich nur ganz kurze und dennoch unglaublich stark drückende Zeit des Wartens verging, in der Fin seine Angst durch das immer stärker werdende Zittern seines ganzen Körpers spürte, und als dann schließlich die ersten dunkle Schatten in der flimmernden Luft erschienen und sich von dort direkt auf ihn zu bewegten, verstärkte sich sein Zittern noch mehr.

Fin spürte, wie sein Herzschlag bis in seinen Kopf hörbar war. Seine Angst hämmerte mit unglaublicher Gewalt an das Tor seines Bewusstseins und wollte ihm die Kontrolle entreißen, aber das Tor hielt. Für einige Atemzüge konnte er dieser Angst standhalten und seine komplette Aufmerksamkeit auf die Schatten richten, doch schon kurz darauf schien sich die Zeit und die Bewegungen um ihn herum enorm zu beschleunigen. Die Kontrolle über sich selbst entglitt ihm immer weiter, und ehe er sich versah, standen sie schon direkt vor ihm, die Dunklen Krieger:

Die etwa zwei Meter großen Wesen stellten sich etwa vier Schritt vor Fin nebeneinander auf, starrten ihm mit ihren blutroten Augen entgegen und schienen auf einen Befehl von ihm zu warten. Ihr verkehrt herum eiförmiger Kopf war wie ihr gesamter Körper mit einer glänzenden, schwarzen Haut bedeckt und hatte außer einem gefährlich aussehenden, mit Reißzähnen besetzten Maul und zwei kleinen, katzenartigen Augen, lediglich je fünf parallele, nach hinten leicht gebogene, etwa vier Zentimeter lange Riefen an den Stellen, wo bei einem Menschen die Wangen sitzen würden. Von Nase oder Ohr, wie Fin sie gewohnt war, war nichts zu sehen.

So standen die ersten dieser Dunklen Krieger vor ihm. Ein jeder trug dasselbe brutale, tote Flimmern in den Augen, doch ihre Rüstungen waren so unterschiedlich wie ihre Waffen: Der erste war mit einem langärmligen Kettenhemd, Kettenhosen, Beinschienen und einem Schwert ausgestattet, während der zweite einen langen Plattenpanzer, Armschienen, einen Helm, metallene Stiefel und eine Axt trug. Auch Lanzen, Morgensterne und verschiedenste Schilde waren in der Menge zu erkennen, doch das Einzige, was ihnen allen gleich war, war die Tatsache, dass eine jede Waffe und eine jede Rüstung aus dem gleichen schwarz glänzenden Metall bestand.

Immer wieder erschienen neue Schatten, immer wieder trat ein weiterer Krieger aus dem flimmernden Tor heraus und so schien die Wand vor Fin auch immer weiter zu wachsen.

Über ein Dutzend Krieger standen bereits vor Fin, als urplötzlich auf der nördlichen Seite des Kreises helle Flammen aufschlugen und etliche Splitter in alle Richtungen fliegen ließen. Der laute Knall der Explosion drang unmittelbar an seine Ohren und ließ ihn vor Angst zusammenzukken, während die enorm heiße Druckwelle seinen festen Stand in Frage stellte. Doch dies war erst der Anfang. Bereits ein Bruchteil eines Atemzugs später waren etliche, weitere Flammenexplosionen von anderen Orten des Steinkreises zu hören und zu sehen. Schmerzensschreie drangen von allen Seiten an seine Ohren und auch das Flimmern im Tor verschwand urplötzlich und riss dabei einen weiteren Schatten, der gerade Telibs Boden betreten wollte, mit sich. Doch als Fin auf dieses Chaos reagieren und sich seinem unbekannten Feind stellen wollte, wurde er durch eine weitere brennend heiße Druckwelle, die scheinbar von direkt hinter seinem Rücken stammte, nach vorne auf den Boden geschmissen.

Schnell drückte Fin sich mit seinen Armen vom Boden ab und stellte sich wieder auf seine Beine, während Schrecken und Panik durch seinen ganzen Körper drangen. Er musste schnell handeln und wollte keinen einzigen Moment zu lange schutzlos vor den Dunklen Kriegern liegen, doch als er nun aufschaute, stand bereits einer direkt vor ihm. Seine dunkelroten Augen tief auf Fins Augen gerichtet und seinen nach Teer stinkenden Atem direkt in seine Nase pustend, schien er im ersten Moment genauso verängstigt, wie Fin es war.

Es mochte wohl kaum eine Hand zwischen die beiden Gesichter passen, nicht ein Blatt hätte zwischen ihnen hindurchfliegen können, ohne eines der Gesichter zu berühren und doch bewegte Fin sich keinen Zentimeter. Er war wie versteinert, hatte sich auf alles Erdenkliche vorbereitet, doch mit dieser Situation hatte er nie gerechnet. So stand er da, absolut hilflos. Eine Bewegung und er wäre tot gewesen, doch plötzlich wandte sich der Krieger ab, ging an Fin vorbei und folgte den anderen dreizehn Kriegern in den Wald hinein, in Richtung Nordosten.

XIII.

Wieder saß Jendor in der Yelindra und wieder fuhr er stromaufwärts in Richtung Norden. Über ihm zogen unaufhörlich gewaltige, dunkle Regenwolken hinweg, die auch allzu oft ihre Last auf ihn und das schmale Boot fallen ließen. Der Wind hatte derweil nachgelassen und ließ die Schaluppe nur noch in einem sanften Tempo über das Wasser gleiten und dennoch war er wahrscheinlich immer noch wesentlich schneller mit dem Boot unterwegs, als wenn er sich durch das Unterholz der Wälder geschlagen hätte.

So verging die Zeit. Zweieinhalb Tage fuhr er nach Norden, versank des Tages in ewige Tagträume über die nahe Zukunft – die meist noch trister und dunkler ausfielen, als der unaufhörlich fallende Regen – machte in den Nächten nur kurze Ruhepausen und auch des Tages versuchte er eine jede Verzögerung zu vermeiden. Doch je weiter er nach Norden kam und je kleiner der Fluss wurde, umso schwächer wurde auch der Wind und desto häufiger stießen der Grund des Flusses und die Unterseite des Bootes aufeinander. In der letzten Stunde, die der junge Fischer in der Yelindra zurücklegte, musste er immer häufiger mit den Paddeln nachhelfen und schließlich blieb ihm nichts anderes mehr übrig, als die Schaluppe am Ufer liegen zu lassen und sich zu Fuß durch die scheinbar unberührte Wildnis zu schlagen.

Der Ferodon war an jener Stelle nur noch knapp vier Meter breit und schien mit einem jeden weiteren Schritt mit immer mehr großen Felsen gespickt zu sein. Der Grund hierfür lag unmittelbar vor ihm: das Fegran-Gebirge. Jendor hatte bisher nur von ihm gehört, war aber noch nie selbst

dort gewesen und so war er nicht wenig überrascht, als er nun das erste Mal mit seinen eigenen Augen die vielen kleinen, porösen, schwarzen Steine sah, die überall auf dem felsigen Waldboden lagen, und die, nach den Geschichten der älteren Leute aus dem Dorf, allesamt aus dem heißen Inneren Telibs herausgeschleudert worden waren. Doch auch davon ließ er sich nicht aufhalten, wanderte mit schnellen Schritten den engen Pass, den sich der Ferodon über Jahrmillionen aus dem Felsen gewaschen hatte, hinauf und schaute sich dabei aufmerksam um:
Die dunklen Steine lagen überall verstreut und stellten dabei einen starken Kontrast zu dem hellgrauen Felsen des Fegran-Gebirges dar. Die Pflanzenwelt wurde immer karger und war dennoch beeindruckend schön. Sie war es auch, die ihm zum ersten Mal die Kräfte zeigte, die eine Fichte, eine Tanne oder gar eine Blume aufbringen konnte, um einen Felsen zu sprengen und ihre Wurzeln in die neu entstandenen Riefen vordringen zu lassen. Die Steigung des engen Tals veränderte sich fast alle Dutzend Meter und vereinzelt ging es vor ihm gar so steil bergauf, dass er an den Felsen emporklettern musste, während der Ferodon seine wilde Schönheit in malerischen Wasserfällen zeigte. Rechts und links des Bachlaufes ragten durchgehend die meterhohen Felswände empor, die weiter oben in einen dicht mit Nadelbäumen bewachsenen Abhang übergingen.
Das Vorankommen auf dieser Umgebung war schwerer als es der junge Fischer gewohnt war. Schon bald ließen seine Kräfte nach und so zwang ihn seine Erschöpfung zu seiner ersten Pause seit dem Betreten dieses Tals. Zum ersten Mal seit Stunden schaute er zurück nach Süden und sah dort über ewig weite Wälder hinweg. Schon allein für diesen Ausblick hatte sich der Aufstieg gelohnt, doch für langes Schauen ließ er sich dennoch keine Zeit. Er kniete sich kurz hin, aß sein letztes Stück Brot, trank einige Schlucke des klaren und frischen Ferodon-Wassers und setzte seinen Weg fort.
Der erste westlich Zufluss war bald passiert und auch der zweite folgte schnell, doch nun, da Jendor sehnlichst auf den dritten wartete, fing es langsam an zu dämmern. Er schaute nach Norden in Richtung seines Ziels. Egal was sein mochte, er wollte auf keinen Fall in diesem engen Tal ohne Fluchtmöglichkeit und ohne Unterschlupf übernachten. So ging er weiter den engen Pass nach Norden, bis er schließlich kurz vor Sonnenuntergang endlich auf den dritten Zufluss traf:
Plätschernd, wie ein kleiner Wasserfall floss hier das wenige Wasser des schmalen Bächleins einen felsigen Abhang herunter und schenkte so

einem schmalen aber sehr dicht gewachsenen Moosteppich das Leben. Doch wie ein weiterführender Pfad erschien ihm dieser Abhang bei Weitem nicht. Kurz überlegte er noch einmal, ob Nebelbart wohl wirklich diesen kleinen Bach gemeint hatte, doch ein schneller Blick auf den Ferodon überzeugte ihn. Von dem mächtigen Fluss war hier mittlerweile nur noch ein etwas größerer Bach übriggeblieben, der auch selbst nicht viel größer als der Zufluss war. So stieg Jendor den Abhang hinauf und kam in ein langgezogenes, breites Tal, welches in Richtung Westen sanft anstieg.
Für ein paar Atemzüge blieb er stehen, schaute sich um und wurde erneut der immer rascher voranschreitenden Dämmerung gewahr. Zum Finden eines sicheren Lagerplatzes hatte er nicht mehr viel Zeit und so setzte er sich wieder in Bewegung, lief einige hundert Schritt am Bach entlang nach Westen, bis er vor einem kleinen, einladenden Fichtenhain zum Stehen kam.
Mit einem neugierigen Lächeln auf den Lippen lauschte Jendor in das schmale Wäldchen hinein, während er zugleich versuchte eine jegliche Bewegung in diesem mit seinen Augen aufzufangen. Doch er bemerkte nichts. Entweder war der Wald tatsächlich komplett leer oder die Lebewesen, die in ihm wohnten, verhielten sich ganz still, um ja nicht auf sich aufmerksam zu machen. Doch diese Art von Lebewesen waren wiederum keinerlei Gefahr für ihn.
Er vertrieb die ängstlichen Gedanken aus seinem Kopf, schüttelte diesen leicht hin und her und wunderte sich ein wenig über sich selbst. War er mittlerweile wirklich so misstrauisch geworden? Was sollte schon Gefährliches in diesem kleinen Hain wohnen? Hätte hier tatsächlich irgendeine größere Gefahr gedroht, so hätte Nebelbart ihn doch sicherlich gewarnt. Aber war seine Vorsicht wirklich so falsch? Nach all dem, was in den letzten Tagen passiert war, konnte er eigentlich gar nicht vorsichtig genug sein, oder etwa nicht? Jendor riss sich wieder aus seinen Gedanken und setzte seinen Weg in den kleinen, dichten Hain fort.
Weiches Moos und vereinzelte, trockene Grashalme begrüßten Jendors Füße und überzeugten ihn ein weiteres Stück weit von der Gemütlichkeit dieses kleinen Wäldchens. Und obwohl die äußersten Bäume des Hains mit einem dichten Unterholz unterbaut waren, war das Innere offen und nur durch die dichten Kronen der Nadelbäume, den Bach und eben jenem Unterholz, am Rande des Hains, begrenzt. Der Bach, der durch die östliche Seite des Wäldchens floss, verbreiterte sich etwa auf der Hälfte zu einem

kleinen Teich, in dessen Mittelpunkt ein größerer, moosbewachsener Fels wie ein kleiner Wachturm aus dem Wasser ragte.
Jendor blieb stehen, setzte seinen Rucksack ab und ging langsam auf den Teich zu. Um ihn war alles still, nicht einmal die Blätter der Büsche oder die Nadeln der Bäume schienen sich zu bewegen. Ein weiteres Mal sah er sich um, lauschte in alle Richtungen und kniete sich schließlich vor dem Wasser nieder, um ein paar Schlucke des klaren Wassers zu trinken. Ein Gedanke schoss durch seinen Kopf:
Irgendwie erschien ihm die Stimmung in diesem Hain ähnlich, wie die in Nebelbarts Wald zu sein: Zwar waren die Bäume des Hains weder Laubbäume noch etliche hundert Jahre alt, doch die Aura, die dieses Wäldchen ausstrahlte, hatte irgendwie etwas Vergleichbares. Als ob dieser und Nebelbarts Wald irgendeine gemeinsame Eigenschaft besäßen, die einem normalen Wald fehlte. Auch hier fühlte Jendor sich sicher und geborgen und auch hier schienen seine Sorgen und Nöte für einen Moment lang verschwunden zu sein.
Den wahren Grund für dieses Gefühl der Geborgenheit kannte der junge Fischer nicht. Doch was auch immer es war, es veranlasste ihn dazu, seine Decke zu Füßen einer alten Fichte auf den weichen Moosboden auszubreiten und sich dort schlafen zu legen.

„Hey du – Menschenwesen, wach Mal auf!"
Jendor schreckte, von der hohen, piepsigen Stimme geweckt, auf und schaute unvermittelt in das weiche, strahlende Gesicht einer kleinen fliegenden Kreatur, die vom Äußeren einem wunderschönen, schlanken, weiblichen Menschen mit Libellenflügeln ähnelte. Doch ein Mensch konnte sie, aufgrund ihrer sehr geringen Größe von etwa zwei Handbreiten, definitiv nicht sein.
Es war eine Fee, die mit ihren langen, glatten, blonden Haaren vor Jendors Gesicht herumschwirrte und ihn neugierig beäugte. Um sie herum leuchtete ein warmes, hellgelbes Licht, welches ihn und die nähere Umgebung sanft anstrahlte.
Im ersten Moment war er noch etwas erschrocken, doch schon schnell übernahm die Neugier überhand. Er setzte sich aufrecht hin und überlegte kurz, ob solch ein kleines und liebliches Wesen wohl eine Gefahr darstellen konnte. Doch diesen Gedanken verwarf er auch schnell wieder und sprach das kleine Wesen mit einem freundlichen Lächeln auf den Lippen an:

„Na? Wer bist denn du?"
Die Fee verzog ihr kleines Gesicht und sah Jendor für einen kurzen Moment böse an.
„Hey, erstens wollte ich dich das gerade zuerst fragen und zweitens gebührt auch mir dieses Recht, denn immerhin bist du in meinem Heim und nicht umgekehrt."
Jendor lächelte über den zickig klingenden Satz der Fee und ihr grimmiges Gesicht und antwortete ihr auf die indirekte Frage:
„Nun gut, ich bin Jendor. Ich komme aus Festenhain, einem kleinen Fischerdorf, das weit weg von hier am Fluss Ferodon liegt. Ich wollte dich weder stören noch verärgern, doch ich wusste nicht, dass hier jemand wohnt. Ich habe mich hier nur schlafen gelegt, um morgen von hier aus nach Diumos, zu den dort lebenden Magiern zu reisen."
Die Fee fing wieder an zu lächeln und unterbrach Jendor nun in seinem Redefluss:
„Aha, du willst also dort zu den Magiern? Bist du denn auch einer?"
„Nein, ich bin nur ein einfacher Fischer, aber ich brauche Hilfe von den Magiern."
Die kleine Fee verzog ihr Gesicht, als ob sie Jendors Aussage nicht glauben wollte, setzte dann aber ihr Fragespiel fort:
"Hilfe? Warum brauchst du denn Hilfe von den Magiern?"
Jendor überlegte kurz und entschied sich, der Fee nicht alles zu erzählen, denn auch wenn sie noch so klein sein mochte, so konnte sie trotzdem mindestens so gut wie ein Mensch erzählen und das vielleicht auch der falschen Person. Doch was sollte er antworten?
„Ach, ich mag es dir nicht so gerne sagen."
Die Fee kam dichter und versuchte ein süßes Gesicht zu machen, um doch noch etwas aus Jendor herauszulocken.
„Na komm, vielleicht kann ich dir auch helfen! Oder denkst du, dass ich dir etwas Böses will?"
Die Fee blinzelte Jendor an und wartete auf seine Antwort, während dieser schnell versuchte, eine plausibel klingende aber falsche Antwort zu finden.
„Na gut, eigentlich soll ich es ja niemanden erzählen, aber andererseits glaube ich nicht, dass du mir etwas Böses willst, oder?"
Jendor wartete kurz auf eine Antwort, doch die kleine Fee schaute nur ganz lieb und blinzelte ihm zu. Eine Antwort schien sie ihm nicht geben zu wollen, doch eigentlich war es ihm auch egal, denn seine Geschichte war ja

ohnehin erlogen. So lächelte er zurück und fuhr fort:
„Also ... Ich soll für einen alten Mann, der in der Nähe unseres Dorfes wohnt, ein Buch von der Akademie holen. Was für ein Buch das ist, weiß ich nicht, denn mir wurde nur gesagt, dass die Magier dort davon wüssten und mir das Buch geben würden, sobald ich dort ankomme."
Die Fee runzelte ihre Stirn.
„Das ist aber unfair, du sollst den ganzen Weg laufen und weißt nicht einmal wofür genau? Was kann denn daran so schlimm sein, wenn du weißt, was für ein Buch du holen sollst?"
Jendor verzog seinen Mundwinkel und schaute ernst.
„Ach, was soll's, ich könnte es doch eh nicht lesen. Oder kannst du lesen?"
Die Fee sah herab und schien sich offensichtlich zu schämen. Jendor hatte mit diesem unwahren Satz genau das erreicht, was er erreichen wollte, denn die Fee lenkte vom Thema ab und befreite Jendor somit von weiteren stechenden Fragen.
„Soll ich dir auch etwas zeigen?"
Jendors Neugier war sofort geweckt, obgleich er keine besonders großen Geheimnisse erwartete.
„Was denn?"
„Mein Zuhause."
„Dein Zuhause? Aber ich dachte, das hier sei dein Zuhause."
Die Fee grinste und freute sich offensichtlich über Jendors letzten Satz.
„Stimmt, das hier ist mein Zuhause, aber es ist eigentlich nur der Torraum, mein eigentliches Zuhause ist viel größer."
Jetzt verstand Jendor gar nichts mehr, wollte die kleine Fee ihm nun erzählen, dass sie hinter dem Hain an der kargen Felswand wohnte? Es musste mehr dahinter stecken. Seine Neugier wuchs schlagartig weiter an und zwang ihm seine äußerste Selbstbeherrschung ab, um bei seiner Antwort nicht zu viel von dieser zu zeigen:
„Wenn du es mir zeigen möchtest ..."
„Gut, dann komm doch mit."
Die Fee drehte sich in der Luft um und flog flink auf den Felsen im Teich zu, während Jendor aufstand und ihr mit großen Schritten hinterherlief.
Es war irgendwie seltsam: Sein Leben lang hatte er nur aus Sagen und Märchen von Magie gehört und nun war sie innerhalb weniger Tage zu einem großen Bestandteil seines Lebens geworden. Erst hatte er das schreckliche Erlebnis mit dem Xilimia machen müssen, dann hatte er

Nebelbart kennengelernt, den Zauber in den Sümpfen und die Magie der Sergonen gesehen und nun auch noch diese Fee getroffen. Er war gespannt, was als Nächstes auf ihn warten würde und so wurde auch seine Stimmung immer angespannter.
Er wusste, dass nun irgendetwas Magisches passieren würde, doch die Stärke dieser Magie konnte er sich bis jetzt noch nicht wirklich ausmalen. Um so überraschter war er dann, als er schließlich den Teich erreichte: Plötzlich legte sich ein seltsamer Schimmer auf die Landschaft um ihn herum. Es schien beinahe so, als ob sich eine immer dichter und breiter werdende Wasserschicht auf die Umgebung legte und mit ihren Wellen alles veränderte. Die Welt um ihn herum wurde immer heller und bunter, bis schließlich der flimmernde Film verschwand und einer völlig anderen Welt Platz machte:
Jendor stand nun auf einer bunten Wiese, die voll von vielen, verschiedenen Blumen und Gräsern war. Ein Schmetterling, kaum kleiner als die Fee, flog an ihm vorbei und landete auf einer roten, großen Blüte, um dort Nektar zu trinken. Das Licht vom Himmel stammte anscheinend von einem golden leuchtenden, großen Vogel aus purem Feuer, der das ganze Land in ein sanftes, flimmerndes, warmes Licht tauchte und langsam über den Himmel glitt. Die Luft war wärmer, und trockener als die Bergluft, die Jendor noch vor einigen Momenten eingeatmet hatte und das Einzige, was immer noch wie zuvor schien, war der kleine Teich und der Felsen in ihm, auf dem die kleine Fee saß und von dem sie Jendor mit einem Lächeln auf den Lippen anschaute.
„Na gefällt es dir hier?"
Auf Jendors Gesicht erschien ein fröhliches Lächeln. Die Frage der Fee war eigentlich gänzlich überflüssig, denn diese Welt schien tatsächlich einen perfekten, schönen Frühlingstag darzustellen, obgleich Einzelheiten wie der Feuervogel zeigten, dass es dennoch anders war als in der Welt, die Jendor kannte.
„Natürlich! Es ist wunderschön hier! Schöne Blumen, frische, warme Luft und eine wunderschöne Landschaft."
„Stimmt, so wie du das siehst, ist es schon sehr schön, aber noch viel interessanter ist es aus meiner Perspektive, sieh selbst."
Die Fee flog schnell auf Jendor zu, berührte ihn mit ihrem Zeigefinger auf seiner Stirn und lächelte dabei mit ihrem sanftesten Blick. Jendor bemerkte schon kurz darauf, wie er schneller und schneller kleiner wurde, bis er plötzlich genau so groß wie die Fee war.

Er schaute zu ihr herüber und wurde plötzlich der Tatsache gewahr, dass sie nun noch viel schöner erschien, als sie ihm sowieso schon zuvor erschienen war. Ein Gefühl von Liebe durchschoss sein Herz, dann griff die Fee ihn an seinem Arm und ging mit ihm über einen Grashalm auf eine rote, breit gefächerte Blume zu, die der junge Fischer kurz zuvor noch ausgiebig von oben betrachtet hatte.
„Jendor möchtest du nicht für immer bei mir bleiben? Hier mit mir dein Leben verbringen?"
Jendor war überrascht von der plötzlichen Frage der Fee und war in seinem Liebesrausch noch ganz verwirrt. Vorsichtig schaute er zu ihr herüber und wagte kein Wort zu sagen. Von seinen Sorgen und Ängsten, Telib und Fin betreffend, hatte er nun sowieso nichts mehr in seinem Kopf.
„Schau Jendor, das ist mein Geschenk für dich, eine Blume der Liebe."
Jendor drehte sich wieder nach vorne um und schaute von dem Grashalm herab auf die Blüte der Blume. Doch das dort zu sehende Schauspiel ließ eine blitzartige, schmerzvolle Welle aus Angst und Schrecken durch sein Herz gleiten: Die Blütenblätter vereinten sich in der Mitte in einem gewaltigen Maul voller großer, spitzer Zähne, das sich in eben diesem Moment auftat und schnappend nach Nahrung verlangte.
Jendor drehte sich zu der Fee um und hoffte auf eine hilfreiche Erklärung, auf ein Wort, das zeigen würde, dass seine plötzliche, große Angst unnötig war. Doch als er die Fee jetzt anschaute, sah er nur noch eine hässliche, verwesende, weibliche Leiche, die der Fee allerhöchstens von den Konturen her ähnelte.
Ebenso lebendig wie die einstige Fee lachte nun die widerwärtig aussehende Leiche, mit einem dunklen und hämischen Ton, während sie Jendor scheinbar mit leeren Augenhöhlen angaffte. Er erschrak noch mehr, fühlte eine panische Angst, wollte sich losreißen, stolperte und fiel dann in Richtung des schnappenden Mauls.
Panik und stechende Angst füllten Jendors Herz. Er war sich sicher, dass das sein Ende sein musste. Er hörte das hämische, bösartige, laute Lachen der einstigen Fee, während er scheinbar endlos auf das nach ihm schnappende Maul der roten Blume zufiel.

Schweißgebadet und mit einem lauten Angstschrei wachte Jendor auf. Intuitiv griff er sofort nach links, zog sein Schwert aus der Scheide und sprang auf.

Um ihn herum zeigte sich ein Spiel von Schatten und Sternenschimmer. Kein Mond stand am Himmel und nur ein zarter Hauch von Sternenlicht fiel durch das dichte Nadelgehölz des kleinen Hains. Überall in der Dunkelheit fürchtete er gefährliche Kreaturen, die ihn angreifen könnten. Er drehte sich hin und her, lauschte in die Umgebung und hielt krampfhaft sein Schwert in seiner rechten Hand, bereit für einen schnellen Schlag. Doch dann beruhigte er sich langsam wieder und begann seine Gedanken zu ordnen:

Es war nur ein Traum, nichts anderes als ein unangenehm real erscheinender Albtraum, der mit der Realität nichts zu tun hatte. Vielleicht sollte er einfach ein paar Schritte auf den Felsen in dem Teich zugehen, dann würde er ja selbst sehen, dass dort nichts von Gefahr war. Andererseits, wenn auch unwahrscheinlich, war es natürlich auch möglich, dass der Traum eine Warnung vor eben diesem Felsen war. Eine Warnung, dass er sich von dort fernhalten sollte. Aber warum sollte er auch auf den Felsen zugehen? Es würde ihm doch nichts bringen. Weder Nahrung noch Reichtum, ein neues Leben oder sonst irgendetwas Wertvolles würde er für diese Schritte bekommen. Also warum sollte er auf den Felsen zugehen? Nur um sich selbst zu beweisen, dass keine Wahrheit hinter seinem Traum steckte, würde er diese Gefahr nicht eingehen.

Jendor schüttelte seinen Kopf und ging lieber auf Nummer sicher. Auch wenn es wohl nur ein Traum gewesen sein mochte, schien ihm dieser viel zu real und zu sehr mit diesem Fichtenhain verknüpft zu sein, als dass er sich nun noch weiter schlafen legen konnte. Schnell packte er seine letzten herumliegenden Sachen ein, ging vorsichtig, mit gezogener Waffe, nach Westen, durch das dichte Unterholz hindurch und weiter in das Gebirge hinein.

So blieb er auch weiterhin wach.

Eine halbe Stunde lang lief er nach Westen und folgte dem Verlauf des kleinen Bachs, bis er dann schließlich auf die sprudelnde Quelle traf. Dort wandte er sich nach Norden, stieg einen kleinen Abhang hinauf und folgte dem dort beginnenden, dicht bewaldeten Tal bis zum Ende.

Als es dann schließlich nach gut drei Stunden hell wurde, war er mittlerweile bereits bis kurz vor dem von Nebelbart beschriebenen Wasserfall gekommen. Feine Wassertropfen stiegen von dort aus in die Luft und glitzerten im morgendlichen Scheine Siljas, und als er dann die letzten Schritte im Tal bis zum Abhang zurückgelegt hatte, konnte er bereits ein großes Stück über das weite Nördliche Stromland schauen.

Jendors Laune zeigte sich in einem sanften Lächeln auf seinen Lippen. Er hatte die Nacht überstanden und musste nun nur noch wenige Schritte bis zu seinem derzeitigen Ziel laufen.
Eine kurze Zeit blieb er noch stehen und schaute dem Lichtspiel des Wassers und der Sonne zu. Dann drehte er sich und begann mit dem langen Abstieg an dem steilen, felsigen Abhang:
Feine Wassertropfen flogen durch die Luft und benetzten sein müdes Gesicht. Die Steine unter seinen Händen und Füßen waren feucht und glitschig und erinnerten ihn unmittelbar an die Ferofest, und während er vorsichtig einen Fuß nach dem anderen den Berg herabstieg, flammten urplötzlich auch die Erinnerungen an die letzten Tage in seinem Kopf auf. Sie zeigten ihm die drohende Gefahr, die neuen Bekanntschaften, die vielen Orte an denen er gewesen war und die unterschiedlichsten Umgebungen, Pflanzen und Tiere, die er gesehen hatte.
Wieder einmal wurde er den mahlenden Mühlen der Zeit gewahr, die ihm immer weniger Raum für Planungen, Überlegungen und Handlungen ließen. Er hatte in den letzten Tagen so unglaublich viel erlebt, hatte zu Erfolgen und Misserfolgen beigetragen und nun lag es an ihm, die Magier zu überzeugen und die drohende Gefahr abzuwenden. Was danach kommen würde, war noch offen, doch er wusste, dass er genau wie Fin niemals wieder in sein altes Leben zurückkehren konnte. Er war mittlerweile kein Fischer mehr und ein Leben als solcher würde ihn auch nicht mehr zufriedenstellen.
Jendor war bereits ein Drittel des vielleicht siebzig Meter langen Abhangs herabgestiegen, als er nun die letzten rauen Felsen des Berges an seiner linken Seite passierte und somit komplett freie Sicht auf das große, weite Nördliche Stromland und Diumos bekam.
Der Anblick war absolut beeindruckend. Über große Entfernungen konnte er über die Wälder und die zahlreichen Bäche und Flüsse hinwegschauen. Und während das Fegran-Gebirge die kleinen Bäche und Flüsse vor seinen Füßen mit vielen, kleinen Quellen versorgte, konnte er weit im Norden die Vereinigung von all diesen Wassermassen in einem gigantischen Strom beobachten.
Doch noch beeindruckender als dieses Naturschauspiel waren die mächtigen Gemäuer Diumos', deren runde Türme wie die Tribünen einer Arena auf den großen Hauptplatz der Akademie zuliefen. Es mochten wohl im Westen als auch Osten jeweils etwa fünfzig Türme sein, wobei die größten,

mit vielleicht zwanzig Metern Durchmesser und an die hundert Meter Höhe, jeweils am weitesten außen standen und zur Mitte der Akademie von immer kleineren Türmen abgelöst wurden. In der Mitte direkt am großen Hauptplatz der Akademie standen dann nur noch sehr kleine, aber dafür äußerst dicke Türme, die vielleicht zwei oder drei Stockwerke besaßen.
Doch auch wenn die ausgeblichene Farbe der Türme längst nicht mehr so sehr strahlte, wie sie es wohl am ersten Tag getan hatte, war immer noch die offensichtliche Zuordnung von Feuer und Wasser zu sehen.
Alles war genau so, wie es Nebelbart beschrieben hatte und doch hatte eine Sache in seiner Beschreibung gefehlt: Etliches, reges Leben war selbst über die große Entfernung von dem Abhang herunter zu erkennen. Ein Heer von Fahnen flatterte auf den Spitzen der Türme und große Banner hingen an ihren Wänden herab. In den Gassen, zwischen den Türmen und vor allem auf dem großen Hauptplatz war eine beträchtliche Anzahl von Menschen zu sehen, und dort wo sich größere Gruppen versammelt hatten, sah man auch vereinzelt Feuerbälle durch die Luft fliegen und kleine aber sehr dunkle Regenwolken aus dem Nichts auftauchen.
Ja, Magie schien wirklich zu einem Teil seines täglichen Lebens zu werden. Blieb nur zu hoffen, dass dieses Treffen nun glimpflicher ausging als manch anderes zuvor.
So machte Jendor sich auf, kletterte die verbliebenen Meter des Abhangs herab, marschierte geradeaus auf die weit über zehn Meter hohen Mauern der Akademie zu und kam schließlich vor diesen zum Stehen. Ein Eingang war weit und breit nicht zu sehen und so folgte er der Mauer gen Norden, passierte etliche, große, blaue Türme und hielt immer weiter Ausschau nach irgendeiner Person auf der Mauer oder in den Türmen, die ihm den Eingang weisen konnte. Doch obwohl etliche Geräusche von der Anwesenheit von Menschen zeugten, kam ihm niemand zu Gesicht und so folgte er der Mauer, bis er schließlich, ganz im Norden der Akademie, auf das gut fünf Meter breite und wohl acht Meter hohe Tor traf, welches rechts und links von zwei etwa achtzig Meter hohen Türmen, einem blauen und einem roten, eingefasst wurde.
Jendor hatte bereits vom Abhang herunter und auch all die Zeit danach die Türme bestaunen können, aber trotzdem war er auch jetzt noch von Überwältigung gepackt. Vorsichtig und ganz langsam betrat er den Eingang der Akademie und schaute in eine ihm ganz fremde Welt von glatten Mauern

und absolut schmutzfreien, gepflasterten Straßen. Nicht eine einzige Pflanze, kein Gras, keine Blume und auch kein Baum war zwischen diesen sterilen, glatten, steinernen Mauern zu sehen und wäre das Gras nicht bis direkt vor die große Mauer gewachsen, so hätte er wohl vermutet, dass kein Leben außer das menschliche dieser Festung standhielt.
Jendor fasste Mut und betrat mit festen Schritten den Torbereich der Akademie, um nun endlich jemanden um Hilfe bitten zu können. Doch in dem Moment erschienen plötzlich drei uniformierte Männer und stellten sich ihm in den Weg:
Ein jeder der drei, sehr ähnlich aussehenden, braunhaarigen und glatt rasierten Wächter war wohl etwa Mitte zwanzig und ein jeder von ihnen war mit einer langen, roten, mit Silberstreifen und Schriftzeichen verzierten Robe gekleidet und jeweils nur mit einem glatten etwa zwei Meter langen sechseckigen Stab aus hellem Bluteichenholz bewaffnet. Die Drei waren von links aus einem Gang in der Mauer hervorgekommen und schauten Jendor nun mit einem neutralen, fast schon gleichgültigen Blick entgegen. Erst nach einem kurzen Moment der Stille, erhob der Mittlere der Drei das Wort:
„Halt, die Gemäuer dieser Akademie stehen nur den Magiern und Adepten Diumos' offen. Andere Personen dürfen nur mit besonderer Genehmigung in die Mauern der Akademie."
Jendor blieb stehen und überlegte kurz.
„Ich habe leider keine Genehmigung. Ich habe lediglich die Empfehlung bekommen, nach Diumos zu kommen, um hier nach Hilfe zu fragen. Es ist äußerst wichtig."
Die drei Magier lächelten ein wenig, sahen anscheinend keine Gefahr in Jendor und sahen auch kein Grund ihm, in dem was er sagte, nicht zu vertrauen, doch sie mussten nun einmal ihren Befehlen folgen.
„Ihr müsst uns schon sagen, um was es genau geht, ansonsten können wir euch weder helfen, noch euch hereinlassen."
Jendor druckste etwas herum und schien sich nicht sicher zu sein, ob er wirklich diesen Wächtern von den Sergonen erzählen sollte. Denn eigentlich hatte er sich ja vorgenommen, das Problem direkt den obersten Magiern der Akademie vorzutragen. Natürlich musste er sich irgendwo auch eingestehen, dass es wahrlich unwahrscheinlich war, dass ein einfacher Fischer wie er, zu diesen vorgelassen wurde, doch dass er nun bereits den einfachsten Wächtern seine Bitte vortragen musste, war ihm merklich unangenehm.

„Nun, es ist etwas kompliziert. Es geht um ein wirklich großes Problem, das nur durch Eure Hilfe gelöst werden kann."
Jendor schaute hoffnungsvoll zu den Wächtern herüber.
„Schön und gut, so viel hatten wir auch vorher bereits verstanden, aber um was genau geht es nun?"
Jendor kniff seine Lippen zusammen und schien nach einer weiteren Umschreibung, die ihm vom Aussprechen der tatsächlichen Wahrheit bewahrte, zu suchen.
„Nun, eine Gruppe, der auch Ihr nicht sehr freundlich gegenübersteht, ist im Besitz von sehr gefährlichen Aufzeichnungen und wird diese wahrscheinlich auch in nächster Zeit benutzen."
Alle drei Wächter mussten sich, trotz der unangenehm klingenden Worte Jendors, ein Lächeln verkneifen. Es war einfach viel zu amüsant, wie er krampfhaft um den Kern herumredete, obwohl er offensichtlich keine Chance hatte, auf diese Art und Weise in die Mauer der Akademie zu kommen.
„Guter Herr, wir können euch nicht hereinlassen, solange Ihr uns nicht erzählt, um was es genau geht und uns nicht überzeugt, dass Ihr Hilfe von uns benötigt. Dies ist ein einfacher Fakt, also solltet Ihr euch überlegen, ob Ihr herein wollt oder nicht und dann dementsprechend handeln."
„Okay, es geht um die Sergonen."
Jendor erschrak selbst über seine plötzliche, eher ungewollte und ungeduldige Antwort, merkte dann aber schnell, dass dies der richtige Weg gewesen zu sein schien, denn die Neugier der Wächter war offensichtlich geweckt. Andererseits blieb ihm aber nun, da er den Kern angesprochen hatte, auch keine andere Wahl mehr als auch den gesamten Rest zu erklären. So neugierig, wie sich die Wächter jetzt zeigten, würden sie ihn ohne komplette Erklärung bestimmt nicht mehr hereinlassen.
„Nun gut. Ich habe einen Bekannten, mit dem ich vor einigen Tagen in einer Ruine nach Schätzen gesucht habe. Bei dieser Suche haben wir ein altes sergonisches Buch entdeckt, welches mit einem Fluch belegt war und uns einen Schattengeist auf den Hals gehetzt hat. Auf der Suche nach Hilfe trafen wir auf einen älteren Mann, den wir in unseren Dorf Nebelbart nennen – wir glauben, dass er eine Art Magier ist – dieser hat uns empfohlen, mit dem Buch zu den Sergonen zu gehen und ihnen das Buch zuzuspielen, sodass sie den Schattengeist bannen müssen und wir von diesem Fluch befreit werden.

Nun, bis dahin ging der Plan auch auf: Wir warfen das Buch in die sergonische Siedlung, ein Sergone hob das Buch auf, der Schattengeist kam, tötete einige Sergonen und wurde schließlich von den Verbliebenen gebannt. Nur leider wurde mein Bekannter dann von den Sergonen gefasst, und als ich schließlich beobachtete, wie sie über ihn berieten, hörte ich, dass das Buch ihnen offensichtlich die Macht geben konnte, Kämpfer und Sklaven aus einer anderen Welt zu holen. Sie sprachen davon, dass sie mit diesen ganz Telib überfallen und einnehmen wollen."

Die Stimmung der Wächter veränderte sich schlagartig.

„Ist das wahr?"

Mit solch einer Frage hatte Jendor definitiv nicht gerechnet und so zeigte er sein Unverständnis mit recht grobem Ton und weit aufgerissenen Augen.

„Verdammt, ja. Jedes einzelne Wort ist wahr. Sonst wäre ich wohl kaum die ganze weite Strecke über die Berge, hierher gelaufen."

„Wartet hier."

Der Wächter, der bisher das Gespräch geführt hatte, drehte sich nun um und rannte los, während Jendor noch für einen kurzen Moment daran zweifelte, dass er wirklich seiner Erzählung wegen unterwegs war. Doch schon kurz darauf verwarf er diesen Zweifel wieder, denn das Entsetzen und die Spannung in den Augen der beiden anderen Wächter zeigten ihm bildhaft, dass seine Botschaft offensichtlich doch angekommen war.

Nun war er sich sicher, dass der junge Wächter das Richtige machen würde und so wartete er ab, wechselte hin und wieder ungeduldige Blicke mit den anderen beiden Wächtern und vertrieb die Zeit, indem er die beeindrukkenden Türme, die vor ihm in die Höhe ragten, bestaunte.

Eine Viertelstunde verging auf diese Art und Weise, bis sich urplötzlich etwas regte: Ein immer lauter werdendes, ansteigendes Brummen, durchdrang die Straßen Diumos' und drückte spürbar auf alle Gliedmaßen. Es war gigantisch und zog Jendor in einen neuen Bann der Überwältigung. Einige Augenblicke lang suchte er noch nach dem Sinn dieses Geräusches, dann wandte sich plötzlich der Linke der beiden Wächter an Jendor und rief ihm durch das laute Brummen hindurch zu:

„Ihr habt offensichtlich einige Steine ins Rollen gebracht. Dies ist das Alarmhorn des großen Flammenturms, das Zeichen für die sofortige Mobilmachung. Ihr werdet eure Hilfe offensichtlich bekommen."

Jendor wurde diese plötzliche Unruhe unangenehm. Er war schuld daran, dass diese riesige Festung in Aufruhr gebracht wurde. Doch er riss sich wieder zusammen, denn letztlich war genau das sein Ziel gewesen. So nickte er dem Wächter zu und hoffte innerlich darauf, dass er zumindest keine große Rolle in den kommenden Stunden spielen musste.

Der Ton des Horns hallte immer weiter durch die Gassen und schwoll erst, nachdem er nach etwa einer halben Minute, seinen ohrenbetäubenden Höhepunkt erreicht hatte, langsam wieder ab. Währenddessen tat sich einiges auf dem Hauptplatz, was selbst über die Entfernung gut vom Tor aus zu sehen war. Es war beeindruckend, wie sich dort eine riesige Anzahl von Menschen versammelte und offensichtlich dem Vortrag eines einzelnen anderen Menschen lauschte.

Jendor war schon wieder gänzlich gebannt. Er saugte eine jede Wahrnehmung dieser faszinierenden Festung und der Geschehnisse in sich auf und wartete eine scheinbare, halbe Ewigkeit am Tor der Akademie. Diumos betreten, durfte er nicht. Auch deshalb verankerte sich dieser Moment in seinem Kopf. Ein jedes Mal, wenn es fortan für ihn um Könige, Kaiser oder sonst eine große Macht gehen würde, würde sich auch dieser Tag vor seinem inneren Auge zeigen.

Zwei Stunden später waren sechzig Magier und fünfzig Adepten auf dem Weg nach Süden durch die Berge. Jendor hatte dem leitenden Magier, der sich als Magister Yaras Heugental vorgestellt hatte, kurz zuvor alle Fragen beantwortet und hatte dabei schmerzlich feststellen müssen, dass sein Leben in der Gruppe von Magiern, nicht zuletzt auch aufgrund seiner Mitschuld sehr unangenehm werden würde. Doch vorerst blieb es nur bei einigen, harschen Worten des Magisters, und nachdem er Jendor einen Treueschwur ableisten lassen hatte, befahl er ihm sich zu den Adepten zu begeben. Kurz darauf kam der Befehl für den sofortigen Aufbruch der gesamten Gruppe.

So begann ein harter und langer Marsch über das Fegran-Gebirge. Pausen wurden kaum gemacht, und als sich dann herausstellte, dass die Sergonen ihr Lager, offensichtlich in Richtung Osten verlassen und vielleicht schon zwei oder drei Tage Vorsprung hatten, wurde das Marschtempo gar noch weiter angezogen.

Jendors Angst stieg während all dieser Zeit weiter an, nicht weil er die Situation für absolut aussichtslos ansah, als eher deshalb, weil er mitbekam, dass die Magier – die sicherlich mehr Wissen und Macht besaßen als er – unter offensichtlichen Ängsten vor der Zukunft litten, die er nur darauf

zurückführen konnte, dass die Situation wirklich mindestens so schlimm, wie in seinen ärgsten Fantasien war.
Alle wussten, dass die Zeit sehr knapp bemessen war und eine jede weitere Minute, die sie hinter den Sergonen lagen, eine weitere Verschärfung der Gefahr durch diese darstellte, doch aussprechen wollte es keiner. So liefen sie des Tags, durch die Dämmerung und die Dunkelheit der Nacht, um sich nur ab und zu, für wenige Stunden auszuruhen.

XIV.

Stille, ein leichter, frischer, feuchter Wind und die Dunkelheit der Nacht umgaben Fin. Nur das Sternenlicht war nun noch übrig geblieben und erhellte als einzige Lichtquelle den Steinkreis und seine sumpfige Umgebung. Von den eben noch so stark flammenden Feuern und von den Explosionen, die noch vor wenigen Augenblicken aufgeflammt waren, war nichts mehr zu sehen.
Was war passiert? War das ganze Ritual misslungen? War Fins Sturz daran Schuld und würde er jetzt aufgrund seines Versagens hingerichtet werden? Nach wie vor war er wie zu einer Salzsäule erstarrt. Die Angst erfüllte seinen ganzen Körper. Jeder noch so kurze Augenblick, der nun verging, schien ihm wie eine halbe Ewigkeit und dennoch ließ ihn die Angst und Ungewissheit, über das tatsächlich Geschehene noch weitere schmerzliche Momente abwarten. Was war bloß geschehen? Es dauerte etwas, doch schließlich sammelte er allen Mut zusammen und drehte sich langsam um.
„Fin leg' die Waffe nieder!"
Der junge Brujin zuckte vor Schreck zusammen und fiel für ein paar Augenblicke wieder in seine Angststarre. Wer hatte da gerufen? Ein jeder Sergone schien tot zu sein, denn ihre Leichen lagen überall auf dem ganzen Hügel verteilt. Doch warum? Lag es wirklich nur an einem missglückten Ritual oder hatte vielleicht die Person mit der tiefen, weise klingenden, männlichen Stimme etwas damit zutun? Wo war diese Person? Und vor allem: Woher kannte diese Person seinen Namen? Fin wollte und musste die Antworten auf diese Fragen finden, denn seinen einzigen Schutz ohne

Weiteres abzulegen, erschien ihm nicht im geringsten logisch:
„Wer ist da?"
Ein kurzer Moment der Stille verstrich, in dem Fin sogar schon mit dem Gedanken spielte, dass er sich die Stimme in seiner Aufregung nur selbst eingebildet hatte. Dann aber drang plötzlich Jendors Stimme von den Auen im Westen zu ihm:
„Fin, ich bin es, Jendor. Ich bin hier mit einigen Magiern aus Diumos. Bitte lege deine Axt auf den Boden und komm hier her, um uns zu zeigen, dass du nicht auf der Seite der Sergonen stehst."
Fins Puls jagte wieder in die Höhe und brachte etliche Gedanken mit sich: Konnte das tatsächlich sein? War es möglich, dass Jendor ihm bis hierhin gefolgt war? Und wenn ja, wem gehörte dann die Stimme, die als Erstes zu ihm nach oben herauf gerufen hatte?
Da wurde er plötzlich der Magiergruppe, die Jendor erwähnt hatte, gewahr und fand in ihr auch den Grund für diesen schnellen Tod aller hier befindlichen Sergonen. Das ganze Bild schien sich plötzlich zu einem logischen Muster zusammenzufügen. Doch hatte er nicht schon allzu häufig auf irgendwelche logisch erscheinenden Dinge vertraut und war dennoch enttäuscht worden?
Fin stand immer noch unter Schock, war von der Situation überfordert und wusste in diesem Moment überhaupt nicht mehr, was wirklich und was nicht war. Er musste sich entscheiden auch ohne Gewissheit, und so vertraute er schließlich einfach auf seine Intuition – darauf, dass er nicht noch einmal blindlings in die Arme des Feindes lief und Jendor tatsächlich am Fuße des Hügels stand. Doch innerlich war er sich währenddessen immer noch uneins.
Er legte seine Axt nieder, suchte sich so vorsichtig, wie es in seinem angsterfüllten Zustand ging, einen Weg zwischen den Obelisken hindurch und an den stark entstellten, verbrannten und teils noch rauchenden Leichen der Sergonen vorbei. Dann blieb er wieder für einen kurzen Moment lang stehen. Immer noch geschockt und vor Angst zitternd lauschte er den Hügel hinab und hörte die leisen Stimmen einiger Personen, die sich dort offensichtlich unterhielten. Doch vom Inhalt des Gesprächs drang nichts an seine Ohren.
Fin setzte seinen Weg fort, ging den Hügel herab und wurde schließlich einigen Schatten am Waldrand gewahr. Nun gab es für ihn kein zurück mehr. Acht oder neun Meter war er wohl noch von den Schatten entfernt, als schließlich eine Person aus der Gruppe der Schatten heraustrat und

einige Schritte auf ihn zu ging. Die Person war wohl gerade Mal gut einen Meter sechzig groß und stach besonders durch ihre langen grauen Haare und dem langen grauen Vollbart hervor. Beide hingen jeweils bis etwa auf die Höhe des Bauchnabels über die hellrote Kutte herab und strahlten einen gewissen Reichtum und ein großes Maß an Weisheit aus. Mehr konnte Fin aufgrund der Dunkelheit nicht erkennen, doch als er schließlich auf zwei Meter herangekommen war und er auch schon Jendor in den Reihen, der sicherlich über hundert Personen entdeckt hatte, sah er, wie die Lippen der besagten Person anfingen, sich zu bewegen:

„Hallo Fin, ich bin Yaras Heugental, oberster Magister der Feuertürme zu Diumos."

Fin war überrascht, urplötzlich von einer offensichtlich so hochgestellten Person angesprochen zu werden, harrte einen Moment inne und verneigte sich dann ruckartig.

„Oh, Verzeihung ich wusste nicht wer ... also ..."

Yaras unterbrach Fins stammelnde Wortsuche:

„Nicht weiter schlimm. Namen tun hier zurzeit nichts zur Sache. Wichtiger erscheint es mir, die letzten Tage aufzuarbeiten. Sag mir, warum standest du dort oben in diesem Steinkreis inmitten der Sergonen?"

Fin hob sein Gesicht langsam wieder an, wollte sich gerade aufrichten, verharrte dann aber doch noch in einer etwas gebückten Haltung, nachdem ihm bewusst geworden war, dass er im aufrechten Zustand auf diesen hohen Magier herabblicken würde, was ihm als unpassend erschien.

„Nun: Der Anführer der Sergonen ließ mir nur die Wahl zwischen Kooperation und Tod, und da er mir mehrmals erklärt hatte, dass auch mein Tod nicht das Geringste an der Durchführung des Rituals ändern würde, willigte ich schließlich schweren Herzens ein. Ich hatte einfach die Hoffnung, dass ich meinen Fehler nach meiner Freilassung wieder beheben könnte."

Yaras hob die linke seiner beiden buschigen, weißen Augenbrauen und versuchte anscheinend auf diese Art und Weise sein Erstaunen über Fins Naivität zum Ausdruck zu bringen.

„Und was solltest du dort oben im Kreis machen?"

Fin merkte, wie Scham in ihm aufstieg. Er war sich sicher, dass sein Gesicht schlagartig wesentlich röter geworden war, doch er riss sich zusammen und hoffte ganz fest darauf, dass die Dunkelheit der Nacht seine Hautfarbe verdeckte.

„Nun, ich sollte die Dunklen Krieger zurückhalten, damit sie sich nicht in alle Richtungen verstreuten. Ihr Anführer sagte mir, dass diese Aufgabe sehr gefährlich wäre und er sie nur deshalb mir und nicht seinen eigenen Leuten gab. Gleichzeitig sagte er mir aber auch immer wieder, dass er die Situation auch dann unter Kontrolle behalten könnte, wenn ich mich während des Rituals plötzlich gegen die Sergonen stellen würde.
Aber um ehrlich zu sein: Mittlerweile bin ich mir sicher, dass dies alles nur Lügen waren."
Der kleine, grauhaarige Magier verzog seinen rechten Mundwinkel nach oben, nickte ganz leicht und schien schon alleine durch diese Gesten seine Zustimmung zu geben.
„Mag es sein, dass all dies so geschehen ist, doch von einer einfachen Person, die keinen besonderen Zauber beherrscht und dennoch Macht über die Dunklen Krieger hat, habe ich mein Leben lang noch nie etwas gehört. Wenn ich ehrlich bin, so denke ich eher, dass sie dich am Ende des Rituals als lebendes Blutopfer benutzen wollten."
Bei den letzten Worten zog Yaras seine Stirn und seine buschigen, grauweißen Augenbrauen weit vor seine Augen, was dem ganzen Satz einen Hauch von 'Du hast sehr viel Glück gehabt, dass wir rechtzeitig da waren', gab.
Doch von eben dieser Geste bekam Fin nicht mehr viel mit. In dem Moment, da Yaras von einem Blutopfer gesprochen hatte, fügten sich plötzlich alle Fragen und Zweifel, über dieses seltsame Ritual, zu einer eindeutigen Antwort zusammen, und diese hatte ihm Yaras soeben gegeben. Fin war plötzlich von seiner eigenen Naivität erschrocken, stand für einen kurzen Moment ganz still da und musste seine Erinnerungen und Gedanken ordnen. Der alte Magier blieb währenddesen ebenfalls für einen etwas längeren Augenblick still und schien über irgendetwas zu grübeln, und so ergriff Fin schließlich als Erster wieder das Wort, um Yaras die letzte Frage, die ihn zurzeit noch bedrückte, zu stellen:
„Herr Magister, was geschieht nun mit den vierzehn Dunklen Kriegern, die bereits auf unserer Welt sind? Und wohin laufen sie?"
„Nun, da das Ritual nicht vollendet wurde, gibt es niemanden, den sie als Anführer sehen. Doch ohne einen Meister sind sie hilflos. Sie brauchen jemanden, der Ordnung in ihr Chaos bringt und ihnen auf diese Art und Weise Macht verleiht. So gezielt, wie sie aufgebrochen sind, fürchte ich, dass sie ihr Ziel wohl schon gefunden haben.
Eventuell spüren sie die Aura eines alten oder gar bereits toten Meisters,

der vor einiger Zeit bereits über andere Dunkle Krieger geherrscht hat. Vielleicht spüren sie den Lockruf eines Wesens, das selbst nicht stark genug ist, um die Dunklen Krieger in unsere Welt zu holen, aber genug Kraft besitzt, um sie hier zu kommandieren, aber vielleicht haben wir auch Pech und sie spüren die Aura eines jungen, mächtigen Meisters, der diese vierzehn Krieger nun in seine ohnehin schon gefährliche Armee integrieren wird."

Fin schaute bedrückt auf den Boden und spürte, wie sich die Schuldgefühle in seinem Innersten breitmachten, denn auch wenn diese Magier das Ritual unterbrochen und die Sergonen getötet hatten, war die Gefahr längst noch nicht gebannt. Dort, wo sich in den letzten Tagen noch die Hoffnung versteckt gehalten hatte, keimte nun Pessimismus in ihm auf:

„Also wird es wohl das Letztere sein, denn der Anführer der Sergonen hat mir erklärt, dass es nur alle 213 Jahre möglich ist, dieses Ritual durchzuführen. Sicherlich gibt es auch noch andere Gruppen auf Telib, die ähnlich dunkle Ziele wie die Sergonen verfolgen und nun ebenfalls in dieser Nacht ihre neue Armee aufstellen."

Der Magister blieb ernst, doch obwohl er nun ein noch wesentlich schlimmeres Bild, als das von Fin Dargestellte, auszumalen schien, klang seine Stimme dennoch optimistischer als Fins zuvor:

„Es mag schon sein, dass eben dieses Ritual nur so selten ausgeführt werden kann, aber ich befürchte, dass es auch andere Orte und andere Wege gibt, die Tore ins Chaos zu öffnen. Und sei mir bitte nicht böse, aber du darfst bei Magiern nicht dein menschlich geprägtes Altersverständnis benutzen. Magier können bei Weitem älter als ein normaler Mensch werden und dabei sind die menschlichen Magier nur ein sehr kleiner Teil der magiebegabten Wesen auf dieser Welt. So weit ich weiß, gibt es sogar heute noch einige lebende Wesen, die schon die Erschaffung der Mondelfen miterlebt haben und so stehen wohl immer noch alle drei, wenn nicht sogar noch mehr Möglichkeiten offen."

Fin schaute während dieses gesamten Vortrages weiter auf den Boden und schämte sich für seine Unwissenheit über Magie. Erst nachdem der Magister fertig war, sah er langsam wieder auf und stellte eine weitere Frage:

„Was genau wird passieren, wenn sie die Person finden, von der diese Aura ausgeht?"

„Falls es diese Person gibt, so werden sie sich ihr wahrscheinlich unterwer-

fen und auf ihre Befehle warten, denn sie wird sicherlich wissen, wie sie die Krieger an sich binden kann. Was allerdings passieren wird, wenn die Person kein wahrer Meister oder gar bereits tot ist, ist wiederum schwer zu sagen. Doch letztlich wird ihre Macht so oder so immer weiter steigen, je näher sie der Person oder dem Körper mit der Aura kommen. Wenn sie dann schließlich die Quelle dieser Aura erreichen, wird auch ihre Macht den Höhepunkt erreichen.
Je weiter die Zeit voranschreitet, desto gefährlicher werden sie auch werden. Doch schon jetzt gefährden sie Telib in jedem Moment, den sie weiter auf unserer Welt verweilen."
Fin war geschockt. Er hatte bis jetzt noch ein Stück weit gehofft, dass er auch in diesem Fall zu naiv und falsch dachte. Doch anscheinend lag er gerade im Bezug auf die Gefährlichkeit der Dunklen Krieger absolut richtig.
Mit seinen letzten Gedanken in sich gekehrt, stand er still auf dem Fleck und hatte anscheinend keine weiteren Fragen mehr, doch tatsächlich fürchtete er sich nur davor, sich mit einer jeden weiteren Frage weiter zu blamieren und sich selbst als unwissend darzustellen. So war es einen Moment lang still, bis ein sehr junger, ebenfalls mit einer roten Kutte gekleideter, braunhaariger Mann hinzutrat und sich an den Magister wandte:
„Meister darf ich eine Frage stellen?"
Der alte Magier lächelte und nickte.
„Ihr sagtet 'das Chaos ordnen', wie darf man das verstehen?"
Yaras drehte sich ein wenig zu der Gruppe auf seiner linken Seite, hob seinen rechten Zeigefinger ein paar Zentimeter an und holte für einen typischen Lehrvortrag aus:
„Diese Krieger kommen aus dem absoluten Chaos. Sie neigen zu sehr unlogischen Handlungsweisen, die zwar unter Umständen den Gegner verwirren können, andererseits und vor allem aber eine große Angriffsfläche für ihre Gegner bieten. Ihr Meister weiß dieses Chaos mit der Ordnung der Magie unserer Welt zu regeln und diese Schwäche der Krieger zu großen Teilen zu schließen. Sie werden dann, je nach Stärke des Meisters, zu sehr guten, bishin zu annähernd perfekten Kriegsmaschinen. Wenngleich diese vierzehn Krieger natürlich längst nicht dieselbe Gefahr darstellen, wie es eine ganze Armee machen würde, könnten sie schon bald zu einer Gefahr werden, die ganze Landstriche, wenn nicht gar kleinere Länder verwüsten könnte."

Nun trat auch endlich Jendor hervor, der in den letzten Tagen bereits die Erfahrung einiger Lehrvorträge von Yaras machen durfte und aufgrund dessen jetzt schneller, als eigentlich höflich und üblich, eine Frage einwarf: „Warum habt ihr die Dunklen Krieger dann nicht gleich getötet, bevor sie nun zu einer Gefahr werden können?"
Yaras drehte sich zu Jendor um und schien ein klein wenig erbost zu sein. Ob das allerdings von seinem Einwurf oder einfach aufgrund der Tatsache, dass Jendor und Fin die Schuldigen für die derzeitige Situation waren, herrührte, war hierbei nicht zu erkennen.
„Du solltest wissen, dass diese Wesen aufgrund ihres chaotischen Ursprungs sehr verschieden auf Magie reagieren. Die Elementmagie, wie sie von uns beherrscht wird, mag einen Dunklen Krieger töten, doch wahrscheinlicher ist es, dass er die Magie absorbiert und dadurch sogar noch stärker wird. Die einzige Magie, die sicher gegen sie wirkt, ist die Kraft Siljas, doch diese Magie des reinen Lichts beherrscht keiner von uns. Daher haben wir lieber den sichereren Weg gewählt."
Jendor war etwas enttäuscht von dem Magister. Er hatte irgendwie gehofft, dass dieser ihn schon vorher davon erzählen würde, falls es irgendeinen Haken an der Sache gab. Doch der junge Fischer war sich auch durchaus bewusst, dass er der Allerletzte war, der sich über den Magister beschweren durfte. Und so griff er nun schweren Herzens nach der Aufgabe, die offensichtlich auf ihn wartete:
„Also müssen wir versuchen, diese Krieger so schnell wie irgend möglich zu finden und zu vernichten."
Der Magister stieß einen schnellen Atemzug durch seine Nase heraus und nickte Jendor zu.
„Richtig. Ich bin zwar kein Richter und mir obliegt auch nicht euch für euer Verhalten zu bestrafen, aber als Urheber dieses Problems solltet ihr euch wohlweislich darum kümmern. Und da ihr beide ja lediglich einfache Buben seid und sicherlich die Hilfe des Wissens gebrauchen könntet, werde ich euch zwei meiner Adepten mitschicken."
Yaras drehte sich wieder nach links und schaute zwei nahestehende junge Männer an.
„Nicht wahr Zaram? Du und Iream wären doch sicherlich gut bei Jendor und Fin aufgehoben? Ihr habt doch beide mindestens genauso viel Schuld zu verbüßen wie die beiden hier."
Die beiden Adepten ließen ihre Köpfe hängen und schnauften im selben

Moment ein trauriges und schon fast unterwürfig klingendes „Ja” heraus. "Wunderbar, dann haben wir ja schon bereits eine schöne Gruppe zusammengestellt. Und nun auf: Lasst uns diesen Ort aufräumen, bevor die Zamalch uns hier sehen und uns für dieses Chaos verantwortlich machen!”

In eisigen Höhen

Frost und Tod, Hand in Hand
wandern durch das Turian.
Angst und Not im ganzen Land
von weiter Fern' bis an den Rand.

Seit Ewigkeit, schon lange Jahr'
strömt Kälte durch das Grenzgebiet
Ein jeder fürcht' die groß' Gefahr
das Dunkle im Massiv geschieht.

XV.

Das Wetter wurde schlechter. Wieder und wieder prasselten die dicken, kalten Regentropfen vom grauen Himmel herab und ließen die Füße der vier jungen Männer immer tiefer in die kalten, morastigen Schlammmassen der Zamalch-Sümpfe einsinken.

Sie waren bereits am frühen Morgen, und somit nur wenige Stunden nach dem misslungenen Ritual der Sergonen, nach Nordosten aufgebrochen, und verfolgten seitdem die Fährten der Dunklen Krieger. Alle vier, Zaram und Iream eingeschlossen, hatten bereits seit gestern Abend einen dicken Kloß im Hals. Sie fürchteten sich vor dem Ungewissen, vor dem was vor ihnen lag und davor zu versagen.

Wo ihr Weg nun lang führen würde, lag offensichtlich nicht weiter in ihrer Hand. Vielleicht war auch das ein Grund dafür, warum das letzte Wort zwischen den Vieren schon Stunden her war.

Mittlerweile war es früher Vormittag. Die Wolken ließen ein dumpfes, graublaues Licht hindurch und schienen sich mit aller Kraft gegen einen jeden Strahl Siljas zu wehren. Die Augen auf den Boden gerichtet, bemerkten die Vier zuerst überhaupt nicht, dass sich vor ihnen die Landschaft veränderte, doch als der Boden nun erstaunlich schnell fester und trockener wurde, wagten sie endlich wieder einmal ein Blick nach vorne und sahen nun, dass der zuvor noch dicht stehende Erlen- und Birkenwald urplötzlich in eine halb offene Steppe überging.

Dies war die nördliche Grenze der Zamalch-Sümpfe, die sich nur durch einen sehr schmalen Steppenstreifen von den nahen Gebirgen abgrenzte: Schaute man von der Position der vier jungen Männer nach Nordwesten, so sah man dort die weißen Spitzen des Fegran-Gebirges, welches weiter im Norden, etwa auf der Mitte der Zamalch-Sümpfe, fast nahtlos an das Turian-Massiv anschloss. Dieses wiederum reichte bis weit über die Grenze der Sümpfe nach Osten und verlief schließlich an der großen Bernsteinbucht am Gelben Meer entlang.

Doch weder das Fegran-Gebirge noch die Bernsteinbucht schienen ihr nächstes Ziel zu sein. Nach wie vor führten die Spuren der Dunklen Krieger nach Nordosten, direkt auf das Turian-Massiv zu.

„Jendor, Fin, Iream lasst uns doch kurz hier am Waldrand rasten, um dann ausgeruht und gestärkt weiterzuziehen."
Die magisch anmutende Stille war endlich gebrochen. Alle vier wussten, dass sie keine Zeit verlieren sollten, doch schon alleine die Tatsache, das Zaram ihnen endlich die Möglichkeit zum Gespräch gab, überzeugte sie mehr als alles andere davon, dass sie diesen Vorschlag umsetzen sollten. Und da es sowieso weit und breit keine trockene Stelle mehr gab, holte Iream kurzerhand seine Zeltplane aus seinem Rucksack, zog sie sich über den Kopf hinweg und forderte die anderen drei auf, sich mit ihm unter die Plane zu setzen. Immer noch tropften große Regentropfen vom Himmel herab, doch nun fielen sie auf die dichte Zeltplane und erzeugten so ein vielstimmiges Prasseln, das den Raum unter der Plane zumindest ein wenig gemütlicher erscheinen ließ.
Etwas seltsam kam es ihnen schon vor: Endlich waren sie nach langer Zeit im dicht stehenden Wald wieder auf weiter Flur und nun versteckten sie sich unter einer Zeltplane. Es schien schon fast so, als ob sie sich die Enge und das eingeschränkte Gesichtsfeld des Waldes zurücksehnten. Doch die Pause hatten sie sich verdient und das Gefühl, für ein paar Minuten lang kein Wasser von oben herab auf sich prasseln zu lassen, ließ auch langsam ihre Stimmung wieder ein wenig steigen.
„Sagt mal, was habt ihr beide eigentlich so Schlimmes angestellt, dass ihr uns begleiten müsst?"
Endlich war die Frage gestellt. Fin hatte schon so lange darauf herumgekaut und sich bisher einfach nicht getraut zu fragen, aber andererseits konnten sie ihm diese Frage auch nicht verübeln, denn dafür drängte sie sich viel zu sehr auf. Doch die beiden Adepten schauten einfach weiter auf den Boden und taten beinahe so, als ob sie die Frage nicht vernommen hätten.
Fin hätte wohl noch für einige weitere Atemzüge auf die Antwort seiner Frage gewartet, doch bei Jendor kochte schon jetzt die Neugier über. Gerade öffnete er seinen Mund, holte tief Luft und wollte Fins Frage wiederholen, als Iream langsam seinen Kopf hob, ihn mit einem traurigen und etwas beschämten Ausdruck zu Jendor und Fin herüberdrehte und zu einer Erklärung ansetzte:
„Wir können es euch nicht erklären, denn wir wissen es selbst nicht so genau. Sicherlich, wir haben tatsächlich vor Kurzem etwas angestellt, doch ob das Grund genug für eine solche Bestrafung ist, bezweifele ich doch sehr. Aber wie auch immer – hört es euch an:

Als wir beide versuchten, ein Buch vom obersten Brett eines Bibliotheksregals herunterzuholen, haben wir dummerweise eben dieses umgeworfen und die ganzen Bücher auf dem Boden verteilt. Doch dieses Chaos haben wir dann auch sofort wieder aufgeräumt und zum Glück ist auch alles heil geblieben.
Nun ja, eigentlich sind wir beide zwei ordentliche, wenn nicht gar zu ordentliche Schüler. Was Schuld verbüßen angeht, da gibt es auf jeden Fall ganz andere, die dem Magister mit voller Absicht böse und manchmal auch recht gefährliche Streiche spielen. Diese hätte er zur Bestrafung mitschikken können.
Aber wir haben den Adepteneid geschworen, in dem es auch heißt, dass Ungehorsam angemessen durch einen jeden Magister bestraft werden kann. Und wenn uns der oberste Magister als Bestrafung auferlegt, dass wir mit euch gehen müssen und euch bis zum Ende beistehen sollen, so müssen wir das tun."
Fin und Jendor verzogen ihre Mienen, denn auch wenn Iream durchweg ehrlich geschaut hatte, fiel es ihnen doch schwer zu glauben, dass es wirklich keinen größeren Grund für diese Bestrafung gab. Doch jede Suche nach einem Indiz für eine Lüge schien absolut vergebens: Die beiden Adepten saßen nach wie vor mit ernstem bis bedrücktem Gesichtsausdruck vor ihnen, schauten in Fins und Jendors Richtung und schienen nicht eine einzige Miene zu verziehen. Aber konnte ein solches Missgeschick wirklich der Grund für eine solche Bestrafung sein?
Ein Moment der Stille trat ein, in dem es beinahe so schien, als ob die Stimmung der bisherigen Reise zurückgekehrt wäre. Da tippte Jendor plötzlich Iream an, der nun schon seit einigen Augenblicken mit einem bedrückten Gesicht nach Norden unter der Zeltplane herausschaute.
„Hey, was ist los?"
Iream atmete tief ein und drehte sich dann wieder zu den anderen.
„Kennst du etwa nicht die Legenden vom Turian?"
Iream sah Jendor fragend an und hoffte dabei offensichtlich auf ein „Doch, natürlich!", aber eine solche Antwort bekam er nicht.
„Nein. Wieso, was ist denn dieser Turian und was ist mit ihm?"
Iream atmete langsam aus, schaute auf den Boden vor Jendors Füßen und suchte offensichtlich nach den richtigen Worten, um das Ganze so kurz wie möglich zu erklären, während Zaram derweil mit einer zweigeteilten Miene zu Iream herüberschaute: Einerseits hatte er ein wenig Mitleid mit ihm und

freute sich andererseits darüber, dass er nicht all das erklären musste. Nach einigen Atemzügen hob Iream seinen Kopf an, schaute in Jendors Richtung und begann:
„Die Berge, die du dort im Norden siehst, gehören zu dem sogenannten Turian-Massiv. Dieses Gebirge bildet die östlichste Grenze des nördlichen Stromlandes und wird durch etliche Burgen, Festungen und Mauern vom Königreich getrennt.
Nach den Geschichten und Legenden über das Turian-Massiv ist nie ein Wanderer, der das Gebirge betrat, je wieder lebendig daraus zurückgekehrt. Andere Geschichten wiederum behaupten, dass es furchtbare Wesen und Monster in dem Gebirge gibt, die jeden Fremden angreifen und zerfleischen. Das Letztere erscheint mir selbst von sehr weit hergeholt, doch letztlich weiß niemand genau, was wirklich in diesem riesigen Gebirge vor sich geht. Und jetzt, ..."
Iream holte tief Luft.
„... sind wir offensichtlich direkt auf dem Weg in dieses Gebirge."
Jendor und Fin hatten bei Ireams letzten Satz fast synchron ihren Gesichtsausdruck gewechselt. Ihre Gesichter zeigten nun den Schrecken über diese unerwartete Gefahr. Denn auch wenn sie sich selbst schon die ganze Zeit alle möglichen Gefahren vor Augen führten, kam diese plötzliche, akute und vor allem reelle Gefahr unerwartet schnell auf sie zu. Doch während Jendor noch in der Stille seine Frage bereute, versuchte Fin die Situation ein kleines Stück weit zu entschärfen:
„Gibt es denn irgendetwas Sicheres? Eine bestätigte Geschichte?"
Iream wusste nicht, wie er auf diese Frage antworten sollte. Er hatte die Geschichten über das Turian, wie eigentlich jeder Bürger des nördlichen Stromlandes, schon von Kindheit an gehört und sie schon fast wie ein Teil von sich und seiner Kultur angenommen. Dass ihn nun jemand eine solche Frage stellen könnte, hätte er sich nie auch nur annähernd vorstellen können. So schaute er Fin nur mit hochgezogenen Augenbrauen an und versuchte irgendeinen sinnvollen Satz zusammenzusetzen, den er ihm dann entgegnen konnte. Doch was sollte er ihm erzählen? Dass Geschichten nun einmal Geschichten waren? Iream war ratlos.
Doch plötzlich bekam er unerwartet Hilfe: Zaram ergriff das Wort und bewegte die anderen drei dadurch zu einer ruckartigen Kopfbewegung in seine Richtung.
„Ich habe etliche, auch sehr alte Bücher, über das Turian in unserer

Akademiebibliothek gelesen. Dort waren nicht nur Sagen, Legenden und Geschichten zu finden, sondern auch verschiedene, alte Aufzeichnungen, die leider meist undatiert waren. Doch die wenigen, die ein Datum trugen, waren bereits fünfhundert bis sechshundert Jahre alt. Diese Aufzeichnungen schienen sich alle auf ein Volk mit dem Namen Chalmacor zu beziehen und zeigten verschiedene Vereinbarungen, wie Handelsabkommen, Zollerlässe und andere Pakte zwischen dem Warender Imperium und eben jenem Volk.

In späteren Aufzeichnungen wird ihr Name nie mehr erwähnt und auch in den Geschichten, Sagen und Legenden findet man nicht einen einzigen Hinweis auf die Chalmacor. Seltsam ist jedenfalls, dass zur Zeit der letzten Erwähnung, vor ungefähr fünfhundert Jahren, etliche neue Burgen, Festungen und andere Wehranlagen entlang des Turian-Massivs errichtet und Tausende Soldaten dorthin beordert wurden."

Iream schüttelte mit einem frechen Grinsen seine Kopf, schaute zu Zaram herüber und war dabei offensichtlich genauso überrascht von Zarams Erzählung, wie es Fin und Jendor waren.

„Aha, jetzt weiß ich endlich, was du immer für geheimnisvolle Bücher in der Bibliothek liest."

Zaram sah mit einem kurzen Blick etwas bedrückt zu Iream herüber, schien aber auf diese Bemerkung keine Antwort geben zu wollen. Dann drehte er sich zu Fin und Jendor zurück und fuhr fort.

„Also, ja ... Ich hatte auch schon überlegt, ob mich der Magister deshalb mit euch mitgeschickt hat, was für mich aber ziemlich fragwürdig war, denn eigentlich könnte er genauso wenig wie ein jeder anderer von meiner Suche nach den Chalmacor wissen. Doch, was das angeht, haben wir ihn schon häufiger falsch eingeschätzt. Denn Geheimhaltung vor den Magistern scheint in unsere Akademie allgemein fast unmöglich zu sein."

Wieder wurde es still und ein jeder wartete offensichtlich darauf, dass nun ein hilfreiches Wort von einem der anderen eingeworfen wurde, doch von wem sollte es kommen? Schließlich erbarmte sich Fin:

„Gut. Auch wenn dies ein ungelöstes Rätsel zu sein scheint, wissen wir leider immer noch nicht mehr über diese Berge dort im Norden und werden wohl auch erst etwas mehr herausbekommen, wenn wir zwischen ihnen stehen und der Gefahr ins Auge schauen. Leider bleibt uns kaum noch Zeit bis zu eben jenem Augenblick. Ich habe meine Axt, doch bis auf einen Wolf habe ich mit ihr bisher noch nichts erlegt und ich bin sicherlich auch noch

nicht sehr im Umgang mit ihr geübt. Wie sieht es bei euch aus?”
Während dieser Frage schaute Fin einen jeden einzelnen seiner drei Gefährten an und blieb schließlich mit seinem Blick auf Jendor stehen, der sich nun zu Wort meldete:
„Ich trage zwar dieses fein gearbeitete Kurzschwert aus der Ferofest bei mir, doch letztlich bin ich ein einfacher Fischerssohn und die Frage, ob ich damit geübt bin, würde ich eindeutig verneinen. Im Gegensatz zu Fin habe ich bisher noch nicht einmal einen wirklichen Kampf mit dieser Waffe gefochten. Wie sieht es bei euch aus?”
Jendor schaute zu Zaram und Iream herüber und ließ seinen Blick über die dunkelroten Wachsmäntel und die darunter getragenen hellroten Kutten der beiden Adepten sowie über ihre Rucksäcke gleiten, doch eine Waffe konnte er nirgendwo finden. Die beiden sahen sich derweil kurz an und machten offensichtlich auf diese Art und Weise aus, wer die Antwort geben sollte. Dieser schien schließlich Iream zu sein:
„Eine Waffe führen wir beide leider nicht. Wir haben zwar unsere Brotmesser dabei, doch diese mit dem Blut irgendeiner wilden Kreatur zu beschmutzen, klingt irgendwie nicht sehr appetitlich. Doch auf der anderen Seite bekommt ein jeder ausgebildete Magier seinen Stab verliehen, den er sowohl als magische Stütze als auch als Kampfmittel zu schätzen weiß. Wir beiden haben uns insofern auch schon etwas in dem Umgang mit dieser Waffe geübt, doch da wir noch Adepten sind, wurde uns auch noch kein Stab verliehen.
Wenn wir uns auf dieser Reise einen Stab schnitzen, so wird er uns zwar kaum bei einem Zauberspruch helfen, doch wir hätten dann immerhin einigermaßen effektive Waffen. Ansonsten können wir sicherlich im Notfall auf etwas Magie zurückgreifen, doch die Quelle für unsere Zauberkraft ist schnell versiegt und braucht geraume Zeit, sich wieder zu füllen. Baut also bitte nicht auf sie, auch wenn sie euch vielleicht ein oder zwei Mal helfen wird.”
Während Ireams Ausführung nickte Zaram immer wieder leicht und stimmte ihm auf diese Art und Weise zu. Dann, als dieser vom Schnitzen eines eigenen Stabs sprach, holte er flink sein Brotmesser heraus und übernahm schließlich das Wort:
„Also denn. Lasst uns noch schnell etwas essen und trinken und uns dann auf den Weg machen.”
„Eine Frage habe ich aber doch noch.”

Fin schaute zu Iream und Zaram herüber und erwartete offensichtlich ein Zeichen, dass er die Frage stellen durfte. Iream nickte schließlich.
„Du hast ja gerade wieder eure Magie erwähnt. Gegen die Dunklen Krieger könnt ihr sie aber nicht anwenden, so hatte es euer Magister ja zumindest erklärt. Doch wenn die Magie Siljas die einzige ist, die sicheren Schaden bei den Dunklen Kriegern anrichtet, heißt dass dann nicht auch, dass ihnen das Sonnenlicht schadet und sie somit nicht des Tages weiterlaufen können?"
Iream richtete seinen Blick während dieser Frage mit einem unglücklichen Gesichtsausdruck auf den Boden und hob sein Gesicht bei seiner Antwort auch nur so weit wieder an, dass er gerade so zu Fin und Jendor aufschauen konnte.
„Diese Frage habe ich mir auch gestellt und ja, es stimmt, das wir unsere Magie besser nicht gegen die Dunklen Krieger anwenden sollten. Doch was deine eigentliche Frage angeht, so sagte mir Magister Heugental, dass Siljas Licht zwar ihre Kräfte schwächt, es aber allein nicht stark genug ist, um ihnen ernsthaften Schaden zuzufügen. Erst die Kraft eines Priesters oder eines Lichtmagiers kann Siljas Licht so leiten, dass es für einen Dunklen Krieger tödlich wirkt."
Fin ließ seine Mundwinkel etwas hängen. Er merkte, dass er sich doch recht stark an diese Hoffnung geklammert hatte, denn immerhin war Siljas Licht ja ihre einzige Hoffnung bei dem Xilimia gewesen. Hier aber schien ihnen Silja nicht viel weiterhelfen zu können und diese Tatsache machte Fin noch mehr Angst.
„Na nun lasst mal nicht gleich die Ohren hängen. Erst mal wird ordentlich was gegessen und dann finden wir auch einen Weg das alles lebend hinter uns zu bringen."
Zaram sah in die Runde und hatte offensichtlich die richtigen Worte getroffen: Rundherum sah er nickende Köpfe und lächelnde Gesichter. Selbst auf Fins Gesicht, das noch vor wenigen Augenblicken Angst und Mutlosigkeit widergespiegelt hatte, war nun ein leichtes Lächeln zu entdecken. Und so wurde nach den Rucksäcken und Taschen gegriffen, der eine oder andere Proviant hervorgeholt und Hunger und Durst gestillt, bevor sich die Vier dann schließlich wieder auf den Weg machten.
Der nächste Teil der Reise wurde wesentlich angenehmer, denn die zuvor vorherrschende Stille war endlich gebrochen. Nun war auch ab und zu, trotz der unangenehmen Lage ein vereinzeltes Lachen zu hören. Zaram

und Iream waren fleißig am Schnitzen, während Fin und Jendor ein wenig mit Knüppeln das Kämpfen übten. Selbst einige Geschichten aus der Vergangenheit der vier Jungen wurden dabei in die Runde geworfen. Und so schien ihre Stimmung für einige Stunden mit Hoffnung und etwas Freude gefüllt zu sein. Doch diese Stunden zogen vorüber, und es war nicht nur die Landschaft, die sich dann wieder zu ändern begann:
Noch führten die Spuren der Dunklen Krieger durch relativ flaches und überschaubares Gelände, durch frisches, kniehohes Gras, an vereinzelten Birken, Ahornen, Kastanien und Eichen vorbei, doch die Strecke bis zum Turian-Massiv war schnell zurückgelegt. So standen die Vier schon bald zwischen den ersten größeren, rauen Felsen und mussten wieder mit einem kleineren Gesichtsfeld leben. Dennoch erschien ihnen das Turian äußerlich freundlich und hell. Die Felsen des Gebirges waren aus einem hellgrauen, leicht gemusterten, harten Granitgestein, welches aber offensichtlich dennoch weich genug war, um etlichen Laub- und Nadelbäumen sowie den Kräutern, Gräsern, Moosen und Blumen das Leben zu ermöglichen.
Auch wenn die großen Felsen und Steine allgegenwärtig waren, erschien es den Vieren anfangs noch so, als ob sie einfach nur in ein wesentlich hügeligeres Gebiet kamen. Doch auch dieser Eindruck veränderte sich schließlich, nachdem sie etwa gegen Mittag die letzten größeren Hügel und kleineren Randberge passiert hatten und nun vor dem ersten größeren Berg standen. Etwa bis zur Hälfte der vollen Höhe waren noch einige wenige Bäume und Büsche zwischen dem grauen Fels zu erkennen, doch darüber wurde es immer karger und so endete der steile Hang des Berges schließlich in einer schneeweißen Spitze. Dieses Bild spiegelte genau das wider, was so oft über das Turian gesagt wurde:
Das Turian war ein riesiges, Dutzende Tagesreisen langes und unerforschtes Gebirge, mit Bergen, die bis weit über die Wolken hinausreichten. Für die Vier bedeutete dies, dass sie fortan die Augen mehr denn je offenhalten mussten, denn die Spuren der Dunklen Krieger waren auf dem immer steiniger und fester werdenden Boden immer schwerer zu erkennen.

Es war Abend. Die Vier hatten sich schon tief in ihre Mäntel, Jacken und Decken gehüllt und folgten nach wie vor den Spuren der Dunklen Krieger. Doch während die anderen drei noch einigermaßen mit der Kälte zurechtkamen, fror Fin bereits so sehr, dass er seinen Turban wieder aus seinem Rucksack herausgeholt und sich tief ins Gesicht gezogen hatte.

Sie waren nun schon an einigen größeren Bergen vorbeigekommen und dabei auch um etliche Hundert Meter nach oben gestiegen. Doch immer noch schien ihr Weg in die Höhe zu führen.
Es war eiskalt. Unter ihren Füßen lag eine dünne Schneedecke, die immerhin die Spuren der Dunklen Krieger zeigte, doch für alles andere schienen diese Temperaturen nur ein Nachteil zu sein. Noch konnten sie sich zwar mit ihrer Kleidung und ihren Decken recht gut warmhalten, doch wie lange ihnen das noch möglich war, stand in den Sternen. Sicher war nur, dass man hier oben von dem Frühling im Stromland offensichtlich noch nichts bemerkt hatte.
Langsam verschwand nun auch das letzte rötliche Abendlicht Siljas und hinterließ eine bläulich schimmernde, gefrorene Welt. Nur die sanfte Wächterin bewahrte die Vier nun noch vor der gänzlichen Dunkelheit. Die kleine Mondscheibe war schon kurz vor Sonnenuntergang aufgestiegen und zeigte sich mittlerweile schon fast am Zenit. Ihr fahles, silbriges Licht legte sich wie ein Hauch von Magie über die rauen Konturen des eisigen und kahlen Gebirges und ließ hier und da ein paar blitzende und glitzernde Schneekristalle in den Vordergrund treten.
Kurz überlegten sie, ob sie nicht bereits hier rasten und übernachten sollten, doch in einem jeden von ihnen regte sich die Hoffnung, dass sie doch noch in nicht allzu langer Zeit in ein etwas wärmeres Tal kamen, wo sich die Nacht wesentlich angenehmer verbringen ließ. So folgten sie weiterhin den unzähligen Fußstapfen der vierzehn Krieger des Chaos, während ihre Kräfte immer stärker unter der Müdigkeit und der Kälte litten.
Eine eiskalte Brise von Süden brachte sie ein weiteres Mal zum Frösteln. Vor ihnen ging es immer noch bergauf, der Pass zwischen den Bergen hindurch schien einfach kein Ende nehmen zu wollen. Im Gegenteil: Folgte das Auge der derzeitigen Steigung, so schienen sie sich selbst schon bald auf dem Gipfel einer dieser starren, weißen Riesen zu sehen, und das, obwohl sie im Moment noch von eben diesen Giganten umhüllt waren.
Konnte es in diesen scheinbar unendlichen, felsigen und eisigen Weiten vor ihnen wirklich noch einen wärmeren Ort geben?
Wieder wurden fragende Blicke gewechselt, doch die Frage selbst brauchte längst nicht mehr gestellt werden. Es war offensichtlich, um was es ihnen ging, und auch die logische Antwort schien eigentlich auf der Hand zu liegen. Trotzdem wurde eine andere Antwort erwählt:
Nach wie vor wurde alles von nur einer einzigen großen Hoffnung hochge-

halten: Mochte es auch immer höher hinausgehen, so musste es doch irgendwo einen besseren Platz zum Rasten geben, als in eben diesem zügigen, eisigen, steil ansteigenden Pass.
So vergingen zwei weitere Stunden. Majann versank langsam hinter den Bergspitzen im Westen, während Gjords goldenes Licht nun schon mit voller Kraft vom Zenit herabstrahlte und seit geraumer Zeit die Ausleuchtung des Weges der vier müden und erschöpften, jungen Männer übernahm. Sie waren mittlerweile noch um etliche, weitere hundert Meter nach oben gestiegen und konnten bereits von dem Pass herab über einige der zuvor passierten Berge, die ihnen damals noch so sehr hoch erschienen waren, hinwegschauen.
„Meint ihr, dass wir vor uns wirklich noch einen sichereren und wärmeren Ort finden werden? Ich bin äußerst müde und bin sicher, dass uns allen ein kurzer Schlaf gut tun würde."
Die Drei blieben stehen und drehten sich zu Zaram um. Dann wurden einige, stille, fragende Blicke gewechselt, deren Inhalt nach einigen Augenblicken von Jendor ausgesprochen wurde:
„Wo denn? Wo denkst du, können wir einigermaßen sicher die Augen schließen, ohne die Angst zu verspüren, diese morgen Früh nicht mehr öffnen zu können?"
Diese Frage hatte sich Zaram, wie ein jeder der Vier, schon oft genug selbst gestellt und sich mittlerweile die Antwort zurechtgelegt. Ohne jedes Zögern brachte er sie Jendor nun entgegen:
„Nirgendwo!
Aber wenn wir uns der Angst zu sterben beugen wollen, so lenken wir unsere Schritte gerade in die falsche Richtung. Ich bin mir sicher, dass wir, wenn wir uns nicht bald ein wenig Schlaf gönnen, sicherer in den Tod rennen, als wenn wir die Gefahr dieser kurzen Rast eingehen."
Zaram schaute seine drei Gefährten an und wartete auf eine Reaktion, doch da war sie wieder: die bedrückende Stille. Nur ein leises, gespenstisches Heulen des Windes, um die eisigen Felsen und das Kriseln der vorbeifliegenden Schnee- und Eiskristalle auf ihrer Haut und ihrer Kleidung war nun noch zu vernehmen. Eine Antwort auf Zarams letzten Satz wollte keiner wirklich wagen, denn die darin verborgene Wahrheit war nicht zu übersehen. Dennoch war es eben diese Angst vor dem Dunklen, Ungewissen und Kalten, die eine ruhige Nacht in dieser Umgebung scheinbar unmöglich machte. Für Jendor war es noch klarer als für einen jeden

anderen der Gruppe: Er wollte und musste einen anderen Weg finden.
„Okay. Bleibt ihr hier und ruht euch schon ein wenig aus. Ich werde noch einige Schritte weitergehen und rechts und links des Passes nach einem sichereren Schlafplatz Ausschau halten."
Die anderen nickten und wussten dabei ebenso gut wie Jendor selbst, dass es ihm vor allem darum ging, potenzielle Gefahren zu finden anstatt einen sicheren Schlafplatz. Mochten die Legenden und Mythen über das Turian auch nur annähernd stimmen, so waren die Gefahren des Nachts sicher nicht geringer als tagsüber. Wenn Jendor also die Umgebung um ihren Schlafplatz absuchte und schon einmal auf diesem Weg die Angst vor der Gefahr verringern konnte, so brachte dies für sie alle ein beruhigendes Gefühl.
Der junge Fischer wartete noch einen kurzen Augenblick und schaute seine Gefährten dabei auffordernd an, doch diese schienen darauf absolut keine Reaktion zeigen zu wollen. So nickte er sich schließlich selbst noch einmal zu und holte tief Luft. Er hatte wohl bis zu diesem Moment, darauf gehofft, dass zumindest einer der anderen sich ihm anschloss und ihm bei dieser nächtlichen Suchaktion beistand. Doch die drei anderen saßen bereits auf ihren Rucksäcken und waren einfach nur froh, sich endlich ein wenig ausruhen zu können. Auch wenn sie sich noch nicht dem sehnsüchtig erwarteten Schlaf hingeben konnten, schienen ihre Beine für den Moment ihre Arbeit zu verweigern. Und so drehte Jendor sich um und stapfte alleine durch den mittlerweile drei bis vier Zentimeter hohen Schnee den Pass hinauf.

XVI.

Es wurde dunkler. Schon in den letzten Stunden waren etliche schwarze Wolken von Westen her über ihre Köpfe hinweggezogen und hatten vereinzelt die hell leuchtende, breite Sichel Gjords verdeckt, doch ein jedes Mal war sie auch schon kurz darauf wieder sichtbar geworden. Nun war der goldene Krieger bereits am Sinken, er gab nur noch einen leichten Lichtschimmer ab, und auch dieser schien zu verschwinden, als sich jetzt lang-

sam eine riesige, dunkle Wolke über sein Antlitz schob.
Der junge Fischer hob seinen Blick an, schaute zu Gjord herauf und sah, wie erst nur einzelne Schwaden des Wolkenrandes über die Sichel hinwegglitten und das Licht ein wenig dämpften. Dann zog schließlich die dichte, riesige schwarze Fläche über den gesamten Mond und verschluckte ihn gänzlich.
Die Umgebung erschien jetzt noch dunkler und unheimlicher als bereits zuvor. Doch nur deswegen die Suche aufzugeben, erschien Jendor falsch. Er atmete einmal tief ein, schaute schnell wieder auf den schneeweißen Boden zurück, schüttelte seinen Kopf und versuchte seine Angst und seine dunklen Gedanken aus diesem zu vertreiben. Doch da wurde er plötzlich der seit wenigen Augenblicken andauernden Stille gewahr.
Das ewige, beißend hohe Heulen des Windes war plötzlich verschwunden und die wenigen Eiskristalle in der Luft schienen nunmehr nicht weiter gegen die eiskalte Haut seines Gesichts und seiner Hände zu peitschen. Wieder fuhr die Angst durch seinen ganzen Körper: Was passierte da um ihn herum? War das ein gutes Zeichen oder eine Warnung der Götter? Doch warum sollte die schöne Göttin Aiîra ihm das Licht des goldenen Kriegers nehmen und ihm stattdessen eine Windstille schenken? Jendor wusste es nicht und war in seiner Erschöpfung auch kaum noch in der Lage, einen klaren Gedanken zu fassen. Er fühlte nur, dass sich irgendetwas anbahnte, doch ob eben dies positiv oder negativ war, konnte er wohl kaum noch beeinflussen.
So riss er sich schnell von all diesen Fragen los, richtete seinen Blick wieder nach vorne, zog sein Kurzschwert aus der Scheide und stapfte voran in die ungewisse Dunkelheit. Er spürte, wie ihn die steigende Angst wacher und sensibler für die Umgebung machte, doch die annähernde Dunkelheit, die die schwarze Wolke auf den Boden warf, konnte er auf diese Weise längst nicht ausgleichen.
Immer wieder ließen seine schweren Schritte, seine Füße bis zu den Knöcheln in den feinen Schnee einsinken und diesen wiederum, bei einem jeden Schritt zur Seite stauben. Wie eine Fontäne stiegen die Abertausend kleinen Eiskristalle neben seinen Füßen auf und legten sich schließlich, wie eine sanfte Welle, auf den restlichen Schnee um ihn herum.
Da! Das Heulen des Windes durch die Felsen kam ganz langsam und leise zurück und auch die Eiskristalle in der Luft, fingen wieder an zu tanzen. Jendor atmete durch. Mochte ihm das Heulen des Windes auch keinen

Vorteil verschaffen, so nahm es ihm doch zumindest ein wenig die Angst davor, dass irgendetwas Großes, Übernatürliches um ihn herum vor sich ging.

Wie viel Schritte mochte er nun überhaupt schon seit dem Verlassen der anderen gegangen sein, hundert vielleicht zweihundert? Jendor drehte sich um und versuchte die Drei über die Entfernung auszumachen, doch außer seinen Spuren und denen der Dunklen Krieger sah er dort nichts.

Eine plötzliche Windböe, die einen Schwall von frischen, dicken Schneeflocken mit sich brachte, schlug ihm ins Gesicht und ließ das Heulen nun urplötzlich weiter ansteigen. Doch Jendor dachte sich nichts dabei, drehte sich einfach wieder um und setzte seinen Weg fort.

Vor ihm schien sich nun eine Änderung der Umgebung anzubahnen: Die Abhänge der Berge rechts und links von ihm verschwanden nach Osten und Westen, sodass es nun bald entweder auf einen Berg, ein Plateau oder wieder bergab gehen musste. Und solang es nun nicht gerade die erste Variante war, konnte eine solche Veränderung eigentlich nur positiv sein.

Wieder schaute er auf den Boden und sah dort die leicht verwischten Spuren der Dunklen Krieger, die weiterhin immer geradeaus führten.

Neugier stieg in ihm auf. Mochte er Recht behalten und aufgrund seines kleinen Einzelgangs vielleicht einen wesentlich besseren Schlafplatz für die anderen und sich selbst finden? Die Dunklen Krieger schienen jedenfalls immer noch einige Stunden Vorsprung zu haben, denn ihre Spuren schienen schon einige Stunden alt zu sein. Andererseits was wäre, wenn es hier bis vor Kurzem noch etwas stärker geschneit hätte und die Spuren nur deshalb so verwaschen aussahen?

Diesen Gedanken fing Jendor, noch im selben Moment an zu verfluchen. Denn auch wenn er die Frage nach dem Alter der Spuren nicht klären konnte, erschien es ihm so, als ob irgendjemand seinen letzten Gedanken gelesen hätte und ihm nun zeigen wollte, wie groß die Wahrscheinlichkeit dafür wirklich war:

Eine kräftige Schneeböe schlug ihm ohne Vorwarnung, massenweise dicke Schneeflocken in den Rücken und läutete damit den nur wenige Augenblicke darauf folgenden Schneesturm ein. Überall um ihn herum brausten nun die großen, weißen Eiskristalle vorbei und ließen ihn kaum noch fünf Meter weit sehen. Doch sollte er jetzt wirklich so kurz vor dem Ziel aufgeben? Er war nicht diesen ganzen Weg den Pass hinaufgestiegen, um dann mit leeren Händen zurückzukehren.

Jendor griff mit seiner linken Hand an seine Kapuze, zog sie sich weit ins

Gesicht und versuchte sich so gut es ging, vor dem Schnee zu schützen. Seinen Blick richtete er ein paar Meter vor sich auf den Boden, während er sein Tempo ungehemmt beibehielt. Immer wieder wurde er von vereinzelten, kräftigen Schneeböen getroffen, die ihn, wie eine Fahne im Sturm, nach vorne drückten und ab und zu auch aus dem Gleichgewicht rissen. Es war wirklich eine unglaubliche Kraft, die hinter diesem Schneesturm steckte.

So verging einige Zeit. Der junge Fischer lief immer weiter bergauf und hatte dabei nur das ungewisse Ziel direkt vor sich, hinter dem dunklen eisigen Schleier des Sturms vor Augen. Erst nach mehr als hundert weiteren Schritten ließ die Steigung schließlich nach. Vor ihm schien sich nun eine flache Ebene zu erstrecken.

War das nun wirklich das von ihm erhoffte Plateau? Jendor konnte es noch nicht wirklich glauben. Für einen kurzen Moment war er überrascht stehen geblieben, doch nun ging er noch einige Schritte voran und schaute rundherum über den flachen Boden:

Soweit er sehen konnte, fand die Fläche in alle Richtungen kein baldiges Ende und schien auch nirgendwo weiter anzusteigen oder groß zu fallen. Dennoch war diese Feststellung nicht sehr aussagekräftig, denn die dichte, brausende Schneewand um ihn herum begrenzte sein Gesichtsfeld auf einen kleinen Kreis von etwa zehn bis zwanzig Metern Durchmesser. Was dahinter lag, würde so lange ein Geheimnis bleiben, bis er schließlich ein paar Schritte in diese Richtung zurückgelegt hatte.

Sollte er schon jetzt umdrehen? Reichte ihm dieser Fund aus? Der Schneefall wurde zwar immer stärker und der Rückweg würde auch so schon schwer genug werden, doch Jendors Neugier siegte und so setzte er noch einige, weitere Schritte nach Norden:

Seinen Blick auf den Boden gerichtet, folgte er immer noch den Spuren der Dunklen Krieger, doch schon jetzt waren diese nur noch schlecht im Neuschnee zu erkennen. Wie lange seine Feinde wohl noch weiter nach Nordosten laufen würden? Jendor ließ seinen Blick langsam an den Spuren nach vorne gleiten und starrte schließlich einige Augenblicke lang, in Gedanken versunken weiter in diese Richtung. Da durchfuhr ihn plötzlich ein gewaltiger Schrecken. Seine Angst ließ ihn unmittelbar an Ort und Stelle erstarren.

Dort stand es, vielleicht fünf Meter von ihm entfernt und anfangs nur wie ein leichter Schatten im Meer der Schneeflocken zu erkennen, sah er nun ein aufrecht stehendes Wesen von menschenähnlicher Statur aber mit einer Körpergröße von sicherlich fünf Schritt. Sein muskulöser Körper schien auch ohne viel Kleidung der Kälte zu trotzen, während die vier großen, langen Reißzähne – zwei im Ober- und zwei im Unterkiefer – seine bevorzugte Nahrung widerzuspiegeln schienen. Wie ein Wächter hielt es seine riesige zweischneidige Axt vor die Brust und schien seine Augen mit einem schweren, fast starren Blick, direkt auf ihn gerichtet zu haben.

Die drei anderen hatten sich nach Jendors Aufbruch zusammengesetzt, ein wenig gegessen und getrunken und schließlich über ihre Pläne für die Zukunft gesprochen. Was würden sie als Erstes machen, wenn sie ihren Auftrag lebend erfüllt hätten?
Der Auslöser für dieses Gespräch war Ireams Neugier gewesen. Fin hatte in den letzten Stunden schon einige Geschichten aus seiner Kindheit und früheren Jugend in der Wüste Sajem erzählt, und so war in dem Adepten die Frage aufgekommen, wie und warum der junge Brujin schließlich ins Stromland geraten und auf Jendor getroffen war. Doch Iream hatte, wie ein jeder Adept der Türme zu Diumos, die Regeln der Höflichkeit erlernt, die ihm verboten persönliche Fragen direkt zu stellen, und so hatte er versucht, über ein paar Umwege an die Information zu gelangen:
„Sagt Mal, was macht ihr eigentlich, wenn wir dies alles lebend überstanden haben?"
Iream schaute höflicherweise beide an, hoffte aber eigentlich nur auf die Antwort von Fin. Doch Zaram machte ihm hier einen Strich durch die Rechnung:
„Nun, die Frage ist berechtigt! Ich weiß zwar noch nicht, wohin uns dieser Weg ganz bringen wird, aber letztlich würde ich noch gerne ein wenig herumreisen, bevor ich mich an der Akademie zurückmelde. Es muss ja nicht lange sein, aber immerhin sind wir zurzeit freigestellt und werden danach wieder auf unbestimmte Zeit in der Akademie herumsitzen."
Zaram atmete einmal tief durch.
„Ich weiß leider nicht, wann ich meinen Abschluss erhalte und zum Magier ernannt werde. Mit viel Pech kann das bedeuten, dass ich noch einige lange Jahre an der Akademie verbringen werde. Wie siehst du das denn?"
Iream fühlte sich etwas überrumpelt. Denn da es ihm ja eigentlich gar nicht um Zaram und ihn gegangen war, hatte er sich auch noch gar keine großen Gedanken über seine eigene Zukunft gemacht. Um so überraschter war er

nun auch über die Gegenfrage seines Kommilitonen.
„Nun, ... also ich denke du hast da schon Recht. So genau weiß ich das nämlich auch noch nicht. Gerade deswegen frage ich ja."
Iream sammelte schnell wieder seine Gedanken, atmete ein paar Mal tief ein und aus und suchte währenddessen einen anderen Weg, um an die Information zu kommen. Zwei, drei Mal blitzte dabei die Erinnerung daran in seinem Kopf auf, wie Fin direkt nach dem Grund für ihre Bestrafung gefragt hatte. Doch war das alleine Grund genug die Regeln der Höflichkeit zu brechen? Schließlich wagte Iream, zumindest etwas direkter zu fragen:
„Und wie sieht es bei dir aus, Fin?"
Fin schaute ihn mit großen Augen an und wusste offensichtlich selbst nicht so genau, was er eigentlich antworten sollte. Seine Augen schienen einen Moment lang wie gebannt an Iream vorbei in die Dunkelheit zu starren, während seine rechte Hand, die auf seinem Schoß lag, sich langsam zu einer Faust ballte und dann wieder entspannte.
Irgendetwas ging in ihm vor, dafür brauchte man keine Geisteswissenschaften studiert zu haben. Nur was war es? Legte er sich vielleicht gerade eine passende Antwort zurecht? Suchte er eine plausibel klingende Lüge? Oder wusste er einfach nur nicht genau, ob er Iream und Zaram gleich seine tiefsten Geheimnisse auf die Nase binden sollte?
Iream war gespannt, versuchte auf eine jede Bewegung Fins zu achten und ja nichts von dem, was er sagte, zu verpassen, doch ... es kam nichts.
Es war nun wohl schon fast eine halbe Minute vergangen. Kein einziger Ton war bisher von Fin zu hören gewesen, und während Iream immer noch ungeduldig auf Fins Antwort wartete, schob sich plötzlich eine große, dicke Wolke vor die Sichel des goldenen Kriegers, was die Umgebung immer dunkler werden ließ. Da meldete sich Zaram plötzlich zu Wort und lenkte die beiden anderen von Ireams Frage ab:
„Merkt ihr das? Der Wind hat aufgehört! Mit einem Mal ist alles still! Das kann nur Zauberei sein."
Nun schauten sich auch Fin und Iream um und fanden das von Zaram Beschriebene bestätigt. Es war wirklich gespenstisch. Das beißende Heulen des Windes zwischen den Felsen und das Prickeln der Eiskristalle auf ihrer Haut war einfach verschwunden und das, obwohl es doch noch wenige Augenblicke zuvor da gewesen war.
Was würde nun geschehen? Majann war längst im Westen untergegangen und Gjord, der auch schon am Sinken war, wurde nun auch noch von der

tief schwarzen Wolke verdeckt. Doch während in Fin nun Sorgen um Jendor aufkamen und er sich Vorwürfe machte, dass er ihn allein gehen lassen hatte, fing das Heulen auch schon langsam wieder an und brachte zugleich das Prickeln der Eiskristalle zurück. Als angenehmes Gefühl konnte man dieses zwar nicht bezeichnen, doch Fin nahm es dennoch einen kleinen Stein vom Herzen. Und da nun alles wieder zum Alten zurückzukehren schien, drehte Iream sich wieder zu dem jungen Wüstensohn um und schaute ihn musternd an.
Immer noch wartete er auf eine Antwort, während Fins andauerndes Schweigen ihn geradezu noch weiter anstachelte und seine Neugier immer weiter wachsen ließ. Doch als er sich, nach einigen weiteren Augenblicken, schon fast wieder dazu durchgerungen hatte, doch noch einmal nachzufragen, sprang Fin plötzlich auf, zeigte mit seinem ausgestreckten, linken Arm nach Südwesten und stieß ein lautes, erschrockenes „Bei den Göttern!" aus.
Zaram und Iream richteten ihren Blick sofort in diese Richtung und erkannten den Grund für jenen Ausruf: Eine große, weiße Wand, die weder nach rechts, links oder zum Himmel hin ein Ende zu nehmen schien, rollte in schnellem Tempo direkt auf sie zu. Sie glich einer Welle, die sich über die Berge schob und einfach alles unter sich begrub. Die Felsen und Berge, die die Drei zuvor noch im Sternenlicht gesehen hatten, verschwanden in dem Moment, in der weißen Wand, da sie von ihr getroffen wurden. Es war gigantisch, beeindruckend und beängstigend zugleich.
Wie auf ein Kommando wandten sich alle drei gleichzeitig ihren Sachen zu, packten alles so schnell wie irgend möglich wieder ein und wollten dann den Pass hinauf laufen, um vor der gespenstischen Welle zu fliehen. Doch als Fin nach zwei schnellen Atemzügen schon alles eingepackt hatte und bereits den Rucksack aufsetzte, hörte er auf einmal Zarams verwundert klingende Stimme:
„Das ist ja nur Schnee!"
Fin drehte sich wieder um und sah im nächsten Moment nur noch, wie die riesige Wand direkt auf sie zuraste und er schon einen Augenblick später mitten in einer Welt aus Millionen von dicken Schneeflocken stand.
„Schnell, wir schlagen jetzt hier ein Lager auf, sonst wird das niemand von uns überleben! Ich hoffe Jendor findet den Weg zu uns zurück."
Iream wartete nicht auf die Antwort der zwei anderen, band seine Zeltplane sogleich von seinem Rucksack los und begrub ihre unterste Seite

mit Schnee, während Fin noch Ireams letzten Satz in seinem Kopf nachklingen hörte. Er wusste, dass Iream Recht hatte und es im Moment das aller Klügste war, was sie machen konnten, doch warum bloß hatte er Jendor allein losgehen lassen?
Dann ging plötzlich alles erstaunlich schnell: Fin schien nur für einen Augenblick lang in Sorge um Jendor gewesen zu sein und doch stand das Zelt schon fast komplett, als er sich schließlich wieder von diesen Gedanken losriss und sich umdrehte. Wenige Augenblicke später saßen sie dann alle drei gebückt unter den beiden zusammengeknüpften, schützenden Zeltplanen von Iream und Zaram. Außerhalb des Zeltes tobten sich weiterhin die Gewalten des Unwetters aus, während sie hoffnungsvoll ihre Blicke nach Norden richteten.
Ihnen allen war klar, dass Jendor sie auf seinem Rückweg nicht so einfach entdecken konnte, denn ihr Zelt sah wahrscheinlich schon jetzt nicht mehr viel anders als ein eingeschneiter Fels aus. Und so schaute ein jeder von ihnen aus der Schneehöhle heraus und wartete dort auf ein Zeichen von ihrem Gefährten. Doch für eine scheinbare Ewigkeit blieb das Heulen des Sturmes das einzige Geräusch, das aus der Dunkelheit zu ihnen gelangte.
Dann drang urplötzlich wirklich etwas an ihre Ohren: Doch war es tatsächlich von menschlicher Natur? Es klang ein wenig wie ein Schrei, so als ob jemand seiner Verzweiflung oder Angst Platz machen wollte. Doch was es genau gewesen war, war schwer zu bestimmen. Falls es wirklich ein Schrei gewesen sein sollte, so war er offensichtlich von weit weg und gegen den heulenden Wind zu ihnen gedrungen. Aber vielleicht war es auch nur der Sturm gewesen, der ihnen einen Streich gespielt hatte.
Weiterhin lauschten sie in die Ferne und hofften auf ein weiteres Geräusch, doch nun drang nichts mehr durch das laute Brausen des Windes.
Wie lange mochte Jendor nun wohl schon fort sein? Waren es zehn Minuten oder gar zwanzig? Das Gefühl für die Zeit schien den Dreien schon lange verloren gegangen zu sein und die Müdigkeit, die Aufregung und die Angst machten es auch nicht besser.
Sie warteten.
Weitere zehn bis zwanzig Minuten waren wohl schon mittlerweile vergangen, als sie schließlich das dumpfe Geräusch von unter Druck aneinander reibenden Schneekristallen hörten. Es waren schwere Schritte und sie kamen anscheinend in ihre Richtung. Vorsichtig schob Fin seinen Kopf etwas weiter aus dem Zelt heraus, versuchte irgendetwas in der Dunkel-

heit, in der Richtung, aus der die Schritte kamen, zu erkennen, doch außer einem großen, wilden, weißen Meer sah er nichts. So horchte und spähte er weiter in die Dunkelheit hinein und wartete.
Einige Augenblicke später war Fins Hinterkopf komplett weiß, während ihm die Kälte an seiner Haut schon schnell zeigte, wie angenehm windstill und relativ warm es tatsächlich unter den schon jetzt zentimeterdick eingeschneiten Zeltplanen war. Doch sein Opfer schien sich zu lohnen. Schon nach wenigen weiteren Atemzügen erkannte er die ersten Umrisse:
Zehn bis zwölf Meter von ihm entfernt, in der durch Schneeflocken geprägten, annähernden Dunkelheit, bewegte sich ein kräftig gebautes Wesen in ihre Richtung. Seine Statur war, nach allem, was der junge Abenteurer sehen konnte, die eines Menschen. Doch war es wirklich Jendor? Das Wesen sah riesig aus, viel größer als ein normaler Mensch, doch diese Wahrnehmung mochte vielleicht auch täuschen – Fin saß auf seinen Knien und schaute so von unten zu dem Wesen herauf, während dieses den Pass herabkam und sich daher an einer höheren Stelle als er befand. Doch diese Feststellung alleine reichte ihm noch nicht aus, um seine Zweifel zu beseitigen; und so wartete er noch für einen längeren Moment, bis er schließlich etwas mehr erkennen konnte:
In der rechten Hand trug die Gestalt irgendeinen größeren Gegenstand, den sie immer wieder wie eine Waffe vor dem Körper entlang führte, als ob sie in direkter Nähe vor sich einen Gegner erwartete. Ihr gesamter Körper war mit einer dicken Schneeschicht bedeckt, die nur an den bewegten Gelenken die Kleidung oder Haut darunter zeigte. Und während Fin diesem Wesen entgegenschaute, schien dieses in ihre Umgebung zu spähen, während es einen Schritt nach dem anderen direkt in ihre Richtung setzte. Fin überlegte noch ganz kurz, doch obwohl er eigentlich fast nichts erkennen konnte, war für ihn schließlich klar, dass es Jendor sein musste, der dort auf sie zu kam.
„Hey Jendor, hier sind wir!"
Die Gestalt blieb urplötzlich stehen, hielt seine Waffe ein kleines Stück vor sich und spähte nun aus etwa sechs Metern in ihre Richtung.
Hatte Fin mit diesem Zuruf vielleicht doch einen Fehler begangen? Sein Herz pochte bis in seinen Kopf hörbar, während Iream und Zaram der Überzeugung waren, dass nun wirklich Jendor auf sie zu kam. Sie vertrauen einfach auf Fin, der ihnen durch seine derzeitige Position am Ausgang der Zeltplanen das Blickfeld so versperrte, dass sie von dem Wesen absolut

nichts sehen konnten.
Plötzlich setzte sich die Gestalt wieder in Bewegung und kam nun mit schnellen Schritten direkt auf sie zu. Der junge Brujin befand sich derweil in schmerzhafter Ungewissheit: Kurz war er der Meinung, dass es tatsächlich Jendor war, dann bezweifelte er es wieder, um kurz darauf doch wieder der Meinung zu sein und es dann erneut anzuzweifeln. Wieder verstrich die Zeit viel zu langsam für ihn und ließ seinen Puls währenddessen in die Höhe jagen. Doch nach zwei bis drei weiteren Atemzügen kam dann endlich die Erlösung aus diesen Qualen:
„Da seid ihr ja! Du meine Güte habt ihr euch verschanzt. Aber den ganzen Schnee habt ihr doch nicht selbst auf die Plane geschaufelt, oder?"
Jendor lachte herzhaft und ließ einen merkbar ironischen Unterton mitschwingen. Dann beugte er sich herab und schaute von außen durch den schmalen Spalt in das Zelt hinein. Er freute sich über Fins entsetztes und durch Angst geprägtes Gesicht. Es hatte ihm anscheinend Spaß bereitet, Fin einen Schrecken verpasst zu haben und er sah auch keinen Grund für ein schlechtes Gewissen, denn schließlich hatten sie ihn alle alleine durch die Dunkelheit laufen lassen, während sie es sich hier bequem gemacht hatten.
„So und nun raus da aus eurer Höhle, oder wollt ihr da wirklich übernachten? Ich jedenfalls werde die Gastfreundschaft der Kalfaktor in Anspruch nehmen."
Jendors Satz schlug die erhofften Wellen, obgleich er ungünstigerweise den Namen falsch in Erinnerung behalten hatte. Schon hörte man aus der Schneehöhle Zarams Stimme:
„Die Chalmacor?"
Jendor wurde unmittelbar seinem Fehler bewusst und berichtigte sich schnell:
„Ja, meinetwegen auch bei denen ... du wirst schon sehen. Aber nun packt erst mal wieder euren Kram ein und kommt mit."

Kurz darauf war wieder alles in ihren Rucksäcken verschwunden und auf ihre Rücken geschnürt. Fragen, wohin es denn gehen sollte, war Jendor gekonnt ausgewichen und hatte den Dreien lediglich geantwortet, dass sie sich überraschen lassen sollten.
Das Wetter schien derweil, eher schlechter als besser zu werden. Ein Meer von dicken, schweren Schneeflocken, rieselte, vom Sturm getrieben, auf sie

ein. Ihre Sicht wurde sowohl von der Dunkelheit, als auch vom Schneesturm auf einen sehr kleinen Bereich um sie herum, beschränkt, während ihre Kleidung und ihr Gepäck ebenfalls ihren Teil vom Schnee für sich beanspruchten.

So folgten sie Jendor den Pass hinauf, vertrauten auf seine Orientierung und vor allem darauf, dass er wusste, wohin er sie führte. Schon bald schien sie erneut in ihre triste Reisestille verfallen zu sein, doch tatsächlich war es diesmal die Neugier und die Spannung auf das, was Jendor anscheinend gefunden hatte, die zu der Stille führten.

Einige Zeit verging, bis sie schließlich die Plateau-Ebene erreichten. Jendors Augen begannen nun in der Ferne zu suchen, bis er schließlich die ersten Umrisse der Beine der Statue erkannte. Jetzt drehte er sich leicht zu seinen drei Gefährten um, versuchte ungebremst weiterzugehen und rief ihnen dabei durch den Schneesturm zu:

„Es ist nicht mehr weit. Vielleicht zweihundert oder dreihundert Schritt."

Sein Gesicht wieder nach vorne drehend, holte er kurz Atem und schien dabei für einen Moment lang zu überlegen, dann wandte er sich erneut zu seinen Gefährten:

„Was habt ihr eigentlich die ganze Zeit über gemacht?"

Die Drei schienen kurz zu überlegen, schauten sich ein paar Mal gegenseitig an und nickten schließlich nacheinander Zaram zu. Doch als dieser sich nun gerade an Jendor wenden wollte, blieb er plötzlich mit einem Schrecken im Gesicht stehen. Mit ausgebreiteten Armen hielt er die anderen rechts und links von ihm zurück. Und auch diese zeigten kurz darauf eine ähnliche Miene. Da gab Zaram ein zaghaftes „Jendor!" von sich.

Doch der junge Fischer verhielt sich weiterhin so, als ob er absolut gar nichts von dem hinter ihm Erscheinenden ahnen würde, versuchte einen fragenden Blick aufzusetzen und entgegnete Zaram:

„Was denn? Ist irgendwas? Wieso wollt ihr mir denn nicht erzählen, was ihr, während ich weg war, gemacht habt?"

Die Antwort kam abrupt, doch während Zaram anfangs nur ein wesentlich lauteres „Jendor!" ausstieß, folgte direkt darauf ein dreistimmiges und fast synchrones „Hinter dir!" von ihm und seinen beiden Gefährten rechts und links von ihm.

Nun war der Moment gekommen. Der junge Fischer drehte sich um, ging mit einigen, wenigen Schritten siegessicher bis rechts neben die Statue, fasste dieser mit der linken Hand an den linken Unterschenkel und ließ eis-

kalt seinen eingeübten Satz heraus:
„Ach so! Nun weiß ich, was ihr meint. Darf ich vorstellen: der große Krieger Turf von den Kalfaktor."
Zaram, dem spätestens bei diesem Satz die Situation klar wurde, antwortete Jendor nun mit einem unfreundlich bösen und grimmigen Ton in seiner Stimme:
„Das Volk heißt immer noch Chalmacor, du Dummpfeife."
Doch Jendor tat einfach gekonnt so, also ob er diesen Satz überhört hätte. Auch wenn es durchaus fragwürdig war, ob er wirklich einen ausreichenden Grund besaß, seinen Gefährten absichtlich so einen großen Schrecken einzujagen, fühlte er jedenfalls auf diese Weise eine Art ausgleichende Gerechtigkeit. Und so freute er sich einen Moment lang, dass sein Plan aufgegangen war.
Der junge Fischer winkte den Dreien, dass sie näher kommen sollten, und erzählte ihnen dabei kurz von seinem Zusammentreffen mit dieser Statue. Er hatte selbst etliche Momente lang in Angst und Schrecken verharrt, bis er dann endlich genug Mut gefunden hatte, auf die Statue zuzugehen.
„Würdet ihr mir jetzt bitte folgen? Dann führe ich euch zu der Stadt!"
Die Drei blieben still, gingen zu Jendor, warfen ein paar Blicke bis zur Spitze der Statue hinauf und folgten ihm dann an dem Krieger vorbei in die schneeflockendominierte Dunkelheit der Nacht hinein. Keiner von ihnen wagte Jendor wegen des üblen Scherzes ernsthaft böse zu sein, denn obwohl er diesen sicherlich auch hätte unterlassen können, schienen sie auch irgendwie seine Motivation zu verstehen. Zugleich standen auch plötzlich ganz andere Dinge im Mittelpunkt ihres Interesses:
Jendor hatte irgendetwas entdeckt und spätestens die Statue zeigte, wie groß und mächtig dieses sein musste. Wenn Jendor schon bei dieser riesigen Statue davon redete, dass er ihnen die Stadt zeigen würde, so konnten sie sich sicherlich auf etwas Großes vorbereiten.
So wuchs in ihnen allen eine große Neugier, die ein weiteres Mal ihre angesammelte Müdigkeit verscheute und ihnen scheinbar neue Kräfte gab. Vor allem Zaram schien nicht mehr zu halten zu sein und drängte sich nun nach ganz vorne, dicht neben Jendor, um ja nichts zu verpassen. Er war so sehr von dem Wunsch und der Hoffnung erfüllt, nun endlich etwas mehr über das Volk der Chalmacor zu erfahren, dass er selbst die Tausenden möglichen Gefahren zu vergessen schien.
Doch von Ungefährlichkeit war in diesem Moment keinesfalls die Rede.

Schon als Jendor das erste Mal hier gewesen war, hatten ihn der Schneesturm und die voranschreitende Dunkelheit der Nacht umgeben. Schon damals hatte er sich beim Vorbeischleichen an den uralten Gemäuern, nur auf sein Gehör und sein Gefühl verlassen müssen. Doch nun, da er das zweite Mal in diesen Ruinen war, war sein einziger zusätzlicher Trumpf, dass er nicht mehr allein war. Doch dafür war die Nacht nun schon ein gutes Stück weiter fortgeschritten: Selbst Gjord und Majann hatten ihre warmen Gesichter schon seit einiger Zeit zu Bette getragen und das wenige Sternenlicht, welches nun noch durch die dicken Wolken und den Schneevorhang dringen konnte, reichte auch nur gerade noch aus, um ein paar grobe Umrisse und Schatten aus der Dunkelheit herauszuarbeiten.
Kurz darauf tauchten schon die ersten größeren Ruinen vor ihnen auf. Es waren die Mauern großer, dicht stehender Gebäude, die nach all dieser Zeit, wie die Säulen eines Denkmals einer längst vergessenen und verlorenen Vorzeit, aus der Erde ragten. Überall auf dem weißen, gefrorenen Boden lagen die vom Wind und Eis geschliffenen Trümmer der Ruinen, Teile von Mauern und Dächern, allesamt aus den grauen Felsen des Gebirges geschlagen.
Doch außer ihnen schien der Schneesturm die einzige Bewegung in diesen starren Trümmern darzustellen. Das dichte Schneetreiben ließ die Eiskristalle durch eine jede Öffnung, einen jeden Spalt und eine jede Passage fliegen und dort wo ein wenig Windschatten zu finden war, sammelten sich sanfte Hügel und Abhänge aus der kalten, weißen Substanz.
Ein Unwohlsein befiel die Vier. Mochte dieser Beweis, für das einstige Leben in diesen Bergen, auch noch so interessant sein, so wäre ihnen sicherlich doch wohler zumute gewesen, wenn sie wenigstens etwas mehr als nur Schatten und Schnee hätten sehen können. Und selbst Zaram, der bis zu diesem Moment noch von Elan gestrotzt hatte, wurden nun die möglichen Gefahren in diesem Ruinen- und Trümmerfeld bewusst:
Wenn sie schon hier draußen nur so wenig erkennen konnten, so würde in den Ruinen wohl kaum ein Funken Licht die Wände berühren. Eine jede Gefahr würde so lange in den Schatten verborgen bleiben, bis sie sich schließlich mit voller Wucht zeigte. Und es schien kaum etwas zu geben, das ihnen im Moment mehr Sicherheit geben konnte. So blieb Zaram urplötzlich mitten auf dem Weg stehen und sprach seinen Gedanken aus:
„Und was nun? Wir können hier heute Nacht nichts mehr sehen und brauchen jetzt vor allem einen sicheren Schlafplatz. Jendor, du warst doch

schon einmal hier und hast auch ansonsten die meiste Ahnung, was Ruinen angeht. Hast du eine Ahnung, wo wir einen ruhigen Platz finden können?"
„Nun ich denke, wenn wir eine der etwas erhalteneren Ruinen betreten, so ist es in diesem Moment egal, wo sie liegt. Die Dunkelheit, in der sich ein jegliches Wesen verstecken könnte und die Ungewissheit, ob noch alle Steine der Mauern fest in ihrer Position sitzen, sind allgegenwärtige Gefahren und die kann leider niemand so leicht entschärfen. Lasst uns doch einfach ein kleines Stück in die Stadt hineingehen, bis wir ein Gemäuer gefunden haben, welches sich vom äußeren Aussehen als Nachtlager anbietet. Dann werden wir uns vorsichtig den Weg bahnen."
Zaram stand noch einen kurzen Augenblick lang wie verwurzelt auf der Stelle und schien über den Vorschlag nachzudenken. Dann nickte er Jendor schließlich zu, ging langsam bis zu den anderen, drehte sich mit ihnen nach Norden und verschwand dann gemeinsam mit ihnen in der eiskalten und dunklen Welt dieser uralten Ruinenstadt.

XVII.

Es war eine dunkle und kalte Welt. Eiskristalle lagen in der dünnen Luft dieser Hochebene und peitschten bei einem jeden Windhauch gegen die Haut der vier Fremdlinge, während sich die immer weiter herabfallenden, dicken Schneeflocken anscheinend auf eine jede erreichbare Stelle ihrer Kleidung legten. Immer weiter stapften sie durch die manchmal bis zu einem Meter hohen Schneeböen hindurch und suchten sich so ihren Weg nach Norden, durch die gespenstische, kahle Welt aus Mauern, Säulen und Trümmern.
Dann plötzlich blieben sie stehen und schauten mit müden Augen auf den dunklen Türrahmen einer der zahlreichen Ruinen. Suchten sie dort etwas? Diese Frage schien sich alsbald zu klären, als sich nun einer von ihnen mit einem schmalen und etwa ellenlangen Schwert in der Hand an die anderen wandte:
„Lasst es uns wagen. Licht haben wir leider eh nicht und ..."
Jendor wurde von Iream unterbrochen, der ihn nun berichtigte:
„Das stimmt nicht ganz. Warte einen kleinen Moment."

Der junge Adept nahm seinen Rucksack von seinem Rücken, öffnete die rechte Seitentasche und brachte eine unterarmdicke Kerze zum Vorschein. Dann verschloss er die Tasche wieder, ging mit einem leicht verängstigten Gesichtsausdruck die zwei verbliebenen Schritte bis zu dem Türrahmen und sah vorsichtig ein kleines Stück weit in die Dunkelheit des Raumes hinein. Einen kurzen Moment lang lauschte er noch, doch dann ergriff er all seinen Mut, setzte einen Schritt in die gänzliche Dunkelheit vor ihm, suchte sich direkt hinter dem Türrahmen eine einigermaßen windstille Ecke und strich dort kurz und sanft mit Zeigefinger und Daumen über den schwarzen, harten Docht der Kerze.

Die kleine Schnur flammte hell auf und brachte dem nun sichtbaren Raum ein fast schon gemütlich anmutendes Ambiente, das auch die anderen drei zu Iream hinzutreten ließ. Im ersten Moment hatten sich Fin und Jendor noch über die plötzliche Kerzenflamme gewundert, doch als Zaram und Iream nun bereits in das kahle, rechteckige Gemäuer hineinschauten, ließen auch sie diesen Gedanken wieder fallen und folgten den Beiden in die Ruine hinein.

Der Raum war vielleicht zweieinhalb Meter hoch, sechs Meter lang und fünf Meter breit und war, bis auf eine hohe Schneeböe am Eingang gänzlich leer. Die Wände und die Decke waren aus demselben grauen und rauen Steinen gemauert, aus dem diese ganze Ruinenstadt zu bestehen schien. Besondere Auffälligkeiten waren nicht zu sehen, lediglich ein etwa ein Quadratmeter großes, viereckiges Loch in der Decke fiel den Vieren ins Auge. Dieses befand sich direkt an der Wand, in der Ecke, rechts neben der Tür und hatte wohl einst als Durchgang zum Obergeschoss gedient, doch mittlerweile war dieser Durchgang von einer umgestürzten Wand verschlossen.

„Wunderbar! Da haben wir ja nun endlich unser Nachtlager gefunden."

Die anderen mussten bei Zarams fröhlichen und merklich erleichtert klingenden Satz ein wenig schmunzeln und fühlten auch keinen Grund, warum sie diesem noch etwas hinzufügen sollten. So betraten sie den uralten Raum, wischten grob den meisten Schnee zur Seite, breiteten die leicht mit Eis und Schnee verklebten Zeltplanen von Iream und Zaram als Unterlage auf dem Boden aus und legten sich tief in ihre Decken eingewickelt und dicht aneinander gedrängt zum Schlafen.

Plötzlich, Fin und Iream waren schon gerade ins Reich der Träume abgedriftet, drang Zarams Stimme wieder durch den Raum:

„Meint ihr nicht, dass einer von uns Wache halten sollte? Wir können uns ja nacheinander abwechseln und unser Gewissen würde es sicherlich etwas beruhigen, zu wissen, dass jemand über uns wacht."
Die Antwort folgte von rechts und links mit einem zustimmenden Grummeln, welches aber gleichzeitig eine Beteiligung zu diesem Zeitpunkt verweigerte. Nur Jendors Antwort war etwas aussagekräftiger:
„Du hast Recht! Ich kann sowieso noch nicht schlafen und finde einfach keine Ruhe. Lege du dich ruhig schon hin, ich werde fürs erste Wache halten und dich dann wecken, wenn ich ein wenig ruhiger geworden bin."
Zaram lächelte beruhigt, was aber aufgrund des Lichtmangels wohl niemand mitbekam. Dann drehte er seinen liegenden Kopf nach links, in die Richtung in der Jendor lag.
„Dankeschön, aber mach nicht zu lange. Wenn du merkst, dass du vom Schlafe gepackt wirst, so zögere nicht, mich zu wecken."
„Das werde ich tun. Aber nun genieße erst einmal deinen verdienten Schlaf."
Dann wurde es still. Jendor schaute noch eine Zeit lang in die flackernde Flamme der Kerze und pustete sie dann leise aus. Nach einem schnellen Blick über seine schlafenden Gefährten setzte er sich, tief in die Decke eingepackt, mit dem Rücken an die Wand und schaute durch den gegenüberliegenden Türrahmen hindurch dem wilden Schneetreiben in der Dunkelheit zu.
Gedanken schossen durch seinen Kopf:
Was war wohl mit dem Volk, das hier einst lebte, passiert? Gab es noch Überlebende? Was würde er machen, wenn plötzlich vor der Tür ein Schatten vielleicht von einem der Überlebenden auftauchen und dann den Raum betreten würde?
Er hatte längst noch keine richtige Antwort auf diese Fragen gefunden, als er nur ein paar Atemzüge später, über Tausende Ecken immer weiter von diesem Gedanken abdriftete und anfing über vergangene Tage nachzudenken. Er träumte von Zeiten seiner frühen Jugend, als er noch kurz vor Sonnenaufgang aufgestanden, zum kleinen Hafen gelaufen und dann auf dem mit Nebelschwaden verhangenen Ferodon hinausgerudert war, um schließlich ein paar Stunden später mit vollen Netzen nach Hause zurück zukehren.
Dann dachte er an seine Kindheit und an den sanften Winter, der Festenhain das eine Jahr gänzlich im Schnee versinken lassen hatte. Damals hatte er mit seinem Vater eine große Schneeburg gebaut, hatte Stunden lang

Schneebälle in den Ferodon geworfen und sich über die vielen, großen Schneeflocken gefreut, die pausenlos vom Himmel herabgefallen waren.
Aber halt! Jendor riss sich wieder zusammen, versuchte wieder ein paar klarere Gedanken zu finden und bemerkte, dass er anscheinend die ganze Zeit über durch die Tür hindurch nach draußen geschaut hatte. Irgendwie schien der durchgehend fallende Schnee wohl doch recht monoton und einschläfernd auf ihn zu wirken. Oder war es vielleicht einfach nur die angestaute Müdigkeit und Erschöpfung?
So oder so, lange könnte er sich auf diese Art und Weise jedenfalls nicht mehr wach halten. Vorsichtig stand er auf und wurde sich in diesem Moment auf unangenehmste Weise darüber im Klaren, wie sich selbst seine kalten, schmerzenden Beine nach ein paar Stunden Schlaf sehnten. Langsam ging er ein paar Schritte in dem dunklen Raum hin und her und überlegte, was er nun machen sollte? Ihm war klar, dass er sicherlich sofort einschlafen würde, wenn er nicht in Bewegung blieb, doch musste er das überhaupt? Er wusste zwar nicht, wie lange er nun mehr oder weniger Wache gehalten hatte, doch schlimmer als er, würde es sicherlich niemand machen. So ging er zu Zaram, beugte sich über ihn und rüttelte ganz sanft an seiner Schulter.
„Hey Zaram, aufstehen, du bist dran!"
Doch Zaram schien davon nichts zu bemerken. Wie eine Mumie lag er dort vor Jendor und bewegte seinen Bauch ganz langsam auf und ab. Immerhin schien er noch zu leben, doch auch auf einen zweiten, etwas gröberen Weckversuch von Jendor, reagierte er nicht.
Jendor atmete tief durch, überlegte, was er nun machen sollte und erwischte sich schon ein paar Augenblicke später dabei, wie seine Gedanken schon wieder abgeschweift waren und sich mehr und mehr zu Träumen verwandelt hatten.
Wieder riss er sich zusammen, merkte, wie es ihm immer schwerer fiel, einen klaren Gedanken zu fassen und stieß schließlich einen lauten Seufzer der Verzweiflung aus.
„Hey, was ist denn?"
Jendor schreckte auf und riss seinen Kopf in Richtung Iream, der ihm von seinem Schlafplatz aus auf seine Ellenbogen gelehnt, entgegensah. Dieser Anblick nahm urplötzlich ein großes Stück seiner Sorgen von ihm, denn das Gefühl nicht mehr ganz allein zu sein und vor allem nicht allein über alle anderen Wachen zu müssen, war eine große Erleichterung. Er atmete einmal tief durch.

„Ich kann nicht mehr!"
„Leg dich hin, ich übernehme die Wache!"
Dieser Satz erschien ihm nun vollends wie die Erlösung aus seinen derzeitigen Qualen. Seine Angst und Verzweiflung wich von ihm und zeigte ihm nun um so mehr, wie nötig er den Schlaf wirklich brauchte. Mit müden Beinen und Armen, robbte er noch die letzten zwei Meter zu seinem Schlafplatz, legte sich hin und schlief dort sofort ein. Nicht einmal zugedeckt hatte er sich, doch Iream kam noch einmal zu ihm herüber und übernahm diese Aufgabe für ihn.
Dann verging einige Zeit, Iream hatte sich an den Eingang gesetzt und für einige Momente lang in das tobende Schauspiel vor der Tür hinausgeschaut. Auch er überlegte, ob hier vielleicht wirklich noch irgendwer wohnte, ob es vielleicht noch irgendeine Person gab, die noch aus der vergessenen Epoche berichten könnte, jemand der wusste, warum es keine Aufzeichnungen mehr über dieses geheimnisvolle Volk, über die Chalmacor, gab.
Doch da wurde Iream wieder bewusst, dass sie nicht wegen den Chalmacor in diesen Bergen waren und sie, selbst wenn es noch irgendjemanden geben sollte, der ihnen das Rätsel der Chalmacor erklären könnte, wohl kaum auf eine solche Person treffen würden. Die Zeit schien immer schneller zu vergehen und drängte sie zu einer raschen Reise. Für lange Pausen und Expeditionen in diesen Ruinen hatten sie keine Zeit, und so war wohl auch die Wahrscheinlichkeit sehr gering, dass sie überhaupt auf andere Lebewesen trafen. Doch gerade, als dieser Gedanke durch seinen Kopf glitt, war draußen im Schneesturm plötzlich eine eindeutige Bewegung zu erkennen.
Irgendwo zwischen den Ruinen, in dieser eisigen, stürmischen Nacht befand sich offensichtlich ein Lebewesen und Iream hatte soeben dessen Bewegung wahrgenommen. Er war sich sicher, dass es nicht das Schneetreiben gewesen sein konnte, doch wer oder was war es dann?
Schon wollte er seinen Kopf ein Stück weit aus dem Gemäuer herausstrekken, als er plötzlich einem feinen Geruch gewahr wurde. Es war nur ein dünner Faden, ein leichter Hauch von einem Geruch und doch ausreichend, um in Iream eine Erinnerung hochkommen zu lassen, die ihn sofort im Raum zurückhielt.
Schon wieder drang es an seine Nase – diesmal etwas stärker. Iream wusste in diesem Moment genau, dass es jener Geruch sein musste, der, den er

bisher erst ein einziges Mal in seinem Leben, vor etwa drei Jahren gerochen hatte. Und dieser Geruch ließ ihm das Blut in den Adern gefrieren.
Voller Angst verharrte er so leise wie möglich am Rande des Türrahmens, was ihm aufgrund seines immer stärker schlagenden Herzens und seines tief gehenden Atems, gleichzeitig immer schwerer fiel.
Kurz überlegte er, ob er schnell zu den anderen eilen und sie wecken sollte, doch dann verwarf er dieses Vorhaben auch sofort wieder. Würde er sie jetzt aufwecken, würden sicherlich einige laute Fragen gestellt werden, welche das Wesen auf sie aufmerksam machen könnte, und andererseits, was das Hauptproblem darstellte, konnte er zu diesem Zeitpunkt nicht einmal annähernd den Mut aufbringen, der von Nöten gewesen wäre, um sich auch nur einen Zentimeter weit zu bewegen.
So starrte Iream nach draußen, wo nun langsam auch ein leichter Schimmer des Morgenlichts im Getöse des Schneesturms zu erkennen war. Einen kurzen Moment lang hoffte er noch darauf, dass er sich lediglich getäuscht hatte, dass sein übermüdeter Kopf ihm nur einen gemeinen Streich gespielt hatte, doch dann wurde der Geruch immer deutlicher und wurde schließlich auch noch mit den vereinzelten Geräuschen von schweren Schritten unterlegt. Diese stammten mit Sicherheit nicht von den Füßen eines Menschen, nein viel mehr von riesigen Pranken.
Iream wusste nun ganz sicher, dass seine Befürchtung begründet war. Doch als dann die schuppigen großen Pranken dieses gigantischen Monsters unmittelbar vor dem Gemäuer auftauchten, zuckte dennoch ein gehöriger Schrecken durch seinen ganzen Körper. Schlagartig zog er seinen Kopf ein Stück weit vom Türrahmen zurück und lehnte sich dich an die Mauer. Von dort aus starrte er weiter nach draußen.
Von den restlichen Körperteilen dieses Wesens war nur ein kleiner Teil des Bauches und schließlich der auf dem Schnee schleifende Schwanz zu erkennen. Mit jedem einzelnen der vielen, schweren Schritte versanken die monströsen Pranken in dem hohen, weichen Schnee, der sich zwischen den Mauern der Ruinen angesammelt hatte. Iream zählte derweil einen jeden Augenblick, bis dieses Wesen endlich verschwunden war. Er hoffte so fest es ging, dass das Wesen, ohne Kenntnis von ihnen zu nehmen einfach weiterzog und schon bald nicht mehr zu sehen und zu hören war, doch stattdessen geschah etwas völlig anderes:
Kaum war der schwere, auf dem Schnee schleifende Schwanz des Grottenwurms aus Ireams Blickfeld verschwunden, so hörte er bereits die näch-

sten, schweren Schritte näher kommen, während sich zugleich hinter ihm einiges regte.
„Was war denn das?"
Iream zuckte vor Schreck zusammen, die Angst entdeckt zu werden, raste wie ein Blitz durch seinen Kopf und den Rücken herab. Er musste dafür sorgen, dass seine Kameraden still blieben. Schnell drehte er sich um und sah nun in Fins müdes Gesicht, in dem immer noch der Satz „Bitte lass es ein Traum sein!" geschrieben zu stehen schien. Seine Angst stieg, und während Fin sich langsam von seinen Ellenbogen aus aufrichtete und hinsetzte, kam Iream in gebückter Haltung zu Fin herübergeschlichen.
„Psst, ganz leise!"
Fin schaute verschlafen, fragend und leicht verwirrt zu Iream herüber, welcher sich mittlerweile neben ihm hingesetzt hatte und immer noch seinen rechten Zeigefinger vor den Mund hielt.
Was war den bloß los? Er war gerade erst vor wenigen Augenblicken, durch dieses seltsame laute Geräusch aufgewacht, wurde nun unmittelbar vor eine anscheinend gefährliche Situation gestellt und wusste dabei nicht einmal, wer oder was diese Gefahr war. War es da ein Wunder, dass er etwas mehr über die derzeitige Situation erfahren wollte? Warum wollte Iream unbedingt, dass er ganz still blieb? Gerade wollte Fin noch einmal, ganz leise nachfragen, als er plötzlich dem immer lauter werdenden, dumpfen Grollen gewahr wurde, das offensichtlich die Gefahr ankündigte, vor der Iream so sehr Angst hatte:
Die gespenstische Geräuschkulisse ergab sich aus dem Stampfen etlicher Pranken, die sich langsam aber sicher in ihre Richtung bewegten. Von nun an dauerte es auch nicht mehr lange, bis die ersten einzelnen Schritte aus diesem Grollen herauszuhören waren und bis schließlich die nächsten schuppigen, graugrünen Pranken eines Grottenwurms vor dem Türrahmen auftauchten. Doch während Ireams Furcht und Anspannung immer weiter wuchsen und auch Fin immer stärker von der Angst gepackt wurde, bekamen die beiden anderen rein gar nichts von den Geschehnissen mit.
Fin wusste spätestens jetzt, wie groß die Gefahr wirklich war. Obwohl er absolut keine Ahnung von Grottenwürmern hatte, war es offensichtlich, dass sie im Kampf gegen eines dieser Wesen, die dort draußen vorbeimarschierten, keinerlei Chance hatten. Doch das, was nun folgte, war nicht ein einzelner weiterer Grottenwurm, sondern eine wahre Horde dieser gigantischen Echsen, die nacheinander vor der Tür des uralten Gemäuers vorbeistapften.

Keiner der Beiden hatte genau gezählt, doch sie waren sich darüber einig, dass es mindestens fünfundzwanzig Stück gewesen sein mussten.
So verging eine längere Zeit der Stille. Selbst nachdem das Donnern der Pranken endlich in der Entfernung verstummt war, blieben sie noch einige Zeit lang ruhig. Erst, als es draußen langsam etwas heller wurde, wandte sich Fin leise an Iream:
„Sollten wir jetzt nicht lieber so schnell wie möglich verschwinden?"
Der junge Adept schüttelte den Kopf:
„Nein, die Grottenwürmer sind normalerweise nur in der Dunkelheit wach. Lass uns lieber noch warten, bis es richtig hell ist. Unsere Chancen wieder sicher aus dieser Stadt zu kommen sind wesentlich größer, wenn diese Mistviecher schlafen."
Ireams letzte Worte schienen Fin ein wenig zu beruhigen, sodass nun zumindest ein leichtes Lächeln auf seine Lippen drang. Dann wandte er sich wieder an seinen Gefährten:
„Gut! Du hast, glaube ich, schon genug Wache gehalten. Ich werde nun noch ein, zwei Stunden lang aufpassen. Leg' du dich ruhig ein wenig hin und gönne dir ein wenig Ruhe. Nach diesem Erlebnis hast du es wirklich verdient."
Iream nickte und wollte im ersten Moment nichts weiter erwidern, doch als Fin nun aufstand und sich auf den Weg zur Tür machte, wandte er sich schließlich doch noch kurz an ihn:
„Danke Fin! Und viel Glück!"
Fin lächelte und hoffte doch innerlich, dass er dieses Glück in der nächsten Zeit nicht mehr brauchen würde.

XVIII.

„Guten Morgen Zaram! Endlich bist du wach!"
Zaram wischte sich, noch halb in Träumen vertieft, den eiskalten, feuchten Schnee aus dem Gesicht, öffnete seine Augen und schaute in die drei grinsenden Gesichter seiner Kameraden. Er brauchte ein paar Augenblicke, um

die verschiedenen Bausteine in seinen Gedanken zu einem ganzen Bild zusammenzusetzen, dann aber wurde er sich plötzlich wieder der Realität bewusst und setzte sich mit einer hastigen Bewegung hin.
„Hu! Es ist schon hell. Habe ich zu lange geschlafen? Ist irgendwas passiert?"
Die drei anderen mussten über Zarams erste Worte des Tages grinsen, und obwohl seine Fragen sicherlich ernst gemeint waren, konnte Iream nicht drum herum sich einen Spaß zu erlauben:
„Es scheint zumindest nichts passiert zu sein, was deinen Schlaf hätte stören können."
Doch diese Aussage traf nur bei Fin und Jendor auf ein lächelndes Gesicht, während Zaram diese Antwort mit seinem müden Kopf und ohne einen großen weiteren Gedanken als ein einfaches 'Nein' auffasste.
„Na dann ist ja gut."
„Komm Zaram, setz' dich zu uns und iss ein wenig. Wir haben heute noch einen langen Weg vor uns."
Der junge Adept schaute zu Fin herüber, welcher sich mittlerweile auf seine Wolldecke gesetzt hatte und gerade dabei war, ein paar Scheiben von einer dicken Mettwurst abzuschneiden. Es sah lecker aus, daran gab es nichts zu rütteln, doch schon alleine Fins letzter Satz rief in Zaram ähnliche Fuß- und Beinschmerzen hervor, wie er sie sicherlich den ganzen restlichen Tag verspüren würde. So blieb er noch für einen kurzen Moment in seine Decke eingewickelt sitzen, bevor er sich dann schließlich komplett anzog und zu seinen Gefährten setzte.
Die drei anderen hatten zwar einige Zeit gebraucht, bis sie Zaram schließlich wach bekommen hatten, doch nun, da er endlich wach war, begann auch sein Kopf wieder zu arbeiten. Seine Gedanken streiften über den gestrigen Tag, bis sie schließlich den Ort erreichten, an dem sie sich zurzeit befanden.
„Meint ihr, wir können ein paar Augenblicke aufbringen, um uns zumindest zwei, drei der Ruinen etwas genauer anzuschauen? Ich würde ..."
Zaram wurde grob durch Iream unterbrochen.
„Nein das werden wir nicht. Eher sollten wir versuchen, so schnell und leise wie möglich von hier zu verschwinden und die Spuren der Dunklen Krieger wieder aufzunehmen, denn den Wesen von letzter Nacht möchte ich nicht noch einmal begegnen."
Zaram horchte auf, zog seinen Kopf überrascht ein Stück weit zurück und

wandte sich dann unmittelbar an Iream:
„Aber ich dachte ..."
Wieder wurde er unterbrochen, diesmal von Fin und Jendor, die beide fast im selben Moment darauf hinwiesen, dass Iream doch sowieso noch etwas erzählen wollte. So ließ Zaram den letzten Teil seiner Frage einfach weg, nahm einen tiefen Atemzug der eisigen, klaren Bergluft und hoffte darauf, dass auch er gleich in die Ereignisse der letzten Nacht eingeweiht würde.
„Nun gut, da Zaram ja nun auch endlich wach ist."
Iream schaute mit einem schelmischen, aber offensichtlich nicht böse gemeinten Blick zu seinem Kommilitonen herüber und fuhr fort.
„Vor etwa drei Jahren nahm ich an einer halbjährigen Reise durch das nördliche Stromland teil, die als besondere praktische Erfahrung in Geografie, Geschichte, Militär und anderen Bereichen gedacht war. Auf dieser Reise lernte ich verschiedene Orte und Gebiete kennen und erfuhr ihre Besonderheiten und Geschichten. Einer dieser Orte war der sogenannte Wurmwall:
Diese riesige Festungsanlage verbindet das Kastaran-Gebirge mit dem Turian-Massiv und schließt auf diese Art und Weise die sogenannte Wurmpforte. Ihr müsst wissen, dass beide Namen darauf zurückzuführen sind, dass zwischen diesen beiden Gebirgen gelegentlich Grottenwürmer ihren Weg nach Süden suchen und den Menschen dann zur Gefahr werden, und um eben diese Monster geht es mir.
Grottenwürmer sind riesige, widerliche Echsen, die sich des Schutzes der Nacht bedienen, um ihren Gegnern keinerlei Vorteil zu schenken. Angeblich sind sie entfernte Verwandte der Drachen, was ihre fürs Tierreich weit überdurchschnittliche Intelligenz erklären würde. Dennoch unterscheiden sie sich sowohl vom Verhalten, als auch vom Körperbau von eben jenen edlen Wesen: Im Gegensatz zu den Drachen haben sie keine Flügel und scheinen ihre Intelligenz von Grund auf nur für böse Zwecke zu nutzen, was wiederum erklären würde, warum sie Silja fürchten und nur des Nachts unter das Himmelszelt treten.
Die Grottenwürmer haben eine Schulterhöhe von bis zu vier und eine Länge vom Kopf bis zur Schwanzspitze von bis zu zehn Metern. Sie haben eine mit dicken, hornigen, dunkelgrauen Schuppen bedeckte Haut, sehr lange, harte, spitze Zähne, ein sehr wulstiges Gerippe und sehr starke Muskeln.
Man kann von Glück reden, dass die Zahl der lebenden Grottenwürmer

auf Telib sehr gering ist. Aus dem Grund greifen sie meist nur allein an und auch nur deshalb ist es noch nie einem Grottenwurm gelungen, den Wurmwall zu durchbrechen. Der Wurmwall ist wirklich eine beeindruckende, riesige Verteidigungsanlage, doch bei einem gleichzeitigen Angriff von mehr als drei oder vier dieser Monster auf ein einzelnes Teilstück des Walls wäre ein Durchbruch kaum noch zu verhindern.
All das, was ich euch hier erzähle, wurde mir, dort am Wurmwall, der nur aufgrund dieser Grottenwürmer errichtet wurde, von einem alten Soldaten erklärt. Dieser führte unsere Gruppe gegen Ende seiner Ausführung zu einem frisch erlegten Grottenwurm und verdeutlichte seine Erklärungen an diesem Objekt.
Damals warnte er uns vor dem leicht säuerlich, fauligen Geruch des Grottenwurms, der, obwohl er nicht sehr penetrant ist, angeblich einmalig zu sein scheint. Und so atmete ich diesen Geruch ein und verschloss ihn in meinem Innersten, um schnell genug einen jeden Grottenwurm gewahr zu werden. Seit dem Tag habe ich diesen Geruch nie wieder wahrgenommen. Bis letzte Nacht."
Zaram hatte bereits beim Anfang der Erzählung befürchtet, auf was es hinauslaufen würde. Zugleich hatte er aber auch gehofft, dass er sich darin irrte. Als Iream nun aber seinen letzten Satz vollendet hatte, war seine Befürchtung vollkommen bestätigt worden, und so zitterte seine Stimme vor Aufregung und Angst, als er nun seine Frage stellte:
„Du hast heute Nacht hier zwischen den Ruinen einen Grottenwurm gesehen?"
Iream atmete tief ein und schaute Zaram dann ernst ins Gesicht.
„Nein! Fin und ich haben heute Nacht etwa fünfundzwanzig Grottenwürmer gesehen, die alle unmittelbar vor diesem Gemäuer vorbeigezogen sind. Verstehst du nun, warum ich die Ruinen nicht weiter untersuchen möchte?"
Zarams Gesicht wurde kreidebleich. Er wusste, dass Iream nicht lügen konnte, wenn er einen solch ernsten Ton anschlug und diese Tatsache brachte in diesem Moment mehr als nur einen unangenehmen Schock mit sich. So stammelte er nur noch vor sich her und fand nicht ein einziges passendes Wort, geschweige denn eine Antwort auf diese Frage. Doch er brauchte auch gar keine. Diese Aufgabe wurde nun von Jendor übernommen, der bisher genau so wenig über die Ereignisse der letzten Nacht wusste, wie der junge Adept:

„Aber du hast doch gerade noch gesagt, dass es nur sehr wenige Grottenwürmer gibt und mehr als vier schon ausreichen würden, um diese Festung zu zerstören?"
„Richtig, vielleicht hätte ich aber auch erwähnen sollen, dass keiner bisher sicher weiß, woher die Grottenwürmer stammen und man bisher nur gesehen hat, dass sie die Wurmpforte von Nordosten her betreten. Da es nun hier so übermäßig viele gibt, ist das hier möglicherweise die Heimat der Grottenwürmer."
Eine kurze Stille trat ein, alle schienen zu überlegen und die Frage die Zaram schließlich stellte, schien es auch gewesen zu sein, die bis dahin in den Köpfen der anderen herumgegeistert war:
„Aber was ist dann mit dieser Stadt? Schon allein die Statue beweist, dass sie nicht von irgendwelchen brutalen Echsen errichtet wurde."
Iream, der bisher das Gespräch geführt hatte, fühlte sich nun zu einer Antwort genötigt, obgleich er sich diese Frage schon selbst lange gestellt und keine sinnvolle Antwort gefunden hatte.
„Ich weiß es nicht. Vielleicht war dies wirklich eine Stadt der Chalmacor oder einer anderen Kultur, die schließlich von den Grottenwürmern zerstört wurde. Das würde zumindest erklären, warum die Chalmacor so plötzlich verschwanden."
Dieser Erklärung, obgleich es nur eine reine Vermutung war, konnte Zaram nichts entgegenstellen. Es schien logisch, dass es so oder so ähnlich gewesen sein könnte. Dennoch weigerte sich sein Inneres dagegen, diese Erklärung anzunehmen. Viel zu lange hatte er in allerlei Büchern und Schriften nach einer Antwort gesucht, als das ihn nun eine solch einfache Antwort befriedigen könnte. Da ergriff Fin plötzlich das Wort:
„Okay Jungs, lasst uns keine weitere Zeit verlieren. Je schneller wir hier weg und wieder auf den Fersen der Dunklen Krieger sind, desto schneller können wir das Ganze hinter uns und uns in Sicherheit bringen. Ich für meinen Teil werde die Grottenwürmer jedenfalls nicht vermissen."
Die drei anderen schauten Fin kurz, verdutzt über seinen plötzlichen Tatendrang, an. Doch er hatte Recht. Sie hatten schon viel zu lange pausiert und die Dunklen Krieger hatten bereits jetzt einen großen Vorsprung. So wurden ihm nach einer kurzen Stille etliche bestätigende und zustimmende Worte entgegnet.

Als die Vier wenige Momente später das alte Gemäuer verließen, schlug ihnen eine kalte aber auch erfrischende Böe einige Schneeflocken ins Ge-

sicht. Es war noch früh am Morgen, die warmen Strahlen der Sonnengöttin Silja drangen nur ein kurzes Stück weit durch die letzten Ausläufer des immer noch leicht brausenden Schneesturms und die Strahlen, die den Boden erreichten, erleuchteten die Umgebung nur mit einem dämmerigen, bläulich-weißen Licht. Doch diese wenigen Strahlen hatten bisher auch noch keine große Chance gehabt, die Umgebung zu erwärmen.
Die Vier schauten sich um und fanden auch sofort das, wonach sie suchten. Zwar waren die Stapfen schon recht hoch mit frischem Schnee gefüllt, doch hier und da waren dennoch die klaren Umrisse der mächtigen Spuren der Grottenwürmer zu erkennen.
„Sie sind nach Nordosten gewandert, genau in die Richtung, in die auch wir nun weitergehen müssen."
Zaram schaute etwas verängstigt, als er diese Feststellung machte, doch er war nicht der Einzige, in dem Sorgen über die Zukunft aufkeimten: Und während die ängstlichen Blicke von Fin und Jendor den Spuren nach Nordosten folgten, brachte Iream die Situation auf den Punkt:
„Stimmt, aber das ändert leider nichts. Wir müssen weiter nach Nordosten und können nur hoffen, dass wir bald wieder ein Zeichen der Dunklen Krieger finden."
Der junge Adept klopfte Zaram auf die Schulter und wollte sich auf diese Weise gleichzeitig ein wenig für den Spaß, den er heute Morgen auf dessen Kosten gemacht hatte, entschuldigen.
„Sowieso denke ich oder hoffe es viel eher, dass die Dunklen Krieger auch weiterhin ihre Richtung beibehalten. Zumindest sind sie bisher immer ziemlich gerade nach Nordosten gelaufen. Falls das jetzt nicht mehr der Fall sein sollte, so haben wir jetzt ohnehin schon komplett verloren."
Während Ireams letzten zwei Sätzen hatten sich die Vier schon gen Nordosten gewandt und sich auf den Weg gemacht. Zaram zögerte zuerst noch ein wenig und ging ein kleines Stück hinter den anderen, doch als ihm bewusst wurde, dass er nur noch diese wenigen Minuten Zeit hatte, die Ruinen zu studieren, beeilte er sich plötzlich, lief schon bald direkt neben den anderen und hielt Ausschau nach einer jeden möglichen Informationsquelle über die Chalmacor. Doch die Zeit verging, ohne dass er irgendeine interessante Entdeckung machte.
So kamen sie schließlich am nördlichen Rand der Stadt an. Hier nun schwenkten die Spuren der Grottenwürmer nach Westen, auf ein großes dunkles Loch in einem Berg, zu, während das Plateau im Nordosten in ein leicht abfallendes Tal überging.

„Was ist das für eine Höhle?"
Fin zeigte mit ausgestreckter Hand auf das große, schwarze Loch in der Bergwand, dessen dunkle Farbe durch den immer noch recht dichten Schneefall hindurchleuchtete. Die drei anderen folgten Fins Wink und schauten in Richtung des Lochs, woraufhin Iream seine Vermutung kundtat:
„Vielleicht ist es ihr Nest oder so was in der Art."
Zaram, der plötzlich wieder voller Neugier und Interesse zu sein schien, hatte eine andere Vermutung:
„Oder es sind die alten Minen der Chalmacor! Immerhin verkauften sie vor allem verschiedene Arten von Erz an das Warender Imperium."
Fin, der mittlerweile seinen Arm wieder gesenkt hatte, schien in keiner der beiden Möglichkeiten einen Vorteil für ihre derzeitige Situation zu sehen. So drehte er sich schon wieder nach Nordosten, als er seine persönliche Zusammenfassung gab:
„Wie und was das auch sei, es hilft uns wohl kaum gegen die Dunklen Krieger, eher bringt es uns in noch weitere Gefahren. Also lasst uns einfach schnell weiterziehen."
Diese Aussage war offensichtlich kein Vorschlag sondern ein Entschluss gewesen. Denn Fin setzte sich nun, ohne auf die Antwort der anderen zu warten, direkt in Bewegung. Er stapfte weiter nach Nordosten, wobei er bei einem jeden Schritt bis zu zehn Zentimeter tief in den Schnee einsank.
Die Anderen blieben noch einen kurzen Moment lang stehen, schauten auf das dunkle Loch und überlegten im Stillen weiter, was sich hier wohl in der Vergangenheit abgespielt haben mochte. Doch schon sehr schnell drangen die Angst vor den Grottenwürmern und die Erinnerung an die immer schneller vergehende Zeit wieder in den Vordergrund, und so folgten sie Fins Beispiel und nutzten nun den Vorteil in dessen Fußstapfen treten zu können.
Schon bald war von der Stadt der Chalmacor und den Grottenwürmern nichts mehr zu sehen, und so folgten sie dem scheinbar endlosen Tal, welches sie schon nach einigen Stunden wieder in tieferes und wärmeres Gebiet brachte. Nun säumten auch schon vereinzelte, kleine Fichten und Tannen den weiß bedeckten Fels der Berge und auch der Schneesturm hatte sich schon vor geraumer Zeit gelegt. Nur vereinzelt fielen noch einige sanfte Schneeflocken vom Himmel herab, doch auch diese wurden schon bald von einer Windstille abgelöst.

So waren vielleicht vier Stunden vergangen, als Iream plötzlich stehen blieb, auf den Schnee vor sich zeigte und mit einem Lächeln auf dem Gesicht einen siegessicheren Satz ausstieß:
„Jawohl, da haben wir sie ja wieder!"
Und tatsächlich: Vor ihnen waren nun einige Vertiefungen im Schnee zu erkennen, die allem Anschein nach dieselbe Größe wie die Fußstapfen der Dunklen Krieger hatten. Doch dann, im zweiten Moment wurde aus Ireams Lächeln ein verwirrtes Gesicht mit gekräuselter Stirn, denn die Spur verlief im Gegensatz zu der eigentlich erwarteten Richtung von Osten nach Westen. Doch dem nicht genug kam noch hinzu, dass sie nur von einem einzelnen Wesen zu stammen schienen.
War das gar keine Spur der Dunklen Krieger? Und falls ja, von wem oder was stammte sie dann? Und wenn sie doch von einem Dunklen Krieger stammte, wo waren die anderen dreizehn Krieger? In welche Richtung war der Krieger überhaupt gelaufen und wohin mussten sie dementsprechend gehen? Die Vier standen einen Moment lang ratlos da und starrten auf die Fußstapfen.
Diese Situation war einfach nichts, womit sie gerechnet hatten. Bis zu diesem Moment waren sie immer davon ausgegangen, dass die Krieger noch einige Tage lang zusammenbleiben und weiter nach Nordosten laufen würden. Das Aufstöbern ihrer Feinde wäre in diesem Fall nicht weiter schwer gewesen, doch nun schienen gar beide Annahmen gänzlich falsch zu sein.
Die Vier schauten sich um. Vielleicht war ja dort im Westen, unter dem Wäldchen aus kleinen, leicht verstreut stehenden Fichten etwas mehr von den Spuren zu erkennen. Einen Versuch war es jedenfalls wert. So folgten sie der Spur in den locker stehenden Fichtenhain hinein und standen urplötzlich vor einem verlassenen Lager.
Es sah seltsam aus, denn auch wenn sich die für ein Lager üblichen Spuren durch den Schnee zogen, es eine größere Spur von Südwesten und eine größere nach Nordosten gab und der Schnee in der Mitte komplett niedergetreten war, gab es weder Überreste eines Lagerfeuers noch Anzeichen von irgendwelchen provisorischen Unterschlüpfen oder Spuren von wieder abgebauten Zelten. Nicht einmal der Schnee schien zur Seite geräumt worden zu sein.
Nein, dieses Lager hatte anscheinend ausschließlich aus den Wesen bestanden, die sich hier dicht aneinander in den Schnee gesetzt, und diese

ungewöhnliche Art des Lagerns sogar in der letzten, eiskalten, stürmischen Nacht überlebt hatten.
War das nun ein Beweis dafür, dass hier die Dunklen Krieger gelagert hatten? Wenn nicht, so gab es nur noch die Möglichkeit, dass es hier in den Bergen Wesen mit ähnlich großen Füßen gab, denen die Kälte nichts weiter ausmachte. Das wiederum schien auch nicht so sehr abwegig zu sein und sowieso stellten sie sich die Frage, ob diese Krieger, die vielleicht nicht einmal aus Fleisch und Blut bestanden, überhaupt Ruhe brauchten.
Es blieb ein Rätsel und die Antwort schien sich nicht aus den Spuren des Lagers zu ergeben. Doch sie hatten wieder eine Spur und diese führte, genau wie sie es sich bisher gedacht hatten, schnurgerade nach Nordosten. Kurz umrundeten Jendor und Zaram noch einmal das Lager und suchten nach irgendwelchen weiteren Anzeichen, die die Vermutung, dass sie hier wieder auf die Spuren ihrer Feinde gestoßen waren, unterstützten, doch sie gaben schon bald auf. Hier war einfach nichts zu entdecken, die Zeit lief ihnen langsam davon und letztlich wussten sie ohnehin nicht, was es genau sein sollte, nach dem sie hier gerade suchten.
So machten sie sich wieder auf den Weg, folgten den Spuren aus dem Wäldchen hinaus und wieder in die karge weiße Landschaft hinein.
Wieder verging eine etwas längere Zeit. Das Tal verlief recht eben und führte die Vier ein gutes Stück weiter nach Nordosten immer tiefer in das Gebirge hinein. Doch als schließlich etwa eine weitere Stunde vergangen war, knickte das Tal vor einem großen Berg nach Osten ab, während die Spuren, denen sie folgten, an einem schmalen Grat am Abhang des westlichen Bergs hinaufführten.
Von einem Moment auf den anderen waren die Vier nun aus dem weiten, kargen Tal auf einen schmalen Pfad am Abhang dieses Berges gewechselt und mussten mit der gefährlichen Enge am Abhang leben. Keiner der Vier sagte ein Wort, als sie nun diesen neuen Weg beschritten, und dass obwohl in einem jeden von ihnen sich die verschiedensten Fragen und Ängste ansammelten:
Wo führte dieser Pfad wohl hin? Wussten die Krieger, wohin sie gingen, oder folgten sie nach wie vor nur einem Gefühl, das ihnen sagte, dass sie möglichst geradeaus nach Nordosten laufen sollten? Wussten die Krieger vielleicht sogar, dass sie verfolgt wurden, und lauerten ihnen nun irgendwo hinter einem Felsvorsprung auf? Und vor allem: Waren die Spuren, denen sie folgten, überhaupt von den Dunklen Kriegern?

Auf einmal prasselten etliche größere Steine direkt neben Iream den Berg hinab. Ein Schrecken durchfuhr die Gruppe, der alle Vier reflexartig nach links an die Felswand springen ließ. Vorsichtig und verängstigt schauten sie, mit dem Rücken dicht an die Wand gelehnt, den Steinen hinterher, die erst einige Augenblicke nach ihrem Loslösen weiter unten in der Schneedecke versanken.
Diesmal war es zum Glück nur Ireams Stab gewesen, der den Halt verloren hatte, doch wären es nicht diese Steine sondern Iream selbst gewesen, der die dreißig Meter den Bergabhang hinuntergestürzt wäre, so hätte schon dieser Sturz lebensgefährlich sein können. Der Weg, der vor ihnen lag, schien sie nun sogar offensichtlich noch höher zu führen, während sich der ohnehin schon sehr steile Abhang neben dem Pfad immer mehr zu einer vertikal herabreichenden Felswand veränderte. Wenn dort einer von ihnen herunterstürzte, so gab es für diesen keine Überlebenschance und das war einem jeden von ihnen bewusst.
Langsam tasteten sie sich wieder auf den Pfad, traten mit etlichen kleinen Schritten vorsichtig auf den Boden vor sich herum, bis sie sich schließlich sicher waren, dass er wirklich hielt und sie sich langsam wieder auf den Weg machten.
Irgendwie war es ein bedrückend ungutes Gefühl: Nicht nur, dass sie nicht wussten, wie sicher der Pfad vor ihnen war, nein es war einfach alles so unsicher. Weder wussten sie, wohin sie genau liefen, noch wussten sie, was sich für Gefahren hinter dem nächsten Felsvorsprung verbargen, noch ob sie überhaupt auf den Spuren der Dunklen Krieger waren. Waren sie es nicht, so liefen sie vielleicht gerade etlichen anderen vielleicht ebenfalls gefährlichen Wesen hinterher, während die Dunklen Krieger einen noch wesentlich größeren Vorsprung gewannen. Bis die Vier dann endlich wieder auf den Spuren ihrer Feinde waren, falls diese dann überhaupt noch aufzufinden waren, wäre wohl alles zu spät gewesen.
Es war einfach alles unsicher.
Wieder vergingen etliche lange Minuten, während zwischen den Vieren erneut eine ähnliche Stille einkehrte, wie in den ersten Stunden ihrer gemeinsamen Reise. Es war ein Paradoxon in sich und ein jeder der Vier wusste es. Doch obwohl alle diese Stille als ein böses Ohmen fürchteten, wagte es keiner, sie zu durchbrechen. War das schon das Ende? Hatten sie vor der Gefahr kapituliert und ihre Hoffnung längst aufgegeben? Da geriet plötzlich Leben in die Gruppe.

Ein Teil der Unsicherheit war soeben verflogen. Sie waren offensichtlich auf der richtigen Spur: Etwa vierzig Schritt vor ihnen bogen plötzlich einige Dunkle Krieger um einen Felsvorsprung und kamen direkt auf sie zu. In diesem Moment befanden sich die Vier schon über einer gut achtzig Schritt in die Tiefe ragenden Steilwand auf einem Pfad, der hier meist zwischen knapp einem Schritt und gut zwei Schritt breit war.
Schnell wandten sich die Gefährten zueinander.
„Okay Jungs, es ist so weit. Hofft bei den Göttern, dass diese Krieger genauso verwundbar sind wie wir. Wir müssen unter allen Umständen so dicht wie möglich an der Felswand bleiben und sie wenn möglich hinunterstürzen. Wenn sie nur ein Zehntel so verwundbar sind wie wir, so sollte der Sturz sie zumindest stark verletzen, doch alle auf einmal schaffen wir eh nicht.
Sollte ich sterben, so bin ich glücklich, euch gekannt zu haben! Viel Glück!"
Die anderen hätten es offensichtlich nicht besser sagen können, obgleich ihnen allen noch nicht so wirklich nach Sterben zumute war. Sie hatten sich bereits während Jendors Kampfplanerklärung dicht an die Wand gestellt und sich dort zum Kampf bereit gemacht.
„Viel Glück!"
„Viel Glück!"
„Ja, viel Glück!"
Es war von allen gesagt und schon kamen auch die ersten dieser dunklen Kreaturen auf sie zu: Eiszapfen hingen von den Riefen an ihren Wangen und ihren Rüstungen herab, während ihre blutroten Augen aus der glänzend schwarzen Haut hervorstrahlten und sie schon jetzt mit Magie zu durchlöchern schienen. Doch selbst, als sie nun in die unmittelbare Nähe der Vier kamen, zeigten sie keinerlei Anzeichen ihre Waffen zu ziehen. Als ob die Vier nicht vorhanden wären, spazierten sie einfach weiter den schmalen Grat entlang und direkt auf sie zu.
Weitere gespannte Augenblicke vergingen, bis Fin schließlich ein lautes „Stirb du Bastard!" ausstieß und seine gnaysische, zweischneidige Axt in den Hals des ersten Dunklen Kriegers versenkte.
Die Klinge drang tief in das Fleisch ein und ließ den Krieger in die Knie gehen. Dann sprudelte eine dickflüssige, dunkelrote, fast schon schwarze Flüssigkeit aus der Wunde heraus und quoll über die Schneide der Axt und den Hals des Kriegers. Schnell zog Fin seine Waffe wieder zurück, trat mit

seinem rechten Fuß gegen den Bauch dieser Kreatur, welche daraufhin nach hinten taumelte und scheinbar jede Kontrolle über ihren Körper verlor. Wie ein vollgepackter Kartoffelsack schlug der Körper auf den Boden auf, während der Kopf über die Kante des Grates schlug und mit einem dumpfen Knacken auf die Felswand traf.
Und schon kam der Nächste. Auch er schien keinerlei Reaktion auf ihre Anwesenheit zu zeigen, schwenkte ein wenig nach links dicht an die Steilwand heran und wollte auf diesem Weg offensichtlich das neu entstandene Hindernis – seinen gefallenen Kameraden – umgehen.
Wieso ignorierten die Krieger sie bloß?
Schon hatten die Vier die Hoffnung geschöpft, ihre Feinde ohne einen reellen Kampf vernichten zu können, als diese urplötzlich und alle im selben Moment stehen blieben und nach ihren Waffen griffen.
Wieder sauste die Axt herab und schnitt eine tiefe Wunde in die Brust des zweiten Kriegers, woraufhin unmittelbar danach Ireams Stab mit voller Wucht gegen den Kopf des Kriegers knallte und ihm vollends das Gleichgewicht raubte. Er taumelte, stolperte über den Rücken des bereits am Boden liegenden Kriegers und stürzte die Steilwand herab.
Doch dieser zweite Angriff der Gefährten war auch der letzte, der ohne Verteidigung geführt wurde, denn jetzt kam Leben in die Krieger. Dieses wiederum verdeutlichte den Vieren das Chaos, aus dem sie stammten: Alle zwölf stürmten auf die Vier ein, sie drängten sich dicht zusammen, nahmen offensichtlich keine Rücksicht auf die anderen Krieger oder nahmen sie vielleicht noch nicht einmal mehr war.
Ein jedes dieser dunklen Geschöpfe drückte und drängte sich den schmalen Grat entlang und versuchte dabei so schnell wie irgend möglich zu sein. Ellenbogen wurden benutzt, um sich Platz zu schaffen, was zwei der Krieger in den Abgrund stürzen ließ, manch einer drückte sich, mit seinen Händen auf dem Kopf oder der Schulter eines vor ihm laufenden Kameraden ab, was manch anderen zu Boden warf und den Drückenden über die Menge hinwegschauen ließ. Doch obwohl diese offensichtliche Unordnung eigentlich ein Vorteil für die Vier war, breitete diese Wand aus auf sie zu drängenden Dunklen Kriegern eine enorme Angst auf sie aus.
Von jenem Moment, da sie die Waffen gezogen hatten, bis zu diesem in dem nun der eigentliche Kampf begann, vergingen vielleicht nur fünf bis sechs Sekunden, doch den Vieren reichte diese Zeit aus, um sich noch dichter zusammenzustellen und ein paar verängstigt klingende Stoßgebete an die Götter zu schicken.

Vorne standen nach wie vor Fin und Jendor, zwischen deren Rücken die grob gefertigten Stäbe von Zaram und Iream hervor ragten. Beide bereuten schon jetzt, dass sie sich freiwillig nach vorne gestellt hatten. Zaram und Iream wiederum schauten zwar auch sehr angespannt nach vorne, sahen dem Kampf aber aufgrund ihrer Position offensichtlich ein Stück weit weniger ängstlich entgegen. Doch während Jendor sich dicht an die Felswand drängte und so zumindest ein wenig Sicherheit spürte, stand Fin mitten auf dem Grat. Für ihn war es ein knapper Schritt bis zur Felswand und ein einfacher bis zum Abgrund. Für ihn gab es nichts, an dem er sich festhalten konnte und das Blut, das auch jetzt noch von seiner Axt tropfte, schien das Einzige zu sein, das ihm ein wenig Mut gab. Doch es reichte nicht:

Als nun schließlich diese Welle, diese Wand von Dunklen Kriegern auf sie traf, erschien es Fin plötzlich so, als ob seine Bewegungen in Zeitlupe abliefen, während sich die Krieger normal weiterbewegten. Er wusste genau, dass er sich zusammenreißen musste, um eine Chance zu haben und um sein Leben kämpfen zu können. Doch seine Angst nahm ihm scheinbar jegliche Kontrolle.

Auch Iream und Zaram hatten ein ähnliches, wenn auch längst nicht ganz so starkes Gefühl, und so war es schließlich Jendor, der als Erster einen halben Schritt weit nach vorne eilte und wie wild auf die vor ihn zum Stehen kommenden Krieger einhackte:

Einen Hieb nach den anderen jagte er einfach in die schwarze Masse hinein, ohne zu wissen, auf wen oder was er in diesem Moment eigentlich einschlug.

Im selben Moment sauste ein langes, schwarzes Schwert auf Fins Kopf zu, während dieser nach wie vor von seiner Angst gelähmt war. Bilder seines Lebens rasten vor seinen Augen vorbei, dann merkte er einen beißenden Schmerz, der über seine linke Wange und seine Stirn schoss. Die Kraft hinter der Klinge ließ sein Kopf ein kleines Stück nach hinten kippen und ihn schlagartig wieder zur Besinnung kommen. Sein Augenlicht klärte sich wieder und zeigte ihm nun die Kreatur, die ihm soeben eine tiefe Scharte durch seine linke Gesichtshälfte gezogen hatte.

Von einem dahinter stehenden Krieger nach hinten gerissen, fiel der Angreifer gerade auf seinen Rücken und schien Fin auch nur genau deshalb so relativ unbeschadet gelassen zu haben. Jetzt zeigte sich das Chaos wirklich in allen Facetten, doch den Vieren blieb dennoch kein einziger Augenblick der Ruhe. Der Krieger, der Fins Angreifer zu Boden gerissen hatte, holte nun mit seinem schwarzen, metallisch glänzenden Morgenstern zum Schlag aus.

Endlich war Fins Angststarre überwunden. Wahrscheinlich war es nicht einmal eine Sekunde des Stillstehens gewesen und doch hätte sie fast ausgereicht, um ihn in den Tod zu reißen. Nun aber würde er alle Kraft und Wut zusammennehmen und sich für sein Blut rächen.

Ein lauter mit Schmerz, Wut und Hass erfüllter Schrei drang durch das Tal, der nicht mehr und nicht weniger als die pure Kampfeslust mit sich trug. Fin riss nun endlich wieder seine Axt empor und ließ seine Augen nach einem Ziel suchen. Doch dann war sie plötzlich schon wieder da, die Zeitlupe. Der junge Brujin sah, wie die dornenbesetzte Kugel des Morgensterns auf seinen Kopf zuraste, doch er schien die Axt nicht schnell genug zum Gegenschlag hochziehen zu können. Seine Angst erreichte einen neuen Höhepunkt, als urplötzlich etwas anderes in seinem Gesichtsfeld auftauchte.

Zaram stieß seinen Stab mit voller Kraft auf die Brust des Dunklen Kriegers, der nun durch diese Wucht getroffen, ebenfalls nach hinten taumelte, doch die Morgensternkugel schien ungehemmt weiter auf Fins Kopf zuzurasen.

Intuitiv sprang er nach links, stand nun unmittelbar neben Jendor und sah noch am Rand seines Gesichtsfelds, wie die Morgensternkugel einen Halbkreis schlug und ihn nur knapp verfehlte. Einen sehr sehr kurzen Augenblick war Fin wieder von der Angst ergriffen, dann sah er aber im Augenwinkel auf seiner rechten Seite wie Jendor und Iream zu einem weiteren Schlag ansetzten und spürte gleichzeitig, wie sein heißes Blut über seine Stirn und seine Wange herunterlief.

Fin war kurz davor einen weiteren lauten Schrei auszustoßen, doch plötzlich wusste er, dass das nichts weiter bringen würde. Er selbst hatte bereits genug Mut und die Dunklen Krieger schienen seine Gebärden zu ignorieren und keinerlei Furcht vor ihm zu verspüren.

Nein, die Kraft, die er in den letzten paar Sekunden aus seinem Hass und seiner Wut gewonnen hatte, war für etwas ganz anderes bestimmt: Er riss seine Axt empor und schlug sie in die große Menge der Dunklen Krieger, die sich nun wie eine schwarz schimmernde Wand aus wild durcheinander schlagenden und drückenden Leibern, Köpfen, Armen und Waffen direkt vor ihnen versammelt hatte.

Etliche Atemzüge vergingen wohl auf diese Art und Weise, die Vier wichen den meisten Schlägen ihrer Gegner aus und wehrten die restlichen, für sich selbst oder gar manchmal für ihre Gefährten, mit ihren Waffen ab. Doch nachdem schließlich zwei weitere Krieger durch das Drängen ihrer Kameraden in den Abgrund gestürzt waren und schon zwei weitere auf den Boden lagen, behinderten sich die Krieger längst nicht mehr so stark gegenseitig und begannen die Angriffe besser abzuwehren.

Als Iream nun einen weiteren auf den Boden zwang, geschah es, dass kurz hintereinander Fin und Jendor zurückwichen und sich wieder dicht an die Wand neben Zaram stellten, was eine große Lücke zwischen Iream und den anderen öffnete. Warum sie das taten, war ihm für einen Augenblick lang ein Rätsel, doch dann drang plötzlich Fins entsetzte Stimme an sein Ohr:

„Verdammt! Das sind ja Menschen!"

Iream konnte im ersten Moment nichts mit dieser Äußerung anfangen, als er nun allerdings einen schnellen Blick zu seinen Füßen warf, sah er dort die Leichen der erschlagenen Krieger, menschlicher Krieger. Er war geschockt und dadurch nur für einen kurzen Augenblick lang unaufmerksam, doch schon dieser kleine Moment reichte aus, um den Kampf schlagartig zu verändern.

Es war die dornige Kugel eines Morgensterns, die Iream nun mit voller Kraft an seiner rechten Seite an den Rippen traf und ihn in Richtung der Felswand taumeln ließ.

Nun stürmten die fünf verblieben Krieger ein Stück weit weiter den Grad entlang und stellten sich halbkreisförmig um die Vier.

Wieder flogen Schwert-, Axt-, Morgenstern- und Stabhiebe von beiden Seiten auf die jeweiligen Gegner hernieder.

Doch als ob die Krieger nun langsam ihrem Chaos entflohen wären, stieg ihre Kampfkunst immer weiter an. Gerade hatte Jendor sein Schwert gegen den Oberkörper des Morgenstern tragenden Kriegers gestoßen und ihn so den Abgrund hinabgestürzt, als sich der weiter rechts stehende Krieger offensichtlich dieser Situation bewusst wurde, sich von Zaram abwandte und Jendor sein Schwert mit aller Kraft vor die Brust schlug.

Der junge Fischer flog mit einem lauten Schmerzensschrei nach hinten gegen die Felswand und sah gerade noch, wie Zarams Stab auch diesen Krieger in die Tiefe stürzen ließ, doch dann wurde ihm schwarz vor Augen und seine Sinne verließen ihn.

XIX.

Als sich plötzlich etwas eisig Kaltes und Feuchtes auf seinem Gesicht ansammelte, kam ihm im ersten Moment noch alles wie ein Traum vor. Der erste Gedanke, der nun durch seinen Kopf schoss, war der, dass Zaram sich wohl auch so gefühlt haben musste, als sie ihn heute Morgen mit der Hand voll Schnee geweckt hatten. Doch sofort begann er, zu zweifeln. Die Schmerzen, die er verspürte, passten einfach nicht in dieses Bild und warfen neue Fragen auf: Hatte der junge Adept damals etwa auch solche Schmerzen ertragen müssen? Und falls ja, warum? Hatte sich vielleicht irgendjemand auf seiner Brust abgestützt? So sehr, dass es einen solch starken Schmerz hervorrufen konnte? Und vor allem: Waren diese Schmerzen nicht viel zu real, als dass es wirklich ein Traum sein konnte?
Jendor riss die Augen auf und sah in die Gesichter seiner Gefährten, die sich dunkel vom hellblauen, strahlenden Himmel abhoben. Aber es waren nur zwei, wo war der Dritte? Jendor erinnerte sich an den Kampf. Hatte Fin es etwa nicht geschafft? Er schaute noch einmal genauer hin und sah, wie Zaram sich über ihn beugte und dabei seine Lippen bewegte, doch an seinen Ohren kam nur ein Brummen und Rauschen an.
Und was war das nun? Ein stechender Schmerz in seiner Brust durchfuhr seinen ganzen Körper, als ob ihm jemand mit einem Messer die Haut aufschlitzte. Langsam und unter noch größeren Schmerzen hob Jendor seinen Kopf an, schaute an sich herab und fühlte sich in diesem Moment, als ob ein gewaltiger Blitz quer durch sein Herz fuhr. Das, was er dort sah, ließ seinen Kopf sogleich wieder nach hinten in den Schnee fallen und ihn wieder sein Bewusstsein verlieren.
„Er ist wieder weg!"
„Dann lass ihn erst mal liegen, es ist vielleicht besser so. Ich habe so etwas sowieso noch nie gemacht, und wenn er herumzappelt, ist die Gefahr noch größer, dass ich etwas falsch mache."
Zaram nickte Fin zu und beneidete ihn ein Stück weit dafür, dass er den Mut und die Ruhe besaß, Jendors blutverschmierte Brust anzufassen und mit der Nadel zu zunähen. Eigentlich waren es seine Nadel und sein Garn, mit denen er auch schon den einen oder anderen Kreuzer an der Akademie

dazu verdient hatte, doch beim Nähen von lebender Haut hätte er die Ruhe, die Fin nun zeigte, sicherlich nicht aufbringen können. Und er war dabei der einzige Unverletzte:

Fins Gesicht zeigte eine große blutverschmierte Schnittwunde, während an Ireams rechter Seite ein leichter Blutstrom aus der Rippengegend unter seinen Achseln zu erkennen war, und im Vergleich zu Fin zeigte er keine einzige Bewegung mehr.

Der junge Adept war immer noch vom Schock ergriffen, stand gebeugt über Jendors Brust, schaute apathisch auf die großen Mengen von Blut und schien rein gar nichts mehr von der Außenwelt mitzubekommen. All seine Gedanken drehten sich nur noch um die pochenden Schmerzen, die durch seine rechte Brustkorbhälfte pulsierten und bei einer jeden Bewegung stärker zu werden schienen. Doch als ob dies nicht genug wäre, war er zugleich davon überzeugt, in dem blutverschmierten Oberkörper Jendors das Spiegelbild seiner rechten Brusthälfte zu erkennen.

Das Blut in Fins Gesicht war mittlerweile geronnen und zeigte sich nun als breiter, dunkelroter Strich, der sich quer über seine Stirn und seine linke Wange zog. Und so war das eigentlich Schlimmste für ihn, dass er sich sein Gesicht noch wesentlich entstellter vorstellte, als es tatsächlich war. Eine Möglichkeit sein Gesicht zu betrachten, gab es hier auf dem schmalen Felsgrat nicht. Auch das war mit ein Grund, warum er die Initiative beim Verbinden von Jendor ergriffen hatte, denn auf diese Art, konnte er sich zumindest für die erste Zeit von seinem eigenen Schicksal ablenken.

Einen kleinen Moment lang zupfte der junge Brujin noch mit Nadel und Faden an Jendors Brust herum, so wie er es schon einige Male bei Larian, der Schneiderin seines Stammes, gesehen hatte. Doch die kleinen Wunden der Nomaden, die lediglich von Unfällen mit Messern, Sicheln oder den Hufen der Kamele herrührten, waren allesamt nicht so sehr groß, wie dieser Schnitt über die gesamte Brust von Jendor. Und Larian wusste im Gegensatz zu Fin genau, wie man eine Nadel führte. Ob er jetzt also alles richtig gemacht hatte, wagte er wahrhaftig nicht zu entscheiden. Doch jedenfalls war die Wunde verschlossen und neues Blut schien auch nicht mehr in großen Mengen auszutreten.

Fin rollte das restliche Garn wieder auf, steckte die Nadel quer durch die Rolle und gab sie wortlos an Zaram zurück. Dann drehte er sich wieder zu Jendor, zog ihm vorsichtig seine zerschnittene und mit Blutflecken verklebte Kleidung über den Oberkörper, deckte ihn grob mit seiner Woll-

decke zu und setzte sich schließlich aufrecht mit dem Rücken an die Felswand neben ihn. Er verschloss seine Augen und atmete tief ein.
Von dem Moment an vergingen noch ein paar Atemzüge der Stille, bis Iream diese Veränderungen der Positionen bemerkte. Dann schaute er sich hastig und verängstigt um und setzte sich, nachdem er Fin an der Felswand entdeckt hatte, ohne ein Wort zu verlieren neben ihn.
„Ich werde jetzt nach den anderen, herabgestürzten Kriegern schauen und mich davon überzeugen, dass sie wirklich alle tot sind. Danach werde ich einen Lagerplatz suchen, wo ihr euch, so gut es geht, auskurieren könnt. Wartet einfach hier und ruht euch aus."
Zaram erhielt keine Antwort, nicht einmal ein Nicken, Kopfschütteln oder ein einfacher Blick waren zu erahnen. Doch das beruhte wohl nur darauf, dass Fin nun in seine Gedanken über sein entstelltes Gesicht vertieft war, während Iream mittlerweile, genau wie Jendor, in eine geistliche Bewusstlosigkeit abgetaucht war.
„Gut, ich komme bald wieder."
Zaram schaute seine drei Gefährten noch einmal auffordernd an, doch alle drei blieben nach wie vor regungslos. So drehte er sich um und ging vorsichtig den Grat entlang nach unten.

Es dauerte eine Zeit lang, bis er den schmalen Pfad endlich verlassen konnte. Die Sehnsucht danach, wieder mehr Sicherheit und Freiraum unter seinen Füßen zu verspüren, hatte ihn anfangs fast mehr als seine eigentliche Aufgabe angetrieben. Doch auch jetzt, da er dieses erste Teilziel erreicht hatte, gönnte er sich keinen einzigen Atemzug für eine Pause.
Er lief eine etwas längere Zeit direkt am Abhang entlang, bis er schließlich in etwa auf die Höhe gekommen war, von der die Krieger herabgestürzt waren. Doch hier lag plötzlich eine kleine Anhöhe vor ihm, die er offensichtlich erklimmen musste, um zu den Leichen seiner Feinde zu gelangen. So griff er beherzt nach den rauen, eisigen Felsen des Abhangs, die dort aus der sonst recht glatt erscheinenden Schneedecke herausschauten, und kletterte langsam zur Anhöhe hinauf.
Da hielt er plötzlich überrascht inne. Was war das?
Der junge Adept war wohl bereits etwa die halbe Strecke bis zu dem kleinen Plateau hinaufgeklettert, als er plötzlich bemerkte, dass das Material, an dem er sich soeben mit seiner rechten Hand festhalten wollte, viel zu weich und elastisch für einen Stein war und sogar unter dem Druck seiner Hand nachgab. Fels war das definitiv nicht.

Er erschrak ein wenig, als er nun noch einmal genauer hinschaute und dabei feststellte, dass es sich hierbei offensichtlich um einen Gegenstand aus graubraunen Leinen handelte. Kurz atmete er noch einmal tief ein, überlegte, ob er sich wirklich schon wieder seiner Neugier hingeben sollte, und zog dann schließlich mit einiger Kraft an dem leinenen Stück Stoff.
Im ersten Moment schien sich nichts zu regen, doch dann zeigte seine Kraft plötzlich Wirkung: Eine größere Menge Schnee, die zuvor in den Ausbuchtungen des Gegenstandes festgesessen und ihn verankert hatte, fiel nun Stück für Stück zur Seite und ließ diesen schließlich los. Was Zaram dann in der Hand hielt, war offensichtlich ein relativ kleiner mit Eiskristallen behafteter Rucksack. Doch wem gehörte er?
Unwohlsein kam in ihm auf. Er dachte oder befürchtete viel eher, dass er die Antwort auf diese Frage leichter herausbekommen konnte, als ihm eigentlich lieb war. Dennoch besiegte seine Neugier schließlich seine Angst und während der Satz „Ich habe heute schon einige tote Menschen gesehen, da macht einer mehr oder weniger den Braten auch nicht mehr fett." in seinem Kopf herumgeisterte, griff Zaram zu seinem Stab.
Sofort fing er an, den übrig gebliebenen Schnee mit groben Stößen an und um die Stelle, wo er den Rucksack aus dem Schnee gezogen hatte, zur Seite zu räumen. Über einen Schritt tief musste er graben, doch dann hielt er schließlich wieder inne.
Er hatte Recht behalten: Dort lag tatsächlich der ehemalige Besitzer, direkt neben der Stelle, wo der Rucksack zuvor stand. Die Augen waren verschlossen und warfen einen ruhigen, fast schlafenden Eindruck auf die Person, deren eisüberzogene Haut bläulich im Lichte der Sonnengöttin schimmerte.
Zarams Blick glitt über den Körper des vielleicht vierzigjährigen, braunhaarigen und vollbärtigen Mannes und fand einige größere Löcher in seiner Kleidung, die, glaubte man den großen rötlichen Flecken um diese Löcher, wohl auch in seiner Haut wiederzufinden waren. Doch was Zaram noch wesentlich mehr erstaunte, war die Kleidung selbst, die aus einer Lederhose, einer Lederjacke, einem Kettenhemd und einem darüber geworfenen Wappenrock bestand. Und das Wappen auf diesem war das des Warender Imperiums.
Ein Zittern gemischt aus Angst, Ehrfurcht und Überraschung glitt durch seinen ganzen Körper. Falls Zaram sich nicht gänzlich irrte, so war diese Person schon vor etlichen Hundert Jahren gestorben und lag wohl seit die-

sem Zeitpunkt in diesem gefrorenen Zustand, tief im Schnee vergraben, am Hang dieser Anhöhe. Es schien so, als ob er endlich den Zeitzeugen gefunden hätte, den er schon so lange suchte, doch dieser war offensichtlich nicht mehr in der Lage ihm Antworten über vergangene Tage zu geben, und so blieb ihm nur die Hoffnung, dass es vielleicht eines seiner Besitztümer konnte?

Zaram war nun plötzlich komplett von seinem Fund eingenommen und schien schon fast seine Gefährten und die Leichen der Dunklen Krieger – nach denen er ja eigentlich sehen wollte – vergessen zu haben. Wie wild geworden wühlte er in dem Rucksack herum und kippte den Inhalt schließlich ungeduldig auf dem Schnee aus, wo er tatsächlich etwas Interessantes fand: ein Buch.

Noch wehrten sich seine Angst und seine Aufregung gegen die Neugier und seinen Wissensdurst. Er wagte es nicht, das Buch bereits jetzt aufzuschlagen und legte es daher erst einmal beiseite. Dann schaute er sich einen jeden der anderen Gegenstände an und steckte alles wieder in den Rucksack zurück: eine große Brotdose mit einem halben gefrorenen und uralten Brotlaib, etwas Wurst und Käse, eine kleine Feldflasche mit einem offensichtlich noch flüssigen, alkoholischen Inhalt, ein kleiner Wasserschlauch aus Leder, dessen Inhalt steinhart gefroren war, eine Zeltplane, ein großer Putzlappen, in dem ein kleiner Schleifstein und eine kleine Flasche mit einem öligen Inhalt eingepackt waren, und eine dicke, zerzauste Wolldecke.

All dies packte er in den Rucksack zurück, nur das Buch ließ er draußen liegen. Dann verschloss er den Rucksack wieder, schaute noch einen Moment, in Gedanken versunken, auf den Leichnam des fremden Mannes, nahm schließlich das Buch in die Hand und kletterte ein kleines Stück den Abhang hinauf. Doch schon nach zwei, drei Schritten blieb er plötzlich stehen, kletterte langsam wieder zu dem Leichnam herab, packte die Decke aus dem alten Rucksack aus, deckte den Unbekannten damit vorsichtig zu, stellte seinen Rucksack direkt neben ihn und schaufelte eine dicke Schneedecke auf ihn und seinen Rucksack.

Es wäre falsch gewesen, ihn dort so liegen zu lassen. Schon das Mitnehmen seines Buches war wahrscheinlich ein Unrecht, doch sein von ihm geöffnetes Grab nun auch noch in diesem Zustand zurückzulassen, biss Zaram nicht nur in seine religiöse Seele, sondern widersprach auch dem Gefühl der Dankbarkeit, welches er dem Unbekannten, ohne zu wissen, was eigentlich in dem Buch stand, entgegenbrachte.

Kurz kniete er nieder, betete im Stillen für den Unbekannten, bat um Verzeihung für den Diebstahl, versprach das Buch mit Ehre zu behandeln und es, sowie es ihm möglich war, seinen Verwandten zukommen zu lassen. Dann, mit etwas erleichtertem Gefühl im Magen, kletterte Zaram weiter den Abhang hinauf, bis er oben auf der Anhöhe ankam.

Und dort lagen sie nun: die Dunklen Krieger. Keiner sah den Monstern ähnlich, gegen die die Vier noch vor etwa einer halben Stunde gekämpft hatten. Im Gegenteil, es schienen alles normale menschliche Leichen zu sein. Leichen von Menschen aus den verschiedensten Regionen Telibs, mit verschiedenstem Aussehen, verschiedensten Alters und von beiden Geschlechtern. Und genau wie bei den Leichen der anderen Krieger, die noch oben auf dem Grat lagen, ließ sich auch hier nur noch eine dünne, graue Ascheschicht an all den Stellen finden, wo einst die Rüstungen und Waffen aus dem seltsamen, schwarz glänzenden Metall, ihren Platz hatten.

Zaram war angewidert. Fast der gesamte Schnee um die Leichen herum war mit Blut befleckt und die Leichen selbst sahen noch wesentlich unangenehmer aus. Doch er hatte sich vorgenommen, dass er einen jeden Einzelnen der Dunklen Krieger anschaute und sicherstellte, dass keiner mehr von ihnen lebte. So suchte er sich seinen Weg durch die Leichen, stocherte das eine oder andere Mal, mit seinem Stab auf den leblosen Körpern herum und hielt sich dabei seine linke Hand vor den Mund, um den Würgereiz so gut wie möglich zu unterdrücken.

Doch bereits nach einer halben Minute kehrte er den Leichen den Rücken zu. Eigentlich hatte er sich vorgenommen, eine jede Leiche von allen Seiten ganz genau zu untersuchen. Doch nachdem er nun fast einen jeden Krieger mit seinem Stab gedreht hatte und die durch den Aufprall entstellten Körper in ihm bereits extreme Übelkeit hervorgerufen hatten, wurde der Wille in ihm immer stärker, den Tod für einen jeden dieser Körper auch so schon zu akzeptieren. Viel länger würde er es hier jedenfalls nicht mehr aushalten.

So drehte er sich um, ging auf den schmalen Abhang der Anhöhe zu und kletterte langsam wieder herunter, während sich die Gedanken in seinem Kopf um so schneller überschlugen. Es waren Verzweiflung, Hilflosigkeit, Angst, Ungewissheit und nun auch noch der Ekel vor den Leichen der Dunklen Krieger, die ihm keinen klaren Gedanken mehr fassen ließen.

Was war nun mit Jendor, würde er seine Verletzung überleben? Und Iream hatte auch einen argen Hieb abbekommen. Wie lange würde es dauern, bis sie weiterreisen könnten? Würden sie die drei verbliebenen Dunklen Krieger noch fassen und erledigen? Und würden sie das Turian Massiv dann wieder lebend verlassen können?

Es waren etliche Fragen, die in ihm die Ungewissheit aufkeimen ließen, doch plötzlich drang wieder ein etwas klarerer Gedanke hindurch: „Lager suchen!"

Zaram blieb stehen und schaute in die Ferne: Da hinten, die dunklen Flecken, das mussten die Spuren der drei verbliebenen Krieger sein. Schnell setzte er sich wieder in Bewegung, stapfte durch den über Knöchel hohen Schnee und erreichte kurz darauf tatsächlich die Spuren seiner Feinde. Sie hatten sich offensichtlich wieder einen Weg zwischen den Bergen hindurch gesucht und waren dem abknickenden Tal nach Osten gefolgt. So setzte auch er seine Schritte in diese Richtung.

Ab jetzt ging es wieder etwas schneller voran. Zaram trat nun in die tief eingetreten Spuren der drei Krieger und musste längst nicht mehr so viel Energie aufbringen, wie in den Minuten zuvor. Eine knappe halbe Stunde folgte er den Spuren weiter nach Osten. Dann ging das Tal in einen breiten und relativ steilen Abhang über. Dieser Abhang endete nach gut Tausend weiteren Schritten in einem anderen, von Norden nach Süden verlaufenden Tal. Und dort unten, wo sich beide Täler trafen, erstreckte sich eine ovale, etwas größere und wesentlich tiefer gelegene Fläche.

Endlich sah Zaram wieder einige wenige Bäume, die vielleicht gar größer als er selbst waren und dort wohl auch anderen Pflanzen etwas Schutz boten. Zwischen den Zweigen der Bäume glitzerte das Licht Siljas auf dem kristallklaren Wasser eines kleinen Sees. Gras und Kräuter waren am Ufer zu erkennen und mochte dieses Tal auch nicht an die grünen und blühenden Wiesen des stromländischen Frühlings heranreichen, so lag dort unten zumindest kein Schnee auf den Wipfeln der Bäume.

Zaram merkte, dass sich seine Ängste bei diesem Anblick ein Stück weit legten und sich sogar ein Lächeln auf seine Lippen schlich. Für einen kurzen Moment ließ er seine Gedanken noch schweifen, schaute in das Tal herunter, träumte einen Moment von seiner Heimat und drehte sich schließlich wieder nach Westen, um den Weg zurück zu seinen Gefährten zu laufen. Es war ein angenehmes Gefühl zu wissen, dass er ihnen bald die gute Botschaft überbringen konnte.

XX.

Jendor war mittlerweile wieder aufgewacht. Er schimpfte über sich selbst und darüber, dass er seine Verbandstasche nicht mitgenommen hatte. Viel zu sehr war er der Überzeugung gewesen, dass ihnen entweder die Vernichtung des Xilimia gelingen oder dieser sie vorher töten würde. An die Möglichkeit, dass er oder Fin einfach nur verletzt sein könnten, hatte er damals nicht gedacht. Und nun, da er seine Verbände und Heilmittel mehr als je zuvor hätte brauchen können, schien auch kein Einziger der anderen an Verbandszeug und Kräuter gedacht zu haben. Zaram war jetzt seine letzte Hoffnung, doch der schien sich jede Menge Zeit mit seiner Exkursion zu lassen.

So litt der junge Fischer. Ein jeder Atemzug zog an den Nähten auf seiner Brust und ließ einen stechend beißenden Schmerz durch seinen Körper ziehen. Es war ein unmenschlicher Zustand, doch er konnte im Moment nichts daran ändern. Kurz hatte er auch überlegt, ob er sich vorsichtig zu seinen beiden Kameraden setzen sollte, um so zumindest nicht so jämmerlich auf dem kalten Fels zu liegen, doch er zweifelte daran, dass seine Kräfte für diese Bewegung ausreichten. Vor allem sein Blutverlust hatte ihm sehr zugesetzt. So verharrte er in dieser Position und verfluchte einen jeden weiteren Augenblick, in dem er diese unbeschreiblichen Schmerzen ertragen musste.

Ewigkeiten schienen ihm bereits vergangen zu sein, als dann endlich das Geräusch von Schritten den Grat heraufhallte und tatsächlich tauchte Zaram schon kurz darauf hinter einem Felsvorsprung auf.

„Hey ihr drei!"

Zaram warf einen schnellen Blick über seine Gefährten und über die drei Leichen der Dunklen Krieger, die direkt an dem steilen Abhang lagen. Dann legte er die letzten paar Meter zurück und ging auf Jendor zu. Eigentlich hatte er sich vorgenommen seine Kameraden aufzumuntern und ihnen Mut zu machen, doch der Anblick, der sich ihm hier bot, machte ihm diese Aufgabe noch schwerer, denn bis auf Jendors Zittern zeigte sich keinerlei Bewegung.

„Wie geht's dir Jendor?"

Zarams Blick suchte nach einer ruhigen Ecke, doch in Jendors Richtung schien er dabei keinen Erfolg zu haben. Die Augen des jungen Fischer schauten ihm aus seinem bläulich bleichen Gesicht entgegen und schienen die Augenlider nur mit äußerster Kraftanstrengung oben halten zu können. Der Fels und der Schnee um ihn herum waren mit etlichen Blutspritzern übersät, die längst nicht alle von ihren Feinden stammten und während ein merkwürdiges Zucken durch Jendors ganzen Körper glitt, gab er Zaram statt einer Antwort, eine Frage zurück:
„Hast du irgendwas gegen die Schmerzen?"
Seine Stimme klang flatterig, schwach und verzweifelt, und obwohl er sich eigentlich vorgenommen hatte, Zaram nicht gleich mit dieser Frage zu überfallen, rissen die Schmerzen alle seine Vorhaben entzwei und zwangen ihm diese bettelnd klingende Frage nun doch sofort zu stellen.
„Nein, tut mir leid, ich habe nichts dergleichen. Aber dafür führen die Spuren der Dunklen Krieger nun durch ein tiefer liegendes Tal, das frei von Schnee und Eis zu sein scheint, dort können wir sicherlich eine kurze Zeit lang rasten und du dich etwas ausruhen."
Jendor hatte offensichtlich nichts mehr, von dem was Zaram nach dem „Nein" gesagt hatte, gehört und schien nun, nachdem er wusste, dass er mit den Schmerzen leben musste, auch seinen letzten Lebensmut verloren zu haben. Ein jeder von ihnen war verzweifelt und wusste nicht, wie es nun weitergehen sollte, doch Jendor hatte gar so starke Schmerzen, dass er über diese Zukunftsängste nur wenig Gedanken verlor. Was scherte ihn also dieses Tal? Er wollte nur, dass diese Schmerzen endlich ein Ende fanden.
„Wie geht es Iream?"
Zaram schaute nun zu Fin herüber, als ob dieser für den stromländischen Adepten zuständig wäre, doch er schien absolut nichts von der Frage wahrgenommen zu haben und schaute weiterhin apathisch in die Ferne.
„FIN!"
Der junge Brujin schreckte auf, schaute Zaram erschrocken an und wusste nicht, wie ihm in diesem Moment geschah und so klang auch der Ton seiner Stimme, verängstigt, überrascht und eingeschüchtert, als er seinem Gefährten nun mit einem einfachen „Ja?" antwortete.
„Wie geht es dir und Iream?"
Fin wollte gerade anfangen, von den Schmerzen in seinem Gesicht und von der Narbe, die er nun wohl sein Leben lang mit sich tragen musste, zu erzählen, als er dem zweiten Teil von Zarams Frage bewusst wurde. Ur-

plötzlich wurde ihm klar, dass er sich eigentlich nicht beschweren konnte. Er war glimpflich davon gekommen, die Wunde war bereits trocken und bis auf die Narbe würde ihn schon bald nichts mehr an diesen Kampf erinnern. Jendor und Iream hatte es allerdings wesentlich stärker getroffen. Falls die Götter ihnen nicht gnädig waren, so fanden sie vielleicht sogar den baldigen Tod. Wieso nur hatte er diese Tatsache über all die Zeit ignoriert? Er schämte sich in diesem Moment schlagartig für seinen Egoismus. Denn auch wenn er Jendor anfangs verpflegt hatte, war er danach nur noch mit sich selbst beschäftigt gewesen, während sich die anderen beiden die ganze Zeit über gequält hatten. Doch dieses Gefühl von Scham verschwand auch sofort wieder in seinem Unterbewusstsein und ließ Platz für ein noch stärkeres Gefühl der Sorge um seine Gefährten. Entsetzen spiegelte sich in seinen Augen wieder, als er sich nun ruckartig zu dem jungen Adepten zu seiner Rechten umdrehte.

„Iream?"

Es kam keine Antwort.

„Iream!"

Nichts, Iream schien von dem Ganzen nichts mitzubekommen und saß wie angenagelt mit verschlossenen Augen an der Felswand. Doch während Fin schon wieder in Verzweiflung versank und vor dem Adepten gebeugt verharrte, blieb Zaram ruhig, ging die letzten Schritte zu Iream herüber, kniete sich vor diesen hin und rieb ihm vorsichtig ein wenig Schnee ins Gesicht. Da öffnete er plötzlich seine Augen und sah Zaram mit einem etwas verwirrten und fragenden Blick an.

„Iream, wie geht es dir?"

Der junge Stromländer brauchte offensichtlich ein paar Momente, bis er diese Frage richtig realisiert hatte, doch statt dann eine Antwort zu geben, fuhr er mit seiner linken Hand über die rechte Seite seines Oberkörpers und zuckte dann schreckhaft von der dunkelrot umrandeten und zerfransten Stelle in seiner Kleidung zurück. Voller Entsetzen und Furcht in seinen Augen schaute er Zaram entgegen, stand, ohne ein Wort zu sagen, auf und wollte gerade beginnen, sich den Oberkörper auszuziehen. Doch da packte Zaram ihm am Arm, schüttelte den Kopf und hielt ihn so zurück.

„Halt, warte! Lass uns lieber erst noch eine kurze Zeit laufen und dann in dem tiefer gelegenen Tal lagern. Dort scheint auch ein kleiner See zu sein, wo wir sicherlich sauberes, klares Wasser zum Waschen deiner Wunden finden werden."

Iream ließ wieder von seiner Kleidung ab und schaute Zaram mit großen Augen an. Er hatte offensichtlich irgendetwas verpasst, denn von einem Tal mit einem See wusste er nichts. Doch er vertraute seinem Kommilitonen und griff so, nach einem weiteren kurzen Augenblick des Überlegens, zu seinem Rucksack, was sowohl Fin als auch Jendor gleichzeitig als Aufbruchssignal ansahen. Doch während der junge Brujin sich sofort aufraffte und ebenfalls zu seinem Rucksack griff, fiel der junge Fischer schon nach der Hälfte der Strecke wieder auf seinen Hintern zurück.
Schon nach diesem Versuch glitt ein unangenehmes Zittern der Erschöpfung durch seinen Körper und ließ seinen Mut ein ganzes Stück weit sinken, doch Aufgeben wollte er dennoch nicht. Ein zweites Mal stütze er sich auf seine Arme und versuchte sich vorsichtig und langsam in die Höhe zu drücken. Dann, als seine Arme ganz durchgestreckt waren, atmete er tief ein, schwenkte ganz leicht mit seinem Oberkörper, zwischen seine Arme nach hinten und nutzte den daraus gewonnen Anschwung, um sich schließlich auf seine wankenden Beine zu stellen.
Doch als sein Kopf nun über seinem restlichen Körper thronte, wurde ihm plötzlich schwarz vor Augen, sein Gleichgewichtssinn spielte verrückt und seine Ohren gaben nur noch ein Rauschen wieder. Sein Blutverlust war viel zu stark, als dass er fest auf seinen Beinen stehen konnte. Er taumelte hin und her und war kurz davor wieder zurück auf den Boden zu stürzen, als er urplötzlich dennoch zur Ruhe kam.
Zaram war zu ihm geeilt, hatte seinen Arm unter seine Schulter gelegt und ihn in seinem Taumeln aufgefangen. Für einen kurzen Moment bückte sich der Adept noch einmal, hob Jendors Rucksack auf und hängt sich diesen über seinen eigenen. Doch schon direkt danach lag sein Arm wieder unter den Schultern des jungen Fischers und stützte ihn ab. Jetzt gab er auch den Anderen das Zeichen für den Aufbruch:
„Dann also los! Sagt Bescheid, wenn wir hier vorne zu schnell sind."

Als sie schließlich den kleinen See im Tal erreichten und sich dort direkt am Wasser zwischen einigen, alten, kleinen Fichten niederließen, waren wohl knappe zwei Stunden seit dem Aufbruch vergangen. Jendors genähte Wunde war während dieses Marsches wieder ein Stück weit aufgerissen und hatte frisches Blut hervortreten lassen, sodass Zaram sich nun als Allererstes um den jungen Fischer kümmerte.
Iream saß währenddessen an dem kleinen, kristallklaren See und wusch

sich die Haut um seine Wunden. Es sah schlimm aus, denn obgleich alle Rippen heil geblieben zu sein schienen, zeigten sich drei tiefe Löcher in seinem Fleisch, die von einer großen, dicken Fläche von tiefblauer Haut umhüllt waren. Ähnlich wie Jendor fühlte auch er sich schon sehr schwach und litt mittlerweile unter seinem Blutverlust.
Fin, der sein Gesicht schon gleich nach der Ankunft am See ausgiebig anhand seines Spiegelbilds auf der Wasseroberfläche von allen Seiten begutachtet hatte, schien sich nun etwas beruhigt und seinen Lebensmut zurückgefunden zu haben. Und so streifte er durch die Umgebung und suchte nach einem guten Platz zum Lagern.
Dieses Tal schien wirklich ein kleines Paradies zwischen all diesen Bergen zu sein: Selbst ein paar Vögel waren zu hören und auf den Zweigen der schmal gewachsenen Bäume zu sehen. Und obgleich das junge, kurze Gras nur sehr spärlich verteilt und mit etlichen trockenen, braunen Halmen gespickt war, strahlte schon dieses wenige Grün eine sanfte Frühlingsatmosphäre aus. Es war ein schönes Gefühl, endlich wieder ein kleines Stück Abstand von den kargen Felsen finden zu können und für einen Moment den tatsächlichen Standort zu vergessen.
Und so saßen sie schon bald darauf um ein kleines qualmendes, aber auch angenehm warmes Feuer, das Fin aus einigen trockenen Fichtenzweigen und Moos zum Brennen gebracht hatte. Ihre Rücken in ihre Decken gehüllt und mit hungrigen Mägen, begann schon bald das Gespräch über das Erlebte. Obwohl der Schock noch immer tief saß, sehnte sich ein jeder von ihnen nach ein paar Worten der Aufmunterung, um diesen Tag nicht in Stille ausklingen zu lassen; und letztlich lenkte sie dieses Gespräch auch von ihrem Hunger ab, denn das wenige Brot und die Wurst, die sie heute Morgen gegessen hatten, waren zugleich auch die letzten Vorräte gewesen, die sie bei sich getragen hatten.
„Immerhin haben wir es nun fast geschafft!"
Die drei anderen schauten Zaram mit großen Augen an. Natürlich hatte er Recht, denn elf der Krieger hatten sie nun bereits erledigt, doch was war der Preis dafür gewesen? Hätten sie diese schmerzliche Erfahrungen nicht auch verhindern können? Zarams Gefährten schickten einige unglückliche Blicke zu ihm herüber. Doch während Fin und Iream ihre Gedanken für sich behielten, hielt Jendor diese fast schon zustimmend klingende Stille nicht mehr aus und ließ seinem Wut freien Lauf:
„Aber verdammt noch mal, was sind das für Wesen?"

Für einen kurzen Moment lang war es wieder ganz still. Vielleicht wussten die anderen auch keine Antwort auf diese Frage oder hofften darauf, dass Jendor es ihnen selbst sagen würde, doch dieser schaute nur weiterhin wütend in die Runde, schaute jeden seiner Gefährten abwechselnd fragend an und wartete auf eine Antwort. Schließlich ergriff Zaram wieder das Wort:

„Ja, genau das habe ich mich auch gefragt. Es ist schon sehr seltsam, dass sie sich zu Menschen verwandeln, sobald man sie erschlägt."

Nun plötzlich kam doch etwas mehr Leben in die Runde, denn dieser Satz erschien Iream wie ein Einsatzzeichen für seine Gedanken. Er ließ Zaram gar nicht erst ausreden und warf seine Idee sogleich in die Runde:

„Zumindest erklärt es ihren ashrenischen Namen."

„Wieso denn das?"

Zaram warf Iream diese Frage mitten im Satz zu, obgleich dieser offensichtlich noch fortfahren und seine Behauptung genauer erklären wollte. Warum er das tat, war ihm selbst nicht so klar. Vielleicht war es einfach eine Kurzschlussreaktion, mit der er sich dafür rächen wollte, dass jener ihm ebenfalls mitten im Redefluss unterbrochen hatte, doch Iream blieb ruhig und gab die Antwort auf Zarams Frage:

„Nun, in der Sprache der Ashren heißen die Dunklen Krieger Dejia'Lar, was in unserer Sprache in etwa 'verkaufte Seelen' bedeutet, und diese Menschen hier haben offensichtlich ihre Seelen mitsamt Körper verkauft. Zumindest scheint es mir so und es würde auch die menschlichen Leichen erklären."

Wieder wurde es still, und erneut war es Zaram, der die Stille schließlich durchbrach:

„Ja, das scheint wirklich so. Aber lasst uns nicht weiter darüber nachdenken. Es wurden schon ziemlich viele schlechte Menschen erschlagen und ein jedes Mal war es ihre verdiente Bestrafung. Diese Wesen hier scheinen nicht einmal mehr ein wirkliches Leben in sich zu tragen. Sie haben sich ihr Schicksal wohl selbst erwählt. Und wenn wir sie nicht aufhalten, werden vielleicht gar noch viel mehr Menschen – unschuldige Menschen – ein allzu frühes Ende finden.

Für den Moment mögen die drei übrigen sich ihren weiteren Weg suchen und ein wenig Abstand zu uns gewinnen, doch wir werden sie bald wieder verfolgen und auch diese drei vernichten."

Auch dieser Satz zog eine längere Stille nach sich. Iream, Fin und Jendor schauten Zaram mit einem fragenden bis ausdruckslosen Gesichtsaus-

druck an und warteten offensichtlich noch auf die Zusammenfassung, den Plan für die nächste Zeit und so ergriff Zaram tatsächlich wieder das Wort und stillte ihren Durst:
„Ihr seid verletzt und habt alle drei in der letzten Nacht Zeit aufgebracht, um über uns zu wachen. Nun bin ich an der Reihe! Ruht euch aus, ihr habt es verdient und auch bitter nötig."
Zaram schaute seine drei Gefährten auffordernd an. Es war ihm klar, dass sie diese Pause dringend brauchten, um zumindest wieder einigermaßen zu Kräften zu kommen und dass er wohl auch der Einzige war, der zurzeit noch genügend Kraft besaß, um über sie zu wachen. So holten die Drei schon kurz darauf ihre Decken und Zeltplanen hervor, wickelten sich tief in diese ein und legten sich dicht an das wärmende Feuer, während Zaram es sich auf einem moosbewachsenen Stein bequem machte und seine drei Gefährten beobachtete:
Irgendwie hatte er seine beiden neuen Gefährten schon richtig lieb gewonnen. Sie waren erst so wenige Tage zusammen unterwegs und doch hatte er in diesen Tagen schon wesentlich stärker spüren können, wie wichtig Freundschaft, Zusammenhalt und gegenseitiges Vertrauen sein konnten. Diese Erfahrung hatte er in den ganzen letzten Jahren, die er an der Akademie verbracht hatte, nie machen können.
In Diumos hatte er keine wirklichen Freunde gefunden, denn dafür war er viel zu sehr als Bücherwurm bekannt. Andere Adepten vertrieben sich ihre freie Zeit mit Brettspielen, Musik oder gar mit dem Planen von unerlaubten Ausflügen in die Natur, während er in der Bibliothek saß und über Geheimnisse, wie das Mysterium der Chalmacor nachdachte. Er selbst fand diese Beschäftigung spannend und interessant, doch er wusste auch, dass sie der Grund dafür war, warum er nie richtig Anschluss bei einer dieser anderen Gruppen finden konnte. Oft hatte er sich schon gefragt, ob er nicht vielleicht doch irgendwo etwas verpasste, doch nun schien sich alles in eine ganz andere Richtung zu wenden. Und auch Iream ging es ähnlich. Auch er war in dieser Hinsicht am ehesten wie Zaram.
Vielleicht war es gar eine Art Lob des Magisters, dass er sie beide nun auf dieses Abenteuer schickte, denn Lob, wie man es im Allgemeinen kannte, gab es beim Magister Heugental nicht. Nein, tatsächlich schien sich die Einschätzung einer Person bei Magister Heugental eher in seiner Stimmlage widerzuspiegeln und eben diese machte Zaram das Leben unter den anderen Adepten auch nicht unbedingt leichter. Neid war zwischen ihnen

allen allgegenwärtig, denn ein jeder wollte der Beste und Tollste sein und Heugentals Stimmlage Zaram gegenüber war meist weit freundlicher als die, die er bei den anderen Adepten anschlug.
Irgendwie musste er sich schon fast eingestehen, dass er Fin und Jendor dankbar dafür war, dass sie den Stein für dieses düstre Abenteuer ins Rollen gebracht hatten und auf diese Weise ungewollt einen Umbruch in seinem Leben eingeleitet hatten. Er fühlte sich nicht mehr so allein, obwohl in diesem Moment wesentlich weniger Personen um ihn herum waren als in all den Jahren zuvor an der Akademie. Doch Iream und die beiden Neuen waren nicht einfach nur bei ihm, sie bildeten auch mit ihm zusammen eine Gruppe, die man sicherlich schon fast als ein Freundeskreis bezeichnen konnte.
Zaram riss sich wieder aus seinen Gedanken und sah sich um: Es waren erst wenige Minuten seit dem letzten Gespräch vergangen und doch schlief schon ein jeder seiner Gefährten. Sie hatten wohl wirklich nur sehr wenig in der letzten Nacht schlafen können, sodass sich von der Müdigkeit und der Erschöpfung nur wenig gelegt hatte und das, was seitdem alles hinzugekommen war, ließ sie nun in sofortige Träume versinken. Es war sicherlich auch besser so, als wenn sich Iream und Jendor krampfhaft wachhielten und dabei auch noch ihre Schmerzen ertragen müssten.
Doch Zaram wandte sich schon schnell wieder von diesem Gedanken ab, denn weiterhelfen würde dieser sicherlich nicht. So schaute er noch einmal um sich herum in die Nähe und Ferne und holte schließlich das Buch des Warender Soldaten hervor:
Es war nicht sonderlich groß und hatte vielleicht gerade einmal fünfzig Seiten. Der Einband war aus weichem, hellem Leder, in welches vorne eine Signatur 'FHG' in großen verschnörkelten Zeichen eingelassen war. Die Seiten waren fein säuberlich in den Einband eingenäht und schienen genau wie die kleine Tasche auf der vorderen Innenseite des Einbandes auch nach all dieser Zeit noch gut zu halten. Und in eben jener Tasche konnte Zaram bereits, ohne das Buch zu öffnen, einen Bleistift erkennen.
Kurz schaute er sich das Buch noch ein wenig von außen an, schämte sich ein wenig für seine durch Neugier gesteuerte Tat, bat die Götter noch einmal um Verzeihung und schlug es schließlich auf:

5. Aura, Sommer, 811 FT

Mag es ein hoffentlich gutes Zeichen sein, dass dieses mein Tagebuch am Tage der schönen Göttin der Veränderung beginnt und mir hoffentlich für die Zukunft das Glück schenken, welchem ich mit Sicherheit bedarf.

Das Imperium zieht in den Krieg und ich muss meinem Vaterland dienen, mit in das Turian ziehen, in ein Gebiet, in das erst wenige Menschen ihren Fuß zu setzen wagten.
Die anderen Soldaten mögen es nicht wissen und keine Kenntnis davon genommen haben, doch ich weiß, dass dieser Krieg uns nichts Gutes bringen wird. Lange haben wir das Handelsabkommen mit den Chalmacor eingehalten und beide Seiten schienen damit einen Gewinn zu erzielen. Und nun, da die Chalmacor weniger Erze liefern können, glaubt unser Kaiser die Dinge zu verbessern, wenn er die Kontrolle über die Minen ergattert.
Wir können nicht gewinnen. Wir, das Volk, werden erst unter diesem Krieg und dann unter den Auswirkungen leiden müssen. Ich fühle schon jetzt einen starken unbändigen Schmerz, der mich meine Loyalität verlieren lassen möchte, und schon dieses Buch könnte mich allzu schnell in den Tod reißen, wenn es die falschen Hände berührten.
Es ist der Schmerz und die Angst, die in mir stecken, die Angst davor, dass es meine Söhne sein werden, die vom Kaiser in die tiefen düsteren Minen gesperrt werden und dort, viel zu jung, und ohne Familie, ihre Leben unter widerwärtigen Qualen aushauchen.
Dieser Gedanke schmerzt mich. Nur der Glaube an die Götter lässt mich mein Leben unter der Loyalität des Kaisers fortführen, obgleich ich schon beinahe weiß, dass es dieses Ende nehmen wird.

5. Eaurellus, Sommer, 811 FT

Heute haben wir die Grenze passiert. Nun liegt es vor uns, das Massiv, das Turian.
Spätestens jetzt gibt es kein Zurück mehr, ich bin einer von vielen. Mein Wort zählt nicht und mein Schwert ist nicht mehr wert als das des Mannes neben, hinter oder vor mir.
Wagte ich einen Blick zurück, so glitt er über eine gigantische Schlange, die sich das Gebirge hochwandte. Allein die Kompanie, in der ich marschiere, zählt 2000 Mann und man sagt es seien 30 oder 40 Kompanien dieser Zahl, die sich nun ihrem Ziel entgegenwinden.

5. Fyrjar, Sommer, 811 FT

Heute trafen wir die ersten der Chalmacor, es war nur ein Stoßtrupp und war schnell aufgerieben, doch er zeigte mir auch, wie riesig und kräftig unsere Gegner wirklich sind.
Spricht man im Allgemeinen von einem Bergtroll, so finden die Gedanken ein Bild von einem hässlichen, archaischen Urmenschen, mit großen Eberhauern in seinen Kiefern. Doch der Größe dieses Wesens wird dieses Bild nicht gewahr.
Diese Gegner aber sind kein Bild, sie zeigen ihre Größe und ragen wohl bis fast zu drei Metern in die Höhe. Und von dem archaischen Urmenschen ist wohl nur der Geruch geblieben.
Es sind wahre Krieger, die sich uns hier entgegenstellen, besser ausgebildet als die unseren, die allesamt von Feld und Handwerk oder, so wie ich, direkt aus einer Schule stammen.
Wenn wir einen Sieg erringen können, dann nur durch unsere Zahl, die zweifellos in den nächsten Tagen und Wochen immer geringer werden wird.
Sollte ich dem Gesicht des Todes entgegenblicken und einer meiner Kameraden dieses Buch finden, so bitte ich darum, es meiner Frau und meinen Kindern zu überbringen.

5. Telib, Sommer, 811 FT

Der Tag war ruhig. Wir zogen weiter in Richtung Osten und schlugen heute Abend das Lager in einem leicht bewaldeten Tal auf. Dies mag sich für einen Außenstehenden normal anhören, doch diese unwirtliche Umgebung scheint selbst jetzt im Sommer noch von Eis und Kälte regiert zu werden und so besteht auch dieser Wald nur aus kleinen, zierlichen Fichten, die kaum die Chance zum Wachsen erhalten. Mehr und mehr fürchte ich die Zukunft.
Dies kann kein gutes Ende finden.

5. Silja, Sommer, 811 FT

Das also war der große Kampf – er war schneller vorbei, als ich es mir dachte.

Gegen Mittag war es, als wir das Zeichen bekamen und aus drei Tälern die Massen unserer Soldaten die Hauptstadt der Chalmacor überfielen. Es war ein lautes Getöse und Gebrumme, keine einzelne Stimme war mehr zu vernehmen, kein einzelner Schwert- oder Axthieb konnte aus dem Meer des Klirrens und Knackens herausgehört werden.

Sie feierten, jubelten über ihren Sieg, doch mir ist nicht nach Feiern zumute. Nicht nur die große Menge an Toten, die auch auf unserer Seite zu verzeichnen war, nein es ist der Satz, den mir ein sterbender Chalmacor in gebrochenem Slaej entgegenhauchte. Seine Stimme klang dämonisch, düster und doch irgendwo zufrieden.
„Sie werden euch vernichten, euch und eure Familien."
Ich weiß nicht, was er damit meinte, doch auf seine Kumpanen bezog er sich in diesem Moment sicherlich nicht, denn die wenigen Verbliebenen waren schon in jenem Moment offensichtlich dem Tode geweiht. Nur einige Chalmacor konnten unserer Masse entfliehen, entkamen und rannten dann, als ob es ihnen um mehr als nur ihr leibliches Leben ginge.
Ich bin verletzt, tiefe Wunden zieren meinen Körper, und wenn ich etwas mit meinem letzten Lebenswillen und der verbliebenen Kraft machen werde, so ist es nicht Feiern, nein ich werde lauschen und mich auf das, was da kommen mag, vorbereiten.

5. Majann, Sommer, 811 FT

Es ist geschehen, das was der Sterbende mir entgegenwarf, nutzte die Dunkelheit der Nacht, die Unaufmerksamkeit der feiernden Soldaten und ihre alkoholgetränkten Köpfe, um aus den Minen der Chalmacor hervorzukriechen und Zehntausende von uns zu vernichten.
Ich floh und bedaure diese Entscheidung nicht. Keiner, der an diesem Orte blieb, wird dieses Massaker überlebt haben. Meine Wunden schwächten mich und ließen mich immer wieder rasten, doch der Schauder dieses Überfalls, das Spiegelbild dieser Wesen in meinem Kopfe, ließen mich ungehemmt weiterlaufen, um mir selbst eine Chance zum Überleben zu geben.
Riesig waren sie, wie gigantische Krokodile, Drachen ohne Flügel mit dunklen, schimmernden Schuppen. Ihre großen Tatzen zerquetschten manch einen Ahnungslosen, ihre spitzen Zähne durchbohrten manch eine Brust und ihr mächtiger Schwanz schlug manch kräftigen Manne für immer zu Boden.
Diese Monster sind gigantisch. Ihre Länge reicht wohl an ein Dutzend Schritt heran und ihre Köpfe sind vom Boden aus von keiner normalen Waffe erreichbar.

Ich fliehe, meine Rast muss nun ein Ende finden. Vielleicht verfolgen mich diese Ungetüme schon lange nicht mehr, doch meine Angst treibt mich weiter. Hoffentlich bringt mir der Weg nach Westen Glück.

5. Gjord, Sommer, 811 FT

Ich fühle mich schwach, meine Wunden schmerzen und sind kochend heiß. Dennoch, ich bin eine gute Strecke weitergekommen. Langsam gewöhne ich mich an die eisige Umgebung und lerne, mit ihr zu denken.

Mein Weg führt mich weiter dem Abendlicht der Sonnengöttin entgegen. Mag sie mich leiten und zu meiner Familie zurückführen.

Ich habe schon lange kein Anzeichen mehr für die Nähe der Chalmacor oder ihre riesigen, dämonischen Minenbewohner gefunden. Meine Hoffnung steigt. Schon bald könnte ich wieder zu Hause sein.

6. Aura, Sommer, 811 FT

Heute ist der achte Tag seit dem Aufbruch zu den Chalmacor, ich merke, dass ich nur noch schwer bei meinen Gedanken bleiben kann, mein Schwert scheint schon länger nicht mehr an meiner Seite zu hängen und auch bei anderen Gegenständen weiß ich nicht, wann ich sie zurückließ. Es bleibt mir dieses Buch, in dem ich meine Gedanken niederschreibe und für die Nachwelt bewahre.

Es ist etwas wärmer geworden, soweit ich mich nicht täusche. Schlafen kann ich nur sehr schlecht. Schreckliche Träume geistern in meinem Kopfe umher und reißen mich immer wieder in die Realität zurück. Ich frage mich, was mit mir werden wird. Meine Wunden stoßen eine heiße, eiterartige Flüssigkeit aus, die selbst meine Verbände durchdringt, vielleicht sollte ich sie einfach abnehmen, sodass Aiîra ihren sanften Hauch über die Wunden gleiten lassen kann.

Noch kann ich gehen und meine Hoffnung steigt. Schon bald werde ich vielleicht meine Familie wieder in die Arme schließen.

Hier endete das Tagebuch abrupt. Zaram blätterte weiter und fand nach etwa dreißig weiteren Seiten, erst auf der letzten Seite des Buches, wieder etwas geschrieben stehen:

Dies sind die persönlichen Aufzeichnungen von Fjal Hagen Grenhag, Sohn von Ademe und Hagen Jurge Grenhag aus Grenhag in Fron Turian.

Zaram schlug das Buch wieder zu.
Dies war also der Grund seines Todes gewesen, und wenn er zu sich selbst ehrlich war und das Ganze überdachte, so waren Iream und Jendor zurzeit in einer ähnlichen Situation. Auch sie hatten starke Wunden und waren schon sehr schwach und im Gegensatz zu jenem Soldaten waren ihre Wunden nicht einmal ordentlich verbunden worden. Doch damit nicht genug, liefen sie nun wohl auch noch in etwa auf die ehemalige Hauptstadt der Chalmacor zu.
Es war ein bedrohlich bedrückendes, seltsames Gefühl, so einfach über ein gefundenes Buch über 500 Jahre in die Vergangenheit zu schauen und sich doch wie in der Wirklichkeit vorzukommen. Eine kurze Zeit lang hatte Zaram gar seine eigene Situation vergessen. Es schien ihm fast, als ob er für einen Moment lang wieder in der Bibliothek saß und in einem Buch blätterte, das dort wohl schon manch eine andere Person in ihren Händen gehalten hatte, doch das war absolut nicht der Fall.
Zaram sah sich um. Es war ein angsterregender Gedanke, sie hatten soeben eine kleinere Chalmacor-Stadt hinter sich gelassen, die Grottenwürmer waren in unmittelbarer Nähe an ihnen vorbeigezogen und den Kampf gegen die vierzehn Dunklen Krieger hatten sie nur mit Mühe und Not gerade so überstanden. Wenn es also einen Grund dafür gab, das sie bisher noch so gut davon gekommen waren, so konnte es nach Zarams Glauben nur der Einfluss der Götter sein.
Schnell ließ er ein Dankgebet an alle Sieben über seine Lippen gleiten und bat gleichfalls um den göttlichen Segen für die nächsten paar Tage.
Ein Angstschauer glitt über seinen Rücken, als er sich schließlich wieder aus dem Gebet erhob. Sie waren nun direkt auf den Weg in die Hauptstadt der Chalmacor, wo nach der Aussage des Soldaten mehrere zehntausend Männer durch die Grottenwürmer gestorben waren. Kurz überlegte er und kam schließlich mit sich selbst darüber ein, dass er diese Tatsache verheimlichen würde, denn falls die Spuren der Dunklen Krieger sie nun doch nicht durch die ehemalige Hauptstadt führen sollten, war ein jedes verlorene Wort über diese Theorie nur ein Stimmungshemmer, der lediglich die Moral der drei Anderen sprengen konnte.
Zaram legte das Buch beiseite, stand auf und ging eine Runde um das

Lager. Er versuchte seine Gedanken nun etwas umzulenken, und über die unmittelbare Zukunft nachzudenken. Jendor war schwer verletzt, und auch wenn es Zaram schwer fiel, musste er sich selbst eingestehen, dass er nicht glaubte, dass Jendor diese Reise überlebte.
Eine Träne quoll aus seinem rechten Auge, lief an seiner Nase entlang, um schließlich von seiner Oberlippe herunterzufallen.
Warum Jendor? Hätte es nicht ... Nein, keiner seiner Gefährten hätte den Tod verdient, mochten auch Jendor und Fin die Schuld für die gesamte Situation tragen, so waren sie doch ehrliche, tapfere und gute Männer, mehr noch, sie waren Freunde, genau wie Iream.
Ob Magister Heugental wohl die Gefahr bewusst gewesen war? Es war reines Glück gewesen, dass sie die Dunklen Krieger an einer solch günstigen Stelle getroffen hatten und sich diese nicht nur selbst behinderten, sondern gar sich gegenseitig in den Tod stürzten. Auf freiem Feld wäre von ihnen wahrscheinlich nicht mehr als ihre leblosen Körper übrig geblieben.
Ja, er musste es gewusst haben. Aber warum hatte er dann Iream und ihn mitgeschickt? Konnte er so einfach den Tod seiner Adepten verantworten? Zaram fand einfach keine sinnvolle Antwort, er wusste, dass Magister Heugental definitiv einen tieferen Gedanken dahinter gehabt haben musste, doch warum würde er sie so sehr in Gefahr bringen, dass sie vielleicht gar sterben konnten?
Langsam kehrte er zu seinem Platz zurück, legte zwei Stücke Holz nach und ließ seinen Blick über seine schlafenden Gefährten gleiten.
Ein plötzlicher Gedanke schoss durch seinen Kopf:
Dies sollte auch nur eine kurze Rast sein, genau wie die von Fjal Hagen Grenhag. Nun blieb ihm nur zu hoffen, dass ihr Buch kein solch jähes Ende fand und auf diese kurze Rast eine glücklichere Weiterreise folgte, als bei eben jenem Soldaten.

XXI.

Wieder wachte Nashyd auf. Sein Rücken schmerzte, ihm war übel und sein Kopf war noch benebelt von Müdigkeit. Vorsichtig setzte er sich aufrecht hin und schaute sich um:

Es war kaum Platz in diesem düsteren Rumpf des Segelschiffs und doch hatten diese Unmenschen es wortwörtlich bis oben hin mit den Jankar seines Dorfes gefüllt. Stickige, heiße Luft drang in seine empfindliche Nase, obwohl zwischen einigen der Planken des Decks große Spalten klafften, durch die sicherlich ein wenig frische Luft in den Raum drang. Doch die Anzahl der Jankar war einfach zu groß, als das schnell genug neue Luft nachdringen konnte.
Die Spalten zwischen den Planken des Decks bildeten zugleich auch die einzige Lichtquelle in dem kargen Frachtraum des Zweimasters und so lag eine gespenstische Dunkelheit über der Kulisse, die die Stimmung einer jeden Person widerspiegelte.
So gesehen war seine Position am Rande des Raumes ein wahrer Luxus. Sich hinsetzen, an die Wand lehnen und einen kleinen Moment schlafen, konnten nur sehr wenige der anderen Jankar.
Nashyd stand auf, stellte sich auf seine Zehenspitzen, schaute sich um und erblickte Ushmja, eine junge Mutter, mit einem schwarz-orange gefleckten Fell, die mit ihren zwei kleinen, allerhöchstens sechs Jahre alten Kindern in der Mitte dieser Masse stand. Kurz räusperte er sich leise, um sicher zu gehen, dass seine Stimme nach seinem kurzen Schlaf wieder kräftig genug war, um über all das Gerede und Gefauche der anderen Jankar hinweg, hörbar zu sein. Dann streckte er sich zu seiner ganzen Größe aus und rief der jungen Mutter, in Pakas, der brummig klingenden Sprache der Jankar, zu:
„Hey Ushmja, komm hier herüber, du kannst dich hier mit deinen Kindern hinlegen."
Die junge, schlanke Jankar schaute auf und suchte mit ihren Augen die Wand ab, bis sie schließlich Nashyd an einem Balken entdeckte. Dann drängelte sie sich langsam mit ihren Kindern durch die Masse. Es dauerte einen kleinen Moment, bis sie die wenigen Schritte mit Drücken und Drängeln zurückgelegt hatte und bei Nashyd angekommen war. Doch schließlich verneigte sie sich tief vor dem Geweihten, setzte sich an die frei gewordene Stelle, lehnte sich zurück und nahm ihre beiden Kinder in den Arm.
„Danke Nashyd! Möge auch die Göttin es dir danken."
Nashyd lächelte und nickte Ushmja zu, dann drehte er sich um und suchte sich seinen Weg durch die vielen Jankar hindurch, bis er die Treppe, durch die sie alle nach hier unten getrieben und eingepfercht worden waren, erreicht hatte.

Er hatte Glück, denn die Person, die er suchte, stand, genau wie erhofft, direkt vorne auf der untersten Treppenstufe und überblickte die Bewohner seines Dorfes:
Farsne war wirklich ein imposanter und kräftiger Jankar, kein Wunder, dass er zum Leiter des Dorfrates gewählt worden war. Sein oranges, dunkelbraun geflecktes, flauschiges Fell leuchtete majestätisch aus der Menge heraus und sein starker, muskulöser Körper schien eine innere Stärke widerzuspiegeln, die kein anderer Jankar des Dorfes besaß. Doch in dieser Situation schien auch er keinen Rat zu wissen. Traurig und verzweifelt schaute Farsne über seine einstige Dorfgemeinschaft hinweg und schien irgendwo in der Ferne ein Fünkchen Hoffnung zu suchen.
Nashyd drängelte sich noch die letzten paar Schritt durch die eng stehenden Jankar seines Dorfes hindurch und blieb vor dem Leiter des Dorfrates stehen. Wieder begann ein Dialog in der brummend und schnurrend klingenden Sprache der Jankar:
„Entschuldigung Farsne, ist in letzter Zeit irgendetwas Wichtiges geschehen? Ich habe eine kurze Zeit geschlafen und bin gerade eben erst wieder erwacht."
Farsne wendete seinen Kopf ein kleines Stück nach links und schaute Nashyd ernst an.
„Du Glücklicher. Auch ich würde gerne für eine kurze Zeit zumindest ein einziges Auge schließen, doch unser Dorf braucht mich und ich möchte sie in diesen schweren Stunden nicht allein lassen. Aber nun zu deiner Frage: Nein, du hast nichts verpasst, seit dem Tode von Ishnaî scheinen sie uns gänzlich zu ignorieren, obgleich ihre Wachen am Ausgang verdoppelt wurden. Aber immerhin wissen wir nun, wie Ishnaî herauskam. Ein paar Kinder haben gesehen, dass sie sich vorne in der Spitze an ein paar losen Planken vorbeigedrückt hat."
Nashyd nickte und schaute traurig zu Boden, als der Name der jungen Jankar genannt wurde.
„Ich hoffe, Majann wird sie sicher geleiten. Doch die Stelle sollten wir uns vielleicht merken, wer weiß, vielleicht kann sie uns noch zu einer Flucht verhelfen."
Farsne schaute auf den Boden und schien nach den richtigen Worten zu suchen, doch nach einem kurzen Moment gab er die Suche offensichtlich auf und entschied sich, lieber nichts zu sagen. Er hob seinen Kopf wieder an, schaute zu dem Geweihten herüber und nickte. Nun wechselten die

Beiden noch ein paar Blicke und warteten darauf, dass der jeweils andere etwas sagte, doch es blieb still, und so bedankte sich Nashyd schließlich für die Auskunft und verabschiedete sich mit einer kleinen Verbeugung.
Sein nächstes Ziel war nun die Spitze des Schiffes, wo offensichtlich eine Fluchtmöglichkeit in Form von lockeren Planken vorhanden war. Er wollte sich diese Stelle etwas genauer anschauen und sich auf eine mögliche Flucht vorbereiten, denn ein Sklavenleben würde er sicherlich nicht führen. Er war ein Geweihter der Majann und sie war die Einzige, die ihm gebieten durfte. Einer anderen Herrin oder einem anderen Herren konnte und wollte er nicht gehorchen und das würde ihn unweigerlich in den Tod führen. Wenn es also überhaupt einen Weg zum Überleben gab, so konnte es nur die Flucht sein.
Wieder drückte er sich zwischen den vielen Jankar hindurch und musste dabei erneut feststellen, dass tatsächlich fast das ganze Dorf gefangen war. Was mit den wenigen Fehlenden war, wusste er nicht. Er konnte bloß hoffen, dass sie den Sklavenjägern entwischt waren und es ihnen verhältnismäßig gut ging.
Schließlich erreichte er die Spitze des Schiffs, wo einige Jankarkinder auf einem Querbalken saßen und sich gegenseitig festhielten. Nashyd schaute zu ihnen herauf und wollte gerade nach Ishnaî fragen, als sich das Schiff plötzlich nach links neigte und offensichtlich den Kurs änderte. Ein Schrecken fuhr durch die Menge. Einige, die in der Mitte standen und sich nicht festhalten konnten, rutschten, stolperten und fielen auf die linke Schiffshälfte, wodurch das Schiff wiederum noch mehr Schlagseite bekam. Diese Geschehnisse schienen auch den Personen auf dem Deck nicht entgangen zu sein. Schon wenige Augenblicke später öffnete sich die Klappe am Ende der Treppe und ein mit zwei Säbeln bewaffneter, zerzauster, vollbärtiger Seemann kam ein paar Stufen herab. In seinem Gesicht trug er eines dieser dichten Gittergeflechte, die die Sklavenjäger wohl vor den scharfen Krallen der Jankar beschützen sollten.
„LOS, LOS!!! AUF DIE RECHTE SEITE MIT EUCH!!! UND WENN EUCH EUER LEBEN LIEB IST, SORGT IHR DAFÜR, DASS DAS NIE WIEDER VORKOMMT!!!"
Sie waren wirklich zu Sklaven geworden, das wurde Nashyd spätestens jetzt noch viel klarer. Die Bewohner seines Dorfes hatten keinen eigenen Willen mehr und dort, wo einst ihr Glaube saß, befand sich nun nur noch Angst. Angst um ihr Leben. Es schmerzte Nashyd, mit anzusehen, wie sich

die vielen Jankar panisch, mit allen Mitteln auf den Weg auf die rechte Seite machten. Eine Gemeinschaft war es nicht mehr. Von Angst gesteuert, handelte ein jeder nur noch für sich selbst, drängelte, drückte oder zog gar andere wieder zurück.
Sie mochten sich vielleicht fürs Erste mit diesem Sklavenschicksal abfinden, doch er würde fliehen, sobald er es eben konnte.
Nashyd merkte selber nicht, dass er in diesem Moment auch nicht viel besser war und selbst die Gemeinschaft aufgegeben hatte, um sich zu retten. Er stand nun vorne in der Spitze des Schiffs, beobachtete das chaotische Drängen, während sich das Schiff langsam wieder gerade ausrichtete. Nun ging auch der Seemann, ohne ein weiteres Wort zu verlieren, wieder nach oben und verschloss hinter sich die Luke.
Nashyd schüttelte traurig den Kopf, drehte sich wieder nach vorne und wandte sich an die jungen Jankar:
„Ihr habt gesehen, wo Ishnaî herausgeklettert ist?"
Die Jankarkinder waren offensichtlich immer noch von der plötzlichen Schlagseite und dem Chaos geschockt und so sahen sie ihn nur mit großen Augen an. Eine Antwort zu geben, traute sich anscheinend niemand. Dann hob aber ein kleiner Junge seine rechte Vordertatze und zeigte auf die Planken, die die Decke in der vordersten Schiffsspitze bildeten.
Nashyd nickte, entgegnete dem Jungen ein kurzes „Danke!", drehte sich dann um und kletterte in die Spitze hinein.
Es war ein seltsames Gefühl, sehr beengend und dennoch Freiheit verheißend. Eine frische Brise von feuchter, salziger Luft kam ihm entgegen, dämmeriges Licht schimmerte durch die lose liegenden Planken und durch einen Spalt auf der rechten Seite konnte Nashyd sogar das Land sehen.
Es war bereits Abend, die Dämmerung legte sich über Aiîras Tag und so waren nun wohl auch schon eineinhalb Tage seit ihrer Verschleppung vergangen. Am Horizont ragten die rauen Felsen und eisigen Gletscher des Turians in die Höhe.
Dahin wollten sie also. Das Schiff hielt direkten Kurs auf das Massiv. Nur warum? Dort lebte, nachdem was Nashyd wusste, niemand, und Wasser und Lebensmittel hätten diese Sklavenjäger bereits bei ihnen und auch wesentlich besser auffüllen können. Vielleicht wollten sie dort aber auch einfach nur vor Anker gehen und die Nacht über in einer schützenden Bucht verbringen.

Nashyd war der eigentliche Grund letztlich egal, denn schon in dem Moment, da er die Berge vor sich sah, stand für ihn fest, dass er nun bald fliehen würde. Alles andere konnte er eh nicht vorhersehen und mit einplanen.

Er schloss seine Augen und wollte anfangen zu beten, doch in diesem Moment sah er nur noch seine Dorfgemeinschaft vor seinem inneren Auge: die Kinder, wie sie auf den Bäumen spielten, die tanzenden Frauen beim alljährlichen Siljas-Fest, die Männer beim Fischen mit ihren Krallen und all die anderen Bilder, die seine Dorfgemeinschaft so unglaublich prägten.

Er konnte sie nicht einfach so zurücklassen, es war seine Familie – auch wenn sie jetzt vielleicht aufgegeben hatten. Sollte ihm die Flucht gelingen, so würde er einen Weg finden, sie zu retten. Das war er ihnen schuldig.

Nashyd drehte sich auf seinen Rücken und schaute über seinen Bauch hinweg auf seine Dorfgemeinschaft, seine Freunde und Bekannten und ließ dieses Bild in sein Herz. Dann drehte er sich wieder nach vorne, setzte sich auf seine Knie, atmete die frische Luft ein, schaute noch einmal kurz durch den Schlitz nach draußen und fing dann an zu beten.

Es verging einige Zeit. Von draußen waren laute Rufe zu hören, die selbst das Brummen und Fauchen hinter Nashyds Rücken übertönten. Dann wurde es wieder ruhiger, das Schiff schwankte nicht mehr so sehr und die vielen, wilden Fußtritte auf dem Deck verstummten auch.

Nun beendete er sein Gebet, durchfuhr sein Gesicht mit seinen beiden Vordertatzen und schaute dann durch den kleinen Schlitz nach draußen.

Es war bereits dunkel, Majann stieg gerade im Osten auf und tauchte die steilen, rauen Felsen, die vor ihnen aufragten, in ihr silbriges Licht. Kleine, flackernde, helle Punkte leuchteten zwischen den Felsen und Bäumen hervor.

Der Moment war gekommen. Nashyd drehte sich auf seinen Rücken, schaute durch die Planken über ihm und suchte nach Anzeichen für mögliche Wachen. Doch direkt über ihm schien niemand zu sein. Sein Herz fing wild an zu schlagen und hallte bis in seine spitzen Jankarohren wieder. Was war, wenn auch die Sklavenjäger von dieser Schwachstelle wussten und sie absichtlich offen gelassen hatten? Vielleicht saß eine Wache nur wenige Meter von der Stelle entfernt und hielt ein Auge auf die Stelle, um auf diese Art und Weise ihr nächstes Opfer für ihre kranken, blutigen Ideen auszuwählen?

Die Gefahr war groß, doch wenn er es jetzt nicht versuchte, würde er wohl gar nicht mehr fliehen können.
Vorsichtig legte er seine beiden Vordertatzen auf die Unterseite einer Planke, verankerte seine Krallen darin und drückte sie dann ganz langsam und vorsichtig nach oben. Sie war tatsächlich locker, und obwohl sie ein gehöriges Gewicht besaß, konnte Nashyd sie vorsichtig und leise auf die nächste dahinterliegende Planke legen.
Noch einmal schaute er, durch den nun wesentlich größeren Spalt, heraus, versuchte eine jede Bewegung mit seinen Augen wahrzunehmen und lauschte in die Ferne und Nähe:
Nichts, das Wasser plätscherte sanft gegen das Schiff und die Seile der herabgelassenen Segel peitschten ab und zu vom Wind getrieben gegen den Mast, doch von menschlichen Stimmen oder Bewegungen war nichts zu hören.
Nun krallte er sich in die zweite Planke, drückte auch sie vorsichtig hoch und legte sie langsam und leise auf die vorige. Der Spalt war jetzt schon gut fünfundzwanzig Zentimeter breit und ließ ihn in den Genuss von ganz frischer, salziger, feuchter Luft kommen.
Erneut lauschte Nashyd nach allen möglichen Anzeichen für einen Wächter, während er diesmal aber bereits im selben Moment seine Tatzen auf die Unterseite der nächsten Planke legte. Immer noch war nichts zu hören.
Seine Krallen fuhren in das leicht feuchte Holz, bevor er wieder zu drücken begann. Doch diesmal bewegte sich nichts, die Planke hing fest. Noch einmal versuchte er sie zu bewegen, drückte mit aller Kraft gegen sie, doch es bewegte sich nichts.
Etwas entmutigt zog er seine Krallen wieder aus dem Holz heraus und wischte sich einmal kurz über seine Augenlider. Dann richtete er sich ein klein wenig mehr auf und schob die beiden herausgehobenen Planken von dem Spalt weg. Vielleicht konnte er ja auf dieser Seite noch etwas weiter kommen.
Wieder verankerte er seine Krallen in feuchtes Holz, stemmte sich gegen die nächste Planke und versuchte sie aus ihrer Position zu bekommen, doch auch hier schien alles fein säuberlich befestigt worden zu sein. Auch jetzt wagte er einen zweiten Versuch, stemmte sich so stark gegen das Holz, dass der Balken unter seinem Rücken schmerzhaft gegen seine Rippen und Wirbel drückte, doch es brachte nichts. Entweder passte er durch

diesen fünfundzwanzig Zentimeter breiten Spalt, oder seine Flucht endete, bevor sie überhaupt richtig begonnen hatte.
Wieder zog er seine Krallen aus dem Holz, um sich nun ein letztes Mal im Lagerraum dieses Schiffes zu recken. Dann streckte er seine Vordertatzen durch den Spalt hindurch, hielt sich an der rechten Reling auf seiner linken Seite fest und zog sich langsam nach draußen.
Ein leises, schabendes und klackerndes Geräusch erklang, als sich seine Rückenwirbel, unter dem Druck des engen Spaltes, über die Planke hinter ihm schoben. Es war ein unangenehm dumpfer Schmerz, der sich daraus ergab, doch sein Körper war mittlerweile so voller Angst, dass er nur kurz die Zähne zusammenbiss und den restlichen Teil seines Körpers hinterherzog.
Er hatte es geschafft, stand oben auf dem Deck, sah sich in gebückter Haltung, nervös und ängstlich um, sperrte seine Ohren auf und versuchte eine jede Bewegung wahrzunehmen, doch bisher schien ihn niemand bemerkt zu haben und eine Wache konnte er auch nicht ausmachen.
Er ging in die Knie, zog vorsichtig die herausgenommenen Planken an sich heran und platzierte sie wieder leise an ihrer ursprünglichen Stelle.
Ein etwas lauteres Brummen war von unten zu hören. Wahrscheinlich hatten die Kinder mittlerweile mitbekommen, dass Nashyd verschwunden war und es den anderen gesagt. Nun gab es kein zurück mehr. Auch wenn die Sklavenjäger noch nichts von seiner Flucht bemerkt hatten, würden sie spätestens jetzt, bei den lauter werdenden Gesprächen der Jankar, aufmerksam werden.
Nashyd schaute auf der rechten Seite über die Reling und sah dort nur Wasser. Bis zu den Felsen waren es wohl sicherlich zwanzig Meter, das würde er niemals schaffen. Er drehte sich, um auf der anderen Seite herabzusehen. Doch auf halber Strecke hielt er für einen kleinen Moment lang geschockt ein. Dort saßen sie: sechs Sklavenjäger, die anscheinend auf der Klappe des Frachtraums ein Spiel spielten. Doch bemerkt hatten sie ihn anscheinend noch nicht.
Vorsichtig ging er wieder in die Knie, krabbelte leise auf die linke Seite und schaute dort herab: Dicke Seile waren hier vom Schiff herabgespannt und verbanden es mit einer groben Holzkonstruktion, ähnlich einer Brücke, die offensichtlich für nichts anderes als für das Anlegen von Schiffen gedacht war, denn sie endete ihm Meer.
Nashyd hatte noch nie zuvor einen Bootsanleger gesehen und konnte mit

dieser Konstruktion nicht viel anfangen. Sein Volk war zwar sehr gewand und konnte selbst auf schmalen Baumstämmen balancieren, doch selbst wenn ihre Körper von alleine schwimmen würden, würde sich wohl kein Jankar freiwillig in die Nähe eines Meeres oder eines großen Flusses begeben. Die Jankar waren einfach wasserscheu und verehrten den Gott Eaurellus eigentlich nur für die Fische seiner Bäche und Flüsse, für seinen sanften Regen und für das Löschen ihres Durstes. Vor großen offenen Wasserflächen, wie Seen, Meeren oder gar Ozeanen hatten sie eine scheinbar vererbte Furcht, die wohl einen jeden Jankar auch schon alleine von der Idee Schwimmen zu lernen oder ein Boot zu bauen abhielt.

Auch dies war ein Grund, warum Sklavenjäger gerne auf Jankar zurückgriffen: Sie waren zwar handwerklich nicht so sehr begabt und konnten nicht so schwere Arbeiten verrichten wie Sklaven anderer Rassen, doch obwohl sie sehr flink und wendig waren, brauchten sich die Jäger kaum Gedanken darüber machen, dass die gefangenen Jankar von ihrem Schiffen fliehen wollten.

Doch in diesem Moment traf dies nicht mehr auf Nashyd zu. Er fürchtete sich so sehr vor der Sklaverei, dass dies gar seine Angst vor dem Wasser übertraf. Kurz schaute er noch einmal an den Seilen entlang bis auf den Bootsanleger herab, sprach ein leises, nach Schnurren klingendes Stoßgebet zu seiner Göttin und schwang sich dann mit ausgefahrenen Krallen an das Seil, das sich direkt vor ihm befand.

Schon hing er an dem dicken Strick. Alles um ihn begann zu schwanken, während sich das Seil so wild hin und her bewegte, dass man meinen könnte, es wolle Nashyd abwerfen und in dem Wasser unter ihm versenken. Doch er klammerte und krallte sich fest und krabbelt vorsichtig, mit dem Kopf zuerst und dem Rücken nach unten gerichtet in Richtung des Bootsanlegers.

Es waren wohl nur einige Atemzüge, doch dem Jankar kam es wie eine halbe Ewigkeit vor, bis er endlich seine Tatzen auf die etwas festeren Bretter des Anlegers setzte. Das Wasser schimmerte, von Majanns Strahlen getroffen, zwischen den Brettern hindurch und jagte Nashyd weiter Angst ein, die ihn immer unvorsichtiger werden ließ. Er wollte weg hier, so schnell wie möglich auf festen Boden.

Nashyd rannte los, sah das Land immer näher kommen, und glaubte sich schon fast auf festem Boden, als plötzlich ein Knacken unter seiner rechten Hintertatze ertönte:

Ein morsches Brett des Stegs brach entzwei und ließ seine Tatze für einen kurzen Moment das Wasser berühren. Panisch zog er sein Bein zwischen den Brettern heraus und machte sich schnell wieder auf den Weg, während plötzlich ein menschlicher Ruf vom Schiff herab kam:
„Na hab ich's doch gesagt, irgendwer bricht da heute noch ein!"
Auf diesen Satz folgte ein mehrstimmiges Lachen, das sowohl vom Schiff als auch vom Land aus an Nashyds Ohren hallte. Doch dem nicht genug tauchten kurz darauf auch noch einige Schatten hinter einem Felsen in einigen Dutzend Metern Entfernung auf und bewegten sich dann direkt auf ihn zu. Von eben diesen kam dann eine weitere menschliche Stimme:
„Na wollen wir Mal schauen, wer sich da nass gemacht hat."
Wieder folgte ein mehrstimmiges Lachen. Nashyd war in allerhöchster Gefahr. Er rannte aufs Land zu und schaute sich schon währenddessen nervös und ängstlich um:
Direkt vor ihm tat sich ein grünes, leicht bewaldetes Tal, mit etlichen Felsen auf, das vielleicht zweihundert Meter in das Gebirge hineinreichte, fünfzig Meter breit und von felsigen Abhängen, die zu zwei größeren Bergen gehörten, umrandet war. In dem Tal war ein etwas größeres Gebäude, zwischen den weiter hinten stehenden Eichen zu erkennen, während sich die Lichter, die er zuvor gesehen hatte, hinter einem größeren Felsen zu befinden schienen. Eine große Rauchfahne stieg von dort auf und ließ Nashyd erahnen, dass wohl die Mehrzahl der Sklavenjäger um ein Lagerfeuer saß.
Kaum hatte er endlich festen Boden unter seinen Tatzen, so huschte er schon nach links in ein Gebüsch und bewegte sich nun ganz langsam und leise in Richtung des westlichen Abhangs.
Normalerweise war Majanns Licht sein Element, doch in diesem Moment nutzte er nur noch die Schatten, die ihr Licht auf den Boden projizierte, um sich dort vor den Augen seiner Jäger zu verstecken:
Es waren fünf Schatten, die nun an ihm vorbeigingen und auf direktem Wege auf den Bootsanleger zusteuerten. Noch blieben sie still und schienen sich nicht weiter zu beeilen. Er war wohl wirklich noch nicht entdeckt worden.
Während sich die Schatten nun wieder von ihm entfernten, bewegte sich Nashyd langsam weiter auf den steilen Abhang zu und schaute dabei immer wieder ängstlich hinter sich: Bald schon standen seine Jäger offensichtlich auf dem Anleger und unterhielten sich dort. Dann plötzlich teilten sich die Schatten auf und schienen nach etwas zu suchen.

Nashyd war bewusst, dass die Sklavenjäger niemanden gefunden hatten, der in den Anleger eingebrochen sein könnte und dass sie wohl nun befürchteten, dass es einer ihrer Sklaven oder eine andere Kreatur gewesen sein könnte, die sich in ihrer Nähe aufhielt, und mit einer solchen Befürchtung lagen sie leider gar nicht so verkehrt.
Seine Angst stieg immer weiter an, die Panik verweigerte ihm einen klaren Gedanken zu fassen, und als nun einer der Sklavenjäger auf zehn Meter herankam, drehte er sich schnell nach Westen um und begann zu rennen. Schreie waren hinter ihm zu hören, er hörte das Knacken von Ästen, Zweigen und Büschen. Sie verfolgten ihn. Dann schwang er sich, mit einem jankarischen Kurzgebet an Majann „Silberlicht leite mich! Silberlicht behüte mich!" an die Felswand und begann wie wild zu klettern. Einen Blick zurück wagte er nicht.
So vergingen einige Momente der Angst, in denen Nashyd alle Kraft darin steckte, so schnell wie möglich den Abhang hinaufzuklettern. Einige Pfeile flogen dicht an ihm vorbei, Rufe und Schreie waren zu hören und das Licht des Feuers wurde offensichtlich weiter angeschürt, doch noch hatte ihn niemand berührt oder getroffen, noch war er ein freier Jankar.
Nashyd kletterte weiter, Minuten vergingen, dann wurde es allmählich immer leiser. Aber auch seine Muskeln wurden nun langsam immer schwächer. Seine Angst hatte sich mit dem Abschwellen der Lautstärke der Rufe, immer weiter gelegt, und als nun der Abhang immer flacher wurde, wagte er auch das erste Mal einen Blick zurück:
Dort unten war es, das kleine Feuer mit diesen Unmenschen, den Sklavenjägern umher. Von hier oben schien es alles so weit weg zu sein, so klein und friedlich. Hundert Schritt waren es wohl fast, die er in den letzten Minuten den Abhang hinauf geklettert war. Sah er nun zurück, so war er glücklich, dass er bis jetzt nie einen Blick zurück gewagt hatte. Manch eine Stelle, die er dort passiert hatte, war wohl fast so steil wie eine Hauswand, und wenn er dort herabgestürzt wäre, wäre wohl kaum sehr viel Leben in ihm übrig geblieben. Es schauderte ihm, wie nah er seit der Flucht aus dem Schiff fast durchgehend dem Tode gewesen war und vor ihm lag immer noch, wenn auch flacher, ein großes Stück, das er hinaufklettern musste.
Kurz warf er noch einen Blick auf das Schiff, in dem nun immer noch fast seine gesamte Dorfgemeinschaft gefangen war. Es war ein sehr seltsames Gefühl, sie dort alle zurückzulassen, doch nun blieb nur noch Hoffnung - Hoffnung, dass er sie alle lebend wiedersah und sie aus ihrem Sklavenschicksal befreien konnte.

Nashyd drehte sich wieder um und setzte seinen Weg, den Abhang hinauf, fort, passierte die Schatten einiger Felsvorsprünge und folgte dann dem steinigen Weg, den Majann ihm leuchtete.

Ob das die allerbeste Idee gewesen war? Sicherlich hatte er keine große Wahl gehabt. Die Flucht musste schnell von statten gehen und an anderen Orten hätten sie wohl auch besser aufgepasst, doch hatte er hier im Turian-Massiv wirklich bessere Überlebenschancen als auf dem Schiff oder später als Sklave?

Die Frage kreiste noch eine kurze Zeit durch seinen Kopf, doch dann wurde ihm bewusst, dass es nun eh zu spät war. Die Antwort auf diese Frage war für ihn eigentlich gänzlich uninteressant. Ein Zurück gab es nicht mehr. Selbst wenn er es versuchen und das Schiff noch in der Bucht vor Anker liegen würde, so würden sie ihn mit Sicherheit sofort erschlagen.

Grausam waren sie diese Sklavenjäger. Nein, zurück konnte er wirklich nicht mehr gehen. Wenn sie schon einer Jankarfrau die Kehle durchschnitten, nur weil sie sich befreit und einen Apfel vom Teller der Mannschaft gestohlen hatte, würden sie mit einem wirklichen Flüchtling sicher nicht glimpflicher umspringen.

Es war allein die Kraft seiner Herrin, die ihm die Flucht ermöglicht und ihn vor den Sklavenjägern versteckt hatte. Wieder blieb er kurz stehen, schaute zu Majann auf, schnurrte ein sanftes „Danke", legte seine rechte Vordertatze auf sein Herz und verneigte sich vor dem silbernen Mond. Dann setzte er seinen Weg nach Nordwesten fort. Wie so oft in den letzten Stunden flog auch nun wieder ein Gedanke durch seinen Kopf:

„Vielleicht hatte der kleine Junge, der mich neulich gefragt hat, doch irgendwo Recht gehabt: Hätte unser Volk Majann damals nicht so stark um die Menschengabe gebeten, wären wir jetzt vielleicht glücklicher. Sicher, wir können nun genauso galant auf den Hinterbeinen gehen wie die Menschen und haben unsere Vordertatzen frei um Werkzeug zu benutzen, doch unsere Eigenschaft schnell auf allen Vieren zu rennen, das flinke und sichere Klettern und unsere unglaubliche Balance haben wir dabei verloren."

Und wieder, bereits während er es dachte, ärgerte er sich über diesen Gedanken. Es war ihm klar, dass er unterbewusst nicht damit zurechtkam, dass er nun urplötzlich so ganz alleine in der Welt stand. Er war sein ganzes Leben lang unter Jankar gewesen, hatte kaum einen Atemzug lang das Gefühl gehabt, alleine dazustehen und nun, da er es tat, war er auch noch in einer unbekannten Umgebung. Doch war es da nicht eine riesige Dummheit, dass er nun auch noch die Werke seiner letzten Begleitung, seiner Herrin, in Zweifel zog? Und das, obwohl er ihr nun schon sein ganzes Leben lang treu gedient hatte?

NEIN! Es war eine Gabe von Majann, die den Jankar das Leben erleichterte und die kleinen Opfer, die sie dafür bringen mussten, waren es Wert! Dass es zurzeit so viele Sklavenjäger wagten, auf das Land zu kommen und Jankar zu entführen, war einfach eine traurige Tatsache, die die Göttin nicht verschuldete.

Die Schuldigen waren die hohen Herren im Rat von Pwena, die fast alle Soldaten an die Ostgrenze gesendet hatten. Da war es ja kein Wunder, dass die westlichen Gebiete am Gelben Meer so unsicher waren.

Nashyd schaute sich um und wurde sich wieder schmerzlich der Situation bewusst, die sich, auch bei noch so vielen Gedanken in seinem Kopf nicht änderte. Er war verzweifelt und auch verwirrt. Konnte es wirklich sein, dass er durch die Flucht vor den Sklavenjägern in eine noch schlechtere Situation gekommen war? Vom Regen in die Traufe? Vom Gewitter in die Sturmflut? Er riss sich zusammen, atmete tief durch, sprach ein paar Gebete zu Majann und ging schließlich weiter.

Schon längst hatte er die Orientierung verloren, folgte nur noch der groben Richtung. Er irrte immer tiefer in das Gebirge hinein, durch die rauen Täler und an den schneebedeckten Gipfeln der großen Berge vorbei. Er wusste, dass sein Ziel der nördliche Rand des Gebirges war, denn dies war der schnellste Weg in die Zivilisation. Doch was bis dahin vor ihm lag, war ihm offensichtlich nicht bewusst.

XXII.

Jendor wachte auf und spürte, wie jedes einzelne kleine Teil seines Körpers seine gesundheitliche Lage auf andere Art und Weise wiedergab, doch keine von ihnen schien positiv zu sein. Sein ganzer Körper war am Schwitzen, obgleich ein Großteil von einer unangenehmen Kälte durchströmt wurde. Seine Brust zeigte ihm das schmerzvolle Gefühl von stark

angeschwollener, heißer, gestreckter Haut um die Wunde herum. Das gesamte Fleisch unter dem langen Schnitt schien vor Hitze zu kochen, während die Haut um sie herum ein eisiges, stechendes Prickeln zeigte, als ob tausende nadelartige Eiskristalle in sie hineinstachen. Doch auch seine Füße und Hände gaben kein angenehmeres Gefühl wieder. Wie gelähmt lagen sie flach auf dem Boden und schienen dabei den absoluten Kältepol seines Körpers darzustellen. Sein gesamtes Empfinden war einfach abartig, und so suchte er sehnlichst nach einer Möglichkeit sich von dieser Tatsache abzulenken.
Langsam öffnete er seine Augen und schaute sich um: Alles um ihn herum schien seltsam bunt, verschwommen und lebendig. Und während durchgehend ein leises, dumpfes Rauschen an seine Ohren drang, wollte es ihm einfach nicht gelingen, seinen Blick zu zentrieren und ein scharfes Bild zu sehen:
Über ihm verwischten sanft und langsam, verschiedene, helle Blautöne miteinander, während rechts von ihm ein Meer aus wild wirbelnden Grüntönen seine Wellen brausen ließ. Zwischen diesen beiden Zonen schien ein grau-weiß gemusterter Bereich der Ruhe zu sein, Bewegungen waren dort nicht zu erkennen. Von dort aus drehte er seinen Kopf weiter nach links. Es war ein seltsames Gefühl, denn von dem Gewicht, das auf der Kopfhaut seines Hinterkopfes lasten musste, merkte er nur einen ganz leichten und dumpfen Druck.
Bald sah er nur noch die blaue Fläche, glitt immer weiter über sie hinweg, bis er plötzlich mit seinen Augen auf einem blendend hellen, flimmernden Punkt stehen blieb. Er genoss die Helligkeit und Wärme dieses Lichtpunktes, der ihn unmittelbar an warme Sommertage erinnerte und ihm zuerst noch ein wohliges Gefühl schenkte, doch da wurde ihm plötzlich bewusst, dass dieser Punkt ihn wahrnahm. Ja, dieser Punkt zeigte auf ihn, als ob er ihn für etwas anprangern, für etwas richten wollte. Er konnte es spüren, schon fast so stark, dass er es als Wissen bezeichnet hätte.
Schnell drehte er seinen Kopf weiter, vergaß den hellen Punkt wieder und sah, wie die blaue Fläche immer dunkler wurde. Doch schnell fand sich ein neuer Kontrast: Je weiter er seinen Kopf nun nach links drehte, desto häufiger nahm er einzelne gelb-orange Lichter wahr, die wie wabernde Wellen in dem tiefen Blau aufflammten. Doch von dieser Erscheinung ließ er sich nicht aufhalten. Er drehte seinen Kopf immer weiter nach links, während das Bild vor seinen Augen langsam immer heller wurde:

Wild aufschlagende, rote, orange und gelbe Flammen tauchten auf, die nach unten hin immer zahlreicher, heller und größer wurden. Sie sahen aus, wie die Flammen eines sehr großen Feuers, eines entfernten Waldbrandes oder eines stromländischen Frühlingsfeuers, die sich auf den Wellen eines wild brausenden Meeres widerspiegelten. Auch dieses Bild genoss er für ein paar Atemzüge und ließ seinen Gedanken freien Lauf. Doch plötzlich wurde er gewaltsam aus diesen Träumereien gerissen.
Ein Schatten war vor den Flammen aufgetaucht – ein großer, dunkler Fleck, der sich nun rasant auf ihn zu bewegte. Er bekam Panik, versuchte sich aufzurichten und wegzurennen, doch irgendetwas Schweres drückte auf seine Brust. Er versuchte zu schreien, doch die Luft blieb ihm weg. Eiskalte Schweißperlen liefen an der Haut seines ganzen Körpers herab, als er sich wie wild hin und her wälzte, ohne wirklich von der Stelle zu kommen oder seinen Körper auch nur annähernd zu drehen.
Der Schatten kam immer näher. Wieder versuchte er aufzustehen, doch es gelang ihm einfach nicht. Irgendetwas drückte und fesselte ihn an den Boden. Er drehte seinen Kopf wieder nach links, nahm so viel Schwung wie irgend möglich und schwenkte daraufhin seinen gesamten schwer wiegenden Körper nach rechts. Und tatsächlich drehte er sich, doch die Bewegung fand schon schnell ein Ende. Direkt nach der Drehung fiel seine Front wie ein herrenloser Sack auf den Boden. Höllische Schmerzen durchfuhren seinen Körper, als seine Brust nun mit genau derselben Kraft auf den Boden gedrückt wurde wie vorher sein Rücken. Jendor erlitt Todesängste, versuchte sich mit seinen Händen in den Boden zu verankern und wegzuschleppen, doch sein Körper war einfach zu schwach.
Da legten sich plötzlich die Krallen dieses Schattens auf seine Schultern und drehten ihn wieder zurück. Jetzt lag er wieder auf dem Rücken, die Schmerzen ließen etwas nach, doch die Hitze, die seinen Körper durchströmte und die Abertausenden Schweißperlen auf seiner Haut blieben unverändert.
Nur die Götter konnten ihm jetzt noch helfen – nur die Götter konnten es! Wieder versuchte er seinen Mund zu öffnen, um ein Stoßgebet an die Sieben zu schicken, doch als er seinen Mund schließlich weit genug für einen Schrei offen hatte, lag seine Zunge matt und kraftlos vor seinem Rachen. Mühselig konnte er sie anheben, doch kein einziger sinnvoller Laut passierte seine Lippen.
Jendor schaute sich langsam wieder um. Nach wie vor war er von Panik

besessen. Der Schatten saß nun neben ihm und erschien viel kleiner als zuvor. Doch was machte er dort? Wartete er darauf, dass er starb, um ihn dann zu verspeisen?
Er blieb ganz still liegen, versuchte irgendwie einen klaren Gedanken zu fassen, sich an die Gebete zu erinnern, die er in so großer Zahl erlernt hatte, doch sein Kopf schien nur noch mit Bildern dieser Umgebung und stark verwischten Bildern seiner Erinnerungen gefüllt zu sein. Worte konnte er keine finden.
Es musste doch einen Weg geben!
Er schloss seine Augen und begann selbst ein Gebet zusammenzustellen, doch als er beim vierten Wort angelangt war, wusste er schon nicht mehr, wie er sein Gebet begonnen hatte. Erneut, und fast noch stärker, kamen Panik und Verzweiflung in ihm auf. Offensichtlich blieb ihm nur noch eine einzige Möglichkeit: Er sammelte seine Gedanken und rief in seinem Kopf abwechselnd um Hilfe und dann die Namen der sieben Götter. Hoffnung war das Letzte, was ihm nun noch blieb.

Es waren wohl etwa drei Stunden vergangen, seitdem sich die Drei hingelegt hatten. Zaram hatte schon nach kurzer Zeit die immer vielzähliger werdenden, dicken Schweißperlen auf Jendors Gesicht bemerkt, und dennoch hatte er gewartet und den jungen Fischer aus der Ferne im Auge behalten. Selbst als dieser schließlich anfing, seinen Kopf ununterbrochen hin und her zu rollen, und dabei wohl von Fieberträumen heimgesucht wurde, tat er nichts. Er wusste einfach nicht, was er für ihn tun konnte, und da er in der gesamten Zeit vor allem von der Angst, etwas komplett Falsches zu machen, gefesselt war, verharrte er so lange an seinem Platz, bis Jendor schließlich seine Augen öffnete, den Kopf weiter hin und herdrehte und ein seltsames, leises Stöhnen von sich gab.
Doch nun, da Zaram sich auf den kurzen Weg um das Feuer begab, schien der junge Fischer in Panik zu verfallen. Es schien, als ob der junge Adept in Jendors Fieberträumen zu einem Furcht einflößenden Wesen wurde. Mit aller Kraft versucht Jendor vor ihm zu fliehen und rollte sich dabei auf seinen Bauch, sodass das gesamte Gewicht seines Oberkörpers auf die gerade leicht verkrustete Schnittwunde auf seiner Brust drückte.
Zaram griff schnell an seine Schultern und drehte ihn wieder zurück, doch ob das alleine half, um ihn vor dem Tode zu bewahren, bezweifelte er selbst sehr stark. Wieder lief ein klein wenig frisches Blut aus der nun wieder

etwas aufgerissenen Wunde, während der fiebernde, junge Fischer unter den unmenschlichen Schmerzen zusammenzuckte. Eine Träne des Kummers und der Verzweiflung lief an Zarams Wange herab, dann kniete er sich vor seinen gleichaltrigen Freund und betete zu den sieben Göttern, um sie um Hilfe bei Jendors Genesung zu bitten.
Iream und Fin schliefen währenddessen seelenruhig und schienen weder etwas von der dramatischen Situation mitzubekommen noch ähnliche Probleme mit ihren Wunden zu haben, wie sie Jendor plagten.
Immer mehr Trauer, Angst und Verzweiflung überkamen Zaram. Er schluchzte und weinte leise zwischen jedem Wort, das er in Richtung der Götter sendete. Ab und zu wagte er wieder einen Blick auf seinen Gefährten zu werfen und hoffte ein jedes Mal, dass es diesem schon besser ging, doch das Bild war immer dasselbe:
Große, dicke Schweißperlen sammelten sich auf seiner Haut und liefen am Körper herab, um so den nächsten Schweißperlen Platz zu machen, während die große Wunde auf seiner Brust immer dicker zu werden schien und ununterbrochen eine widerlich stinkende, schleimige Substanz ausschied.
Ihm war klar, dass sich die Wunde entzündet hatte, doch nach allem, was er zuvor gelernt hatte, war die Entzündung viel zu schnell eingetreten und das Wundfieber, das Jendor offensichtlich plagte, schien auch viel stärker, als in der Theorie auszufallen. Vielleicht waren es die Auswirkungen der Waffe des Dunklen Kriegers, die eine so schnelle Krankheit hervorriefen, aber vielleicht war es auch einfach wieder ein weiterer Beweis dafür, dass die Theorie nur teilweise mit der Realität vergleichbar war. Und was alles andere anging, hatte Zaram sowieso zu wenig Ahnung von Medizin, um irgendetwas Genaueres herauszufinden.
Immer wieder fragte er sich, was nun mit Jendor passieren würde und ob es vielleicht doch eine Möglichkeit gab, ihm zu helfen, doch eine Antwort fand er nicht. Für ihn schien es schon bald ganz klar zu sein, dass sein Gefährte mittlerweile so sehr schwach war, dass es außer den Göttern niemanden mehr gab, der ihm jetzt noch helfen konnte. Und so betete er weiter und hoffte darauf, dass er Jendor zumindest auf diese Art ein wenig helfen konnte.
Etliche Momente vergingen, dann kniete Iream plötzlich neben ihm und stimmte mit in die Gebete ein. Es war ein seltsames Schauspiel fast mystisch, wie die beiden inmitten dieser kargen Umgebung in einem kleinen Fichtenhain, vor dem fiebernden Freund und Gefährten knieten. Doch

von einer Heilung der Wunden oder einem Zeichen der Besserung war auch nach einiger Zeit noch nichts zu sehen. Es schien eher so, als ob langsam auch das letzte Leben aus Jendors Wunde quoll, während er zugleich immer weiter in seinen Fieberträumen versank.

So verging die Zeit: Die Nacht war bereits hereingebrochen, als Majann am Horizont erschien und ihr sanftes, fahles, silbriges Licht auf die Umgebung warf. Fin hatte sich schon vor zwei Stunden zu den anderen gesellt und ebenfalls in die Gebete eingestimmt. Dennoch war ihre Hoffnung seitdem immer weiter gesunken und so waren die Drei schon kurz davor ihren Freund unter Tränen aufzugeben, als die Umgebung auf einmal von einem sehr hellen, silbrigen Licht erstrahlt wurde.

Es war lieblich und weich und ähnelten dem Lichte von Majann, doch die Helligkeit ließ eher auf Dämmerung als auf Nacht schließen. Voller Erstaunen schauten die Drei auf und sahen auf eine leuchtende Kugel, die kurz über ihnen, in etwa zwei Schritt Höhe schwebte. Doch diese seltsame, magische Erscheinung war längst nicht alles, was um sie herum geschah. Vom Lichtschein dieser Kugel erhellt stand plötzlich eine freundlich schauende, humanoide Kreatur auf der anderen Seite von Jendors Körper:

Sie war nicht sonderlich groß, vielleicht ein bisschen mehr als eineinhalb Schritt. Ihr Körper ähnelte dem, eines aufrecht gehenden Tigers, und ihr rot-oranges und dunkelbraun geflecktes Fell glänzte in dem strahlenden Licht der schwebenden Kugel. An Kleidung trug das Wesen nur einen bis zu den Schienbeinen reichenden, grauen Leinenrock. Andere Kleidungsstücke, Waffen oder Werkzeuge waren nicht zu sehen.

Die Drei waren gebannt und wagten keine einzige Bewegung. Sie wussten nicht, wer oder was dieses fremde Wesen war und ob es ihnen vielleicht feindlich gesonnen war, und so blieben sie vor Jendor auf ihren Knien, machten sich für eine rasche Reaktion bereit und schauten zu dem Unbekannten herauf, während die geheimnisvolle Lichtkugel plötzlich verlosch.

Jetzt endlich wandte sich der Katzenmensch in gebrochenem Slaej, an sie: „Ich euch helfen wollen. Ihr beten zu Majann und sechs andere Götter. Das mich macht Glück und Trauer auch, weil einer nicht Gesund. Ich euch helfen?"

Die Drei blieben stumm und schauten erstaunt zu dem Wesen herauf. Wie wollte es ihnen denn helfen? Wollte es sich auch zu ihnen gesellen und beten? Es kannte Jendor doch gar nicht und würde doch wohl kaum einen Vorteil daraus ziehen, falls Jendor tatsächlich wieder gesund werden sollte.

Andererseits klang seine Stimme ernst und ehrlich und warum sollte es sie auch anlügen?
Hätte das Wesen sie töten wollen, so wäre es doch wesentlich klüger vom ihm gewesen, sie von hinten zu überrumpeln, statt erst mit viel Licht auf sich aufmerksam zu machen. Andererseits kam es ihnen aber auch sehr seltsam vor, dass dieses Wesen überhaupt so urplötzlich mitten in einer Nacht im Turian-Massiv vor ihnen stand und seine Hilfe anbot. Und nicht zuletzt schienen auch seine spitzen, scharfen Raubtierzähne etwas ganz anderes als freundliche Hilfe auszusagen. So vergingen erst einige kurze Augenblicke der Stille, bis Zaram sich schließlich der Lage annahm, dem Wesen zunickte und mit einer Handbewegung auf Jendor wies. Das fremde Wesen lächelte sie an und fuhr fort:
„Bitte ihr beten mit mir. Ihr Majann auch bitten um Hilfe und Gesund für ihn. Zusammen wir das schaffen."
Die Drei überlegten ganz kurz und nickten ihm schließlich zu, woraufhin sich der seltsame Katzenmensch mit seinen Armen und seinem Gesicht gen Majann streckte und seine Augen schloss. Dann fing er an, seltsam melodisch klingende Laute von sich zu geben, die die Drei an Schnurren, Brummen und Fauchen erinnerten. Es verging ein kurzer Moment, in dem sie wortlos dem seltsamen Ritual zuschauten, doch dann erinnerten sie sich wieder daran, dass sie ihm versprochen hatten, ebenfalls zu Majann zu beten und sie um Hilfe zu bitten. Und so taten sie wieder das, was sie nun bereits seit einigen Stunden getan hatten: Sie beteten.
Doch nun schien die Zeit ausnahmsweise wesentlich schneller zu verlaufen, als in all der Zeit zuvor. Schon bald überkam sie ein seltsames Gefühl, ein angenehmes und wohliges Gefühl, das sie an die heimatliche Geborgenheit ihrer Kindheit erinnerte. Eine sanfte Wärme stieg in ihnen auf, während die Strahlen von Majann immer stärker wurden und sich, wie weiche, glänzende Haarsträhnen auf sie legten. Gleichzeitig schien die Umgebung, um sie herum dunkler zu werden, als ob die Göttin all ihr Licht auf den kleinen Kreis um sie herum bündelte.
Und so verging wohl noch einige weitere Zeit, bis ihre Gebete schließlich immer leiser wurden und sie plötzlich bemerkten, dass sich die Lichtverhältnisse wieder angepasst hatten, doch ihr Wohlbefinden war geblieben. Sie schauten sich um und sahen direkt vor sich auf der anderen Seite von Jendors Körper das fremdartige Wesen, auf dem weichen Grasboden sitzen. Es lächelte ihnen von dort aus entgegen, während vor ihm Jendor

mit seinen Augen blinzelte. Die drei merkten, wie plötzlich ein sehr starkes Gefühl von Freude und Dankbarkeit in ihnen aufstieg und sie von Jendors Blinzeln zu Tränen gerührt waren. Doch Zaram riss sich noch ein wenig zusammen und wandte sich an seinen soeben erwachten Gefährten:
„Jendor kannst du mich hören?"
Der junge Fischer drehte seinen Kopf, schaute zu Zaram herüber, fuhr sich ganz vorsichtig, mit seiner rechten Hand über seine Brust, hielt wieder ein und schaute verdutzt. Dann setzte er sich hin, zog langsam sein zerschnittenes und blutverschmiertes Hemd aus und ließ so den Blick auf seine unversehrte Brust zu. Wieder fuhr er mit seiner Hand über seinen Oberkörper, während seine drei Gefährten nun vollends in Freudentränen ausbrachen.
„Das kann nicht sein, ich träume oder bin ich schon tot?"
Jendor war so verblüfft über seine plötzliche Genesung, dass er nicht einmal die Anwesenheit des Jankar, der nach wie vor hinter ihm saß, wahrnahm. Er schaute zu seinen Gefährten herüber und sah ihre lächelnden Gesichter und die Tränen, die ihre Wangen herabliefen.
War das die Wirklichkeit oder nur ein Traum? Alles erschien ihm irgendwie so unglaubwürdig. Sein Kopf war noch durch den Schlaf vernebelt, aus dem er gerade erst erwacht war und das fahle Mondlicht, das weite Schatten auf die Landschaft warf, schien das Gefühl auch noch weiter zu verstärken. Doch alles was er berührte, eine jede Bewegung und ein jeder Atemzug fühlten sich so unglaublich real an. Er konnte ganz genau spüren, wie seine Hand über seine Haut glitt und doch fühlte er dort keinen Schmerz und sah auch keine Wunde mehr. Er hoffte darauf, dass seine Gefährten ihm das erklären konnten, doch als er wieder zu ihnen herübersah, liefen immer noch Tränen an ihren Gesichtern herab.
„Was ist passiert? Wie ... wie ... bin ich so schnell wieder gesund geworden? Und warum weint ihr?"
Die Drei waren nicht im Stande, ihm zu antworten. Es war gar so, dass Jendors Fragen sie noch mehr von dem tatsächlichen Wunder überzeugte und das Gefühl der Freude und Dankbarkeit noch weiter in ihnen wuchs. Schließlich stand einer nach dem anderen auf und umarmte Jendor, während die Tränen ununterbrochen weiter flossen. So verging einige Zeit, die Drei beruhigten sich ganz langsam, während Jendor verwirrt drein schaute und die ganze Zeit nicht wusste, wie ihm geschah. Nashyd blieb während dieser ganzen Zeit im Hintergrund und wollte die Freude der vier Gefährten nicht stören.

Schließlich, als alle drei von Jendor losgelassen hatten, schaute Fin den jungen Fischer an und begann zu erklären:
„Jendor, du warst schon fast tot, wir haben für dich gebetet und geweint. Stundenlang wurde dein Zustand immer schlechter und dann war plötzlich dieser ...”
Fin überlegte kurz. Wie konnte er nun sagen, dass es ein fremdes Wesen war, welches sie nicht einmal kannten, ohne diesen Satz für dieses unfreundlich klingen zu lassen? Die Pause zog sich für einen kurzen Moment dahin, doch dann trat plötzlich Nashyd hinzu, stellte sich neben Jendor und übernahm die ausstehende Vorstellung selbst:
„Verzeihung, dass noch nicht Hallo gesagt. Ich sein Nashyd, Geweihter von Majann.”
Der Jankar legte seine rechte Pfote auf sein Herz und verneigte sich. Jendor zuckte erschrocken zusammen und verstand den Zusammenhang mit Fins Satz zuerst gar nicht. Hatte dieses Wesen schon die ganze Zeit hinter ihnen gestanden? Seitdem er aufgewacht war? Plötzlich schoss Jendor wieder der Gedanke durch seinen Kopf, dass es vielleicht doch alles nur ein Traum sein konnte. Viel zu unrealistisch und wirr erschien ihm das Auftauchen dieses Katzenwesens. Und wieso sollte er plötzlich geheilt sein? Fin hatte auch keine Narbe mehr im Gesicht. Und diese überschwängliche Freude, die sie ihm entgegengebracht hatten, als ob er von den Toten erwacht wäre. Nein, das alles erschien ihm einfach viel zu abwegig und unlogisch. Nur in Träumen konnten solche Dinge geschehen. Doch in dem Moment wurde Jendor erneut aus seinen Gedanken gerissen. Fin setzte seine Erklärung fort:
„Er hat dich geheilt!”
Fin wurde sofort grob durch Nashyd unterbrochen:
„Nein, nein, neiiiin! Majann hat euch heilt! Ich sein nur ihr Diener, helfen ihr zu bringen Licht zu euch.”
Die Vier mussten alle einen kurzen Moment überlegen, um Nashyds Satz zu verstehen. Doch vor allem war ihnen dabei nicht ganz klar, ob Nashyd „euch” gesagt hatte, um die Höflichkeit Jendor gegenüber zu wahren, oder weil sie wirklich alle geheilt worden waren?
Fin und Iream fuhren im selben Moment mit ihren Händen über ihre einstigen Wunden, doch von den Waffen der Dunklen Krieger war keine einzige Spur mehr zu finden. Offensichtlich waren auch ihre Wunden durch Majanns Licht geheilt worden. Nach dieser Feststellung wandten sich bei-

de fast gleichzeitig dem Himmel zu, fielen auf ihre Knie und dankten Majann mit strahlenden Gesichtern für ihre Hilfe.

XXIII.

Es dauerte einige Zeit, bis wieder etwas mehr Ruhe in die Gruppe eingekehrt war. Die göttliche Heilung hatte alles in ihnen aufgewühlt und war für einige Zeit das einzige Gesprächsthema gewesen, doch schließlich hatte jeder seine Gedanken ausgesprochen und seine Freude gezeigt, und so drangen auch schon bald wieder die ersten Gedanken über ihre derzeitige Lage in den Vordergrund.

Die Fünf saßen um das noch leicht glimmende Feuer und versuchten das letzte verbliebene Unwohlsein – die Kälte in ihren Gliedern – zu vertreiben. Und während Fin mit einem knorrigen Stock in der Glut herumstocherte und dabei versuchte die Flammen mit den letzten, trockenen Fichtenästen wieder etwas mehr anzuschüren, wandte Zaram sich an Nashyd, der schon eine ganze Zeit lang kein Wort mehr gesagt hatte:

„Ihr seid ein Jankar, oder?"

Der Geweihte ließ seine Augen, ohne seinen Kopf zu bewegen, flink nach rechts und links schwenken und suchte dort nach weiteren Personen, doch er entdeckte niemanden. Er war ein wenig verwirrt, denn er wusste nicht, was mit 'Ihr' gemeint war, und so überlegte er noch für einen kurzen Augenblick, bis er schließlich zu der Schlussfolgerung kam, dass er sich wohl verhört haben musste und nur er alleine gemeint war. So nickte er Zaram zu:

„Ja, Jankar ich sein. Sein Geweihter von Majann in Dorf gewesen, bis ..."

Die vier anderen warteten darauf, dass Nashyd fortfuhr, doch dieser hatte sich noch während des Satzes dazu entschlossen, lieber nicht über seine Flucht von dem Schiff der Sklavenjäger zu erzählen. Er wusste schließlich auch nicht, was diese vier Menschen im Turian machten und ob sie nicht vielleicht gar Freunde der Sklavenjäger waren.

„Und ihr? Wer sein? Und was machen?"

Die Vier schauten sich einen Moment lang gegenseitig an und kamen

schnell darüber ein, dass sie es Nashyd sagen konnten. Auch wenn er seine eigene Geschichte so abrupt beendet hatte, schien es keinen Grund zu geben, warum sich ein Geweihter der Majann gegen sie stellen sollte. Und das er ein Geweihter war, sahen sie aufgrund der Wunderheilung als eindeutig bewiesen an. Iream antwortete ihm schließlich:
„Wir haben einen Fehler begangen und versuchen ihn jetzt wieder zu bereinigen. In das Gebirge kamen wir, weil wir einige Dejia'Lar verfolgen, die großen Schaden anrichten könnten, falls wir es nicht schaffen sie rechtzeitig zu vernichten. Bisher haben wir bereits elf von ihnen getötet, nun bleiben noch drei. Der Kampf gegen unsere Feinde war auch der Grund, warum Jendor und ich so stark verletzt waren."
Nashyds Blick wanderte ein kleines Stück nach oben und blieb auf Majanns silbernen Scheibe, die über die Spitzen der Berge hinwegschien, hängen. Er überlegte und zog dabei seinen rechten Mundwinkel ein Stück weit nach oben, wodurch seine darunter liegenden Reißzähne zum Vorschein kamen. Er hatte offensichtlich nicht alles verstanden und eigentlich nur erkannt, dass die vier Menschen Krieger sein mussten, da sie ja von einem Kampf und vom Töten redeten. Doch was sie bekämpften und ob er sie daher als gut oder böse einstufen sollte, wusste er nicht.
„Entschuldigen, du sagen Deyala? Was ist?"
Iream hatte es befürchtet: Er hatte extra versucht in gehobenerem Slaej zu reden, um sich selbst nicht als Trottel darzustellen und war dabei offensichtlich soweit gegangen, dass der jankarische Geweihte ihn nicht mehr verstehen konnte. Doch das war wiederum kein Zeichen einer schlechten Bildung, denn schließlich sprach Nashyd wohl größtenteils nur Pakas, die Sprache der Jankar. Iream versuchte seine Lage zu retten und erklärte das nachgefragte Wort:
„Dejia'Lar ist der ashrenische Name für die Dunklen Krieger, für die schwarzen Seelen aus dem Chaos."
Iream schaute Nashyd fragend an und wollte offensichtlich wissen, ob dieser ihn nun verstanden hatte. Doch der Jankar hatte in seinem sehr regionalen Leben als Geweihter der Majann noch nie etwas von den Dunklen Kriegern gehört und konnte sich daher auch nichts darunter vorstellen. Dennoch erwiderte er ein „Ahhh Gut!", da ihm die Beschreibung auszureichen schien, um die Vier als göttergefällige, gute Krieger einzustufen. Iream war erleichtert und nahm sich nun ebenfalls einen Stock, um in der Glut herumzustochern, während Nashyd erneut in Gedanken verfiel und

sich erst nach einigen weiteren Augenblicken wieder an die Vier wandte:
„Welche Richtung gehen?"
Fin drehte sein Gesicht von der Glut, in der er immer noch herumstocherte, in die Richtung des Jankar:
„Nach Norden oder Nordosten. Bisher führten die Spuren der Dejia'Lar immer in diese Richtung und wir werden ihnen folgen, bis wir den letzten von ihnen zur Strecke gebracht haben."
„Dann ich mitkommen dürfen?"
„Wohin möchtet Ihr denn?"
Nashyd schaute sich erneut, wieder nur mit seinen Augen und ohne seinen Kopf zu bewegen, etwas verwirrt um. Nun hatte auch Fin 'Ihr' zu ihm gesagt.
„Wen meinen? Warum sagen ihr? Nur ich hier!"
Über diese Frage mussten die Vier ein wenig grinsen. Kurz überlegten sie auch, ob der Jankar vielleicht einfach von Fins Frage ablenken wollte, doch der verwirrte und etwas hilflose Ausdruck in Nashyds Gesicht überzeugte sie vom Gegenteil. So erklärte Fin es dem Geweihten schließlich:
„Man sagt 'Ihr', um zu zeigen, dass man eine Person respektiert und als hochgestellt ansieht. 'Ihr' sagt man also vor allem bei wichtigen Personen."
Nashyd schaute etwas überrascht.
„Ich sein wichtig? Neiiiiiin sein nur Nashyd. Einfacher Geweihter, nicht besonders. Ihr sollen sagen 'du' zu mir, dann ich euch besser verstehen auch."
Nashyd lächelte freundlich, was von den Vieren erwidert wurde.
„Ihr wollen wissen, wohin ich gehen?"
Die vier nickten.
„Sein traurig Geschichte. Mein Dorf sein überfallen von Menschen, machen Geld mit verkaufen Jankar an andere Menschen. Ich Danke an Majann können fliehen vor zwei Tag. Jetzt versuchen, nach Norden kommen und helfen Jankar von Dorf kommen wieder frei."
Die Vier waren geschockt und blieben still. Sowohl Zaram als auch Iream hatten schon von dem verbotenen Sklavenhandel nach Lemena gehört und wussten, dass die Regierungen in Malchom fast machtlos waren. Auch Fin hatte schon davon gehört, dass vor einigen Jahren zwei Jungen und ein Mädchen seines Stammes in einer Oase entführt worden waren, und man sie später als Sklaven bei den Toyen gesehen hatte. Doch dass ein ganzes Dorf versklavt wurde, schien selbst ihre Vorstellung von der Grausamkeit

der Sklavenhändler zu übersteigen. Und so trat eine etwas längere Stille ein, die aus der Ratlosigkeit und der Angst, etwas Falsches zu sagen, resultierte. Erst nach einiger Zeit durch Jendor, der am wenigsten von der Erzählung eingenommen war, wurde sie dann wieder gebrochen:
„Ich weiß nicht, wohin mich meine Wege in der Zukunft führen werden, doch zu meinem alten Leben kann ich nicht mehr zurückkehren. Du bist ein Geweihter der Majann und hast sie darum gebeten, mich zu heilen und mir so das Leben zu retten. Ich bin dir sehr dankbar und wäre stolz, dir bei der Befreiung deines Dorfes helfen zu können. Doch zuvor müssen wir die drei verbliebenen Dunklen Krieger vernichten. Wenn du also so lange warten kannst oder uns gar helfen möchtest, so werde ich dir direkt nach der Erfüllung unseres Auftrags folgen und dich bei deinem Vorhaben unterstützen."
„Ja, komm mit uns mit! Bitte! Auch ich werde dir helfen, dein Dorf wieder zu befreien!"
Fin war offensichtlich sehr von Jendors kurzer Rede angetan und drehte sich nach seinem zustimmenden Satz zu Iream und Zaram um:
„Was ist mit euch? Werdet ihr ihm auch helfen?"
Die beiden schauten etwas bedrückt und waren offensichtlich traurig darüber, dass sie den Dreien bei diesem Abenteuer wohl nicht zur Seite stehen konnten. So vergingen auch noch einige Augenblicke, bis Zaram sich endlich dazu durchgerungen hatte, ihnen eben dies zu sagen:
„Nein, es tut mir leid. Wir beide haben unsere Pflichten. Wir sind Adepten, und wenn wir nach Erfüllung dieser Aufgabe nicht zurückkehren, drohen uns schwere Strafen. Es tut mir wirklich sehr, sehr Leid."
Nashyd unterbrach Zaram, als ihm bewusst wurde, dass dieser kurz davor war, noch genauer zu erklären, warum sie nicht mitkommen konnten und wie Leid es ihm wirklich tat.
„Nein, nein. Sein nicht schlimm. Ich haben sehr Dankbarkeit, dass ihr wollen kommen mit überhaupt. Ihr nicht haben Pflicht zu helfen mir. Ich haben sehr dankbar!"
Nashyd machte eine kurze Pause, lächelte die vier jungen Männer an und fuhr dann fort:
„Du sagen Adepten. Was Adepten ihr seid?"
Diesmal antworte Iream ihm, der schon fast ein schlechtes Gewissen hatte, weil Zaram die schlechte Nachricht hatte überbringen müssen:
„Wir sind Adepten der Akademie der Feuertürme zu Diumos, im südlichen Teil von Saarman. Wir werden in der Magie des Feuers unterrichtet, um

später dem Volk damit zu dienen und zu helfen."
Nashyd bekam ein breites Lächeln auf seinem Gesicht:
„Ah, ihr sein Freunde, auch helfen Volk! Wie ich soll Böse sein dann? Ihr müssen zurück zu Akademie dann! Ich freuen!"
Wieder wurde es für einen kurzen Augenblick still, keiner wusste, was er nun noch sagen oder entgegnen sollte, und so saßen sie noch ungefähr eine Minute lang um das Feuer, bis Jendor schließlich aufstand und sich reisefertig machte. Es war zwar mitten in der Nacht, doch in jeder Minute, die sie länger warteten, gewannen die Dunklen Krieger weiteren Vorsprung. Grund für eine Rast gab es für sie eigentlich nicht mehr. Sie waren alle noch durch den göttlichen Segen der Wächterin gestärkt und fühlten nicht einmal mehr eine Prise der Müdigkeit, die sich vor einigen Stunden noch in all ihren Körperteilen befunden hatte.

XXIV.

Feine, in der Haut beißende Eiskristalle lagen in der Luft, als Siljas erste Strahlen des Tages über die weißen Gipfel der östlichen Berge gelangten und den Tag einläuteten. Von diesem Moment an dauerte es auch nicht mehr lange, bis schließlich der halbe Himmel in einem tiefen Rotorange eingefärbt war.
Für einen kurzen Moment hielten die fünf Gefährten ein, genossen das Schauspiel und ruhten sich ein wenig von ihrer anstrengenden Wanderung aus. Sie waren nun schon seit einigen Stunden ununterbrochen nach Nordosten gelaufen und hatten auch schon ein gutes Stück zurücklegen können. Trotzdem schienen sie noch weit hinter den drei Dunklen Kriegern zu liegen, denn frische Fußspuren hatten sie schon seit langer Zeit nicht mehr gesehen.
Allgemein waren nur sehr wenige Spuren zu erkennen, was vor allem daran lag, dass es in diesen hohen Lagen zu Beginn der Nacht erneut kräftig geschneit hatte und damit fast eine jede noch so tiefe Spur unter einer frischen, glänzenden, weißen Decke versteckt worden war. Nur allein die annähernde Sicherheit, dass die Dejia'Lar eine gerade Linie nach Nord-

osten liefen, erlaubte ihnen relativ schnell voranzukommen. Sie hatten sich damit abgefunden, dass sie sich nur alle hundert oder zweihundert Schritt anhand von vereinzelt sichtbaren Fußstapfen davon überzeugen konnten, dass sie immer noch auf der richtigen Spur waren.

Von dem leicht begrünten Tal blieb nicht mehr als eine Erinnerung, und ein Blick zurück zeigte ihn schon seit längerer Zeit kein anderes Bild mehr, als der Blick nach vorne: Felsen, Steine, Eis und Schnee waren die Elemente, die hier regierten, das war leider unumstößlich. Vom stromländischen Frühling war nicht einmal mehr ein kleiner Funke zu bemerken.

Nashyd hatte währenddessen ein wenig über sein Leben geredet und etliches von seiner Jugend, als er im Alter der vier jungen Männer gewesen war, erzählt. Sie waren überrascht zu erfahren, dass der Geweihte bereits 42 Jahre alt und somit eigentlich schon ein sehr alter Jankar war. Sie lauschten seinen Geschichten von seinen kurzen Reisen und von den vielen großen Feiern, denen er beigewohnt hatte. Und obgleich er nach wie vor nur ein sehr gebrochenes Slaej sprach, reichte es doch aus, um die Vier für eine kurze Zeit in Träumen versinken zu lassen und in eine andere Zeit und an einen anderen Ort zu versetzen.

Iream kam dieses Thema natürlich recht. Nach wie vor wollte er den Grund für Fins Wanderschaft wissen, und dass dieser so offensichtlich nicht darüber reden wollte, ließ seine Neugier immer weiter wachsen. Doch die Zeit verging, ohne dass Fin etwas von sich aus erzählte und Iream hielt sich zurück.

So liefen sie immer weiter nach Nordosten, passierten einige leicht verschneite Täler, die eisigen Abhänge von Gletschern und einen tief verschneiten Pass, hielten weiter Ausschau nach den Fußspuren der Dunklen Krieger und machten nur ab und zu für kurze Zeit eine kleine Pause.

Die Landschaft, die sie nun schon seit einigen Stunden umgab, ähnelte der, die sie schon in den letzten Tagen passiert hatten, doch mittlerweile waren die Gipfel der Berge noch wesentlich größer geworden und der blaue Himmel über ihnen war längst kein Zeichen mehr für gutes Wetter. Schon häufiger waren sie durch Wolkenschwaden gelaufen, die eine dünne Schnee- und Eisschicht auf ihren Haaren, der Haut und der Kleidung hinterlassen hatten und wenn sie in manch ein tiefer gelegenes Tal herabschauten, so glitten dort die Wolken unter ihnen entlang.

Doch die Höhe hatte auch große Nachteile: Die Luft war dünn und ließ das Atmen immer schwerer fallen und die vorherrschende Kälte war nur dank

Siljas warmen Strahlen zu ertragen. So wurden auch die Abstände zwischen den kurzen Rasten immer kleiner. Immer wieder blieben sie schnaufend stehen, hielten sich an einem Felsen fest und schnappten nach Luft und auch so fiel ihnen das Wandern immer schwerer.
So verging die Zeit. Gegen Mittag erreichten Siljas Strahlen langsam ihre stärkste Kraft. Überall, in den vielen Milliarden Eiskristallen um sie herum spiegelte sich das Licht der Sonnengöttin und verwandelte die Umgebung zu einem blendenden und glänzenden Teppich. Bald schien selbst ein jeder kurzer Blick auf den Boden, in den Augen zu brennen. Und so blieb ihnen schließlich keine andere Wahl, als endlich eine etwas längere Pause einzulegen.
Sie setzten sich auf ein paar größere Felsen, in der Sonne und ruhten sich aus. Doch diese Ruhe wurde auch schon schnell wieder gestört. In ihren Mägen rebellierte der unbändige Hunger, der sich dort nun schon seit längerer Zeit aufhielt. Auch Nashyd hatte offensichtlich nichts Essbares dabei, denn die Vier hatten schon mehrmals beobachtet, wie seine rechte Vorderpfote zu seinem Bauch fuhr und dann ein paar Kreise schlug, um den Magen zu beruhigen.
So saßen sie nun auf diesen grob vom Schnee befreiten Felsen, schauten auf den Weg zurück, dann nach Norden auf die mittlerweile wieder besser sichtbaren Spuren der Dejia'Lar und merkten die aufsteigende Angst in ihren Herzen. Doch auch die Angst vor den Dunklen Kriegern und den bevorstehenden Kämpfen war nicht groß genug, um von ihrem Hunger abzulenken. Die unmittelbare Zukunft, die lange Wanderung, die noch zu großen Teilen vor ihnen lag, schien nur aus Felsen, Eis und Schnee zu bestehen. Dort etwas zu Essen zu finden, durften sie nicht erhoffen.
Es blieb ihnen nichts anderes übrig, als sich entweder von dieser Tatsache abzulenken oder sich einen Stern der Hoffnung am weit entfernten Horizont zu suchen. Jendors Frage war offensichtlich auf das zweite ausgerichtet:
„Zaram, wie groß ist der Turian überhaupt?"
Der junge Adept sah auf, atmete tief ein und schien für einen kurzen Moment zu überlegen. Sein Blick glitt von Jendor aus nach oben bis zum Rand des strahlend blauen Himmels und folgte dann den Bergspitzen nach Osten. Dort drehte er seinen Blick plötzlich wieder auf Jendor zurück, öffnete sein Mund und blieb für eine weitere kurze Zeit still, während er offensichtlich noch einmal seine Antwort überdachte.

„Nun, ich kenne mich in diesem Gebiet nicht so sehr aus, doch weiß ich, dass man über ein Dutzend Tage braucht, um das Gebirge von Osten nach Westen zu umgehen und auch wenn es von Norden nach Süden wesentlich schmaler sein mag, haben wir bisher wohl noch nicht einmal die Hälfte der Strecke zurückgelegt."

Jendor hatte es befürchtet und doch eine andere Antwort erhofft. Entmutigt ließ er seinen Kopf hängen, schüttelte diesen ein wenig hin und her und atmete tief ein. Dann, nach einigen Augenblicken des Nachdenkens, hob er ihn wieder an und versuchte, auf anderen Wegen wieder etwas Mut zurück zu gewinnen:

„Meint ihr, wir werden hier irgendwo etwas Essbares finden?"

Jendor wartete kurz, doch niemand gab eine Antwort. Er hatte niemanden direkt angesprochen und so wagte es auch keiner, seine Befürchtungen auszusprechen. Sie wussten, dass das ihre Moral nur noch mehr zerstören würde.

Es vergingen noch ein paar Minuten, in denen sie die warmen Sonnenstrahlen genossen, sich so gut wie möglich von ihrem Hunger ablenkten und von vergangenen, ruhigeren Tagen träumten. Man hätte fast denken können, dass die Fünf zu Eis erstarrt waren, doch dann stand Zaram schließlich auf, setzte seinen Rucksack auf seinen Rücken und schaute zu seinen Gefährten herüber.

„Wollt ihr da ewig rumsitzen? Macht euch lieber mal Gedanken darüber, was uns eine lange Mittagspause nützt, wenn wir eh nichts zu essen haben! Denn ausgeruht habe ich mich schon genug."

Zaram grinste frech, und obwohl er eigentlich eine bittere Wahrheit ausgesprochen hatte, war es der gekonnte Klecks an Ironie, der allen ein Lächeln auf die Lippen zauberte und sie wieder ein wenig aufbaute. So war es auch nur noch eine Sache von Augenblicken, bis alle aufgestanden waren, den Schnee von der Hose geschüttelt, den Rucksack auf den Rücken gesetzt hatten, und sich wieder auf den Weg gen Nordosten machten.

Doch nun, direkt nach dem Aufbruch, versanken sie schon wieder in eine längere Stille, die nur durch vereinzeltes Schnaufen oder Ausschnauben der eiskalten Nasen unterbrochen wurde. Sie alle merkten, dass ein jedes Wort sie zusätzliche Kraft kostete – Kraft, die sie noch für die nächsten Stunden, Tage und vielleicht gar Wochen brauchen würden. Was hätten sie auch sagen sollen? Nach Witzen war ihnen allen nicht zumute und für ein ernsthaftes Gespräch fehlte zurzeit das Thema.

So folgten sie in der Stille den Spuren, hinauf über hohe Pässe, Hochplateaus, an den Abhängen riesiger Gletscher vorbei und ab und zu auch wieder ein kleines Stück in eine tiefere Ebene oder ein tiefer gelegenes Tal herab. Pausen gönnten sie sich kaum. Erst am frühen Abend schien endlich wieder der Zeitpunkt für eine längere Rast gekommen zu sein:
Sie waren gerade einen Pass herabgestiegen und standen nun an der rechten Seite der Mündung in ein tiefer liegendes Tal. Vereinzelt waren auch hier noch kleinere Schneewehen zu sehen, doch größtenteils war diese Umgebung endlich wieder eisfrei. Seit letzter Nacht waren sie nur mit wenigen Pausen etliche Stunden nach Nordwesten gelaufen und bekamen diese Tatsache auch immer stärker von den schmerzenden Füßen bestätigt:
Kaum hatte Fin sich auf einen Felsen gesetzt, sich zurückgelehnt und die wärmenden, abendlichen Strahlen von Siljas Scheibe genossen, als er auch schon in einen tiefen Schlaf fiel. Sein Wille hatte ihn während des Wanderns wachgehalten, doch als sein Körper nun die Chance zur Ruhe sah, ergriff er sie sogleich. Auch den anderen erging es nicht viel besser. Zaram stand gerade noch rechtzeitig auf, weckte seine schon mehr oder weniger eingeschlafenen Gefährten, um noch schnell eine Zeltplane zwischen zwei der vielen großen Felsen zu spannen und sich dann darunter das Nachtlager zu bereiten.
Nashyd wunderte sich derweil ein wenig und war positiv überrascht, was die Vier alles an Ausrüstung dabei hatten. Diese Nacht würde er zumindest etwas wärmer verbringen als die beiden Nächte zuvor, als er sich nur zwischen ein paar harte Felsen gequetscht und außer der dort vorherrschenden Windstille keinerlei Schutz gehabt hatte. So legte er sich direkt neben die vier Anderen, bekam eine Ecke der Decke von Fin und fiel schon bald in einen tiefen Schlaf.

Etwa eine knappe Stunde später – Siljas letzte Strahlen waren gerade verschwunden und hatten der Nacht den Platz geräumt – zog ein leichter Wind auf, der über die Zeltplane tanzte und sie leicht hin und herschlagen ließ. Mit ihm kroch eine unangenehme, feuchte Kälte in den Hohlraum unter der Plane, die die Fünf noch mehr als ohnehin schon zittern ließ.
Und so verging die Zeit, der Wind nahm zu, die Zeltplane wurde immer lauter und hörte sich schon bald wie das Flattern einer großen Fahne oder eines Banners im Sturm an. Immer wieder schlugen ihre frei herabhängen-

den Enden gegen die Felsen und erzeugten dabei eine ungewohnt raue Geräuschkulisse, die ihren Weg bis in die Träume der fünf Abenteurer fand.
Ein jeder von ihnen war wohl schon in letzter Zeit aufgewacht, hatte den starken Wind und die Kälte bemerkt, sich noch etwas dichter an die anderen herangelegt und war dann wieder eingeschlafen. Und so wachte auch Jendor von dem monotonen Geräusch der Zeltplane auf, merkte die Kälte, die in seine Beine gekrochen war, und rutschte so dicht wie möglich an Iream heran, um es zumindest ein wenig wärmer zu haben. Gerade wollte er sich wieder seinen Träumen hingeben, als er plötzlich einem seltsamen schabenden Geräusch gewahr wurde.
Langsam hob er seinen Kopf und lauschte in die Nacht. Da war es schon wieder, ganz klar zu hören und direkt neben ihrer Zeltplane. Jendor warf einen schnellen Blick über seine Gefährten und sah, dass noch alle dort lagen. Das Geräusch musste also von etwas anderem stammen. Vorsichtig und leise tastete er seinen links neben ihm liegenden Rucksack ab und fand schließlich das Gesuchte: Ganz leise zog er die Klinge aus der Scheide, hielt sie vorsichtig vor seinen Körper und setzte sich langsam hin.
Kurz überlegte er, ob er vielleicht alleine hinausschauen und das Wesen stellen sollte, doch dann wurde er sich der Gefahr bewusst, die sich möglicherweise auf der anderen Seite der Zeltplane befand und so beugte er sich über Ireams Ohr, schüttelte ihn leicht und flüsterte ihm dabei zu:
„Pssst, ganz leise!"
Iream wachte auf und wollte gerade fragen, was denn los sei, doch da flüsterte Jendor ihm erneut die Bitte, leise zu sein, in sein Ohr. So blieb er still und setzte sich ganz langsam hin. Ein drittes Mal neigte sich Jendor zu ihm herüber und flüsterte:
„Da draußen ist irgendetwas. Hör mal."
Iream blieb still, saß ganz gespannt auf seiner Decke und schien für einige Augenblicke nach draußen zu lauschen. Dann schließlich nickte er Jendor zustimmend zu und schaute sich in ihrem Nachtlager um. Doch ihm wurde schon schnell schmerzlich bewusst, dass dieses definitiv nicht für den Verteidigungsfall ausgelegt war. Rechts und links war die Plane je über einen etwa eineinhalb Meter hohen Felsen gezogen und mit ein paar Bändern, die um einige größere Steine gebunden waren, am Boden befestigt. Nach unten hin hatten sie die Plane nur mit einigen größeren Steinen bedeckt und der einzige Ein- und Ausstieg war an der Felswand, direkt hinter ihnen.

Es blieb ihnen also entweder die Möglichkeit, die Zeltplane irgendwo zu lösen, was aber sicherlich sehr auffällig gewesen wäre, oder durch den Ein- und Ausstieg herauszuschauen und notfalls von dort aus ihre Verteidigung zu starten. Letzteres erschien beiden zumindest sinnvoller als die andere Möglichkeit und so nickte Jendor auch zustimmend, als Iream nach kurzem Überlegen auf die Öffnung an der Felswand zeigte.
Der Adept stand gebeugt auf, zog die Plane ganz langsam und leise beiseite und schob seinen Kopf nach draußen. Dann verging einige Zeit, in der er einfach nur in die Dunkelheit spähte, ohne sich zu bewegen oder irgendein Zeichen zu geben, während das seltsame Geräusch nach wie vor von draußen zu hören war.
Und so schaute Jendor Iream schon sehr ungeduldig entgegen, als dieser sich schließlich, nach einer knappen Minute wieder in das Lager beugte. Der Adept hatte ein breites Grinsen auf seinem Gesicht, schaute den Fischer nun mit strahlenden Augen an und flüsterte ihm, ohne besonders auf die Lautstärke zu achten, zu:
„Seh lieber selbst nach, sonst wirst du es nicht glauben!"
Jendor war von Ireams Aussage überrascht und schaute ihn für kurze Zeit mit einem fragenden Blick an. Doch dieser schien es tatsächlich ernst zu meinen und trat sogar einen Schritt von der Felswand weg, damit Jendor mehr Platz zum Herausschauen hatte. So ging er an Ireams alten Platz, richtete sich auf, schob seinen Kopf durch die Öffnung und sah sich dann um.
Nun verging eine kurze Zeit, in der sein Kopf die Konturen und Schatten zusammenfügte, um ihm danach das Bild zu zeigen, dass Ireams Grinsen voll und ganz erklärte: Im Licht der beiden Monde lag ein etwa hasengroßer, dicker Käfer auf seinem Rücken zwischen den Steinen vor dem Zelt und zappelte mit seinen sechs Beinen in der Luft herum. Offensichtlich war er von irgendetwas heruntergestürzt, zwischen den Steinen auf dem Rücken gelandet und konnte nun nicht mehr aufstehen.
Einen kurzen Moment schaute Jendor dem putzigen Spiel noch zu, dann zog er sich an dem Felsen hoch, stieg auf der anderen Seite wieder herab und schaute sich den Käfer aus der Nähe an:
Die gesamte Unterseite des Käfers, die er nun den beiden Monden entgegenstreckte, war komplett schwarz. Kleine dünne Härchen saßen auf den sechs, mit Widerhaken gespickten Beinen, die bei jedem Hin- und Herzappeln an den vielen kleinen glänzenden Chitinplatten vorbeischrammten

und auf diese Weise das von Jendor gehörte Geräusch erzeugten. Der ovale Rückenpanzer, auf dem er nun lag, schien eine dunkelblaue Färbung zu haben und genau wie der Bauch im Mondlicht zu schimmern. Außer den Beinchen schaute nur noch der etwa Buchenblatt große, ebenfalls schwarze Kopf hervor, von dem zwei, etwa zehn Zentimeter lange, sägeblattförmige Zähne abgingen.

Vorsichtig piekste Jendor mit der Spitze seines Schwertes gegen den Rückenpanzer des Käfers und wollte ihm damit einen kleinen Anschwung geben, damit dieser wieder auf seine Füße zurückfinden konnte. Doch in dem Moment erklang plötzlich ein lautes, ratterndes Geräusch. Der Käfer hatte Jendor offensichtlich als Feind erkannt und startete nun seine Verteidigungsmaßnahmen. Diese sahen bei dem Käfer anscheinend so aus, dass er seine beiden Zähnen aneinander rieb, um eine Vibration zu erzeugen, die sich direkt auf seinen Rückenpanzer übertrug und ihn somit ein lautes, unangenehmes Geräusch erzeugen ließ.

Bei diesem Lärm kam plötzlich Leben in das Lager. Die drei Anderen waren aufgewacht und kamen schon bald einer nach dem anderen über den Felsen hinter der Zeltplane hervor. Vorne vorweg war Fin, der Jendor, alsbald er den Käfer sah, laut zurief:

„Worauf wartest du? Töte ihn!"

Jendor schaute verdutzt. War dieser Käfer etwa gefährlich, vielleicht gar giftig? Im Moment lag er auf dem Rücken, wie sollte er da eine Gefahr darstellen? Vielleicht war dieses ratternde Geräusch gefährlich und vielleicht lockte er damit andere Käfer an?

Jendor holte mit seinem Schwert aus und schlug einmal quer auf den Bauch des großen Insekts, doch erstaunlicherweise knickte er nur ein paar der Chitinplatten ein, bis zum Fleisch drang er nicht vor. Erneut holte der junge Fischer zum Schlag aus, als Fin ihm von hinten zurief:

„Schlag ihm den Kopf ab!"

Die Idee schien Jendor einzuleuchten. Auf diese Art würde er den Kopf mit den ratternden Zähnen von dem vibrierenden Rückenpanzer trennen. Ein Versuch war es also wert. Wieder raste das Schwert herab, wobei Jendor besonders darauf achtgab, dass er notfalls noch vor den Steinen abbremsen konnte, um die Schwertklinge nicht zu ruinieren. Der Schlag war dementsprechend längst nicht so stark, wie er hätte sein können, dennoch trennte er den Kopf vom Rest des Körpers ab.

Der Käfer wurde unmittelbar still und ließ wieder das Flattern der Zeltplane und das Brausen und Heulen des Windes an den Felsen durch die Nacht dringen. Und auch seine sechs Beine bewegten sich immer langsamer, bis sie schließlich ganz mit dem Zappeln aufhörten.

Mittlerweile standen auch Jendors vier Gefährten draußen und schauten auf seinen erlegten Käfer. Gerade wollte der junge Fischer nachfragen, was denn nun mit dem Käfer sei, dass Fin ihn so sehr zum Töten ermutigt hatte, als der junge Brujin sich plötzlich neben jenen setzte und mit einem Messer begann, die Chitinplatten am Bauch zu entfernen.

„Das ist wahrlich ein Geschenk der Götter! Ich hätte mich auch mit trockenem Brot zufriedengegeben, doch sie schenken uns diesen Kanwüh!"

Fin sah zu den beiden Monden auf, berührte den Boden mit seiner Stirn und ließ ein glücklich klingendes „Danke!" heraus. Dann machte er sich wieder an die Arbeit, den Käfer von seinem Bauchpanzer zu befreien.

„Ist der etwa essbar?"

Mit dieser Frage sprach Jendor gleichzeitig auch die Gedanken von drei seiner Gefährten aus, die alle mit großen Augen auf Fin und den Käfer starrten.

„Ja, natürlich! Kennst du den Käfer denn nicht?"

Fin wurde urplötzlich, und noch während er die Frage stellte, bewusst, dass 'Kanwüh' nichts anderes als 'Sandbuddler' hieß und er diese Käfer auch bisher nur in der Wüste gesehen hatte. Vielleicht kannten seine Gefährten also tatsächlich alle keine Kanwühs. Andererseits widersprach die derzeitige Begebenheit der Theorie, denn was würde dann ein Kanwüh hier in den Bergen machen? Sich unter Steine buddeln? So oder so, war das Kanwühfleisch eine Delikatesse und ein Geschenk für ihre hungrigen Mägen und so versuchte er dies den anderen klar zu machen:

„Das Kanwühfleisch ist richtig lecker und gibt einem jede Menge Kraft! Probiert es einfach Mal, dann werdet ihr auch merken, dass es einen einzigartigen, würzigen Geschmack hat!"

Fin hatte immer noch ein breites Strahlen auf seinem Gesicht und hatte seine Freude, als er ihnen von dem leckeren Fleisch erzählt hatte, auch in seiner Stimme mitschwingen lassen. Dennoch schienen seine Gefährten nicht annähernd von dieser Tatsache überzeugt zu sein und so drehte Fin sich schon nach kurzer Zeit mit einem „Ihr werdet schon sehen!" wieder um und machte sich erneut an die Arbeit.

Nach etwa fünf Minuten war es dann so weit. Der junge Nomade kletterte mit dem Ruckenpanzer des Käfers in seiner linken Hand unter die Zelt-

plane. Die vier Anderen hatten sich mittlerweile wieder unter ihre Decken verkrochen und versuchten sich wieder etwas aufzuwärmen. Der Wind brauste nach wie vor über die Plane hinweg und ließ dabei eine immer beißender werdende, feuchte Kälte in den Hohlraum unter ihrer Zeltplane eindringen. Nun aber drang mit diesem Wind auch ein Geruch, ähnlich einer Mischung von gekochtem Ei und rohem Fleisch, an ihre Nasen.
Fin stellte den Rückenpanzer in die Mitte des kleinen Raumes, nahm sich eines von den vielen, weißen, kleinen Fleischstücken heraus, biss hinein und ließ es sich offensichtlich schmecken. Doch seine Gefährten schienen immer noch von Ekel und Skepsis gesteuert zu werden und so nahm er sich ein zweites, drittes und viertes Stück, bis Jendors Neugier und Hunger endlich über den Ekel siegten. Vorsichtig nahm er eines der kleineren Stücke heraus, drehte es langsam zwischen seinen Fingern hin und her und schaute es sich von allen Seiten an. Es sah sogar so aus, wie es roch: Wie Fleisch, das aus gekochtem Eiweiß geformt worden war, doch mochte es auch so schmecken?
Endlich biss Jendor hinein und merkte im selben Moment, wie ihm der Fleischsaft des Käfers bis in seinen Rachen spritzte. Kurz überkam ihn erneut Ekel, doch dann schmeckte er den würzigen Geschmack des Fleisches: Wie erhofft, schmeckte es ein wenig wie Ei, doch der erwartete Fleischgeschmack blieb aus und wurde dafür mit einem leichten Geschmack von Fisch ersetzt, der durch ein wenig Schärfe vollendet wurde. Tatsächlich, dieses Fleisch war vorzüglich, auch wenn es ganz anders aussehen mochte.
Jendor griff noch einmal zu, nahm sich ein relativ großes Stück heraus und aß es – diesmal sofort, ohne das Fleisch skeptisch zu betrachten. Das reichte nun endlich auch den anderen Dreien als Beweis. Und so überwanden auch sie sich dazu, ein Stück des Fleisches zu probieren.
Von dem Moment an dauerte es nicht mehr lange, bis der Rückenpanzer komplett leer und ihre Mägen voll und satt waren. Ihnen allen hatte die ungewöhnliche Speise geschmeckt und so gab Jendor Fin im Nachhinein doch noch recht:
„Ich muss zugeben, das Fleisch war köstlich. Diesen Käfer setze ich in Zukunft wohl besser auch auf meine Liste von jagbarem Wild."
Jendor hatte ein breites Grinsen auf seinem Gesicht, als er nun mit seinem linken Zeigefinger gegen den leeren Rückenpanzer schnippte. Dann fuhr er fort:

„Aber lasst uns nun noch ein paar Stunden schlafen. Wir werden unsere Kräfte morgen sicherlich gut brauchen können."
Jendor schaute sich um und suchte nach zustimmenden oder ablehnenden Blicken, doch ein eindeutiges Bild fand er nicht vor. Die nächtlichen Ereignisse hatten sie doch aufhorchen lassen, denn dies war die erste Nacht, in der niemand von ihnen gewacht hatte und schon gingen seltsame Dinge vor dem Zelt vor sich.
So meldete sich Fin schließlich, ohne das jemand ihn überhaupt darum gebeten hätte, freiwillig bereit, die erste Wache zu halten. Er schlug vor, etwa eine Stunde draußen auf dem Felsen zu sitzen und von dort in die Nähe und Ferne zu schauen und zu lauschen. Danach würde er jemanden anders wecken und sich auch schlafen legen. Seine Gefährten stimmten diesem Vorschlag zu und so nahm er seine Decke, kletterte den Fels hinauf, mummelte sich tief ein, lehnte sich an die Felswand und schaute sich um.
So vergingen einige Stunden, bis Fin schließlich wieder erwachte. Siljas morgendlichen Strahlen rissen ihn urplötzlich aus seinen Träumen und zeigten ihm, dass er offensichtlich eingeschlafen war. Erschrocken schaute er sich um und fand noch alles so vor, wie er es in seiner Erinnerung hatte. Langsam stand er auf, rieb sich seine kalten Knie und Beine, atmete tief durch und streckte sich einmal ordentlich. Dann stieg er vorsichtig unter die Zeltplane und fing an, seine Gefährten zu wecken:
Der Erste, der vor ihm lag, war Nashyd und so überlegte er sich kurz, ob er den Jankar ganz normal wecken konnte oder ob er dann vielleicht etwas falsch machen würde. Er war sich absolut nicht sicher und tat schließlich einfach das, was er für richtig hielt. Und so erhielt er auch sogleich die Antwort auf seine zuvor gestellte Frage:
Gerade hatte Fin dem Jankar über seinen Kopf gewuschelt, als dieser, noch bevor Fin „Aufstehen!" sagen konnte, auf seine vier Pfoten sprang und sich mit einem lauten und schrillen „Miaaaauuuuu!" komplett in seiner ganzen Größe hinstellte. Bei dieser raschen Bewegung drückte Nashyds Kopf gegen die tief hängende Zeltplane und zog sie mit einem starken Ruck am unteren Ende aus den Steinen heraus.
Nun waren alle wach und stellten sich mit unglaublicher Geschwindigkeit zur Verteidigung gegen den vermeintlichen Gegner auf, während Fin laut zu lachen anfing. Kurz darauf stimmte auch Nashyd ein. Bei den anderen dauerte es allerdings etwas länger, doch als sie dann schließlich verstanden hatten, dass es überhaupt keine Gefahr gab und sich Nashyd wohl nur vom

plötzlichen Wecken von Fin erschrocken hatte, fingen auch sie an zu lachen und vergaßen schnell die Angst und Panik, die sie in dem Moment des Aufwachens, als sie den Aufschrei gehört hatten, durchfahren hatte.
Sie alle hatten schon lange nicht mehr so herzlich gelacht und so begannen sie diesen neuen Tag mit Freude und Hoffnung, und dass, obgleich sie sich alle wunderten, warum sie nicht zur Wache geweckt worden waren. Doch keiner wagte es nachzufragen, denn eigentlich kannte jeder von ihnen die Antwort.
Schon bald waren sie wieder unterwegs und spürten schnell, dass die Luft immer wärmer wurde, bis sie schließlich am frühen Abend von einem Berg herab ihre nächste Etappe vor sich sahen.

Blut und Hitze - Durst und Gift

Voll von List und Verstohlenheit
so sind diese Tiere geprägt.
Und voll von Glück und Vorsicht
ist, wer diese Tiere überlebt.

Gar widerlich sind ihre Waffen
und ihre Art der Jagd.
Wo keiner einen Ausweg kennt,
ist jeder Schritt gewagt.

Und ist das Gift dann erst im Blut,
so ist das Leben aus,
denn keine Salb' und auch kein Mut
saugt's Gift aus dem Blut heraus.

XXV.

Schon am Abend zuvor hatten sie in der Ferne die Hitze der Wüste flimmern gesehen, doch der Weg bis dorthin kostete sie noch etliche weitere Stunden.

Nach einem weiteren kurzen Nachtlager waren sie schon am frühen Morgen wieder auf ihren Beinen gewesen, um den Vorsprung der Dunklen Krieger aufzuholen. Zu Beginn waren sie dabei noch von einem feuchtkalten Klima umgeben gewesen, doch schon bald konnten sie die immer wärmer und trockener werdende Luft, die ihnen von Norden her entgegenwehte, genießen.

In der gesamten letzten Zeit im Turian folgten sie nur noch einer gedachten Linie nach Nordosten, denn Spuren waren auf den kargen und trockenen Felsen keine zu erkennen. All ihre Hoffnungen lagen nun im Gedächtnis der Wüste, darin, dass die Spuren im Sand noch nicht verwischt waren und diese ihnen den Weg zu den Dejia'Lar zeigten. Und so waren ihre Blicke für lange Zeit nur noch nach vorne gerichtet, bis sie schließlich, am frühen Nachmittag, die ersten Ausläufer der Schlangenwüste betraten: Rechts und links von ihnen ragten immer noch die Spitzen der Berge in den strahlend blauen Himmel hinein, doch vor ihnen flimmerte bereits jetzt nur noch die heiße Luft über den unendlich vielen, feinen Sandkörnern. Ein letztes Mal für die ganze nächste Zeit durchschritten sie einen schmalen, leicht bewachsenen, grünen Streifen, genossen das Rauschen der Blätter, der schmalen Bäume, Büsche und Sträucher im Wind und betraten schließlich das ewig groß erscheinende Sandmeer der Wüste.

Für Jendor, Zaram, Iream und Nashyd erschien dieses Bild zuerst sehr befremdlich, unwirtlich und trostlos, obgleich auch das Turian nicht viel mehr zu bieten gehabt hatte. Doch Iream versuchte, seine Moral und die seiner Kumpanen zu stärken. Er schwärmte von der Wärme, die sie nun endlich wieder genießen durften und davon, dass sie nun auch keine Berge mehr bezwingen mussten. Immer weiter versuchte er sich selbst ein angenehmes Bild dieser Wüste zu erstellen und erinnerte sich dabei gar an ein altes anaider Sprichwort, das besagte, dass die Schlangenwüste die Lebende Wüste wäre, wenn es dort nicht so viele Schlangen gäbe. Doch als er sich schließlich Gedanken über eben dieses Sprichwort machte, hatte er es den anderen, in seiner überschwänglichen Art, bereits erzählt, und ob es nun die Moral seiner Gefährten stärkte oder nicht, schien insofern sowieso nicht mehr von Interesse zu sein.

Doch seine Gefährten blieben gelassen. Das alles war ihnen erst einmal egal, denn das, was sie bereits geschafft hatten, zeigte ihnen, dass auch viel Unwahres im Volksmund lag und man auch eine vermeintlich tödliche Gegend mehr oder weniger unbeschadet passieren konnte. Was hatten sie nicht alles für grausige Geschichten vom Turian gehört, und fast immer hieß es, dass kein Mensch je wieder aus dem Gebirge entkommen sei.

Nun gut. Letzteres war sowieso unwahrscheinlich, denn das würde gleichzeitig bedeuten, dass all diese Schauermärchen über das Turian erlogen waren: Wenn niemand je wieder lebend herausgekommen wäre, hätte auch nie jemand davon erzählen können. Doch so oder so, die Zeit, die sie im Turian verbracht hatten, mochte schlimm gewesen sein – die Grottenwürmer, der Kampf mit den Dejia'Lar, die Kälte, der Hunger und nicht zu vergessen die Angst vor dem Ungewissen – doch wenn sie zurückblickten, so war es nicht einmal halb so schlimm, wie es in den Geschichten immer erzählt wurde:

Da war kein Feuer speiender und menschenfressender Höhlentroll, kein zwölf Meter langer Wolf mit ätzendem Speichel, keine Irrlichter, die einen in brodelnde, stinkende Teerlöcher lockten und auch kein Wald, in dem jeder Mensch innerhalb von wenigen Stunden immer weiter in einen Baum verwandelte wurde und sich dann zu den anderen Bäumen gesellte.

Natürlich waren sie nicht durch das gesamte Turian gelaufen und hatten also auch nur einen sehr kleinen Teil des gesamten Gebirges zu Gesicht bekommen, doch das alleine reichte ihnen schon aus, um diesem Gebirgsmassiv ein Teil des dunklen Zaubers, der angeblich auf ihm lag, zu nehmen.

Dennoch war ihre Freude groß, das Turian endlich wieder verlassen zu können und sich nun in einem einigermaßen sichereren Lande zu wissen. Mochte der Name Schlangenwüste eine eindeutige Anspielung auf die Gefahren dieser Gegend sein und das Sprichwort, dass Iream zitiert hatte, wirklich stimmen, doch schlimmer als das Turian konnte es hier wohl kaum sein.

Bei den hier wohnenden Völkern wurde die Wüste jedenfalls als wesentlich sicherer als das Turian erachtet, denn die Anzahl der Handelskarawanen, die sie durchquerten, war beachtlich. Und wollte man dem Volksmund zumindest ein wenig glauben, so war dies ein weiterer Beweis der Sicherheit, denn nie hatten Zaram oder Iream in den vielen Geschichten auch nur eine einzige Andeutung davon gehört, dass ein Reisender von einer Schlange gebissen worden wäre. Aber warum trug die Wüste dann diesen Namen?

Hin oder her, einer Person waren all diese Gedanken fremd: Fin strahlte vor Glück. Endlich war er wieder in seinem Element und konnte seinen Gefährten etwas über diese Umwelt erzählen und ihnen lebenswichtige Tricks beibringen. Er war sich sicher, dass nicht einmal die beiden Adepten mit all ihrem Buchwissen genug über die Wüste wussten, um länger als ein paar Tage in ihr zu überleben und damit hatte er sicherlich nicht einmal Unrecht.

Noch blieb er still, genoss die heimatlich anmutende Umgebung stapfte etliche Hundert Meter mit seinen Gefährten in die sengende Hitze der Wüste hinein, fühlte das weiche, angenehme Gefühl des Sandes unter der Sohle seiner Stiefel und atmete tiefe Züge der trockenen, heißen Luft ein. Doch dann blieb er plötzlich stehen, nahm seinen Rucksack ab und pfiff seinen Gefährten, die allesamt seinen Halt nicht wahrgenommen hatten, hinterher.

„Heyda stehen geblieben! Wenn ihr einfach so weiterlauft, dann werdet ihr heute Abend vor lauter Schmerzen jaulen."

Die Vier blieben stehen, drehten sich um und schauten Fin fragend an. Dieser sendete einige auffordernde Blicke zurück und winkte ihnen, näher zu kommen. So gingen sie die sechs Schritte auf Fin zu und blieben dann direkt vor ihm stehen. Keiner von ihnen sagte etwas, denn obwohl sie nicht einmal annähernd erahnten, was Fin ihnen nun sagen würde, war ihnen klar, dass er ganz bestimmt Recht haben würde. Einen Moment lang war es noch still. Fin lächelte seine Gefährten an und überlegte, wie er seine Erklärung beginnen sollte, dann ergriff er schließlich das Wort:

„Ihr kennt Silja als Licht- und Wärmespenderin, doch die Wärme, die die Sonnengöttin uns schickt, kann hier gar so stark sein, dass sie Haut und Haare verbrennt. Nicht dass ihr denkt, dass sie uns damit schaden will, denn sie weiß, dass wir Wüstenvölker uns zu schützen wissen. Doch dank dieser großen Wärme vertreibt sie auch einige widerliche und giftige Lebewesen unter die Erde und schützt uns so vor ihren Gefahren.

Wollt ihr heute Abend also nicht mit verbrannter Haut am Lager sitzen, so müsst ihr eure Haut bedecken und die heißen Strahlen nicht auf eure Haut lassen."

Fin öffnete seinen Rucksack, steckte seine rechte Hand hinein und kramte und suchte etwas in ihm herum, doch schon nach kurzer Zeit wurde ihm bewusst, dass er auf diese Art und Weise nicht weiter kam. So nahm er nun die oben liegenden Sachen aus seinem Rucksack heraus und legte sie alle sorgfältig, nebeneinander auf den Sand.
Seine vier Gefährten beobachteten dieses Schauspiel mit großen Augen und wunderten sich wohl auch kurz, was Fin mit all diesen Sachen machen wollte, doch dann zog er schließlich ein langes zusammengefaltetes Tuch aus seinem Rucksack, richtete sich auf und schaute die Vier von oben bis unten an:
Sie alle hatten sich bereits an das wärmere Klima angepasst, hatten ihre dicke Kleidung ausgezogen und sie in und an ihre Rucksäcke gepackt und geschnürt. Nur Fin stand noch mit seinem Wüstenkleid, das einem langen Mantel ähnelte, vor ihnen und schüttelte nun den Kopf über seine Gefährten.
„Eure Kleidung ist nicht sehr praktisch für die Wüste, aber ihr müsst sehen, dass ihr möglichst alle Haut bedeckt, auch wenn das für euch heißt, dass ihr sehr schwitzen werdet. Ich habe hier noch einen Turban, eigentlich mein Ersatz, doch da ihr alle keine ordentliche Kleidung habt, kann ruhig jemand von euch den Turban aufsetzen."
Die Vier schauten ihn mit großen Augen an. Sollten sie nun wirklich wieder ihre Hosen herunterkrempeln und die langärmligen Pullover oder gar Jacken anziehen? Und eine dieser seltsamen Kopfbedeckungen die Fin auf seinem Kopf trug, sollten sie nun auch noch tragen? Fin schien es zumindest ernst zu meinen, denn er zog seinen Turban so weit wie möglich in sein Gesicht und zupfte dann an seinem langen, beigen Wüstenkleid herum, um es noch weiter über seine Arme hängen zu lassen.
Kurz standen die Vier einfach nur fassungslos da und zweifelten an ihrer eigenen Wahrnehmung, dann aber wurde Jendor als Erster aktiv, setzte seinen Rucksack ab und begann sich umzukleiden. So taten auch Zaram und Iream bald dasselbe, und während Jendor schließlich den Turban um seinen Kopf gebunden bekam, freute Nashyd sich einfach über sein dichtes Fell, doch dieses trieb ihm auch schon bald die ersten dicken Schweißperlen auf die Haut.

Mittlerweile war es Abend geworden und so verschwand Siljas goldene Scheibe gerade am Horizont. Sie waren nun schon seit einigen Stunden in der Wüste, hatten kaum eine Pause gemacht und waren durchgehend den Spuren der Dunklen Krieger gefolgt. Diese hatten sie schon nach kurzer Zeit als dunkle Schatten nur einige Dutzend Meter neben ihrem Pfad entdeckt.

Den ganzen Nachmittag über hatten die Strahlen der Sonnengöttin auf ihre Köpfe niedergebrannt. Die Hitze hatte den Schweiß an ihrer Haut herablaufen lassen und den Vieren schon sehr schnell gezeigt, dass Fin absolut Recht gehabt hatte. Dennoch war der Tipp mit der langen Kleidung wohl zu spät gekommen, denn bereits die Strahlen, die auf der letzten Strecke zwischen den Bergen auf ihre Haut gefallen waren und die sie damals noch so sehr genossen hatten, ließen manches Stück Haut bis zum Abend rot anlaufen, brennen und jucken.

Schlangen hatten sie bisher nicht gesehen und überhaupt schien es nicht viel Leben in dieser Wüste zu geben, was dem Sprichwort mit der 'Lebenden Wüste' schon fast widersprach. Doch während sich nicht ein einziges Tier gezeigt hatte, hatten sie zumindest vereinzelte, kleinere Ansammlungen von trockenen Grasbüscheln und einige wenige Kakteen gesehen, doch von Bäumen oder Wäldern trauten sie sich noch nicht einmal zu träumen.

So waren sie immer weiter in das scheinbar unendliche Sandmeer vorgedrungen, hatten Hunderte der wellenartigen Dünen erklommen und sie auf der anderen Seite wieder verlassen. Für die drei Stromländer und Nashyd war dies ein ganz neues Erlebnis und das Laufen auf den abwechselnd normalen und dann wieder sehr weichen Böden fiel ihnen anfangs sehr schwer.

Bei jedem Abstieg sanken sie weit mit ihren Füßen in den feinen, locker liegenden Sand ein, was ihre Schuhe und Stiefel ein jedes Mal wieder mit Sand füllte. Anfangs hatten sie diese wieder ausgeschüttet, doch schon bald wurde ihnen klar, dass dies ein aussichtsloser Kampf war. Fin versuchte ihnen zwar zu zeigen, wie sie ihre Stiefel am besten schnürten, um das Eindringen des Sandes so gut wie möglich zu verhindern, doch auch er musste schnell einsehen, dass die stromländischen Stiefel einfach nicht für eine solche Umgebung gefertigt waren. Viel zu weit war der Kragen und sammelte den Sand fast wie ein Trichter auf, und auch Nashyds Ledertücher, die er wie Bundschuhe um seine Hinterpfoten gebunden hatte, schienen für diese Umgebung ungeeignet zu sein. So blieb ihnen bald nichts anderes mehr übrig, als die unangenehme Reibung und den Druck

des Sandes in ihren Stiefeln so gut wie irgend möglich zu ignorieren. Doch leider ließen ihre schmerzenden Füße den Rest des Tages kaum einen anderen Gedanken mehr zu.
Die nächste Nacht verbrachten sie unter lose befestigten Zeltplanen, denn Halt bot der sandige Boden kaum. Fin wies seine Gefährten noch mehrmals auf die Gefahren der giftigen Wüstentiere, wie Schlangen, Skorpione und Sandtaranteln, hin und erklärte ihnen, wie sie sich am besten in die Decke einwickeln konnten, um sich einerseits von der eisigen Kälte der Nacht zu schützen und andererseits die Gefahr möglichst gering zu halten, dass eines dieser Tiere des Nachts mit unter die Decke kroch. Und sollte doch jemand gestochen oder gebissen werden, so sollte dieser die Ruhe bewahren und die anderen so schnell wie möglich wecken, denn, so sagte Fin:
„Wenn man schnell handelt, kann man fast jedes Gift überleben."
Sicherlich waren die drei Stromländer und Nashyd dankbar dafür, dass Fin ihnen direkt jede Gefahr aufzeigte und sie so vor eventuellen Gefahren beschützte, doch andererseits war ihnen nun auch sehr mulmig zumute. Alle vier schliefen nur sehr leicht und schreckten bei fast jedem ungewohnten Geräusch auf. Zwei Mal wachten Jendor und Nashyd sogar gleichzeitig auf und schauten sich plötzlich gegenseitig in die Augen, was beide dazu brachte, über ihre eigene Schreckhaftigkeit zu grinsen, doch tatsächlich zeigten sich die wahren Auswirkungen erst am nächsten Morgen, als lediglich Fin ausgeschlafen und voller Energie war.
Vorfälle mit irgendwelchen Tieren gab es bis zu diesem Morgen noch nicht, doch dafür ging ihnen bereits jetzt das Wasser aus und die wenigen Überreste des Kanwüh waren schon längst verbraucht. So folgten sie also hungrig und durstig den Spuren der Dunklen Krieger, sahen an diesem Morgen die ersten Schlangen und Skorpione, die sich in den frühen Strahlen der aufgehenden Sonnengöttin wärmten, und mussten bis zum frühen Vormittag auf das Stillen ihres Durstes warten.
Wieder war es eine absolut neue Erfahrung für Nashyd und die Stromländer, als Fin einen kleinen Umweg machte, um in ein Feld von Kakteen zu gelangen, das östlich von ihnen zu erkennen war. Dort angekommen wählte Fin sich einen dicken Kaktus aus, schälte vorsichtig einen breiten Streifen der langen spitzen Stacheln mit seinem Messer ab und nahm den Kopf des Kaktus an dieser Stelle in seine Hand.
Die Vier schauten zu, wie Fin den Kaktus abschnitt und ihn nun gänzlich

von den Stacheln befreite. Dann schnitt er große Scheiben des dicken Stammes ab und begann, das schwammige Innenleben auszuquetschen. Es war nicht viel Flüssigkeit, was solch ein Stück brachte, doch der Kaktus war groß und neben ihm standen noch mindestens dreißig weitere.
Fin selbst hatte diese Prozedur vielleicht erst ein Dutzend Mal in seinem Leben durchgeführt, denn im Normalfall sorgte man dafür, dass man immer genügend Wasser dabei hatte, doch gleichzeitig gehörte dies auch zu dem Überlebenstraining, welches ein jedes Kind der Brujin einmal machen musste und heute war er um so glücklicher darüber, dass auch er dieses Training gemacht hatte.
Dennoch diese Kakteen waren anders, denn auch wenn sie ähnlich wie die in der Wüste Sajem aussahen, kannte er die Art nicht, und wusste auch nicht, was alles an ihnen genießbar war. Doch die Neugier und der Hunger ließen ihn nicht lange überlegen und so schnitt er sich ein großes Stück des schwammigen Innenlebens heraus und fing an auf ihm herumzukauen.
Eine Delikatesse war dies definitiv nicht, doch da ihn der Geschmack nicht anwiderte, schnitt er sich weitere Stücke heraus und stillte so seinen Hunger. Seine Gefährten, die sich ebenfalls je einen Kaktus abgeschnitten hatten, taten ihm dies gleich, füllten ihre leeren Flaschen und Wasserschläuche mit so viel Saft wie möglich und packten sich noch ein paar der Kaktusschwämme als Proviant ein.
Weniger als dreißig Minuten später waren sie dann wieder auf dem Weg und folgten den Spuren der Dunklen Krieger bis zum Abend. Die schwammige Mahlzeit hatte offensichtlich keine großen negativen Auswirkungen, lediglich ein vereinzeltes Grummeln seines Magens zeigte Nashyd, dass dieser offensichtlich nicht ganz so zufrieden mit dieser Mahlzeit war, wie es wohl die Mägen der Menschen waren.

Auch die nächste Nacht wurde wieder empfindlich kalt, der sternenklare Himmel hatte schnell die gesamte Wärme des Tages aufgenommen und ein leichter Wind aus Süden ließ die eisige Luft noch weiter unter ihre Decken dringen. Gegen Mitternacht nahm der Wind dann wesentlich an Stärke zu, und auch wenn Fin diesen noch lange nicht als Sandsturm bezeichnet hätte, reichte er aus, um die Spuren der Dejia'Lar zu verdecken.
So war der nächste Morgen mit einem Hauch von Verzweiflung gefüllt: In diesem scheinbar unendlichen Sandmeer war die Orientierung selbst mit Siljas Hilfe extrem schwer, sodass es beinahe unmöglich erschien, nun

genau die Richtung herauszufinden, in der die Dunklen Krieger verschwunden waren. Doch ändern konnten sie es nicht, und so brachen sie, nach einigen Überlegungen in etwa in die Richtung auf, in der sie am Abend noch die Spuren gesehen hatten, und hielten fortan nach allen Richtungen Ausschau. Zehn Minuten lang tappten sie wie im Dunkeln, bis sie endlich, direkt vor ihnen, wieder ein paar Spuren auf der windabgewandten Seite einer Düne entdeckten.
Ob Glück, gutes Gedächtnis oder Hilfe der Götter, sie waren jedenfalls wieder in die richtige Richtung unterwegs, doch auch jetzt galt es weiterhin die Augen offen zu halten, denn nach wie vor blieben sichtbare Spuren der Dejia'Lar ein äußerst seltener Luxus. So wurde ihnen auch nur vereinzelt, für einen kurzen Moment bestätigte, dass sie immer noch in die richtige Richtung liefen.
Die Zeit verging. Gegen Mittag waren schon wieder wesentlich mehr und auch tiefere Spuren zu sehen. Die Sorge, die Richtung zu verlieren, verschwand zwar damit langsam, doch so, wie sich diese eine Sorge verringerte, tauchte nun der zuvor verdrängte Hunger wieder auf. Auch jetzt waren noch einige Reste der Kakteensäfte in ihren Flaschen und Trinksäcken vorhanden, doch die letzten holzigen Schwämme hatten sie bereits vor einiger Zeit verzehrt, und so waren ihre Augen erneut am Suchen und warteten sehnlichst auf die stacheligen Umrisse eines Kaktusses, doch diese ließen sich jede Menge Zeit, und als sie dann schließlich, am frühen Nachmittag tatsächlich wieder einige Kakteen in der Entfernung vor ihnen entdeckten, wurde ihr Hunger schon wenige Augenblicke später in Ekel verwandelt:
Gerade kamen sie den Hang einer kleineren Düne herab, als sie plötzlich vor sich etwas Größeres auf den Spuren der Dejia'Lar liegen sahen. Mit einer Gefühlsmischung aus Neugier und Angst erfüllt, beeilten sie sich noch ein wenig mehr, um schon kurz darauf festzustellen, dass ihre ärgsten Befürchtungen bestätigt wurden:
Die Dunklen Krieger hatten an diesem Ort offensichtlich gekämpft. Etliche Spuren im Sand zeugten davon, wie wild sie mit ihrem Gegner gefochten hatten, während Tausende Blutspritzer in allen Himmelsrichtungen bewiesen, dass der Angegriffene wie wild um sein Leben gekämpft hatte. Doch der größte Beweis für diese Gräueltat war die menschliche Leiche, die inmitten dieses Kampfplatzes lag.
Welchen Geschlechts oder Alter der Angegriffene war, war nicht mehr zu erkennen. Die Leiche war bis zur absoluten Unkenntlichkeit entstellt und

hatte den Dunklen Kriegern – wie widerlich es auch erschien – offensichtlich als Nahrung gedient. Etliche große Bissspuren waren am ganzen Körper zu erkennen und ließen kaum noch einen Rückschluss auf die genaue Todesursache zu. Die wenige übrig gebliebene Haut zeigte eine bläulich bleiche Färbung. Eine große Menge Blut hatte sich aus der Vielzahl der Wunden den Weg in den Sand gesucht, wo es zu etlichen dunkelroten Flecken, in der Nähe der Leiche geronnen war. Schon allein dieses Bild erregte sehr viel Ekel, doch dazu kam, dass die Hitze in dieser kurzen Zeit den Verwesungsprozess so weit vorangetrieben hatte, dass die Luft in der unmittelbaren Nähe unerträglich stank.

Doch das, was für die Fünf eigentlich am interessantesten gewesen wäre, stach im ersten Moment keinem von ihnen ins Auge. Erst kurz bevor Nashyd sich mit den anderen umdrehen und weggehen wollte, machte er eine seltsame Feststellung: Auf den zerfetzten Kleidern der Leiche und auch auf dem Sand neben ihr war ein matter, silberner Staub zu erkennen, der an manchen Stellen unnatürlich gerade Linien und Muster ergab. Nashyd konnte sich diese Erscheinung nicht erklären, doch als er die anderen daraufhin fragte, wurde plötzlich eine neue Hoffnung und Theorie wach.

Für einen kurzen Moment lang drehte Zaram sich wieder zu der Leiche um und warf einen schnellen Blick auf besagte Stellen, und tatsächlich war es genau derselbe, ascheartige Staub, den er auch an all den Stellen gesehen hatte, wo die gefallen Dunklen Krieger zuvor ihre Waffen und Rüstungen getragen hatten. War dies etwa ein Dejia'Lar? Hatten seine Kumpanen ihn etwa aus Hunger erschlagen und dann verspeist?

Möglich war es zumindest, denn auch wenn die Dunklen Krieger sicherlich keine Menschen im eigentlichen Sinne mehr waren, so brauchten sie anscheinend auch ihren Schlaf, und wenn ein Wesen Schlaf brauchte, so war der Gedanke, dass es auch Nahrung brauchte, sicherlich nicht von allzu weit hergeholt.

Hatten also zwei der Dunklen Krieger einen ihrer Kumpanen hingerichtet, um sich selbst zu retten? Wenn ja, würde das zugleich bedeuten, dass die Dunklen Krieger nicht nur durch Waffen verletzbar waren, sondern sie auch verhungern oder vielleicht gar verdursten konnten.

Nashyd und Zaram drehten sich wieder vom Kampfplatz weg und gingen mit den drei Anderen erst einmal ein gutes Stück weit von der entstellten und stinkenden Leiche fort. Dann erklärte Zaram seinen Gefährten seinen

Gedankengang, während ihm gleichzeitig bewusst wurde, dass sogar die Spuren der Dejia'Lar diese Theorie bestätigten.
So machte Zarams Stimmung einen plötzlichen Sprung: Es war nicht nur die Tatsache, dass sie nun nur noch gegen zwei Dunkle Krieger kämpfen mussten, sondern vor allem auch die Hoffnung, dass sie eventuell gegen gar keinen mehr kämpfen brauchten, weil auch die letzten beiden unter Hunger und Durst von selbst starben.
Doch er riss sich in seiner Euphorie etwas zusammen. Ihm war bewusst, dass er sich selbst zu viel Hoffnung machte und sie letztlich so oder so die Pflicht hatten, die Dejia'Lar so lange zu verfolgen, bis keiner mehr von ihnen übrig war. Ob ihnen der Hunger oder der Durst der Dunklen Krieger noch einmal zur Seite stehen würde, würden sie dann ohnehin erfahren.
Für einen kurzen Moment geisterte der Gedanke von einem einfachen Ende ihres Feindes noch durch ihre Köpfe, doch dann kamen plötzlich wieder die Erinnerungen an die entstellte Leiche hoch und vertrieben erneut ihren Hunger. Sollten sie nun dennoch zu den Kakteen gehen? Auf diese Frage gab es nur eine einzige Antwort, denn selbst ihre Wasservorräte neigten sich langsam dem Ende entgegen. Dennoch waren sie plötzlich wieder so von dem Gesehenen geschockt, dass sie etliche Augenblicke brauchten, bis sie sich schließlich aufmachten, um ihre Vorräte aufzufüllen.

XXVI.

Der dritte Tag in der Wüste neigte sich dem Ende entgegen und brachte urplötzlich, am frühen Abend einige andere Gedanken in ihre Köpfe. Das Bild, das sich in der Entfernung vor ihnen zeigte, ließ ein Gefühl der Freude und der Hoffnung in ihnen aufsteigen, welches nur durch ein wenig Zweifel und Angst gedämpft wurde:
Am nördlichen Horizont tauchte eine größere Oase mit etlichen grünen Palmen, Büschen, Sträuchern und auch einigen Gebäuden auf. Die Spuren der Dunklen Krieger führten zwar eigentlich etwas weiter östlich an dieser vorbei, doch falls sie diesen Umweg auf sich nahmen, konnte es eigentlich nur Vorteile mit sich bringen. Diese Annahme galt wiederum natürlich nur

in dem Falle, dass die Einwohner der Oase ihnen freundlich gesonnen waren, und eben daher rührte auch der kleine Hauch von Zweifel und Angst:
Es waren nur ein paar Tage gewesen, die sie durch das Turian gelaufen waren und seit dem Aufbruch aus ihrer gewohnten Umgebung waren auch – für einen jeden von ihnen – nicht mehr als ein paar Wochen vergangen. Dennoch oder auch gerade deswegen hatten sie in dieser kurzen Zeit so sehr viele neue Eindrücke gewonnen, hatten Sachen erlebt, von denen sie nicht einmal gewagt hatten zu träumen und hatten ihre Sicht der Dinge komplett verändert. Das war es, was ihnen auch hier zu Vorsicht riet. Es war das Gefühl, das Telibs Oberfläche längst nicht so sicher war, wie es ihnen in der Vergangenheit wohl manches Mal erschienen war.
Dennoch war ihnen auch bewusst, dass sie einer jeden Hilfe bedurften und diese Chance daher nicht verstreichen lassen sollten, und so gingen sie vorsichtig an die Oase heran, lauschten schon aus einiger Entfernung und versuchten zugleich eine jede Bewegung mit ihren Augen aufzufangen. Doch solange sie auch schauten, die Bewegungen eines Menschen oder menschenähnlichen Wesens nahmen sie nicht wahr. So näherten sie sich immer weiter, bis schließlich vereinzelte Stimmen an ihre Ohren drangen.
Je dichter sie nun an die Oase herankamen, desto klarer konnten sie auch einzelne Ausrufe, Gelächter und Johlen aus der Masse der Stimmen heraushören. Es war eine dumpfe Geräuschkulisse und auch die Richtung, aus der die Stimmen kamen, sprach dafür, dass sich ihre Quelle in den Gebäuden befand. Das Leben in der Oase schien bereits zu dieser Stunde in die schmalen Hütten und Häuser verlegt worden zu sein. Und die Vielzahl der Stimmen zeigte, dass die Anzahl der anwesenden Personen sicherlich im zweistelligen Bereich lag.
Die Fünf fassten langsam etwas Mut. Es schien beinahe so, als ob in der Oase gefeiert wurde und wenn die Bewohner so gut gelaunt waren, würden sie die Fünf bestimmt nicht abweisen. Dennoch blieb eine gewisse Vorsicht in ihrem Handeln, die sicherlich auch nicht verkehrt war.
Schließlich erreichten sie den Rand der Oase und bekamen nun einen Überblick, über den gesamten Bereich: Etliche bis zu dreißig Meter in die Höhe ragende Palmen umrandeten die paradiesische, grüne Insel und bildeten so eine Art Ring, der das grüne Innere umhüllte. Auf dieser vielleicht hundertfünfzig Meter breiten Fläche standen ebenfalls einzelne Palmen, die zusammen mit einigen Dattelbäumen ein wenig Schatten spendeten.

Im besagten Ring, unter den Palmen waren etliche bis zu fünf Meter hohe Büsche hochgewachsen, die einen Sicht-, Wärme- und Windschutz bildeten und direkt bis an die acht Gebäude heranreichten, die in einem Halbkreis errichtet worden waren. Ein türkisblauer, lang gezogener, kleiner See in der Mitte versorgte alles Leben der Oase mit Wasser und ermöglichte den Bewohnern offensichtlich sogar den Anbau von einigen Früchten und etwas Getreide. Weiter hinten weideten einige Kamele in einem Gatter, welches direkt an den See und an eines der Gebäude anschloss.
Fin war glücklich. Nachdem das überquerte Terrain der Schlangenwüste ihn sehr an seine Heimat erinnert hatte, sah er nun auch noch Gebäude in einer Form, wie er sie aus den Oasen der Sajem kannte. Es waren die typischen Gebäude der Wüste: Die Grundform aus Holz errichtet und diese dann mit einer dicken, rot-orangen Lehmschicht bedeckt. Lediglich die hölzernen Fensterläden und Türen hoben sich durch ihre hellbraune Farbe vom Rest der Gebäude ab.
Von den acht Gebäuden wurden anscheinend nur drei als Stall oder Scheune genutzt, während vier der anderen einen sehr ähnlichen Aufbau besaßen, der sie als Wohngebäude auszeichnete. Das achte Gebäude war bei Weitem das größte und schien auch die Quelle der vielen Stimmen zu sein. Und so schien alles darauf hinzudeuten, dass die Bewohner dieser Oase nicht nur allein von ihrem Ackerbau lebten, sondern vor allem den durchreisenden Händlern eine Unterkunft und Mahlzeit boten. Dieser Gedanke ließ auch in den Fünfen, die Hoffnung auf ein weiches Bett und eine warme Mahlzeit aufkeimen.
Vorsichtig drückten sich die Fünf durch das Buschwerk unter den Palmen hindurch und standen dann auf einem festen Sandweg. Noch einmal schauten sie sich um, doch tatsächlich schien niemand mehr draußen zu sein, und da sie alle denselben Gedanken zu haben schienen und ihnen nicht nach Diskussionen zumute war, folgten sie geschlossen den Stimmen und dem Gerede, bis sie schließlich vor der Tür des größten Gebäudes der Oase zum Stehen kamen. Und tatsächlich schien ihre Hoffnung begründet. Das große, hölzerne Schild über der Tür versuchte offensichtlich, einem jeden fremden Reisenden den Sinn dieses Gebäudes offenzulegen: Ein Braten auf einem Teller, ein Messer, eine Gabel und ein Krug waren darauf abgebildet.
Einen kurzen Augenblick lang standen die Fünf noch direkt vor der Eingangstür und atmeten den Geruch von heißem Essen, Rauch und Alko-

hol, der von drinnen her in ihre Nasen drang, ein. Dann öffneten sie die Tür und betraten den Schankraum. Ein kleiner Schrecken durchzog die anwesende Gesellschaft, als die fünf Fremden plötzlich den Raum betraten, doch diese ließen sich nicht so leicht beirren und schauten sich langsam um:
Etliche etwas dunkelhäutigere Männer und Frauen saßen an sechs runden Tischen verteilt und genossen gerade die Vorzüge der guten Bewirtung. Verschiedene Speisen standen auf den Tischen, während der Wirt noch am offenen Kamin dabei war, einen großen Fleischspieß über einem Glutberg zu grillen. Außer den mit Fleisch, Mais und Gemüse gefüllten Tellern standen noch etliche hölzerne Krüge auf den Tischen verteilt, die – glaubte man den weiteren Gerüchen der stickigen und heißen Luft – offensichtlich mit einer süßen, alkoholischen Flüssigkeit gefüllt waren. Ganz links in der Ecke zwischen zwei Tischen stand eine etwa eineinhalb Meter große Wasserpfeife, von der jeweils zwei Schläuche zu den beiden angrenzenden Tischen führten.
Die Tür fiel hinter ihnen zu, und so trafen, nun da sie vollends im Raum standen, etliche unterschiedliche Blicke auf sie. Die Art der Blicke schwankte zwischen Neugier, Handelsinteresse und vereinzelt sogar Angst. Egal schienen die Neuankömmlinge eigentlich niemandem zu sein. Doch der Mittelpunkt dieser Blicke lag eindeutig auf Nashyd. Sein Volk war in dieser Gegend so gut wie nie anzutreffen, und so hatten wahrscheinlich die meisten der anwesenden, weit gereisten Händler, in ihrem ganzen Leben noch nie einen Jankar gesehen. Es war also nur verständlich, dass Nashyd unter den vielen Blicken eine plötzliche Hilflosigkeit verspürte, die er mit einem leisen Fauchen zu verdecken versuchte.
Es war merklich ruhiger geworden. Zwar redete der eine oder andere einfach weiter, doch ein Großteil der Anwesenden wartete offensichtlich auf das, was nun geschehen würde. So starrten sie die Fünf weiterhin ohne Scham an. Fin kannte dieses Gefühl und hatte es schon immer gehasst, obgleich er sich selbst von diesem Phänomen nicht freisprechen konnte. Denn wer sein Leben lang durch die Weiten der Wüste reiste, versuchte offensichtlich einen jeden etwas anders getönten Moment aufzufangen und voll und ganz in sich aufzunehmen. Hier war es sicherlich nicht anders.
Eine ältere, schmale Frau in einem langen, blauen, grobmaschigen Leinenkleid, die hier offensichtlich als Bedienung arbeitete, eilte auf sie zu und blieb dann etwa eineinhalb Meter vor ihnen stehen. Mit einigen wei-

chen und sehr schnell aufeinanderfolgenden Lauten sprach sie die Fünf an:
„Fala'Mja! Luni Y Vulan Kelenaven? Un Hjuli? Uncha Flej? Un Melch'Am Dabaveni?"
Alle Fünf bekamen ein ratloses Gesicht, ihre Augen weiteten sich ein kleines Stück weit und ihre Mundwinkel glitten ein wenig herab. Es war offensichtlich, dass keiner von ihnen ein Wort verstanden hatte und auch der Bedienung schien dies recht schnell klar zu werden. So überlegte sie für einige wenige Augenblicke, bis sie es dann erneut auf der Sprache der Stromländer versuchte. Die ungewohnt klingende Betonung der einzelnen Wörter zeigte unverblümt, dass Slaej nicht ihre Muttersprache war.
„Willkommen! Womit kann ich euch dienen? Eine Mahlzeit? Etwas zu trinken? Ein warmes, gemütliches Bett?"
Die Gesichter der Fünf entspannten sich wieder. Selbst Nashyd, der Slaej auch nur als Fremdsprache sprach, war froh, dass er überhaupt etwas verstand. Doch während die anderen noch über das Angebotene nachdachten, schaute Fin seine hinter und neben ihm stehenden Gefährten an und antwortete der Bedienung dann mit einem frechen Lächeln auf seinen Lippen:
„Wir würden alle gerne etwas essen, etwas trinken und ein warmes Bett."
Die Bedienung nickte freundlich, drehte sich um und ging auf einen relativ freien Tisch weiter hinten im Raum zu. Dort saßen bisher nur zwei ältere Herren mit langen grauen Vollbärten und den typischen, beigen Wüstenkleidern. Sie waren gerade mit ihren Tellern und Krügen beschäftigt, als die Bedienung sie ansprach. Diese wechselte kurz ein paar Worte mit den beiden, woraufhin jene noch einmal musternd zu den Fünf herüberschauten, doch im Vergleich zu manch anderen Anwesenden war keinerlei Feindseligkeit in ihren Blicken zu erkennen. Schließlich drehte sich die Bedienung wieder zu ihnen um und winkte ihnen, heranzukommen.
„Kommt, bei den beiden Herren ist noch genug Platz!"
Die Fünf gingen zum Tisch und setzten sich den beiden Männern gegenüber. Zwischen den beiden Herren – die nun mit Neugier in ihrem Blick herüberschauten – und ihnen standen jetzt sowohl rechts als auch links jeweils zwei Stühle. Es war ein angenehmes Gefühl weder zu dicht, noch zu weit weg von den anderen Gästen zu sitzen, sodass sie sich erst einmal langsam an diese Umgebung gewöhnen konnten, ohne sofort als abweisend verkannt zu werden.
Dennoch wurde ihre Ruhe begrenzt. Schon kurz nachdem die Bedienung

zum Holen des Essens und der Getränke fortgegangen war, wandte sich der linke der beiden Männer mit einem ähnlichen Dialekt, wie ihn die Bedienung besaß, an die Gruppe:

„Wo kommt ihr denn her? Seid ihr den ganzen Weg vom Stromland bis hier zu Fuß gelaufen? Oder habt ihr Reittiere dabei?"

Die Fünf schauten sich gegenseitig an, keiner wusste so genau, ob sie die Wahrheit erzählen sollten, und als ihre Blicke sich endlich darüber einig schienen, dass sie zumindest ein Teil der Wahrheit erzählen konnten, begannen Fin und Zaram im selben Moment die Antwort mit einem „Nun!", das sie auch sogleich wieder stoppen ließ.

Die beiden grinsten sich für einen kurzen Moment etwas verschämt an und einigten sich offensichtlich wortlos darauf, dass Zaram nun fortfahren durfte. Und so wandte sich dieser wieder zu den beiden älteren Herren und gab die sehnlichst erwartete Antwort:

„Nun, wir kommen direkt aus dem Turian. Wir verfolgen einige Dunkle Krieger und haben die Aufgabe, sie zu vernichten. Reittiere haben wir allerdings nicht."

Die beiden älteren Herren wechselten den Ausdruck in ihrem Blick von Neugier auf eine Mischung von Zweifel, Interesse und ein wenig Ehrfurcht. Nach einem sehr kurzen Moment der Stille strich sich dann der rechte der beiden durch den Bart und setzte das Gespräch fort:

„Ihr seid wirklich über das Turian-Massiv gereist? Habt ihr die Monster gesehen, die dort hausen? Und wer sind diese Krieger, von denen ihr erzähltet, stammen sie auch aus dem Turian?"

Das waren exakt die Fragen, mit denen Zaram gerechnet hatte und so konnte er den beiden Männern direkt auf diese Fragen antworten. Er erzählte ihnen von den eisigen Schneestürmen, von den Grottenwürmern und dem Kampf mit den Dejia'Lar, davon, wie sie sich in der eisigen Kälte der Nacht unter einer dünnen Zeltplane verkrochen hatten und wie sie die letzten zweieinhalb Tage durch die Wüste gereist waren.

Als er dann gerade davon erzählte, wie sie diese Oase in der Entfernung entdeckt hatten, wurde plötzlich ein voller Teller mit gegrilltem Fleisch, etwas Gemüse und Mais vor einen jeden der Fünf hingestellt. Mit dem Satz „Ich hole noch schnell das Trinken." verschwand die Bedienung auch schon wieder hinter der Theke.

„Interessant, also stimmt es durchaus, dass das Turian-Massiv so sehr gefährlich ist. Aber sagt, woher stammen denn nun diese Krieger, von

denen Ihr erzähltet und wofür genau kämpfen sie? Stammen sie nun aus dem Turian oder nicht? Davon habt Ihr ja noch nichts erzählt."
Diese Frage zuckte wie eine plötzliche Warnung durch Zarams Kopf. Ab diesem Moment an sollte er lieber keine vorschnelle Antwort geben und sich lieber ein wenig Zeit nehmen, um nur das Wesentliche an Information preiszugeben. Das köstlich riechende Fleisch auf dem Teller vor ihm kam ihm da geradezu recht. Und da seine Freunde ebenfalls gerade mit dem Essen begannen, griff er zum Fleisch, biss sich ein großes Stück ab und begann nun mit vollem Mund wesentlich langsamer und mit einigen kleineren Pausen, in denen er schluckte, die Antwort auf die Frage zu geben:
„Tja, wenn wir genau wüssten, wer oder was diese Dunklen Krieger sind, so könnten wir sie vielleicht auch besser einschätzen und bekämpfen, doch leider wissen wir selbst nicht sehr viel über sie. Tatsache ist, dass sie von einigen Sergonen mit dunkler Magie herbeigerufen wurden. Eben diesen Sergonen haben wir bereits vor einigen Tagen mit einer großen Gruppe von Magiern aus Diumos das Handwerk gelegt, doch da die Krieger vor unserer Übermacht flohen, wurden wir schließlich als kleiner Stoßtrupp hinter den verbliebenen Dunklen Kriegern hinterhergeschickt. Wohin die Krieger unterwegs sind, wissen wir nicht genau, doch sie laufen immer weiter gerade nach Nordosten.
Diese Dunklen Krieger sind eine Gefahr für alle Lebewesen auf Telib und müssen vernichtet werden, bevor sie größere Schäden anrichten."
Die beiden alten Männer schauten etwas bedrückt und schienen die Wahrheit der Geschichte mittlerweile nicht weiter anzuzweifeln. Mochte die Erzählung auch noch so fantastisch klingen, einerseits gab es einfach keinen Punkt, der sich in dem Ganzen widersprach und andererseits hatten sie ja auch damit gerechnet und sogar darauf gehofft, in diesen fremden Gesellen ein paar wahre Abenteurer zu finden.
Doch die beiden Händler hatten auch ihre Profession und nun, da sie wussten, was die Fünf taten, schien ihn der Moment gekommen zu sein, ihnen aus ihrem reichen Arsenal von verschiedensten Waren anzubieten. Mit einem seltsamen Funkeln in seinen Augen wandte sich nun wieder der linke der beiden Männer an sie:
„Ich denke, wir könnten euch ein wenig unterstützen. Wir handeln mit Waren aller Art. In eurem Falle ... "
Er schaute an den drei Stromländern und Nashyd herab.
„... seid ihr ja vielleicht an guten Wüstenkleidern, Waffen oder verschiede-

nen Luxusartikeln für die Reise interessiert?! Wir haben so ziemlich alles, was man für eine gefährliche Reise wie die eure benötigt."
Plötzlich wurden alle bis auf Fin und Jendor einer wichtigen Frage gewahr: Hatte irgendwer von ihnen Geld dabei? Irgendwer musste letztlich auch das Essen und die Unterkunft bezahlen und Nashyd, Zaram und Iream waren definitiv nicht in der Lage dazu:
Der alte Jankar war froh, mit seinem Leben davon gekommen zu sein und die beiden Adepten hatten ihr weniges Gespartes lieber in Diumos gelassen, anstatt es durch die Zamalchsümpfe zu schleppen. Aus welchem Grund hätten sie damals, als sie aufgebrochen waren, auch damit rechnen können, dass sie nun weit weg von der Akademie auf sich selbst gestellt sein könnten? Doch bei Fin sah es komplett anders aus. Er war das Handeln und Feilschen gewohnt, und auch wenn er den Wert seiner Münzen nicht kannte, war er sich doch sicher, dass er sich selbst dann, wenn das Geld nicht reichte, nicht blamieren konnte. Jendor hoffte derweil einfach nur darauf, dass er sein Essen mit seinem wenigen Ersparten bezahlen konnte. So waren Nashyd und die drei Stromländer nicht wenig überrascht, als Fin nun mit selbstbewusster Stimme das Verhandeln anfing:
„Ja durchaus, die richtige Kleidung wäre für meine Gefährten sicherlich nicht verkehrt. Was könntet Ihr uns den anbieten?"
Die beiden älteren Männer freuten sich offensichtlich sehr, dass sie noch zu so später Stunde ein Geschäft vollziehen konnten, und strahlten diese Freude in ihrem Verhalten und vor allem in ihren Gesichtern aus.
„Also die meisten Waren haben wir noch draußen bei den Kamelen, doch die besseren Sachen haben wir hier mit bei uns und das wäre ja letztlich auch das, was ihr sucht."
Der alte Mann bekam ein leichtes Glänzen in den Augen und drehte sich, ohne auf eine weitere Antwort zu warten, mit seinem Gefährten um. Dann machten sie sich an den zwei großen Satteltaschen, die hinter ihnen an der Wand standen, zu schaffen.
„Schauen wir Mal, was wir da alles für euch haben."
Fin sah den Moment gekommen. Er griff zu seinem Rucksack, öffnete ihn und holte seinen faustdicken, ledernen Geldbeutel heraus, um ihn dann, unter dem Tisch vor Iream und Jendor, die neben ihm saßen, zu öffnen. Leise flüsterte er ihnen zu:
„Habt ihr beide eine Ahnung, wie viel die Münzen hier Wert sind?"
Seine beiden Freunde schauten in den offenen Beutel hinein und waren

offensichtlich sehr erstaunt und überrascht. Iream schaute Fin etwas fragend an und hob dabei seine Hand ein wenig in die Richtung des Geldbeutels. Fin nickte ihm zu und so nahm der junge Adept eine der goldenen Münzen heraus.
Langsam drehte Iream die Münze auf seiner Handfläche hin und her und schaute sich die Gravuren darauf an, während die beiden älteren Herren auf der anderen Seite des Tisches weiter ihre Satteltaschen durchwühlten. Dann wandte sich plötzlich Zaram flüsternd an Fin, nachdem er offensichtlich mit Interesse zu Iream herüber auf die Münze geschaut hatte. Auch er hatte nun genau wie Iream einen Gesichtsausdruck, der unverblümt zeigte, dass er nicht wirklich glauben konnte, was er dort sah:
„Fin! Das ist eine Warender Goldmünze. Ich hab immer gedacht, dass die alle eingeschmolzen wurden, nachdem das Imperium gefallen war. Aber offensichtlich scheint das ja nicht der Fall zu sein. Jedenfalls ist das kein anerkanntes Zahlungsmittel mehr, doch ich bin sicher, dass trotzdem kein kluger Händler diese Münzen ausschlagen wird. Schon alleine der Seltenheitswert lässt diese Münzen bestimmt zu einem guten Geschäft für die Händler werden."
Fin war freudig überrascht, blieb aber ruhig.
„Und du meinst das Geld reicht für die Kleidung aus?"
Fin zog den offenen Geldbeutel, in dem etwa dreißig der goldenen Münzen zu sehen waren, unter der Tischkante in Zarams Richtung. Nun dauerte es einen kurzen Moment, in dem der junge Adept seinen Kopf nach vorne beugte und mit einem erstaunten Gesichtsausdruck die Anzahl der Münzen zu schätzen schien. Seine Mimik verriet, dass er anscheinend nicht mit einer solchen Menge gerechnet hatte. Doch schließlich nickte er Fin gerade noch rechtzeitig heftig zu – schon im nächsten Moment drehte sich der linke, der beiden älteren Männer wieder zu ihnen um und packte einige Kleidungsstücke auf den Tisch.
„Kommt schon, ihr wollt es doch sicherlich nicht nur aus der Entfernung betrachten?"
Der alte Mann lächelte in die Runde, während sein Partner noch weitere Kleidungsstücke auf den Tisch legte. Fin nahm Iream das Goldstück aus der Hand, steckte es zurück in den Geldbeutel und verstaute diesen wieder in seinem Rucksack. Ihr Hunger war zwar längst noch nicht gestillt, doch diese Chance wollte sich keiner von ihnen entgehen lassen. Und so ließen sie ihr Grillfleisch erst einmal stehen, gingen um den Tisch herum und schauten sich dann die verschiedenen Kleidungsstücke an.

Die Händler hatten wirklich eine schöne Auswahl herausgesucht. Die Wüstenkleider waren recht lang, ähnelten einem Mantel und besaßen alle ein ähnliches Schnittmuster, wie das was Fin trug. Die Hemden und Turbantücher, die ebenfalls auf dem Tisch lagen, passten farblich optimal zu den Kleidern und auch einige Stiefel und Hosen waren dort zu sehen. Letztere waren passend gefertigt, um mit den festen Schnüren der Stiefel verbunden zu werden und so das Eindringen von Sand zu vermeiden.
Fin griff nach einem der Kleider und hielt es etwa eine Armlänge vor sich. Der Stoff war relativ dünn, schien aber doch recht gut zu halten, die Nähte waren sehr fein und doppelt genäht, die Kapuze war sehr weit und ließ sich mit einem Band enger ziehen und sogar ein paar Innentaschen waren vorhanden. Wäre Fin nicht gerade am Feilschen gewesen, so hätte er diese wunderbare Arbeit wahrscheinlich gelobt, doch so spielte er all sein händlerisches Können, das er in den Oasen der Sajem erlernt hatte, aus.
Mit leicht nach rechts gezogenem Mundwinkel und hochgehobenen Augenbrauen musterte er ein jedes der Kleidungsstücke und ließ sich dabei weder Gefallen noch Missfallen anmerken, während seine Gefährten die Kleider anprobierten. Selbst Nashyd fand Gefallen an einem der langen Kleider und einigen Stiefeln, die wohl für die Füße eines Gnays gefertigt worden waren. Doch im Gegensatz zu den Stromländern wusste er noch nichts von dem derzeitigen Geldsegen durch Fin und legte also alles wieder ordentlich zurück. Dann wandte sich der junge Brujin schließlich an den linken Händler:
„Nun ich muss gestehen, die Qualität Eurer Ware ist akzeptabel, auch wenn man sich mehr wünschen könnte."
Der Händler schaute etwas zweifelnd bei diesem Satz.
„Doch ich denke, so etwas kann man dann ja im Preis mit verhandeln. Was würdet Ihr verlangen, wenn ein jeder von uns eines der Kleider, neue Stiefel und eine gute Hose nimmt? Und ach ja, ich weiß nicht, wie es bei meinen Gefährten steht, meine beiden Hemden sind noch sehr gut, doch vielleicht braucht aber auch einer von ihnen noch ein neues Hemd. Was wäre also in diesem Fall Eure Preisvorstellung?"
Die beiden Händler begannen wieder etwas stärker vor Freude zu grinsen und der rechte holte gar Zettel und Bleistift heraus, um in seltsamen, ihnen allen unbekannten Schriftzeichen eine Rechnung aufzustellen. Nach einigen, kurzen Augenblicken sah er wieder auf und präsentierte dann sein angebliches Ergebnis:

„Das würde dann fünfundvierzig Dublonen und fünf Heller machen. Ihr könnt natürlich auch mit stromländischem Silber bezahlen."
Fin hatte keine Ahnung, ob der Preis sehr hoch war, denn den Wert von Dublonen kannte er nicht, doch da er selbst als Händler aufgewachsen war, wusste er auch, dass diese Herren ihren Preis zu hoch ansetzten, um noch weiteren Spielraum für das Handeln zu haben. So ging seine Offensive weiter:
„Bitte was? Mit 25 Dublonen wäret Ihr bei dieser Ware mehr als gut bedient und mehr werde ich dafür auch sicherlich nicht geben."
Die beiden Händler lachten kurz, dann wandte sich der linke der beiden wieder an Fin:
„Also für 25 Dublonen bekommt Ihr solch gute Ware nicht. Wenn Ihr nicht bereit seid, uns entgegen zu kommen, so können wir unsere Ware wohl besser gleich wieder einpacken. Doch ich sag euch was: Ich find' das gut, was ihr da mit diesen Kriegern macht und irgendwie können wir euch vielleicht ja auch ein wenig unterstützen, insofern wären wir wohl bereit, euch die Sachen für 40 Dublonen zu verkaufen."
Fin legte einen misstrauischen Blick auf:
„40 Dublonen? Das ist eine ganze Menge Geld. Auch wenn ich euer Entgegenkommen zu schätzen weiß, doch mehr als 35 Dublonen ist mir das alles nicht wert."
Der linke Händler überlegte noch kurz, während sich der rechte Händler weiterhin mit einem Lächeln zeigte. Es war offensichtlich, dass sie auch mit 35 Dublonen noch ein gutes Geschäft machten und so hob der rechte Händler auch schließlich die Hand zu Fin herüber:
„Nun gut, 35 Dublonen, das ist ein Geschäft!"
Er wartete offensichtlich auf Fins bestätigenden Händedruck, doch dieser war längst noch nicht so weit, denn nun ging er erst einmal in die zweite Runde:
„So einfach schlage ich nicht ein, denn ich habe keine Dublonen und auch kein Silber, doch dafür besitze ich etwas, was Euch sicherlich interessieren wird."
Die Mundwinkel der beiden Händler rutschten herab. Der linke der beiden benutzte seine hochgehobene Hand nur noch zum Abwinken des Handels und ergriff direkt danach mit dieser die obersten Kleider des Stapels. Ohne weiter auf Fin zu achten, drehte er sich zu seinen Satteltaschen um, schüttelte noch in der Drehung seinen Kopf und ließ seinen offensichtlich bereits oft gesagten Satz heraus:

„Nein, nein, nur Dublonen oder Silber, was anderes akzeptieren wir hier nicht."
So begannen die Händler bereits ihre Ware wieder einzupacken, als Fin erneut eine Wende in die Handelsgespräche brachte.
„Ihr seid Narren, hört mir nicht einmal zu, um was es mir geht, aber gut, ich werde jemanden anderes finden, der Interesse an meinem Warender Gold findet."
Die Arme der Händler glitten unmittelbar wieder von ihrer Ware fort und ließen diese vor ihnen auf dem Tisch liegen, während ihre Gesichter für einen kurzen Moment lang die Überraschung zeigten, die sie so unvermittelt getroffen hatte.
„Nun, das stellt den Handel natürlich gleich in ein ganz anderes Licht. Zeigt sie doch Mal her eure Goldmünzen."
Fin nahm seinen gesamten Rucksack, ging um den Tisch herum und öffnete ihn vor den Händlern. Dann nahm er den Geldbeutel heraus, zog ihn nur ein kleines Stück weit auf, holte eine der Goldmünzen heraus und legte sie dann auf den Tisch. Vorsichtig zogen die beiden Händler die alte Münze zu sich herüber und begutachteten sie.
„Ihr wisst, was für einen hohen Preis diese Münzen bei Sammlern erzielen? Ich würde sie gerne selbst an den Mann bringen, nur leider werden wir in nächster Zeit keine Möglichkeit haben, eine der größeren Städte zu besuchen. Daher biete ich Euch die Münzen für einen fairen Preis an. Oder fragen wir Mal andersherum: Was seid Ihr den bereit, dafür zu bezahlen?"
Fin hatte keine Ahnung, wie viel eine solche Münze Wert war und hoffte insgeheim zwei Dublonen für eine jede der Goldmünzen zu bekommen. So würde sogar noch Geld übrig bleiben und das Bezahlen der Unterkunft und der Verpflegung wäre kein Problem gewesen. Doch das hohe Einstiegsangebot, das er nun erhielt, zeigte ihm, dass er den Wert der Münzen sogar noch unterschätzt hatte:
„Wie viel wir dafür geben würden? Nun, irgendwo muss für uns ja auch noch ein Gewinn dabei rausspringen und Ihr wisst wahrscheinlich genauso gut wie wir, dass der Preis, den ein Sammler zahlt, sehr unterschiedlich und variabel sein kann. Ich denke für drei Dublonen kommen wir hier ins Geschäft."
Fin musste sich fast kneifen, als er das Angebot hörte, das bereits das Eineinhalbfache seines erhofften Endpreises war, doch er riss sich zusammen und setzte sein händlerisches Schauspiel fort. Mit einem gewissen

Entsetzen und etwas lauterer Stimme machte er seinem angeblichen Unmut über dieses schlechte Angebot Platz:
„Was? So wenig? Ich hätte sie Euch für fünf Dublonen je Münze angeboten, aber drei? Das ist fast nur die Hälfte! Nein, so kommen wir wahrlich nicht ins Geschäft."
Die beiden Händler versuchten die Situation wieder ins Lot zu bekommen und fingen beide zugleich an zu reden. Da aber kein Wort zu verstehen war, ließ der linke der beiden dem rechten, schon nach wenigen Augenblicken den Vortritt:
„Ja, natürlich wären die fünf Dublonen ein gutes Angebot, aber bedenkt die Gefahren, die wir noch alle eingehen müssen, bis wir die Münzen erst verkaufen können. Schon zwei Mal wurden hier in letzter Zeit große Karawanen überfallen und ausgeraubt, einen Vetter von mir haben sie sogar ermordet. Ganz davon abgesehen, dass wir wohl noch durch zwei Zollgebiete müssen und den Zoll zu bezahlen ist noch das kleinere Übel, wenn wir Pech haben, werden uns die Münzen sogar noch weggenommen, weil einer der Soldaten meint, es wäre illegale Ware. Von daher können wir euch allerhöchstens ..."
Der Händler stockte kurz, schaute auf den Tisch, strich mit dem Finger über die Wachsflecken, die sich dort auf dem Holz befanden, und schaute dann schließlich wieder auf.
„Drei Dublonen und fünf Heller könnten wir Euch geben, das ist aber auch wirklich unser letztes Angebot. Überlegt es Euch also gut."
Fin war klar, dass auch die andere Seite ein gutes Schauspiel betrieb und schon alleine das Argument mit den Soldaten am Zoll, die ihnen eventuell die Münzen abnehmen könnten, ließ ihn schmunzeln. Selbst wenn es illegale Ware wäre, so wusste er aus seiner eigenen Erfahrung, dass es etliche Orte gab, wo man solche Waren sicher verstecken konnte. Im Falle der Münzen war es sogar äußerst einfach, denn bei den dicken Geldbeuteln der Händler fiel es auch nicht auf, wenn ein paar Münzen anders aussahen. Andererseits war Fin mit dem neuen Angebot schon überglücklich, denn letztlich war es fast das doppelte von dem, was er sich zuvor sehnlichst erhofft hatte.
„Nun gut, drei Dublonen und fünf Heller - also werde ich Euch zehn der Goldmünzen für die Kleidung geben. Bleiben aber immer noch einundzwanzig Warender Goldmünzen in meinem Geldbeutel. Für dreiundsiebzig Dublonen und fünf Heller überlasse ich sie Euch auch noch."

Der rechte der Händler fing wieder an zu rechnen und kritzelte dabei ein paar weitere Zeichen über das Papier. Dann schaute er wieder zu Fin auf, reichte ihm seine Hand und nickte ihm, mit einem Lächeln auf seinem Gesicht, entgegen. Fin schlug ein und das Geschäft war gemacht.
So dauerte es auch nur noch wenige, weitere Momente, bis jeder der Fünf mit einem passenden Wüstenkleid, Stiefeln und Hose ausgestattet war und Fin seine Münzen gegen Dublonen gewechselt hatte. Lediglich Nashyd beließ es bei einem Kleid und Stiefeln, da ihm die Hosen allesamt nicht zu passen schienen und er es ohnehin nicht gewohnt war, so viel Stoff am Körper zu tragen.
Schließlich kehrte wieder etwas mehr Ruhe ein. Die Fünf setzten sich wieder auf ihre Plätze, aßen sich satt und ruhten sich noch einige Zeit lang aus. Sie wechselten noch das eine oder andere freundschaftliche Wort mit den beiden Händlern und ließen sich noch ein paar Tipps für die weitere Reise geben. Auch so hatte sich das Leben in der Gaststätte schon längst wieder normalisiert. Zwar schaute immer noch der eine oder andere für einen kurzen Moment lang zu Nashyd herüber, doch der Jankar hatte sich schon bald daran gewöhnt. Und so blieb alles beim normalen Verlauf und auch die Gedanken hinter den wenigen feindlichen Blicken wurden nicht in die Tat umgesetzt.

„Guten Morgen."
Eine sanfte, weibliche Stimme mit einem merklichen Dialekt weckte die fünf Gefährten. Die Nacht im Schlafsaal war recht ruhig geblieben und sie hatten trotz der spartanischen Betten und etlicher schnarchender Personen wunderbar geschlafen. Fin hatte darum gebeten, sie so früh zu wekken, damit sie rechtzeitig wieder los konnten und eben das war nun geschehen.
Das Frühstück, bestehend aus Brot, Wurst, Käse und Butter stand bereits auf dem Tisch und selbst der im Voraus bezahlte Proviant lag in einem grobmaschigen Leinensack bereit. Alle anderen Gäste schienen den Schlaf voll auskosten zu wollen und so saßen sie noch einen kurzen Moment lang alleine in der Gaststube, bis sich der Wirt nach einigen Minuten zu ihnen gesellte. Kurz wechselten sie ein paar Sätze, in denen er ihnen auch noch ein paar Tipps für die Wüste gab, dann wünschte er den Fünfen schließlich viel Glück und stand auf, um sich wieder an die Arbeit zu machen. Die Fünf bedankten sich ihrerseits für die Bewirtung und wünschten dem netten

Herrn weiterhin viel Erfolg und Glück. Sie packten ihre letzten Sachen ein und verließen das Gasthaus.
Draußen war es noch eisig kalt. Nebel stieg von dem kleinen See in der Mitte der Oase auf, ein wenig Tau lag auf den Blättern der Pflanzen und die Kamele, die in ihrem Gatter lagen, stießen mit jedem Atemzug eine kleine Dampfwolke aus. Siljas Strahlen waren allerhöchstens zu erahnen. Nur ein leichter roter Schimmer im Osten kündigte ihre goldene Scheibe an.
Plötzlich kam Fin eine Idee. Vielleicht konnten sie jemanden überreden, dass er sie ein Stück weit mit den Kamelen transportierte, denn in dem Fall würden sie den Vorsprung der Dunklen Krieger auch wesentlich schneller wieder aufholen können. So gab Fin seinen Freunden einen Wink und ging mit ihnen in Richtung des Gatters.
Doch was war das? Je näher sie kamen, desto unruhiger wurden die Kamele, sie schnaubten laut, standen auf und trabten von ihnen weg. Fin erschien dieses Verhalten äußerst ungewöhnlich und konnte sich zuerst noch gar keinen Reim darauf machen. Erst als sie nun bis auf zehn Meter an das Gatter heran waren, die Kamele bereits auf der anderen Seite des Gatters dicht gedrängt standen und offensichtlich kurz davor waren, durch das Gitter durchzubrechen, wurde Fin plötzlich dem Problem gewahr:
„Nashyd sei mir bitte nicht böse, wenn ich das jetzt so frage, aber kann es sein, dass du einen ähnlichen Geruch wie deine tierischen Verwandten ausströmst? Die Kamele wittern irgendetwas und werden scheu vor Angst. Normalerweise machen sie das nur bei Raubtieren oder bei Personen, die sie widerlich gequält haben."
Nashyd zuckte die Schultern, er hatte keine Ahnung, was für einen Geruch er verströmte, und wusste eigentlich auch nicht, warum das überhaupt so sehr von Interesse war.
„Ich wissen es nicht. Aber warum sein wir denn nun hier hin gegangen? Du wollen uns etwas zeigen?"
Fin schüttelte den Kopf und zwang sich ein leichtes Lächeln auf. Eigentlich war er ein wenig enttäuscht, da seine Hoffnungen nun offensichtlich wie Seifenblasen zerplatzten, doch er wollte Nashyd kein schlechtes Gewissen machen und behielt seine Idee daher lieber doch für sich.
„Ja, nein – es war nur wegen der Kamele, aber die lassen sich ja offensichtlich nicht so gerne von uns anschauen. Was soll's, lasst uns die Wasservorräte auffüllen und uns wieder auf den Weg machen."

XXVII.

Ein plötzlicher, stechender Schmerz durchzog das Fleisch, um den Knöchel seines rechten Fußes. Der kleine, harte und spitze Stachel hatte sich selbst durch das dicke Leder seines Stiefels gedrückt und sich tief in sein Fleisch gebohrt. Ein Schock fuhr durch seinen ganzen Körper und ließ ihn nun wie wild und diesmal auch absichtlich auf dem kleinen, schwarz-blau schimmernden Skorpion herumtreten. Bald waren nicht mehr als ein wenig Schale und die zerquetschten Überreste seines weichen Innenlebens von ihm übrig. Nun endlich drang die Stimme von Fin an sein Ohr, der ihn bereits drei, vielleicht gar vier Mal im Befehlston angeschrien hatte:
„Verdammt! Zieh deinen Stiefel aus!"
Dann merkte Jendor einen Stoß von vorne gegen seine Brust, der ihn, ehe er sich versah, mit dem Rücken auf dem Sand landen ließ. Fin hatte ihn umgestoßen und kniete nun an seinen Füßen, wo er sogleich, wie wild geworden, an den Schnüren zog, um den Stiefel von Jendors rechten Fuß zu bekommen. Hinter ihm standen die drei anderen, die fassungslos das ganze Geschehen mit verfolgten und wohl bis jetzt noch nicht den kompletten Verlauf der Tatsachen verstanden hatten.
Dann waren die Schnüre auf. Fin hatte in seiner panischen Geschwindigkeit nur wenige Augenblicke zum Öffnen benötigt und zog den Stiefel sogleich mitsamt dem Strumpf von Jendors Fuß. Noch war nichts von dem Einstich zu sehen, doch als Fin Jendor nun über den Fuß strich und dabei etwa auf der Höhe des Knöchels auf eine kleine, leicht blutende Stelle traf, zuckte Jendor plötzlich unter einem stechenden Schmerz zusammen. Das musste der Einstich sein. Fin beugte sich vor und legte seine ausgetrockneten Lippen auf die schweißnasse Haut am Knöchel, wo er die vergiftete Wunde vermutete. Sofort begann er, wie wild zu saugen, lies kurz ab, spuckte aus und fing erneut an zu saugen. Er merkte dabei, wie Panik durch Jendors Körper glitt, wie seine ganzen Muskeln zitterten und flatterten und sich kalte Tropfen aus seinen Schweißdrüsen pressten.
Etwa zwei Dutzend Mal wiederholte er diese Prozedur des Saugens und Ausspuckens, wobei er bald immer stärker in die Haut um den Einstich herum zu beißen begann. Doch währenddessen verflog auch Jendors

Schock und ließ nun urplötzlich Platz für die Schmerzen, die durch das Gift und den Einstich entstanden. Von den wenigen, kleinen Bissen, die Fin in seine Haut jagte, nahm er kaum noch etwas wahr und so ließ er sich mit zusammengebissenen Zähnen gänzlich zurückfallen.
Etwa eine halbe Minute verging, die drei Anderen standen immer noch recht ratlos hinter Fin, und selbst als dieser nun von der Wunde abließ und sich im Schneidersitz in den Sand setzte, schien sich daran nichts zu ändern. Ihnen allen war plötzlich klar geworden, wie unmittelbar die Gefahren dieser Wüste waren und dass es ebenso sie hätte treffen können. Natürlich hatte Fin ihnen zur Genüge erzählt, dass Skorpionenstiche giftig waren und sogar eventuell zum Tode führen konnten, doch nach all diesen Tagen schienen ihnen diese Mahnungen schon fast verflogen zu sein. Und nun das.
Der Schock saß tief, und solange sie auch überlegten, keiner von ihnen wusste, wie er handeln sollte. So verharrten sie an ihrem Fleck und hofften auf einen hilfreichen Ruf oder gar einen Befehl, damit sie endlich aus ihrer Erstarrung auftauen konnten. Fin allerdings wurden nun wieder etwas ruhiger, atmete einige Male tief ein, schaute zu den Dreien herauf und schwenkte seinen Blick dann zu seinem vor Angst zitternden Freund herüber.
„So! Alles, was nun kommt, muss dein Körper selbst bekämpfen. Vielleicht haben wir Glück und treffen demnächst irgendjemanden, der weiß, ob es ein Gegengift gibt, doch wenn ich bedenke, wann wir die letzte fremde Person getroffen haben, befürchte ich beinahe, dass du alleine auf deinen Körper vertrauen musst."
In Fins Stimme klang Ärger aber auch Sorge mit, und das Jendor die kostbaren ersten Augenblicke nach dem Stich mit dem Herauslassen seiner Wut vergeudet hatte, anstatt sich das Gift herauszusaugen, ließ den jungen Brujin immer noch den Kopf schütteln. Doch nun war es geschehen und niemand von ihnen konnte es rückgängig machen.
So verharrten sie noch für einige weitere Momente am Rande der Düne. Keiner sagte etwas und wahrscheinlich fiel auch gerade niemandem etwas Sinnvolles ein. So schwiegen sie sich also an und dachten über das so eben Erlebte nach, bis sie schließlich, durch ein leises, weit entferntes Pfeifen und Heulen, aus den Gedanken gerissen wurden. Alle schauten sich fragend um, doch nur Fin erkannte am Horizont die Quelle des Geräusches.
„Verdammt, uns bleibt keine Zeit! Jendor soll ich dir beim Anziehen des

Stiefels helfen? Wir müssen schnell weiter, bald wird hier nicht einmal mehr ein Hauch der Spuren der Dejia'Lar zu sehen sein."

Die Anderen waren zuerst etwas überrascht, doch nach wenigen Augenblicken wurde auch ihnen klar, dass sich irgendetwas Großes aus der Entfernung in einer hohen Geschwindigkeit auf sie zubewegte. Und als sich das Pfeifen nun immer weiter verstärkte und Fin Jendor den Stiefel mit einem ähnlichen Tempo wieder anzog, wie er ihn vor einigen Minuten ausgezogen hatte, kam plötzlich Panik unter den Gefährten auf.

Bilder von dem Schneesturm am Fuße der zerstörten Chalmacor-Stadt kamen auf und erinnerten sie daran, wie oft sie in jener Nacht dem Tode nahe standen. Damals war es ein Laufen auf Messers Schneide gewesen, auch wenn es ihnen erst am nächsten Morgen – als sie buchstäblich in die Spuren der Grottenwürmer traten – bewusst geworden war. Nun war es fast dieselbe Situation, denn auch hier wussten sie nicht, was vor ihnen lag und auch hier würde der Sturm eine jede Spur verwischen. Was für eine Hürde lag wohl jetzt vor ihnen?

Sie brachen auf, und während sich die große Sandwolke hinter ihnen immer weiter ausdehnte und schon bald das Licht der Sonnengöttin verdeckte, überschlugen sich die Gedanken in ihren Köpfen, die für einen jeden ein eigenes Bild erstellten:

Manchmal waren die aufeinanderfolgenden Geschehnisse mehr als nur seltsam. Drei Tage waren nun schon seit ihrem Aufbruch aus der Oase vergangen und bis darauf, dass sich ihr Proviant wieder einmal dem Ende näherte und sie bereits jetzt ihre Flaschen wieder mit Kakteensäften und dem wenigen Tau, der sich des Morgens auf ihrer Zeltplane sammelte, füllten, war absolut nichts Besonderes passiert.

Und nun? Jetzt, da Jendor auf einen Skorpion getreten war und dieser ihn auch noch gestochen hatte, kam plötzlich das Eine zum Anderen. Aber warum? Gab es irgendjemanden, der sie aufhalten wollte? War es vielleicht eine Warnung der Götter? Vielleicht hatte es aber auch andererseits gar nichts mit ihnen und den Dunklen Kriegern zu tun, sondern einfach nur mit Fins Vergangenheit. Mochte es sein, dass ein Fluch auf ihm lastete? Oder hatte es etwas mit dem Wesen zu tun, dass auch Jendors Vater verschleppt hatte? Auch Iream und Zaram quälten ähnliche Gedanken, die sie die Schuld auf sich ziehen ließ, während Nashyd schon längst nur noch zu seiner Herrin betete.

Doch das alles änderte nichts und auch die Fragen blieben ungelöst.

Wahrscheinlich war auch dies nichts anderes als wieder einmal einer dieser Momente, wo sich ein jeder wünscht, es würde etwas nützen, über den Sinn des Lebens nachzudenken. Doch nun, wenige Momente später, hatte sie der Sandsturm bereits eingeholt und warum sich das Unglück nun tatsächlich in diesem Moment so sehr stark zeigte, schien jetzt letztlich egal zu sein. Oder würde die Antwort vielleicht doch eine Lösung bieten?

Sie waren wieder unterwegs. Mit tief ins Gesicht gezogenen Kapuzen und Tüchern vor Nase und Mund, folgten sie den wenigen, verbliebenen Spuren der Dejia'Lar, die sich schon bald gänzlich im Gestöber des Sandsturmes aufzulösen schienen. Doch auch in diesem Dilemma schienen sie immerhin ein wenig Glück zu haben, denn die starken Böen des Sturms kamen allesamt von Westen und ließen den feinen, auf der Kleidung prasselnden Sandstaub von schräg hinten auf sie treffen. Das änderte zwar leider weder etwas an der Sichtweite in diesem Sturm noch an den Spuren der Dunklen Krieger, doch immerhin ermöglichte es ihnen ein einigermaßen normales Atmen, da nur wenig Sand seinen Weg um die Kapuze herum und bis unter das Tuch fand.

So stapften sie durch diese gespenstische, laute Umgebung, dessen Boden sich scheinbar innerhalb von nur wenigen Momenten eine komplett neue Kontur zulegen konnte, um sie im nächsten Moment wieder zu verwerfen. Ein jeder von ihnen hielt sich kräftig an der Person vor sich fest, obwohl es ihnen niemand gesagt hatte, doch es schien allen klar zu sein, dass die Gefahr viel zu groß war, sich hier zu verlieren. Ein lauter Schrei schien in dem Brausen und Toben des Sturms viel zu schnell unterzugehen. Hätte nun jemand von ihnen die Gruppe verloren, hätte diese Person schon sehr viel Glück gebraucht, um die Anderen wiederzufinden.

Dies allein war bereits ein sehr wichtiger Grund. Doch nicht nur deshalb war es irre in diesem Sturm weiterzulaufen. Fin wusste genau, dass es unsinnig und die Gefahr viel zu groß war, dass sie in der dämmrigen Dunkelheit, die der Sandsturm auf die Umgebung warf, die Orientierung verlieren und schließlich durch die Wüste irren würden. Ein jeder normaler Reisender hätte sich Schutz gesucht oder zumindest eine Zeltplane aufgespannt, unter der er sich verkriechen konnte, doch er wollte von alledem im Moment nichts wissen. Er war geladen, voller Wut und Ärger und die Angst davor, die Dunklen Krieger gänzlich zu verlieren, drängte ihn noch mehr zu diesem Himmelfahrtskommando.

Doch nur wenige Minuten später hatte er die Spuren bereits verloren, und als seine Hoffnung nun langsam verschwand, kehrte auch immer stärker die Vernunft in seinen Kopf zurück. Silja war nirgends zu erkennen und der Wind schien andauernd seine Richtung zu wechseln. Es wäre eine glatte Lüge gewesen, wenn Fin behauptet hätte, dass er wüsste, in welche Richtung sie liefen. Doch er wollte einfach noch nicht aufgeben. Es war eine Sache seines Stolzes und seiner Ehre, dass er den anderen zeigen wollte, dass er Herr dieser Lage war, während seine Gefährten blind auf ihn und sein Wissen über die Wüste vertrauten.

Keiner von seinen vier Freunden schaute überhaupt noch nach vorne. Für sie ergab sich der Weg sowieso nur aus den Schritten ihres Vordermannes, an dessen Rücken sie sich festhielten. Doch während sich die Vier, mit der Verfolgung ihres Vordermannes, noch einigermaßen sicher wähnten, kämpfte Fin mit dem Eingeständnis, dass sie bereits in diesem Moment in Schlangenlinien, wenn nicht sogar im Kreis liefen.

Es war ziemlich genau sechs Tage her, dass sie die Schlangenwüste betreten hatten und er hatte bisher alle Hürden meistern können. In einer solchen Umwelt kannte er sich aus, hatte fast sein gesamtes, bisheriges Leben in einem solchen Sandmeer gelebt und wollte verdammt noch mal nicht schon nach einer solch kurzen Zeit den Naturgewalten gegenüber aufgeben und dadurch ihre ganze Aufgabe und vor allem nicht seine Ehre aufs Spiel setzen.

So vergingen einige weitere Minuten, Jendor fing immer mehr an zu humpeln und hing schon gebeugt mit seiner rechten Hand an Fins Kleid. Es war offensichtlich, dass er sich quälte und er in diesem Zustand nicht mehr lange durchhalten würde. Noch ein paar Schritte folgte er Fin, dann ließ er von seinem Kleid ab und ließ sich rückwärts auf seinen Hintern in den Sand fallen, sodass auch Iream und die anderen zwei, die hinter ihm liefen, zum Stehen kamen. Nun endlich blieb auch Fin stehen und wurde sich plötzlich der Stärke seines unvernünftigen Verhaltens bewusst. Er drehte sich zu Jendor um und kniete sich bei seinem Fuß nieder.

Ohne ein Wort zu sagen, öffnete er Jendors Stiefel und sah bereits jetzt das dick angeschwollene und dunkelrot angelaufene Fleisch an Fuß und Knöchel. Fin schüttelte verzweifelt den Kopf, atmete einmal kurz durch und schaute dann zu seinen anderen Gefährten auf. Mit aller Kraft schrie er in ihre Richtung, um sich überhaupt noch gegen dieses ohrenbetäubende Brausen des Sturms durchsetzen zu können:

„Verdammt, so geht das nicht weiter! Lasst uns eine Pause machen.

Versucht bitte ein Unterschlupf mit einer Zeltplane zu errichten, ich kümmere mich um Jendors Fuß."
Alle schienen mit diesem Vorschlag einverstanden zu sein und so begannen sie sofort, Ireams und Zarams Planen auszurollen und miteinander zu verknüpfen. Jendor ließ derweil ein trauriges aber auch sehr dankbar klingendes „Danke" heraus, doch diesen Laut nahm wohl keiner mehr durch den Sturm hindurch wahr.
Er selbst war nach wie vor noch, wie unter Schock, und litt unter dem brennenden und unangenehm tauben, kribbelnden Schmerzen in seinem angeschwollenen Fuß. Er versank in eine Art Tagtraum, der ihn für den Moment von seiner Situation ablenkte, und so war es wohl auch kein Wunder, dass er nur noch nebenbei mitbekam, wie ein paar weitere Schreie gewechselt wurden und er dann unter eine große Plane gezogen wurde. Kurz sah er sich noch, wie betäubt, in diesem flach aufgespannten Zelt um, bis er dann schließlich vollends das Bewusstsein verlor.

Ein leises Aufheulen war von draußen zu hören, dann wurde es wieder stiller. Ein paar feine Sandkörnchen kriselten leise auf die Plane, während von seinen vier Gefährten nur ein ruhiges, leises Atmen zu hören war. Durch die nach Osten gerichtete Öffnung der Zeltplane konnte er die fahl angestrahlte Umgebung sehen. Kurz überlegte er, ob es vielleicht nur ein Lichtspiel der sanften Mondgöttin Majann sein könnte, doch dann wurde ihm bewusst, dass sich die vielen Dünen wirklich ein gutes Stück weit geglättet hatten. Von den unangenehm hohen und steilen Sandwällen, die sie in den letzten, langen Stunden vor dem Sandsturm erklommen hatten, waren an manchen Stellen sogar nur noch hüfthohe Wellen übrig geblieben.
Jendor richtete sich langsam auf, setzte sich hin und drückte dabei die Plane ein Stück weit nach oben. Das weiche Geräusch von Sand, der die Plane herabrutschte, glitt durch die Luft. Es war kalt geworden, genau wie in den letzten Nächten. Wie lang mochte er wohl geschlafen haben? Hatten sich seine Gefährten mit ihm hingelegt? Und ...
Plötzlich kamen in Jendor wieder die Erinnerungen an den Skorpionenstich auf und ließen seine Aufmerksamkeit auf seinen Fuß gleiten. Doch er spürte nicht viel. Der Fuß war unangenehm taub, als ob er eingeschlafen wäre, doch von den einstigen Schmerzen war im Moment nichts zu spüren. Vorsichtig zog er sein rechtes Bein an den Körper heran und strich mit beiden Händen über das taube, verschwitzte und heiße Körper-

teil. Ein leichter Schmerz und ein Kribbeln zogen durch den Fuß, als er den angeschwollenen Knöchel berührte, doch dieses Gefühl empfand er in diesem Moment eher als positiv. Langsam, tief und etwas beruhigter atmete er die kühle Luft ein und klärte seine Gedanken. Der Fuß war noch ganz und war sogar schon wieder ein gutes Stück weit abgeschwollen. Er hatte keine Ahnung, wie es ihm im schlimmsten Fall hätte ergehen können, doch er war sich sicher, dass er nur dank Fin überhaupt so relativ gut davon gekommen war. Wieder hatte der Wüstensohn ihm das Leben gerettet.

Jendors Gedanken glitten ab. Er stellte sich vor, wie es sein würde, wenn sein Fuß wieder komplett gesund wäre, träumte davon, wie er vor lauter Freude über die grünen Hügel und durch die Wälder lief, die Festenhain umhüllten, davon, wie er den ganzen Weg zum Steg hinablief, dort ins Wasser sprang und zur Yelindra schwamm, obwohl er sie auch über den Steg hätte erreichen können.

Er träumte von kräftigen Winden und wie er tollkühn mit seinem kleinen Schiff über die wogenden Wellen des Ferodon hinwegglitt, um sogleich mit seinem Vater die Netze in den wild strömenden Fluss zu werfen. Doch schon wandelte sich sein Traum wieder. Aus dem Boot und dem Ferodon wurde ihr Haus und bis auf ihn blieb nur sein Vater in dem Traum bestehen. Dann wurde es plötzlich eiskalt um ihn herum und eine unangenehme Dunkelheit erfüllte den Raum.

Jendor wusste, was nun geschehen würde, er hatte diese Erinnerung schon allzu oft durchlebt und immer noch nicht das Rätsel um das gespenstische, große, eisige Wesen gelüftet. Ihm war klar, dass es nur ein Traum war, ein schrecklicher und unangenehmer Traum und doch konnte er ihn nicht beenden. Doch immerhin sollte es diesmal nicht bis zum bitteren Ende kommen. Plötzlich drang Fins leise Stimme an Jendors Ohr und fand seinen Weg bis in seine Träume:

„Hey Jendor, wie geht es dir?"

Diese Frage ließ den jungen Fischer einen kurzen Moment lang zwischen Traum und Realität taumeln und gab ihm endlich die Chance, selbst zu bestimmen und den Horror zu beenden. So besann er sich und schaute schließlich nach rechts in den Schatten unter der Zeltplane. Dort hatte sich Fin im Schneidersitz in seine Decke eingewickelt, hingesetzt und schaute lächelnd zu ihm herüber. Jendor nickte ihm zu, dann nahm er sich einige wenige Augenblicke, um vollends wieder einen klaren Kopf zu bekommen und antwortete dann auf seine Frage:

„Mein Fuß ist schon etwas abgeschwollen, aber er ist ziemlich taub und sehr heiß. Habe ich schon lange geschlafen?"
Fin war offensichtlich froh, diese Worte aus Jendors Mund zu hören und lächelte ihn nun zu.
„Ich weiß nicht, wir haben uns alle schon bald, nachdem wir unter der Plane waren, hingelegt. Eine halbe Stunde, nachdem du eingeschlafen warst, waren wir sicherlich auch schon am schlafen, aber wie lange das nun insgesamt war, weiß ich auch nicht. Was die Hitze in deinem Fuß angeht: Die ist gut! Zumindest hat man es mir so erklärt. Die Hitze tötet das Gift ab und sorgt dafür, dass du bald wieder ganz gesund sein wirst."
Jendor strich sich über das Bein bis hin zu seinem Knöchel und lächelte nun etwas glücklicher und mit einem guten Stück dazugewonnener Hoffnung.
„Das ist schön zu hören. Kann ich also von diesem Stich wieder so gesund werden wie von einer Erkältung? Ohne irgendwelche Narben zurückzubehalten?"
Fin nickte und schaute Jendor dann noch eine kurze Zeit lang lächelnd an. Er überlegte, ob er ihn nun noch im Nachhinein belehren und ihm sagen sollte, dass es auch viel schlimmer hätte ausgehen können, doch er entschied sich dagegen. Die Angst und die Schmerzen unter denen Jendor offensichtlich gelitten hatte, waren sicherlich anschaulicher und offensichtlicher als alles, was er hätte erzählen können, und wenn nicht dadurch, so würde Jendor wohl durch nichts in Zukunft vorsichtiger werden.
Nun drehte Fin sich nach Osten hin weg und schien einen Moment lang nach draußen zu lauschen. Immer noch war ein leichtes Kriseln auf der Zeltplane zu hören, was wohl von den letzten, leichten Ausläufern des Sandsturmes herrührte, doch von dem Brausen und Heulen drang nichts mehr an seine Ohren. So war Jendor schon fast wieder in Gedanken versunken, als Fin sich erneut an ihn wandte:
„Bist du schon wieder richtig wach? Meinst du, du könntest schon weiterlaufen, oder wollen wir erst mal noch warten, bis die anderen aufwachen?"
Jendor fühlte sich etwas überrumpelt, denn er wusste die Antwort auf die zweite Frage selber nicht. Natürlich hatte es ihn die ganze Zeit lang selbst interessiert, doch die Angst davor, dass der Versuch zu Laufen negative Folgen haben könnte, hatte ihn bisher davon abgehalten, es auszuprobieren.
Nun, da Fin ihn fragte, krabbelte er aus dem Zelt heraus und stellte sich

vorsichtig auf den weichen Sand hin. Langsam belastete er seinen rechten Fuß und prüfte, ob dieser dem Druck standhielt. Es war ein unangenehmes Gefühl. Schmerzen kamen zwar kaum hinzu, doch der taube Fuß fing immer mehr an zu kribbeln und füllte sich dann endlich wieder mit Leben. Mehr und mehr konnte er seinen Fuß wieder wie eh und je spüren. Doch schließlich blieben ein wenig Taubheit und Schmerz um den Einstich beim Knöchel herum bestehen.
Trotzdem, Jendor versuchte zu gehen und es gelang ihm schon gleich recht gut. Die Antwort auf Fins Frage war also eigentlich geklärt. Aber in welchen Stiefel sollte dieser angeschwollene Knöchel hineinpassen? Barfuß würde er sicherlich auch nicht über diesen verdammten Wüstensand laufen.
Es war also wohl doch besser noch ein paar Stunden zu warten, sich auszuruhen, Kraft zu schöpfen und auf das erste Licht Siljas zu warten. So krabbelte Jendor wieder unter die mit Sand bedeckte Plane, gab Fin leise die Antwort und murmelte sich wieder in seine Decke ein. Kurz darauf waren beide wieder eingeschlafen.

XXVIII.

Am nächsten Morgen war Iream der Erste, der von Siljas frühen Strahlen geweckt wurde. Die Luft war noch eiskalt und ein jeder Atemzug verschwand in einer kleinen Dampfwolke. Langsam kroch er unter der Plane hervor, zog sich seine Kleider zurecht und schaute sich um. Alles war ruhig, der Himmel über ihnen strahlte in einem dunklen Blau, während sich um Siljas Scheibe, die am Horizont aufging, ein leuchtendes Rotorange ausbreitete. Kein Wind war zu spüren und keine Wolke zu sehen.
Der junge Adept lief einige Meter nach Osten, stieg auf die nächste Düne, schaute in die Ferne und suchte dabei nach den vertrauten und doch so verhassten Spuren der Dejia'Lar. Doch er fand nichts. Alle Spuren waren verschwunden und eine jede Vertiefung gefüllt. Ab jetzt blieb ihnen wohl nichts anderes mehr übrig, als sich auf ihre Orientierung zu verlassen und zu hoffen, dass die Götter sie leiteten.

Eine kurze Zeit lang genoss er noch das wunderschöne Schauspiel der Sonnenscheibe und stieg dann wieder von der Düne herab. Es war höchste Zeit, dass sie sich wieder auf den Weg machten, und so kehrte er zu dem fast komplett mit Sand bedeckten Lager zurück, kroch unter die Plane und begann die anderen zu wecken.

Die Stimmung, die sich an diesem Morgen breitmachte, war bedrückend, denn nun war der Moment gekommen, den sie alle schon seit Beginn ihrer Reise gefürchtet hatten: Alle Zeichen waren ausgelöscht. Nicht eine einzige Spur war mehr zu sehen. Eine jede Möglichkeit der direkten Verfolgung war verschwunden und eine exakte Orientierung war ohnehin unmöglich. Auch wenn sie grob in Richtung Nordosten liefen, war der Fall, dass sie dabei genau die Richtung einschlugen, in der die Dunklen Krieger unterwegs waren, genauso unwahrscheinlich wie ein baldiger Weltfrieden auf Telib.

Nachdem alle Sachen wieder in den Rucksäcken verstaut waren, marschierten sie mit schnellen Schritten über die vielen Tausend Sandwogen hinweg. Sie wussten, dass jede Suche nach verbliebenen Spuren oder anderen Zeichen eine Zeitverschwendung war, dennoch blieben sie ab und zu, vielleicht jede halbe Stunde für einen kurzen Moment lang stehen und hielten rundherum Ausschau, doch von den Spuren ihrer Feinde war nie etwas zu sehen.

Der Weg führte sie noch drei Stunden durch die Wüste, bis sich die Landschaft schließlich veränderte: Urplötzlich tauchten immer mehr Grasbüschel auf und sogar vereinzelte Bäume waren in der Entfernung zu sehen. Die Dünen flachten immer weiter ab und verschwanden schließlich gänzlich, als sich die vielen Grasbüschel nach etwa einer halben Stunde zu einer großen Fläche zusammenschlossen. Hüfthoch stand das dürre, lange Gras in dieser Savanne, das sich immer wieder um sie herum durch sanfte Windböen hin- und herbewegte.

Manchmal schien es beinahe so, als ob sich die Grashalme wie durch die Bewegung eines größeren Tieres in ihre Richtung neigten, doch auch diese Bewegungen waren offensichtlich auf den Wind zurückzuführen. Eine gespenstische Stille lag über dieser Landschaft. Die wenigen Geräusche, die nicht von ihnen stammten, bestanden ausschließlich aus dem Rauschen der Grashalme im Wind und ganz selten auch aus dem Zirpen einer Grille. Von wirklich großem Leben hatten die fünf Gefährten bisher nichts bemerkt.

Doch die Landschaft veränderte sich immer weiter: Bald waren immer mehr Bäume in der Weite der Savanne zu erkennen und vereinzelte Buschansammlungen schienen nun auch mehr und größeren Tieren Nahrung und Schutz zu bieten. Die Fünf erlebten währenddessen beinahe ein Déjà vu. Es war zwar kein Skorpion, auf den Nashyd fast getreten wäre, doch der Biss der seltsam rosig schimmernden Schlange hätte sicherlich ähnliche Folgen mit sich bringen können, wie der Skorpionenstich bei Jendor.
Tatsächlich hatten sie bisher alle Glück gehabt und waren nun bereits fast eine Stunde unbeschadet durch die Savanne gekommen, doch jetzt lief wieder ein Gefühl von Angst und Schrecken durch die Reihen. Auch hier konnten sie sich nicht sicher wähnen. Sie hatten die ganze Zeit über nur nach offensichtlichen Gefahren Ausschau gehalten, doch Grottenwürmer gab es hier nicht. Die Gefahren, die in der anaider Savanne lauerten, lagen unmittelbar vor ihren Füßen. Sie waren heimtückischer, als je zuvor und nicht nur durch ihre annähernde Unsichtbarkeit ausgezeichnet. Auch ihre Waffen, die mit schnellen und lebensgefährlichen Giften ausgestattet waren, trugen ihren Teil zur Stärke der Gefährlichkeit bei.
Von der Oberfläche des Bodens konnten die fünf Abenteurer nur sehr wenig erkenne und eben überall dort, konnte ein kleiner und dennoch tödlicher Feind verharren, der sie schon beim nächsten Schritt vergiftete. So erschien dieses erschreckende Erlebnis schon beinahe wie ein Geschenk der Götter, denn Nashyd war eben nicht auf die Schlange getreten und hatte ihnen allen in diesem Moment die Gefahren dieser Umgebung verdeutlicht.
Fin schämte sich derweil, denn auch in einer solch ähnlichen Umgebung war er schon einige Male gewesen, und auch wenn er von den Gefahren der anaider Savanne keine Ahnung hatte, hätte er sich denken sollen, dass auch hier Vorsicht geraten war. Doch nach außen hin blieb er gelassen. Er versteckte seine Scham vor den anderen und hoffte darauf, dass die Tricks, die er von zu Hause kannte, auch hier wirkten.
So ging er vorsichtig durch das hohe Gras, bis hin zur nächsten Akazie, hob dort einen der vielen, langen, trockenen Zweige, die am Fuße des knorrigen Stammes verstreut lagen, auf und nutzte jenen nun fortan, um den Boden vor seinen Füßen abzuklopfen. Seinen Gefährten riet er, sich ebenfalls einen solchen Stock zu nehmen. Er erklärte ihnen, dass das Klopfen von den kleinen Tieren gehört und gespürt und diese so verscheucht wurden. Zumindest hatten die Ältesten es ihm damals genau so erklärt. Selbst

wenn man mit dem Stock auf eine Schlange oder ein anderes giftiges Tier schlug, das noch nicht durch das Klopfen selbst verscheucht worden war, war es doch besser, wenn dieses Tier in den Stock biss oder stach, als in eines ihrer Beine oder Füße.
Seine Gefährten folgten seinem Ratschlag, und so setzten sie ihre Reise mit suchenden Blicken und klopfenden Stöcken fort. Jendor lief mittlerweile wieder ganz normal. Das angeschwollene Fleisch an seinem Knöchel war lediglich noch so groß wie ein Wespenstich und fing mittlerweile an zu jukken. Hätte er in dem Zustand in seinen festen Stiefeln laufen sollen, so wäre es sicherlich eine höllische Qual für ihn gewesen, doch Nashyd hatte zum Glück einen guten Einfall gehabt und ihm seine alten, gebundenen Ledertücher gegeben, die er nun, seit Fin eine neue Partie Kleidung und Stiefel ausgegeben hatte, nicht mehr brauchte. Das Laufen in diesem Leder war zwar längst nicht so bequem wie das in den Stiefeln – eine jede Unebenheit des Untergrundes war durch das Leder hindurch zu spüren – doch immerhin lag so kein großer Druck auf dem Einstich, sodass der junge Fischer endlich wieder auf andere Gedanken kommen konnte.

Einige Stunden vergingen. Ohne größere Pausen zogen sie durch die Weiten der anaider Savanne, und während die Strahlen der Sonnengöttin langsam immer stärker auf sie herabbrannten, zeigten sich nun auch langsam immer mehr Tiere. Tiere, die für sie alle etwas Neues darstellten, denn auch wenn die beiden Adepten schon von den meisten in irgendwelchen Büchern gelesen hatten, war der Anblick eines lebenden Elefanten doch etwas gänzlich Anderes.
Sie schauten sich um, sahen Giraffen, die an den Kronen der Bäume knabberten, laut trötende Elefanten, große Herden von flüchtenden Gazellen, jagende, galante Löwen und Flugechsen, deren dünne Flügelhaut dunkelblau im Sonnenlicht schimmerte. Doch das war längst noch nicht alles. Riesige, kräftige, behaarte Rinder, kleine, dunkelbraune Wildpferde, gefräßige Geier, verschiedenste Insekten, Vögel und kleinere Reptilien waren zuhauf zu sehen und sogar ein Nashorn zeigte ihnen seine imposante Statur. Von Menschen hatten all diese Tiere entweder noch nie etwas gesehen oder wohl bereits schlechte Erfahrungen gemacht, denn selbst die großen Raubtiere schienen einen großen Bogen um sie herum zu machen und sie nur aus der Entfernung zu beobachten. Doch für ihre Durchreise war dieses Verhalten eher positiv, da sie so ohne jegliche Zwischenstopps vorankamen.

Trotz alledem sank ihre Stimmung langsam immer weiter. Überall zogen sich Spuren durch das hohe Gras und auch nach Nordosten, wo sie nach wie vor ihr Ziel vermuteten, waren immer wieder Spuren zu erkennen, doch keine der Spuren lief lange in eine Richtung und keine der Spuren schien von den Dunklen Kriegern zu stammen.
Doch nützte es etwas, wenn sie nach rechts oder links abbogen, um dort nach den Spuren zu suchen? Egal welche Seite sie wählten, die Wahrscheinlichkeit, dass sie sich noch weiter von den Dejia'Lar entfernten, war genau so groß, wie die Chance wieder dichter an sie heranzukommen. Und selbst wenn sie sich für eine Seite entschieden, wie lange sollten sie dann in diese Richtung laufen, bis sie sich sicher sein konnten, dass sie auf der falschen Seite waren? Die Antworten auf diese Fragen waren sicherlich nicht einfach, doch es musste eine Entscheidung gefällt werden. Falls sie die Richtung beibehielten, war die Wahrscheinlichkeit, dass sie wieder auf die Spuren der Dejia'Lar trafen, noch wesentlich geringer.
Die Fünf blieben stehen, traten das Gras um sich herum in einem kleinen Kreis platt, überprüften den Boden nach eventuellen Gefahren und setzten sich dann zur Beratung in einen Kreis. Doch solange sie auch redeten, sie kamen immer wieder auf denselben Punkt zurück. Sie alle dachten dasselbe, doch entscheiden wollte sich niemand, und so war es schließlich Nashyd, der sich zusammenriss und mit seinem brummenden und fauchenden Dialekt die einzig logische Möglichkeit aussprach:
„Wir einfach zwei Stunden lang direkt in Richtung Norden müssen laufen. Wenn dort keine Spuren der Dunklen Krieger wir finden, dann wir werden ab dann nach Osten laufen. Wir werden Spur wiederfinden, früher oder später."
Die Anderen brauchten einen kurzen Augenblick, nickten dem alten Jankar aber schließlich alle zu, und so standen sie wieder auf und machten sich auf den Weg. Nashyd übernahm von nun an wie selbstverständlich die Spitze der Gruppe und führte sie nun Richtung Norden.
Einige Zeit verging. Die besagten zwei Stunden waren schneller vorbei, als sie zuvor gedacht hatten, und immer noch hatten sie kein Anzeichen von den Dunklen Krieger gefunden. Einige Minuten lang waren sie zwar einer vielversprechenden Spur gefolgt, doch schon bald wendete auch diese Spur ihre Richtung und verlief dann nach Süden. So blieben sie nun für einen kurzen Augenblick lang stehen, tauschten enttäuschte Blicke aus und machten sich dann wortlos wie besprochen auf ihren Weg nach Osten.

Die Stimmung unter den Fünfen war mittlerweile so weit gesunken, dass ihre Verzweiflung bereits ihre verbliebene Hoffnung überflügelte und dennoch schien sie mit einem jeden weiteren Schritt einen neuen Tiefstand zu erreichen. Schon lange stocherten sie nur noch lustlos mit ihren Stöcken vor sich herum und spähten dann immer wieder über die weite Savanne, um ihrer Hoffnung doch noch eine Chance zu geben. Aber selbst die Umwelt um sie herum bot ihnen kaum noch Abwechslung. Bei all der Vielfalt, die sich ihnen am Anfang gezeigt hatte, kam nun kaum noch etwas Neues hinzu. Immer wieder tauchten am Horizont die langen Hälse von Giraffen auf, immer wieder zwitscherten die Vögel dieselbe Melodie von den Bäumen herab und immer wieder war es ein ähnliches, fast gleiches Bild von Flora und Fauna, das sich ihnen bot und das, obwohl Iream noch so sehr viele markante Tiere vermisste, von denen er zuvor gehört hatte.
Was war zum Beispiel mit den Beutelaffen? Von diesen bis zu eineinhalb Meter großen Primaten mit ihrem orangefarbenen Fell hatte er doch so sehr viel gelesen. Immer wieder wurde in Reiseberichten davon erzählt, wie sich die Beutelaffen in großen Gruppen von Ast zu Ast schwangen, neugierig einen jeden Wanderer beobachteten und dabei ihre kleinen Kinder in ihrem Beutel am Bauch mit herumschleppten. Selbst ihre Nahrungsvorräte, die aus Früchten und dicken Blättern bestanden, trugen sie angeblich in ihren Beuteln herum.
Was war mit den Zebras? Oft hatte er davon gelesen, dass der Anblick des schwarz-weiß gestreiften Fells dieser Wildpferde einen in den Bann ziehen konnte und nun schien nirgendwo eins zu finden zu sein. Nun gut, letztlich waren sie erst einen knappen Tag in der Savanne, aber andererseits hatten sie schon so sehr viele Tiere doppelt und dreifach gesehen, dass ihm die Beutelaffen und Zebras schon fast überfällig erschienen.
Plötzlich wurde Iream brutal aus seinen Gedanken gerissen. Etwas Schweres war auf ihn herabgestürzt, hatte ihn auf den Boden geworfen und klammerte sich nun mit einer unglaublichen Kraft um seinen ganzen Körper. Eine schleimige, widerliche Masse war auf seiner Haut zu spüren, als sich das angreifende Wesen schon nach zwei, drei Augenblicken komplett um seinen Körper legte, ihn einschloss, zusammendrückte und Sicht, Gehör und Atem nahm.
Iream war hilflos, er konnte sich zwar leicht bewegen, doch seine Arme waren an seinen Körper gepresst und ließen sich nur unwesentlich zur Verteidigung einsetzen. Er bekam Panik, zappelte und versuchte sich in die schleimige Haut des Angreifers zu krallen. Doch es schien nichts zu nützen,

immer enger zog sich die Haut um Ireams Körper und strömte dabei immer mehr dieser schleimigen Flüssigkeit aus.
Gleich würde es mit seinem Leben vorbei sein, Iream spürte es und bekam so unendlich viel Angst, wie er wohl noch nie zuvor gehabt hatte. Schon jetzt merkte er, wie seine Lunge nach neuem Atem schrie, obgleich ein unglaublich starker Druck auf ihr lastete. Er spürte, wie sein Herz zu rasen und sein Körper unangenehm zu kribbeln begann und er dann langsam immer schwächer wurde. Es war wahrlich das schlimmste Gefühl, das Iream in seinem ganzen bisherigen Leben verspürt hatte: Mit absoluter Hilflosigkeit dem Tode entgegen zu blicken und dabei zu spüren, wie sein Körper langsam immer stärker zusammengepresst wurde, bis er wohl bald nur noch ein weicher Brei war.
Plötzlich glitt ein Zucken durch die Haut des Angreifers, welches dessen Muskeln für einen kurzen Moment lang erschlaffen ließ und Iream ein kleines Stück weit losließ. Der junge Adept bekam wieder ein Funken Hoffnung. Erneut zuckte das Wesen zusammen, diesmal wesentlich stärker. Die Muskeln ließen langsam nach und Iream drückte den widerlichen Angreifer mit seiner letzten Kraft von seinem Körper ab. Endlich strömte wieder Luft in seine Lunge, obgleich die schleimige Flüssigkeit jene mit einem bitteren und sauren Geruch färbte.
Der Anblick war abartig, doch Ireams Gefährten waren glücklich, dass der junge Adept offensichtlich noch unbeschadet am Leben war. Sie alle hatten einen großen Schrecken bekommen, als dieses Wesen urplötzlich vom Baum gestürzt war und innerhalb kürzester Zeit Ireams kompletten Körper eingeschlossen hatte. Doch nun, schon wenige Augenblicke später, war das Wesen bereits erlegt:
Wie eine drei Meter lange Nacktschnecke, mit grauen, dicken, knochigen Schuppen und ellenlangen, spitzen, schwarzen Stacheln auf der Oberseite, sah diese Kreatur aus. Ein direkter unbewaffneter Angriff hätte wohl zur Folge gehabt, dass sich die Stacheln in das angreifende Körperteil gebohrt hätten, doch Fin hatte schnell zu seiner Axt gegriffen, ganz kurz überlegt, um Iream auch ja nicht zu verletzten, und sogleich reagiert. Mit einiger Wucht hatte er direkt auf das Körperteil eingeschlagen, was seiner Meinung nach in etwa dem Kopf der Kreatur entsprach.
Es waren nur zwei Schläge gewesen, doch schon allein diese zwei hatten einigen Mut gekostet, denn keiner von ihnen wusste, was dieser schleimige Haufen mit seinen Stacheln und Knochenplatten machte, wenn er attak-

kiert wurde. Doch bis zu einer Reaktion des Wesens, war es zum Glück gar nicht erst gekommen. Die breite Klinge von Fins Axt war zweimal, direkt hintereinander auf das Wesen herniedergefahren und hatte beim zweiten Schlag, die schuppige Haut und das darunterliegende, sehr weiche Fleisch durchdrungen. Wie Butter hatte das stählerne Blatt den widerlichen Angreifer entzweigeschnitten und ihn so gerade noch rechtzeitig dazu gezwungen, wieder von Iream abzulassen.

Zu Tode verängstigt und bis ins Mark geschockt, befreite sich Iream blitzschnell von seinem Rucksack, rollte sich, so schnell es eben ging, einige Meter weit von der Leiche dieses abartigen Tieres weg und stellte sich erst dann langsam wieder hin. Erfüllt von einer Mischung aus so ziemlich allen Gefühlen, die er kannte, schwenkte er nun seinen scheinbar leeren Blick auf den Fleck, wo sein Leben beinahe ein Ende gefunden hätte, während ihn seine Gefährten mit großen Augen anschauten.

Auch sie fühlten eine Mischung aus verschiedenen Gefühlen, denn auch wenn sie vor allem glücklich waren, dass der junge Adept überlebt hatte und sogar offensichtlich unverletzt war, waren sie gleichzeitig von dem plötzlichen Angriff geschockt. Auch Ireams derzeitiges Aussehen trug einen Teil zur Stille der Vier bei: Seine ganze Kleidung und sein Körper waren mit einer durchsichtigen, zähen, speichelähnlichen Flüssigkeit bedeckt, an der sich Sand, Blätter und trockenes Gras gesammelt hatten, und dort, wo nichts vom Wälzen hängen geblieben war, glänzte die pure, widerliche Flüssigkeit im warmen Lichte Siljas.

„Bei allen Sieben, was verflucht noch mal ist das für ein Monster!?!"

In Ireams brüllender Stimme klang alle Angst und Verzweiflung, aller Schrecken und all die Wut mit, die sich in ihm in so sehr kurzer Zeit gesammelt hatte, und so hallte sein Schrei noch einige Hunderte Meter in die Savanne hinein. Er war nach wie vor von seinen vielen, verschiedenen Gefühlen überwältigt und schaute noch einmal zu dem grauen Etwas herüber. Doch dann riss er sich wieder zusammen und begann seine Haut von dem Dreck und der Flüssigkeit zu befreien. Seine Gefährten waren währenddessen immer noch mit dem Schock des Erlebten am Kämpfen und standen so etwas hilflos da. Aber schließlich drang auch bei ihnen die Vernunft wieder ans Tageslicht, und so war Nashyd der Erste, der wieder zu sich kam.

Der Jankar ging zu Ireams Rucksack, befreite die obere Öffnung von dem meisten Schleim und öffnete sie vorsichtig. Dann blickte er hinein und

begann erleichtert zu lächeln, was seine weichen, langen Tasthaare am Bart vibrieren ließ. Offensichtlich hatte der Druck der Luft im Rucksack gegen den Druck von außen gewirkt und somit verhindert, dass die schleimige Flüssigkeit auch in das Innere des Rucksack gelangt war. Doch das nützte Iream zurzeit wenig, denn nach wie vor kämpfte er damit, sich selbst von der widerlichen Flüssigkeit, die seine Haut offensichtlich sehr langsam aber sicher verätzte, zu befreien.
Plötzlich kam Zaram eine Idee: Vielleicht gab es ja in der Nähe eine Möglichkeit, wo Iream sich und seine Kleidung waschen konnte. Langsam ging er in Richtung des Baumes, von dem das widerliche Wesen herabgesprungen war, schaute herauf und hielt Ausschau nach weiteren Gefahren, doch es war nichts zu sehen, und so kletterte er hinauf, schaute von oben herab in alle Richtungen und kam kurz darauf wieder heruntergeklettert.
„Dort hinten", Zaram zeigte nach Südosten, „in weniger als hundert Metern Entfernung, ist eine kleine Wasserstelle. Lasst uns dorthin gehen, dann kann Iream sich waschen und von dem Schleim befreien."
Ein Nicken ging durch die Runde, und nachdem schnell alles wieder auf den Rücken und in den Händen verstaut war, suchten sie sich sogleich den Weg durch das hohe Gras, bis hin zu besagter Wasserstelle.

Es vergingen etwa vier weitere Stunden, in denen sie immer weiter gen Osten liefen, ohne ein Zeichen der Dejia'Lar zu entdecken. Bald schon würde die Nacht anbrechen und sie irrten immer noch durch die Savanne, ohne ein festes Ziel zu haben. So stellte sich ihnen allen schon seit einiger Zeit eine einzige unangenehme Frage, die auch ihre Hoffnung immer weiter herunterschraubte:
Waren die Dunklen Krieger vielleicht bereits während des Sandsturms bei ihrem Ziel angekommen? Falls ja, würde das auch bedeuten, dass sie sich schon seit Stunden von ihren Feinden entfernten. Aber hatten sie dann überhaupt noch eine Chance, die Dunklen Krieger wiederzufinden?
Die Antwort auf diese Frage schien schnell ihre Wichtigkeit zu verlieren, denn schon bald würde sich zeigen, dass ihre Befürchtungen fern ab der Wahrheit lagen. Noch erschien ihnen das Bild vor ihren Augen wie ein weiteres Geschenk der Götter, doch der nächste Umbruch ihrer Stimmung stand schon direkt vor der Tür. Ein Umbruch, der die fünf Gefährten wünschen ließ, dass ihre Befürchtungen sich doch bewahrheitet hätten.
In der Ferne, im Osten, angestrahlt durch die abendlichen, orangen Strah-

len der Sonnengöttin, zeichneten sich einige, mit Reet gedeckte Gebäude ab. Freude kam in den fünf Freunden auf, denn in ihnen wuchs die Hoffnung, dass sie endlich wieder eine leckere, warme Mahlzeit und vielleicht sogar ein warmes Bett bekommen konnten. So beschleunigten sie ihre Schritte noch weiter und erreichten bereits, nach knapp zehn Minuten, den Rand des kleinen Hofes.
Doch das schöne Bild in ihren Hoffnungen und Tagträumen verwandelte sich nun schlagartig in eine düstere Kulisse und ließ ihnen den Schrecken kalt über den Rücken laufen. Blut war an die hölzerne Bretterwand des kleinen Wohnhauses gespritzt und zwischen den Leichen von etlichen toten Rindern waren auch weiter hinten vor der großen Scheune einige menschliche Überreste zu erkennen.
Hier hatte ein wahres Massaker geherrscht und den Spuren nach zu urteilen, war dieses allerhöchstens zwei Tage her. Jendor griff zu seiner Waffe und auch die anderen folgten diesem Beispiel. Dann traten sie alle – Jendor voran – langsam auf den Platz vor dem Hof und schritten auf das schreckliche Bild zu.
Es war grauenvoll: Überall waren Blutspuren auf dem Boden zu erkennen. Aufgewühlte Erde und ausgerissene Pflanzen zeugten davon, wie wild die Rinder des Hofes in diesem erbarmungslosen Gemetzel wohl geworden waren. Immerhin führten etliche dieser Spuren vom Hof weg, was zumindest die Hoffnung darauf steigerte, dass ein Großteil der Rinder geflohen war und sich vor diesem sinnlosen Morden retten konnte. Doch das galt leider nicht für alle. Die leblosen Körper von fünf gut genährten Kühen lagen vor der Scheune, und zwischen diesen Körpern waren schon aus der Entfernung zwei menschliche Leichen zu sehen.
Langsam kamen die Fünf näher und sahen sogleich die großen Bisswunden, die an jeder Leiche ob Mensch oder Tier zu finden waren. Übelkeit stieg in ihnen auf und ließ sie einen Moment lang innehalten, um sich ein wenig zu beruhigen. Dann setzten sie ihre Schritte in Richtung der Leichen fort.
Es war wahrlich schrecklich, hier hatte niemand aus Hunger gehandelt, denn nur relativ wenig Fleisch war von den Leichen gerissen worden. Doch dort, wo die gierigen Zähne ihr Ziel gefunden hatten, hatten sie einfach alles zerfetzt und die Körper entstellt. Dies alleine war zwar kein Beweis dafür, dass diese Gräueltat von den Dejia'Lar verübt worden war und sicherlich hatten sich auch schon andere Aasfresser an den Leichen

begnügt, doch dafür zeigte sich der fast eindeutige Beweis woanders: An etlichen Stellen auf der blutverschmierten Haut von Rind und Mensch, wo noch kein Wesen seinen Hunger gestillt hatte, waren glatte, lange Schnitte und große Wunden mit einzelnen, großen, dicht beieinanderliegenden Einstichen zu sehen, wie sie nur von Schwertern und Morgensternen stammen konnten.

Plötzlich zuckten alle vor Schreck zusammen. Obwohl sie ihre Waffe gezogen und sich auf einen möglichen Kampf vorbereitet hatten, hatten sie dennoch nicht mit einer solch schnellen Handlung gerechnet. Und als nun unter einem lauten, schrillen Kreischen und wilden Flügelschlägen plötzlich drei Aasgeier zwischen den toten Rindern, aufstiegen, war von ihrer Kampfvorbereitung nichts mehr zu spüren.

Diesmal wurde der Überraschungsmoment nicht gegen sie ausgespielt, der Schrecken ging glimpflich aus. Unter weiterem ausgiebigen Kreischen flogen die Geier etwa hundert Meter weit nach Norden und ließen sich auf einem der dort befindlichen Bäume nieder. Sie waren satt und hätten sich auch so nicht getraut, die vier Menschen und den Jankar anzugreifen. Dennoch war es ein weiterer kleiner Schock, der das ohnehin schon sehr düstere Bild dieser Umgebung erweiterte.

Die Fünf fassten sich wieder, obgleich nicht nur der Schreck, der plötzlich auftauchenden Geier sondern vor allem jener über die entstellten Leichen und die zerrissenen Rinderleiber noch sehr tief saß. Doch das alles nützte nichts, sie konnten und durften sich nicht blindstellen. Dies waren nicht die Leichen von irgendwelchen Dunklen Kriegern, es war kein kannibalischer Akt unter ihren Feinden, nein dies war ein Mord an Unschuldigen, ein Mord, den sie alle zu verantworten hatten. Nashyd weniger und Fin und Jendor ein wenig mehr, doch sie alle hätten es verhindern können, da waren sie sich einstimmig sicher. Um so stärker war nun ihre Trauer um die Toten und ihre Wut auf sich selbst. Kurz standen sie noch wie gebannt auf einem Fleck verankert, dann wandte sich Nashyd an den Rest der Gruppe: „Wir müssen für Seelenruhe sorgen. Wir uns noch schauen müssen, ob noch Überlebende finden. Vielleicht hat noch wer im Haus oder Stall versteckt. Aber müssen alle Leichen beerdigen und zu Majann und den anderen Göttern beten, damit sie Ruhe finden."

Dem war offensichtlich nichts mehr hinzuzufügen. Keiner gab eine Antwort. Ein kurzes Nicken von allen Seiten, dann machten sie sich an die Arbeit. Und so suchten sie gemeinsam das Haus und den Stall nach Überlebenden ab. Doch das Einzige, was sie noch fanden, waren die Leichen

eines kleinen Jungen und einer alten Frau, die sich in den Armen hielten und wohl beide an ihren Wunden und dem Blutverlust gestorben waren.
Dieser Tag wurde für sie alle einer der schwärzesten ihres Lebens. Sie begruben die vier Leichen, beteten für die Toten und flehten und weinten um Vergebung. Sie hatten seit Beginn ihrer Verfolgungsreise gewusst, wie wichtig ihre Aufgabe war, doch in diesem Moment zeigte sich die Wichtigkeit in einem unangenehm schmerzvollen Bild. Sie fühlten sich, als ob sie ihre Aufgabe bereits jetzt verfehlt hätten, doch sie wussten auch, dass sie im Moment die Einzigen waren, die noch mehr sinnlose Morde verhindern konnten.
Schon bald neigte sich Siljas Antlitz dem Horizont entgegen und so verschlossen sie ein jedes Fenster und eine jede Tür des Hauses, um das Andenken der Toten zu bewahren. Sie beteten ein weiteres Mal für die Verstorbenen, bevor sie dann schließlich den Ort des Gräuels verließen. Doch die Bilder dieses Schlachtfelds blieben auch weiter in ihren Köpfen.
Ab nun folgten sie wieder den Spuren der Dunklen Krieger, doch dass sie wieder auf der sicheren Fährte waren, erfüllte sie nicht einmal annähernd so stark mit Freude, wie sie noch vor ein paar Stunden gedacht hätten. Sie fühlten sich einfach nur leer. Kein Funken Freude war in ihnen zu finden und dort, wo einst die Hoffnung gelebt hatte, dass ihre Verfolgung schnell und problemlos zu Ende sein würde, fand sich nun nur noch dunkler Hass und der Wunsch nach dem Tod der Dejia'Lar.
Nur etwa eine halbe Stunde vom Bauernhof entfernt hatten sie ihre Zeltplanen zwischen einigen großen Felsen mitten in der Savanne aufgespannt. Niemand spendete die Kraft, um ein Feuer zu entfachen, doch es hatte auch niemand das Bedürfnis nach Geselligkeit oder einer warmen Mahlzeit, und so störte es auch keinen, dass sie in gänzlicher Dunkelheit saßen. Fin hatte sich für die erste Nachtwache bereiterklärt, doch sie alle lagen noch lange Zeit wach und dachten über die Ereignisse des Tages nach.
Um sie herum wurde es immer dunkler. Dichte Wolken hingen am Himmel und ließen keinen einzigen Strahl des Mond- und Sternlichts hindurch.

XXIX.

Sieben Tage vergingen, in denen sie den oft nur noch schwer zu erkennenden Spuren der Dunklen Krieger folgten. Sie hatten offensichtlich einiges an Zeit verloren und den Dejia'Lar somit einen großen Vorsprung gegeben.
Währenddessen wurde die Landschaft um sie herum langsam immer grüner. Immer mehr und immer größere Bäume ragten aus der scheinbar unendlichen Savanne dem Himmel entgegen und vereinten sich auch immer häufiger zu lockeren Hainen und kleineren Wäldern. Das Gras wurde saftiger und kräftiger und wurde in der Nähe der Bäume immer häufiger von dichten Büschen, Farnen, großen Kräutern und Blumen verdrängt. Hinzu kam das sanfte Frühlingswetter der anaider Savanne, das der Umgebung immer mehr Leben brachte. Vereinzelte, kleine Regenschauer zeigten auch ihnen, was dieser Frühling für die Natur bedeutete.
Einige Male schon hatten sie über ihre Heimaten geredet, über sie geschwärmt und daran gedacht, wie schön es dort wohl gerade sein mochte, doch ein jedes Mal merkten sie auch, wie froh sie eigentlich waren, dass sie nun die Weiten der Welt erkundeten und sich so ein eigenes Bild von der Vielfalt der Lebewesen und der Landschaften Telibs machen konnten. Der Einzige, der sich mehr oder minder aus diesen Gesprächen heraushielt, war Fin. Nicht nur, dass ihn die derzeitige Umgebung sowieso sehr an einige Teile seiner alten Heimat erinnerte, nein vor allem wollte er nicht mehr zurückschauen, denn nach wie vor brannte ihm die Frage nach seiner Existenz auf dem Herzen, und wenn es immerhin eine Sache gab, die er von seiner Existenz sicher zu wissen glaubte, so war es die, dass er kein Brujin war.
Die Zeit verging ohne große Ereignisse, und wären sie am dritten der sieben Tage nicht auf den kleinen, sehr weltfremd erscheinenden Jäger getroffen, hätten sie diese Savanne wohl gänzlich als menschenleer bezeichnet. Der Jäger hatte sie eine Zeit lang begleitet, ihnen noch ein paar Tipps für das Überleben in der Savanne gegeben und ein wenig Fleisch verkauft. Doch schon kurz nachdem er sich verabschiedet hatte, war das monotone Reisegefühl wieder zurückgekehrt.

Am Nachmittag des siebten Tages sahen sie endlich wieder Anzeichen von humanoidem Leben vor sich. In vielleicht hundert Schritt Entfernung direkt auf den Spuren der Dunklen Krieger standen drei große Planwagen in einem zu ihnen gewandten Halbkreis. Wer mochte das sein? Und warum standen sie dort? Schon keimte in ihnen die Angst auf, dass die Dejia'Lar auch hier ein unmenschliches Massaker hinterlassen haben könnten und sich nun vor ihnen erneut nur noch ein Friedhof abzeichnete. Doch dann sahen sie die großen grasenden Rinder und wurden auch schon bald einigen sitzenden Personen inmitten des Wagen-Halbkreises gewahr. Es war anscheinend eine Gruppe von Händlerfamilien, drei Männer, drei Frauen und zwei Kinder, die gerade auf dem Weg nach Norden waren. Die Spuren bis zu ihrem Rastplatz verliefen auf einem Pfad, der offensichtlich häufiger von Reisenden benutzt wurde: Es war ein nur leicht bewachsener Streifen, der von Nord nach Süd führte und noch weithin zu sehen war. Hufspuren und schwere Wagenräder hatten den Boden umgewühlt und das meiste pflanzliche Leben vertrieben.
Doch so überrascht wie die Fünf über das plötzliche Anzeichen von Zivilisation waren, waren die Händler wohl auch über den Anblick der fünf Gefährten. In ihnen sahen sie anscheinend sofort ihre nächsten Kunden. Kaum hatten sie die Abenteurer bemerkt, so standen sie schon wieder auf ihren Beinen und kamen mit freundlicher Miene auf die fünf Gefährten zu. Vier Tage hatten sie nun schon keinen anderen Menschen mehr getroffen und mit niemand anderem mehr gesprochen. Sie hatten sich an die sanften Geräusche der Savanne gewöhnt und sich auch keine unnötigen Gespräche aufgezwängt und nun brach plötzlich eine Flut von Sätzen über sie herein, die aus einer Handvoll Münder schon direkt nach einer sehr kurzen, aber immerhin freundlichen Begrüßung, die angeblich besten Angebote für Stoffe, Gewürze, besondere Lebensmittel, Werkzeuge und Waffen anpriesen. Immerhin redeten die Händler in sauberem Slaej mit ihnen, doch auch das änderte nichts an der Geschwindigkeit ihres Gebrabbels, und obwohl ihnen durchaus nach einer guten Mahlzeit zumute war, war dieser plötzliche Schwall von Sätzen schon nach wenigen Augenblicken unerträglich für sie.
Gerade wollte Nashyd schon seine Vorderpfoten auf seine Ohren packen und einfach weitergehen, als die Händler dem Empfinden der Fünf offensichtlich gewahr wurden. Wie abgesprochen, wurde einer nach dem anderen still und ließ ihnen eine kurze Verschnaufpause. Dann nahmen sie

einen zweiten Anlauf, in dem diesmal nur der vom Aussehen her älteste Händler zu ihnen sprach:
„Es tut mir leid, wenn wir euch verschreckt haben. Wir haben uns lediglich gefreut, in dieser Wildnis auf ein paar andere Menschen zu treffen. Oh, und natürlich auf einen Jankar.
Aber wo ich schon beim Thema Wildnis bin: Wir haben hier ursprünglich nur gehalten, weil wir uns über diese schnurgerade Spur gewundert hatten, die hier einmal quer durch die Savanne führt. Nun sehe ich, dass ihr eben dieser folgt. Ist es erlaubt zu fragen, woher diese Spur stammt? Verfolgt ihr jemanden?"
Plötzlich war den Fünf das vorherige Gebrabbel wieder lieber. Sie hatten sich so mit der Tatsache, dass sie hier in der Savanne auf niemanden mehr treffen würden, abgefunden, dass sie sich auch gar keine Gedanken für den Fall gemacht hatten, dass sie jemand fragte, wohin sie ihr Weg führte und nun kam auch noch diese direkte Frage nach der Spur, der sie folgten. Konnten sie diesen Händlern einfach so ihre Geschichte auftischen? Wollten sie sich wirklich vor diesen Unbekannten als Verursacher einer großen Gefahr bloßstellen? War es nicht gefährlich? Wussten sie, wie diese Menschen über ihr Verhalten denken würden? War es nicht sogar möglich, dass es in Anaid Gesetze gab, die sie zu Feinden des Volkes und somit dieser Händler machte? Und wussten sie, ob die Händler das Gesetz in diesem Falle nicht sogar selbst in die Hand nehmen würden?
Nach wie vor hielten sie es alle für besser, die Wahrheit für sich zu behalten. Doch was sollten sie also antworten? Eine kurze Zeit verging, ohne dass irgendein Wort fiel. Doch statt sie zu einer Antwort zu zwingen, schienen die Händler ihre Schweigsamkeit zu akzeptieren und schon schnell wieder nur ans Geschäft zu denken:
„Nun, wie auch immer. Aber ich hoffe, ihr wisst, dass die Spuren, denen ihr folgt, direkt auf das 'verbotene Reich der Geister' zu laufen. Nur ein Narr würde freiwillig dorthin gehen. Ich hoffe doch sehr, dass ihr euch noch rechtzeitig umentscheidet und einen anderen Weg einschlagt! Aber wie auch immer, auch diese Umgebung verbirgt schon etliche Gefahren und ich kann euch nur wärmstens empfehlen, eine gute Waffe bei euch zu führen und eben da kann ich euch mit bester Qualität versorgen. Ich wäre froh, euch ein gutes Angebot machen zu dürfen."
Die Augen des Händlers fingen leicht an zu glitzern, doch auch die Fünf schienen plötzlich hellhörig zu werden, allerdings nicht aufgrund des

Angebots: Da war endlich die Information, die sie brauchten, ein Name und eine Beschreibung von dem, was vor ihnen lag. Aber noch hatten sie nicht viel erfahren, und ob diese wenige und so negativ gefärbte Information für sie nun von Vorteil war, lag zugleich wie eine offene Frage vor ihnen. Einen Sieg hatte der Händler daher schon erzielt, denn immerhin drängte die Information die Abenteurer dazu, das Gespräch mit ihm aufzunehmen:

„Was ist dieses 'verbotene Geisterreich'? Ich habe noch nie davon gehört! Ihr wollt uns doch hoffentlich keine Märchen vom toten Hasen verkaufen?"

Sowohl Zweifel, Interesse als auch ein wenig Angst klang in Ireams Stimme mit, doch der Händler hatte offensichtlich gar nicht damit gerechnet, dass die Fünf nichts vom verbotenen Reich der Geister wussten, und hielt daher auch für einen kurzen Moment lang inne, um erst nach einigen kurzen Atemzügen wieder fortzufahren:

„Ihr wisst nichts davon?"

Die großen, fragenden Augen des Händlers wurden mit Stille und gespannten Blicken beantwortet.

„Nun so scheint ihr wahrlich von weit her zu kommen, und ich sollte euch wohl besser über dieses Gebiet des Verderbens und des Todes erzählen."

Er holte tief Luft, schaute die Fünf noch einmal musternd an und überlegte kurz.

„Kommt mit, das wird einige Zeit dauern und im Stehen erzählt es sich schlecht. Wir haben sicherlich noch etwas heißen Tee für euch. Lasst uns einfach zwischen die Planwagen setzen und es uns gemütlich machen."

Die Blicke der Fünf glitten alle für einen kurzen Moment auf die Spuren der Dejia'Lar. Sie hatten ihrem Feind schon viel zu viel Vorsprung gegeben. Dennoch, so wie das Verhalten des Händlers war, konnte vielleicht eine jede Information über das, was vor ihnen lag, überlebenswichtig sein, und so warfen sie ihm schon im nächsten Moment zustimmende Blicke zu und setzten sich mit ihm in Bewegung.

Irgendwie war es ein seltsames Gefühl. Als ob sie eine Gruppe von Personen getroffen hätten, deren ganzes Leben aus dem bestand, was sie in den letzten Tagen und Wochen getan hatten. Ob diese Händler wohl auch auf der Suche nach irgendetwas waren? Vielleicht auf der Suche nach einem friedlichen Ort für ein ruhiges Leben? Oder gab es für sie vielleicht gar keinen Gedanken über eine andere Lebensart? Vielleicht waren sie ein-

fach so glücklich. Glücklich darüber, dass ein jeder Tag etwas Neues brachte und sie an keinen Ort gebunden waren.
Einzig Fin hatte komplett andere Gedanken. Er war das ewige Herumreisen gewohnt und der einzige Unterschied zu seinem bisherigen Leben bestand darin, dass er mit anderen Gefährten in einer anderen Umgebung umherreiste und ein jeder Schritt nicht nur interessanter sondern auch gefährlicher als in seinem Leben zuvor war.
Aber waren diese Händler nicht letztendlich auch Nomaden, genau wie Fins ehemaliger Stamm, wie die Brujin? Die Parallelen waren unverkennbar und doch schien Fin ein Vergleich mit seinem neuen Leben viel passender, denn von Wüste und Kamelen war hier schon seit Tagen nichts mehr zu sehen gewesen.
Die kurzen Gedankenfetzen verschwanden wieder im nirgendwo. Es waren nur wenige Schritte bis zu den Wagen gewesen und schon wenige Augenblicke darauf hatten sie auch schon den ersten Wagen passiert. Nun standen sie in dem halbkreisförmigen Lager und wurden neugierig von den kräftigen, großen, beigen Rindern beäugt. Angst war bei keinem der Tiere zu entdecken, obwohl Nashyds leichter Raubtiergeruch genau in ihre Nüstern wehte. Vorsichtig und etwas neugierig schauten sie sich um.
Die drei großen Planwagen waren aus dicken, dunklen Holzbohlen gezimmert und sahen sehr robust aus, einzig die Speichen der etwa einen Schritt hohen Holzräder waren vergleichsweise schmal und schienen förmlich unter der Last des Wagens zu ächzen. Die unterschiedlich hellen, braungrauen Planen der Wagen schienen alle schon einige Jahre auf dem Buckel zu haben. Etliche kleinere Nähte zeugten von geflickten Löchern, während die Lederriemen, die die Planen mit den Wagen verbanden, wohl nur durch gute Pflege überhaupt noch hielten.
Eine jede der drei Planen war über einen dreieckigen Aufbau gespannt, der die Wagen ein wenig wie ein fahrendes Haus aussehen ließ. Vorne und hinten zeigten weitere aufgenähte Lederriemen, dass die Planen geöffnet und hochgeklappt werden konnten. Ja, diese Händler waren Nomaden, auch wenn sie ganz anders lebten wie die Brujin.
„Setzt euch ruhig!"
Der ältere Händler wies auf eines der sechs größeren Felle, die um einen großen blechernen Topf verteilt lagen, während sich ein wenig unangenehm stinkender Qualm in ihren Nasen verirrte. Es war der Geruch von brennendem Talg, der seinen Ursprung unter dem Topf hatte. Kurz schau-

ten sie sich um, sahen, dass sich alle anderen einen Platz auf den anderen Fellen suchten, und setzten sich dann ebenfalls hin.
„Möchtet ihr etwas heißen Tee?"
Die Fünf nickten freudig und fühlten sich gleichzeitig ein wenig unwohl. Die Händler schienen nette Gastgeber zu sein, doch der einzige Weg ihnen die Gastfreundschaft außer mit Worten zu danken, schien der Kauf ihrer Waren zu sein und eben Letzteres hatten die Fünf eigentlich bisher gar nicht vorgehabt. Doch die Händler ließen sich nichts anmerken, und während eine etwas ältere, kräftig gebaute Frau aufstand und Becher für den Tee holte, setzte der alte Händler zu seinem Vortrag an:
„Nun, ihr wisst also wirklich nichts über das alte Dzemarc? Über das Reich der Geister?"
Die Fünf schüttelten ihre Köpfe.
„Nun gut, so fange ich am besten ganz am Anfang an. Auch wenn ich eigentlich nicht viel davon weiß: Legenden nach lag dort im Nordosten einst die große Reichsstadt Dzemarc, von wo aus, schon weit vor der Errichtung der ersten Faruner Mauern, ein Kaiser über dieses Land herrschte. Ich weiß nicht genau, was geschah, doch ..."
Der Händler wurde von einem seiner Kollegen unterbrochen:
„Nun, man sagt, es sei ein riesiger Drache gewesen, der erst alles verbrannt und dann ..."
Weiter kam er nicht mehr, da der dritte Händler sein Wort erhob und lauthals seine Meinung preisgab:
„Ach quatsch Drache! Es war der Zorn der strahlenden Göttin, die die Stadt zu Schutt werden ließ!"
Solche Streitereien schien hier schon fast ein Normalfall zu sein, was das verschmitzte Grinsen der Drei zu unterstreichen schien. Trotzdem sorgte eine der drei Händlerinnen schnell für Ordnung:
„Ruhe! Lasst Thoran ausreden!"
Der ältere Händler lächelte der Frau mit einem „Danke Mayila" zu und fuhr dann fort:
„Nun letztlich ist fast nichts der Abertausend Geschichten und Mythen nachvollziehbar und fast eine jede widerspricht der nächsten. Doch wenn ihr wirklich dort hin wollt, so möchte ich euch nicht mit Mythen quälen und euch lieber nur die wenigen offensichtlichen Wahrheiten erzählen:
Tatsächlich scheint diese Stadt vor etlichen Jahrhunderten zerstört worden zu sein und wird seitdem von einem dunklen Wald von Anaid getrennt.

Was dahinter liegt, weiß niemand genau. Vielleicht gibt es auch jetzt noch Überreste der Stadt, doch bis auf die widerlichen Geschichten von Dämonen und Geistern widersprechen sich dort alle Erzählungen. So oder so: Kein Geschäft der Welt würde mich auch nur in die Nähe dieses Gebietes führen, denn meine Seele ist mir wichtiger als alles Geld der Welt. Das ist der Grund, warum es im Volksmund als 'das verbotene Reich der Geister' bekannt ist. Nicht weil ein offizielles Gesetz es verbietet, dort hinzugehen, sondern weil es für einen jeden ratsam ist, es sich selbst zu verbieten.
Ich hoffe, auch ihr seid vernünftig und kehrt eurem derzeitigen Ziel den Rücken. Denn etwas Schlimmeres als die Reise in dieses Gebiet kann ich mir im Moment nicht vorstellen. Doch sagt, was führt euch überhaupt in diese Gegend und auf eben dieses Gebiet zu? Mögt ihr wirklich nicht darüber reden?"
Sollten sie ihm nun, da er ihnen immerhin die direkte Möglichkeit dazu gegeben hatte, einfach ein „Ja" ins Gesicht werfen? Das Erzählen der wahren Geschichte erschien ihnen doch noch etwas zu wage. Doch bis zu einer erzwungenen Antwort sollte es gar nicht erst kommen. In eben diesem Moment der Stille traf die ältere Frau wieder bei ihnen ein:
„So, da wollen wir unsere Gäste mal mit Tee versorgen!"
Mit schnellen Schritten legte sie die letzte, kurze Strecke bis zum Topf zurück, riss den Deckel herab, tauchte die mitgebrachten Holzkrüge in die Flüssigkeit und reichte dann einem jeden von ihnen ein randvoll gefülltes Gefäß.
„Lasst es euch schmecken! Es ist eine feine Teemischung aus Freedenhager Minze und Goldblatt-Kakteen-Blüten aus der Kesnai-Wüste. Ich habe sie selbst nach eigenem Rezept gemischt. Lasst es mich wissen, falls es euch gefällt. Ich kann euch sicherlich ein wenig davon verkaufen."
Sie blinzelte den Fünfen mit einem frechen Grinsen zu und drehte sich darauf zu Thoran, um sich neben ihm niederzulassen. Nun war also auch ihr Handelsgut vorgestellt und angepriesen worden. Selbst Fin war über diese schon fast überaufdringliche Art überrascht, die er nicht einmal von seinem Stamm her kannte. Doch immerhin war dieses erneute Handelsangebot ihre Rettung. Alle Fünf bedankten sich schnell, setzten ihre Krüge an die Lippen und begannen langsam ihren Tee zu schlürfen. Thoran allerdings schien keinen Sinn für diese Stille zu sehen:
„Na gut, lasst mich Mal raten. Ihr wusstet nichts von dem verbotenen Reich der Geister, seid aber direkt darauf zu gelaufen. Der Grund, warum

ihr darauf zu lieft, war die gerade Spur, wegen der auch wir angehalten haben. Also verfolgt ihr offensichtlich irgendjemanden. Und so – entschuldigt den Ausdruck – zerzaust, wie ihr ausseht, scheint ihr euch auch nur gerade genug Zeit für kurze Pausen zu lassen, um so schnell wie möglich hinter dem 'was auch immer es ist' hinterher zukommen."
Thoran hielt ein, musterte die Fünf und bemerkte dabei auch ihre leicht skeptischen Blicke, die seine Aufzählung schon beinahe bestätigten.
„Also, mögt ihr auch noch so – Entschuldigung – ungepflegt aussehen, so schaut ihr mir doch wie ordentliche und gute Kerle aus und ein Jankar mit einer solch friedlichen Ausstrahlung habe ich bisher auch nur selten gesehen. Also werdet ihr wohl kaum etwas Böses im Schilde führen. 'Es' allerdings scheint den Weg direkt in das Reich der Geister zu suchen und dort irgendwo sein Ziel zu haben. Daraus schließe ich, dass ihr 'Es' jagt und am liebsten keine Zeit verlieren möchtet, um so schnell wie möglich hinter diesem bösen Wesen hinterher zukommen und schließlich seine Pläne zu durchkreuzen. Und das, obwohl ihr nicht einmal von den Gefahren wisst, die euch drohen könnten.
Das wiederum wäre entweder – je nachdem wie man es sieht – Edelmut und Selbstaufopferung oder aber eine große Dummheit. Ich für meinen Teile kann das nicht beurteilen. Aber sagt, liege ich mit meinen Vermutungen sehr fern von der Wahrheit?"
Die Fünf schauten sich etwas verzweifelt an und wussten weder ob, noch wer eine Antwort geben sollte und so ergriff Iream schließlich diese Aufgabe und entgegnete dem älteren Händler einige langsame und etwas skeptisch klingende Worte:
„Wie auch immer!"
Thoran grinste.
„Gut, das reicht mir schon, ihr müsst wissen, dass ich ein wahrer Meister im Lösen von Rätseln bin."
Diese Meinung schienen die anderen der Gruppe nicht zu teilen und so war plötzlich einiges Husten und Kichern zu hören.
„Was denn? Ihr hättet es auch nicht besser gelöst!"
Mehrere ironisch klingende Jas kamen als Antwort in seine Richtung, was ein kleines Wortduell zwischen den Händlern auslöste. Die fünf Gefährten tranken währenddessen gemütlich ihren Tee und genossen den Moment der körperlichen Ruhe, in dem sie endlich wieder ein wenig entspannen und ihre Beine entlasten konnten.

Zwanzig Minuten später waren sie dann schon wieder auf dem Weg, immer den Spuren nach. Doch wie sie es schon erahnt hatten, war ihnen keine andere Wahl geblieben, als zumindest einige Waren von den Händlern zu kaufen. Doch dies hatte auch etwas Gutes: Ihre Vorräte an Lebensmitteln wie Wurst, Käse und Brot waren wieder aufgefüllt, Jendor hatte sich etliche Verbände und drei kleine, fest zugeschnürte Ledersäckchen mit verschiedener Heilsalbe besorgt und auch fürs leibliche Wohl hatten sie eine Flasche Wein und einen großen Beutel des Minz-Kaktus-Blüten-Tees gekauft.
So verging wieder einige Zeit.
Kurz vor Dämmerung, als sie gerade über einen kleinen Hügel gingen, tauchte plötzlich ein mächtiger, hoher und dichter Wald vor ihnen auf. Die dicken, knorrigen Stämme der Bäume schienen beinahe wie erstarrte Riesen, während das wenige Grün zwischen ihren ebenso knorrigen Ästen schon fast verschwindend gering erschien.
Doch das war nicht das einzige Besondere an diesen Bäumen: Der Übergang zwischen Savanne und Wald war komplett anders als bei all den kleinen Hainen und Wäldchen, die sie in den letzten Tagen in der Savanne gesehen hatten. Dort hatte der Rand aus kleineren Bäumen und Büschen bestanden und auch vereinzelte, kleinere oder gar große Bäume, die außerhalb der Baumgruppe standen, waren nichts Besonderes gewesen, doch hier war der Wald wie eine Wand und ragte gleich vom ersten Baum an, bis weit in den Himmel hinein. Auch wenn sie sicherlich noch dreihundert bis vierhundert Schritt vom Waldrand entfernt waren, war auch von hier aus schon zu erkennen, dass das Gras vor dem Wald immer weniger wurde und schon Dutzende Schritte vor dem Waldrand in einem dunklen, leblosen Boden überging.
Allen Fünfen wurde mulmig bei diesem Anblick, doch keiner wagte wirklich etwas zu sagen und so gingen sie wohl noch etwa fünfzig Schritte weiter, bis Nashyd plötzlich stehen blieb und auch die anderen anhielt.
„Wollen nicht lieber hier wir ein Lager aufbauen? Hier vielleicht ist der letzte, etwas sichere Ort von der ganzen nächsten Zeit. Und es sowieso bald schon dunkel sein wird."
Wie konnte man einem solchen Argument widersprechen? Die Vier versuchten es gar nicht erst, denn sie waren derselben Meinung und Nashyd dafür dankbar, dass er es ausgesprochen hatte.
So setzten sie ihre Rucksäcke ab, holten die Zeltplanen heraus und bauten

mitten auf der freien Savanne ihr Nachtlager auf. Bald schon senkte sich die Nacht herab und schenkte vier von ihnen einen mit verschiedensten, seltsamen Träumen gefüllten Schlaf, während Fin die erste Wache übernahm: Stunden vergingen, ohne das irgendetwas passierte. Auf Fins Wache folgte Ireams und als Majann schließlich ihren Zenit erreichte, war Jendors Zeit für die Wache gekommen.

Auch er hatte nicht viel Ruhe in seinen Träumen finden können und kämpfte auch jetzt noch mit seinen Ängsten. Gedanken über den seltsamen, düsteren Wald, den sie ja bereits bei Dämmerung gesehen hatten, glitten durch seinen Kopf und wechselten sich den Schauplatz mit Schauerphantasien von Geistern, lebenden Toten und abscheulichen Monstern. Starr schaute er auf den Wald in der Ferne und fühlte das unangenehm drückende Gefühl von Todesangst in seinem Herzen. Doch dann wurde er plötzlich rau aus diesen Gedanken gerissen.

Etwas Dunkles verdeckte plötzlich sein Sichtfeld und brachte gleichzeitig einen ekelig, fauligen Geruch mit sich, der unmittelbar in seine Nase eindrang. Ein Schauer lief über seinen Rücken und ließ seine rechte Hand reflexartig rechts neben sich greifen, was ihm schon im nächsten Moment sein Kurzschwert in seine Hand brachte. Doch auch während dieses Griffes war sein Blick nach vorne gerichtet und ihm wurde bitter bewusst, dass das dunkle Etwas direkt vor ihm stand:

Er sah die feuchte, glänzende, große Nase, die die Spitze eines riesigen, dunklen Fells darstellte und direkt über den beiden, spitzen, langen Reißzähnen lag, die von oben nach unten aus dem leicht aufgesperrten Maul hervorschauten. Über der Nase blitzten zwei große, im Mondschein glänzende, schwarze Augen aus dem Fell hervor und zeigten Jendor, dass er das Ziel dieses Monsters war.

Mit einem tiefen Brummen und Fauchen stieß es eine weitere Wolke von Fäulnis- und Verwesungsgeruch aus seinem Maul aus und setzte dann seine rechte Vorderpfote, unter einem leisen Rascheln des Grases, einen Schritt weiter nach vorne. Die trockenen Halme knirschten wie vor Schmerz, als der riesige Gepard sein Gewicht auf jene Pfote verlagerte.

Jendor war bereit. Würde das Monstrum nun springen, so hatte er aus seiner Position heraus wahrscheinlich kaum eine Überlebenschance, doch zumindest würde er ihm sein Kurzschwert in die Brust rammen und so dafür sorgen, dass auch diese riesige Raubkatze kein langes Leben mehr hatte. Diesmal würde er bis zum Ende einen klaren Kopf behalten und nicht wie beim Wolf versagen.

Und der Gepard sprang.
Die mühsam aufgespannte Zeltplane riss scheinbar ohne jeglichen Widerstand aus der Verankerung heraus und wurde vor der Schulter der riesigen Raubkatze nach hinten geschoben. Jendor stach zu, drehte sich im selben Moment zur Seite und drückte sich dann mit dem Schwert noch weiter von dem Geparden weg. Heißes Blut quoll über die Klinge, während ein Zittern durch den Körper der mächtigen Raubkatze glitt. War das schon alles gewesen? Sicherlich nicht.
Neben Jendor kam langsam Leben in seine Gefährten, während der Gepard einen Satz zurück machte und sich somit von Jendors Schwert befreite. Blut tropfte von seiner Brust herab auf das trockene Gras zu seinen Pfoten.
Jendor sprang auf und stand nun barfuß auf dem Gras. Ein leichter Schmerz zog durch seinen rechten Fuß und erinnerte ihn erneut an die letzten wenigen Auswirkungen des Skorpionenstichs. Doch er riss sich zusammen, er musste einen klaren Kopf bewahren, sich von absolut nichts ablenken lassen, den Geparden von seinen schutzlosen Gefährten fernhalten und ihn schließlich unschädlich machen.
Wieder holte die Raubkatze zum Sprung aus und war schon im nächsten Moment in der Luft. Sie hatte weit ausgeholt und wohl Jendors Kehle als Ziel erwählt, doch dieser schmiss sich noch im selben Moment auf den Bauch und schlug, während des Fallens, mit aller Kraft sein Schwert auf die unglaublich schnelle Bestie, die in diesem Augenblick über ihn hinwegglitt. Es war ein enormer Druck, der plötzlich auf der Klinge lag, doch er wusste auch, dass dieser Schlag vielleicht seine letzte Chance war und so brachte er alle Kraft auf, um sein Schwert oben zu halten, während dessen Spitze über die Brust und den Bauch der Raubkatze strich.
Wieder floss Blut an der Klinge herab und tropfte nun bis auf seine Hand herunter. Dann drehte er sich auf den Rücken und schwang sich in die Hocke. Vier Schrittlängen von ihm entfernt stand der Gepard und richtete seinen Blick auf ihn. Er war schwer verletzt und schien für einen Moment lang zu verschnaufen, während von überall das Blut aus der langen Schnittwunde, die von der Brust bis über den Bauch reichte, tropfte. Doch dann drehte er sich wieder um, holte Anlauf und sprang erneut in Jendors Richtung. Doch die schwere Verwundung zeigte ihre Folgen:
Dieser Sprung war viel zu flach und wesentlich langsamer als seine beiden bisherigen gewesen. Jendor sprang zur Seite und schlug noch während des

Sprunges sein Schwert gegen das große Maul, das gerade nach seinen in der Luft befindlichen Beinen schnappen wollte.
Zwei Meter weiter landete der Gepard auf dem Boden. Seine großen Vordertatzen, die Jendor kurz zuvor noch so stark erschienen waren, gaben nach und ließen seine blutende Brust auf den Sand schlagen. Dreimal versuchte die große Raubkatze sich noch aufzurichten, dann blieb sie entkräftet auf dem rot gefärbten Gras liegen. Ein Wimpernschlag war seine letzte Bewegung, dann verließ ihn das Leben.
Jendor hatte es geschafft, unverletzt. Sein rechter Fuß kribbelte in eben diesem Moment ein wenig. Der Skorpionenstich war immer noch nicht gänzlich verheilt. Erschöpft ließ er sich nur drei Meter neben dem Geparden auf den Boden fallen und hielt sein Schwert drohend in die Richtung des erlegten Monstrums.

XXX.

Das erste, schwache Licht des Morgens war gerade erst über den Horizont gedrungen, als die fünf Freunde ihr Lager abbrachen und ihre Sachen in ihren Rucksäcken und Taschen verstauten. Ihre Blicke glitten dabei immer wieder in die Richtung, die sie seit Tagen und Wochen einhielten.
Irgendwo dort im Nordosten lag ihr Ziel, das ihnen schon alleine beim Anblick des Waldes ihre Furcht in Mark und Bein spüren ließ. Doch zu dem ohnehin schon gespenstischen Anblick des Waldes war über Nacht ein starker Wind aufgekommen, der etliche, große, dunkle Wolken mit sich gebracht hatte. Und so jagten nun immer wieder starke Böen durch die Zweige und ließen die wenigen, grünen Blätter des geheimnisvollen Waldes zittern.
Es war ein bedrohliches und mulmiges Gefühl, das sich unter ihnen ausbreitete, und je häufiger sie zu dem Wald herüberschauten, desto sicherer schien sich ein jeder von ihnen zu werden, dass die riesigen Bäume über Nacht zum Leben erwacht waren. Es schien ihnen wirklich so, als ob diese alten, dicken, knorrigen Stämme mit düsteren Blicken auf sie herabschau-

ten, während das dunkle Graublau des Himmels seinen Teil dazu beisteuerte, den Wald noch trister und unwirtlicher erscheinen zu lassen.
So war es wohl auch absolut menschlich und normal, dass die Fünf als Allererstes darüber sprachen, ob sie wirklich diesen letzten Schritt machen wollten. Natürlich hatten sie schon einiges geschafft, hatten etliche gefährliche Gebiete mehr oder weniger unbeschadet durchquert und waren schon etlichen größeren Gefahren ausgewichen. Doch das hier in diesem gespenstischen Wald tatsächlich irgendetwas nicht mit rechten Dingen vorging, schien schon allein aufgrund der Tatsache, dass die Dejia'Lar von ihm angezogen wurden, bewiesen zu sein. Hier schien die Gefahr nicht nur wesentlich größer zu sein, nein auch die Wahrscheinlichkeit, dass sie der Gefahr ausweichen konnten, schien sehr gering.
„Iream, Zaram, Nashyd! Ich werde es euch nicht verübeln, falls ihr hier umkehrt. Jendor und ich haben das Ganze ins Rollen gebracht, während ihr uns, ohne eine Schuld an der Situation zu haben, schon sehr lange unterstützt habt. Wenn ich jetzt nach Nordosten schaue, weiß ich nicht ob die Sieben uns auch einen Rückweg offenhalten werden. Vielleicht werden wir diesem dunklen Gebiet nie wieder entfliehen können."
Fin schluckte nach jedem Satz und auch ein jeder seiner Blicke zeigte ihnen, dass ihm die Angst vor der Zukunft beinahe Tränen in die Augen trieb. Jendor hatte er bewusst nicht in seinen Satz aufgenommen, denn der junge Fischer hatte ihn noch letzte Nacht darauf hingewiesen, dass der erlegte Gepard längst nicht ausreichte, um seine Schuld zu begleichen.
Kurz war es still, vielleicht überlegten die Drei tatsächlich, ob sie Fins Angebot annehmen sollten, vielleicht wartete aber auch ein jeder von ihnen nur darauf, dass die jeweils anderen etwas sagten. Schließlich war es wieder Nashyd, der seine Stimme erhob:
„Ich schon alter Jankar bin. Mein Dorf zu suchen und befreien mir vorgenommen habe, doch ohne Hilfe ich nie werde schaffen. Ihr junge Krieger, können auch jede Hilfe gebrauchen. Aber noch mehr ihr Freunde sein. Und wie ich kann Freunde lassen alleine, wenn doch selbst weiß, wie ist zu brauchen Hilfe von andere? ICH komme mit!"
Die letzten drei Worte brachten die Steine in Fins Herzen ein wenig zum Rollen, und so hatte die wenigen Tränen, die nun aus seinen Augen quollen, auch nur teilweise etwas mit seiner Angst zu tun. Kurz darauf vermehrten sich die Tränen noch weiter. Iream ergriff das Wort:
„Fin, ich habe verdammt große Angst vor dem, was dort vor uns liegt. Auch

ich befürchte, dass ich mein Leben dort verlieren könnte, und habe schon letzte Nacht lange zu den Sieben gebetet, um sie um Hilfe und Schutz zu bitten. Dennoch frisst mich meine Angst fast innerlich auf. Aber ich bin die ganze letzte Zeit immer nur in diese eine Richtung gelaufen und werde es auch weiter tun, bis wir diesen Abschaum von Telibs Boden gefegt haben. Ich weiß genau, was Nashyd meint, wenn er euch als Freunde bezeichnet! ICH werde an eurer Seite stehen!"

Diesmal war es nicht so lange still. Zaram wartete nur einen ganz kurzen Augenblick, um sich sicher zu sein, dass Iream alles gesagt hatte, was ihm auf dem Herzen lag, dann ergriff er das Wort:

„Eigentlich ist alles gesagt, ich kann kaum etwas Neues hinzufügen. Auch meine Angst ist ewig groß, doch meine Freundschaft zu euch und der Hass auf die Dunklen Krieger ist noch ein ganzes Stück größer. Würde ich jetzt nicht mitkommen, so würde ich mich selbst verraten. WIR werden es gemeinsam schaffen!"

Nun hatte auch Jendor Tränen in den Augen. Es tat ihnen allen unglaublich gut, von den anderen zu hören, wie stark ihre freundschaftliche Bindung mittlerweile war und wie weit diese Freundschaft tatsächlich reichte. Die Gefahren vor ihnen wurden dadurch sicherlich nicht geringer, doch das Wissen, dass sie sich auf ihre Kameraden verlassen konnten, nahm dennoch einen Teil ihrer Angst.

Es war noch eine Zeit lang still, dann drang schließlich Jendors Stimme an ihre Ohren:

„Meine Freunde! Es wird Zeit. Wahrscheinlich haben die Dunklen Krieger längst ihr Ziel erreicht, dennoch will ich es so bald wie möglich hinter mich bringen, um endlich wieder ruhiger schlafen zu können! Lasst uns also aufbrechen, vielleicht können wir heute Abend schon unseren Sieg feiern!"

Ein Nicken ging durch die Reihen, und so drehten sie sich wieder nach Nordosten und setzten ihre Schritte in Richtung des düsteren Waldes.

Die wenigen, noch erkennbaren Spuren der Dunklen Krieger waren sicherlich schon einige Tage alt und führten direkt in den Wald hinein. Und hätten diese nun plötzlich nicht mehr nach Nordosten geführt, so hätten die Fünf bei ihrer Suche wahrscheinlich nicht einmal eine einzige der Spuren entdeckt. Es war ihnen allen klar, dass die Dejia'Lar wahrscheinlich bereits an ihrem Ziel angekommen waren. Die Angst davor war dementsprechend groß, denn falls dies tatsächlich der Fall sein sollte, waren sie fortan nicht mehr die Verfolger und Jäger. Ihr Ziel würde sich dann mit aller Macht gegen sie stellen.

Doch neben dieser Angst brachte sie vor allem der Gedanke zum Zittern, dass es eben dort wohl eine Macht, ein Wesen geben musste, das so stark war, dass es den Dunklen Kriegern befehlen konnte. Und ein solches Wesen hielt eventuell noch ganz andere Monstrositäten bei sich, wenn es nicht gar selbst ein Monster war.

Das alles waren wirklich unangenehme Gedanken. Doch sie verschwanden schon bald im Hintergrund. Sie hatten den Waldrand erreicht, standen auf komplett schwarzer, unbewachsener Erde und schauten in den gespenstischen Wald hinein. Gespenstisch, obwohl sich bisher nichts offensichtlich Unnatürliches gezeigt hatte, doch alles was vor ihnen lag, schien tot: überall nur schwarze Erde und die bis zu drei Meter dicken, sicherlich schon uralten, riesigen, knorrigen Bäume.

Keiner von ihnen hatte bisher je solche Bäume gesehen. Die silbergraue Borke hing in armdicken, rauen Scheiben, wie die Erde eines ausgetrockneten Flussbetts, an den Stämmen herab und schien dabei wie ein undurchdringlicher Panzer. Die dicken Wurzeln reichten manchmal Meter weit über den Boden, bis sie schließlich komplett in der Erde verschwanden und die wenigen Blätter in den bis zu drei Dutzend Meter hohen Kronen schienen kaum als Blätterdach zu taugen. Überhaupt schien der Wald aus ihrem Blickwinkel heraus wie eine große Halle mit Tausenden, dicken Säulen, denn unterhalb von zehn Metern war nicht ein einziger Ast zu sehen.

Doch noch ungewöhnlicher als eben jene Bäume war die Tatsache, dass keine Anzeichen von alten Blättern, Borke oder Ästen zu finden waren. Überall zeigte sich bloß die schwarze Erde, die aber außer den Bäumen kein einziges, anderes Leben zu speisen schien. Hatten diese Bäume noch nie ihre Blätter verloren?

Vorsichtig setzten sie ihre ersten Schritte in den Wald hinein, schauten sich ängstlich um und lauschten zwischen den Stämmen hindurch, doch nichts schien sich zu ändern, keine Bewegung war zu sehen und bis auf den Wind war nur das leise und sanfte Rascheln der Blätter zu hören. Eine unmittelbare Gefahr schien nicht auf sie zu zukommen.

So gewannen sie wieder etwas Mut zurück und beschleunigten wieder ihre Schritte. Gleichzeitig begann nun auch das Ratespiel. Im Gras der Savanne hatten sie selbst dann, wenn die Spur sehr schlecht zu sehen gewesen war, zumindest vereinzelt noch die abgerissenen, herabgedrückten oder zertretenen Grashalme sehen können, doch hier zeigte sich absolut gar nichts

mehr. Nicht nur, dass die schwarze Erde ein drückendes Gefühl auf sie warf, nein vor allem hatte sie keine Spur der Dejia'Lar aufgenommen und nahm ihnen so die Chance, ihren Feind direkt zu verfolgen. Wieder einmal war Hoffen die einzige Möglichkeit, die ihnen blieb. Und so ließen sie von der Spurensuche ab und folgten auch weiterhin der Richtung, in die sie schon seit Wochen liefen – Nordosten.
Etliche Zeit verging, in der sie immer tiefer in den Wald vordrangen. Der Wind nahm langsam zu und brachte dabei immer mehr feine Wassertropfen mit sich, die sich auf ihre Kleidung legten und sie langsam aber sicher durchnässten. Immer wieder jagten Böen durch den Wald, die die Bäume zum Singen brachten und ein vielstimmiges, lautes Heulen erzeugten. Doch außer den Fünf schien dieses gruselige Geräusch niemanden zu stören. Kein Tier, keine Pflanze, kein Lebewesen außer ihnen und den Bäumen schien hier zu verweilen. Doch wo waren sie überhaupt? Alles sah so sehr gleich aus und Zeit und Weg schienen in dem Meer von aufstrebenden, hölzernen Säulen beinahe verloren zu gehen.
Bald schon schien es ihnen, als ob bereits Dutzende Stunden vergangen waren, doch die wahre Zeit blieb unter der dicken Wolkendecke versteckt. So suchten sie weiter ihren Weg durch diese riesige, dachlose Halle und merkten wie dieses mulmige Gefühl in ihrem Bauch, diese Angst langsam zu einem leisen Hintergrundgeräusch wurde und als sich dann endlich wieder etwas Neues in der sich wiederholenden Umgebung anzubahnen schien, war es diesmal mehr Neugier und Hoffnung als Angst, die in ihnen aufkam:
Ein feiner Hauch des sauren Geruchs von fauligem Wasser drang in ihre Nasen und schien sich nun fortan zu verstärken, doch die Quelle des Geruchs war nirgendwo zu sehen. So setzten sie ihren Weg fort und schauten sich suchend um. Fast eine viertel Stunde verging, ohne dass sich die Umgebung merklich änderte, doch dann schließlich zeigte sich ein großer, dunkler See, auf dessen Tausenden kleinen Wellen der dunkle Himmel widergespiegelt wurde.
Die Fünf spürten, wie tief in ihnen ein klein wenig Freude aufkam. Endlich gab es nach diesen langen Stunden, die sie durch diesen düsteren, geheimnisvollen Wald gelaufen waren, eine Abwechslung. Und sogar ein paar spärliche, grüne Pflanzen schien dort am Rande des Sees zu stehen. Dennoch stieg gleichzeitig in ihnen allen eine starke Furcht auf, denn in diesem Lande konnte wohl eine jede Änderung auch die Umgebung wesentlich gefährlicher werden lassen.

Die Fünf zügelten ihre Schritte, und während Nashyd ein leises Gebet an die Mondgöttin sandte, Jendor seine Hand wieder etwas dichter an den Knauf seines Schwertes gleiten ließ und sich die beiden Magieradepten einige erlernte Zauber zurück in das Gedächtnis riefen, führte Fin sie vorbei an einigen weiteren großen, nach oben strebenden Baumstämmen und bis an das modrige Ufer des länglichen Sumpfsees heran.
Kein Leben schien sich zu regen, als sie nun ihre Blicke über die vor ihnen liegende, weite, offene Sumpflandschaft gleiten ließen. Lediglich eine Vielzahl von faulig riechenden Sumpfgasblasen war zu hören, zu sehen und zu riechen.
Hier nun war der düstere, geheimnisvolle Wald fast schlagartig zu Ende. Nur ein paar wenige, einzeln stehende Exemplare waren noch in den ersten fünfzig bis sechzig Metern nach dem Waldrand zu sehen. Doch dieser abrupte Übergang brachte dafür auch etliche neue Pflanzen mit sich: Ein dichter Bewuchs von strohigen, trockenen, fast toten Gräsern, einigen rötlichen Farnen und verschiedensten Pilzen, sowie einzelnen kleineren Bäumen zierte die etwas trockeneren Stellen zwischen den modrigen Wasserflächen und warf ein beinahe schon angenehmeres und natürlicheres Licht auf dieses Moor als auf den soeben durchquerten Wald.
Nach wie vor wehte ein starker Wind, der einen feinen Nieselregen mitbrachte und diesen immer wieder in kräftigen Böen gegen die fünf Gefährten peitschen ließ. Von Sonnenstrahlen war nichts zu sehen. Nicht einmal der ungefähre Stand von Siljas goldener Scheibe war zu erkennen, und die wenigen Strahlen, die tatsächlich einen Weg durch die düsteren Wolken fanden, ließen die Umgebung nur in einem dumpfen, grau-blauen, fast dämmrigen Licht erscheinen.
Kurz blieben die Freunde stehen und schauten wortlos über ihre nächste Etappe: Wie ein Netz zogen sich etliche, schmale, natürliche Dämme durch den Sumpf und umrandeten so viele Tausende, kleine, modrige Tümpel. Doch war überhaupt einer dieser Dämme fest genug, um sie zu halten und als Weg zu dienen oder würde sich dieser Sumpf als erstes großes Hindernis entpuppen? Es blieb ihnen offensichtlich keine andere Wahl als es auszuprobieren, und so setzte sich Jendor schon bald wieder in Bewegung und übernahm die Führung der kleinen Gruppe.
Es war ungewohnt, fast unangenehm weich unter ihren Füßen und immer wieder saugten sich ihre Stiefel an dem feuchten Untergrund fest. Gut hundert Schritt legten sie zurück, bis plötzlich der Torf vor ihren Füßen, unter

der leicht ölig schimmernden Wasseroberfläche verschwand. Dieser Damm hielt ihr Gewicht offensichtlich nicht aus, doch schon nach einigen kurzen Schritten standen sie bereits auf einem parallel verlaufenden Damm weiter westlich, auf dem der Boden allgemein etwas fester als auf dem anderen Damm zu sein schien.

Nun ging es einige Zeit ohne Unterbrechung geradeaus nach Nordosten. Jendor schien dabei schon sehr bald ein recht gutes Gespür für die Festigkeit des Untergrundes zu bekommen. Und so leitete er die Gruppe an allen größeren Gefahrstellen vorbei, bis er schließlich selbst eine unsichere Stelle übersah und bis zur Mitte seines linken Unterschenkels in den kalten, stinkenden Schlamm einsackte. Doch er ließ sich von diesem feuchten Fuß nicht entmutigen.

Es vergingen gut vier weitere Stunden, ohne dass sich irgendetwas Ungewöhnliches, irgendeine Kreatur oder sonst etwas Besonderes zeigte. Und so war auch ihre Aufmerksamkeit, ihre Furcht und ihre Vorsicht erneut um ein großes Stück geschrumpft, als sich nun langsam die Nacht ankündigte. Schon die ganze letzte Zeit über war das ohnehin schon dämmrige Licht schwächer geworden, der Wind hatte sich langsam gelegt und über den Tümpeln hatten sich einzelne, kleine Nebelschwaden gebildet, die wie leicht lodernde Flammen über dem Wasser zu tanzen schienen.

Ein Platz für ein Lager schien sich ihnen nicht direkt zu zeigen und so drangen sie noch tiefer in den Sumpf ein, bis sie schließlich einem langsam aufkommenden, gespenstischen Flimmern in den kleinen Moortümpeln um sie herum gewahr wurden. Immer heller schienen diese bläulich-türkisen Lichter zu werden, während nun aus den Nebelschwaden recht plötzlich ein immer dichter werdender Nebel wurde.

Kurz blieben die Fünf stehen und berieten sich, ob sie wirklich noch weitergehen sollten, doch die Lage war scheinbar aussichtslos. Für ein Lager oder gar ein Versteck war der schmale Boden unter ihren Füßen viel zu nass und unsicher, doch andererseits war nicht nur der Nebel und die Dunkelheit bei einem jeden Schritt eine große Gefahr, auch die gespenstischen Lichter schienen den Fünf kein gutes Omen zu sein. Doch was sollten sie machen? Sie hatten schon seit längerer Zeit keine größere zusammenhängende Fläche an Land gesehen und selbst bei diesen gab die Frage nach der Sicherheit keine Antwort.

Ihr Atem ging schwer und ihre Herzen pochten mit voller Wucht in scheinbar immer kürzer werdenden Abständen, sodass das ruhige und vorsichti-

ge Vortasten, durch die düstere, nebelverhangene Sumpflandschaft noch schwieriger wurde. Dennoch, viel schlimmer konnte es nicht werden. Sie mussten vorankommen, immer dicht beieinanderbleiben und darauf hoffen, dass die Götter ihre Füße in die richtige Richtung leiteten.
Einige Zeit verging, in der sie sicherlich an die hundert Schritte zurücklegten, während sich das gespenstische Licht unter der morastigen Wasseroberfläche immer weiter ausbreitete und immer mehr in Bewegung versetzte. Bald schien es ihnen fast schon so, als ob diese Lichter kalte, gierige Hände wären, die nach ihnen und ihren Leben griffen.
Immer weiter tasteten sie sich die schmalen, leicht mit Gras bewachsenen Pfade entlang und mussten allein in einer viertel Stunde zweimal umkehren, weil die Dämme vor ihren Füßen im Nichts endeten. Nun war es nicht mehr wie noch vor ein, zwei oder drei Stunden, wo sie noch gut aus der Entfernung erahnen konnten, ob der Weg vor ihnen wohl hielt und sie weiterbrachte. Der Nebel und die Dunkelheit ließen ihnen allerhöchstens ein Dutzend Schritt an Sichtweite, und um so mehr waren sie nun auch überrascht, als sie plötzlich und komplett unerwartet vor einem etwa zehn Schritt hohen, von Wind, Wetter und Maden zerfressenen Baumstamm standen, dessen wenige verbliebene, knorrige Äste, wie knochige Finger in die Höhe ragten und dabei den Himmel und die Götter um Hilfe anzuflehen schien.
War dies wirklich einst eine ganz normale Zypresse gewesen? Ihre Form und die Farbe des Holzes schienen diesen Gedanken zu bestätigen, doch wie hatte sie in dieser unwirtlichen Gegend überhaupt so groß werden können? Die wenigen Bäume, die sie seit dem Verlassen des Waldes in dem Sumpf gesehen hatten, waren kaum größer als drei Schritt und die größten unter diesen waren bereits fast alle tot gewesen. War dies also vielleicht eine Insel der Ruhe? Ein Ort, an dem die umgebenden, dunklen Kräfte keine Macht hatten, wo selbst diese Zypresse in Ruhe gewachsen war?
Dieses Gefühl wurde nicht nur durch das Baumskelett allein bestärkt, auch die kleine Insel, auf der dieser knorrige Stamm stand, schien sich von der Umgebung zu unterscheiden. Der Boden bestand größtenteils aus Sand, war wesentlich trockener und somit auch längst nicht so weich, wie die modrigen Dämme auf denen sie nun schon die ganze letzte Zeit lang liefen. Es schien wirklich beinahe so, als ob sich hier ein ganz kleiner, ruhiger, normaler Hügel in dem gespenstischen Sumpf verirrt und niedergelassen hätte.

Doch den Gefährten blieb diese Erscheinung noch etwas suspekt. Obwohl sich an der kleinen Kuppe eine dichte, hohe, gesund aussehende Grasfläche, um den toten Stamm herumwandte, ließ das flimmernde, türkisblaue Licht der Moortümpel einen unangenehmen Schein auf die Kulisse fallen. Ja, es schien beinahe wie ein uraltes, ungepflegtes Denkmal, das einem aussichtslosen Kampf, einer zugrunde gegangenen Minderheit, gewidmet war.
Währenddessen war die Helligkeit der Lichter weiter gestiegen und diese schienen sich nun unter der Wasseroberfläche wild und unnatürlich zu bewegen. Doch ob sie eine spezielle Form besaßen oder einfach nur, wie Wellen durch das Wasser glitten, konnte keiner der Fünf sagen. Sie alle versuchten ihre Blicke so gut wie möglich von dem Flimmern fernzuhalten, und selbst wenn sie doch einmal einen Blick wagten, so waren nur noch die groben Konturen des glimmenden und flackernden Lichtes, durch den immer dichter werdenden Nebel, zu erkennen.
Jendor schaute sich noch einmal kurz um und vertrieb die vielen wirren Gedanken in seinem Kopf: Sie hatten nicht viel zu verlieren und wahrscheinlich warteten die anderen schon seit einigen Augenblicken darauf, dass er endlich weiterging. So nahm er seinen verbliebenen Mut zusammen und setzte die letzten paar Schritte, die ihn von dem festen Boden der Insel trennten, um dann vor der grünen Grasfläche stehen zu bleiben.
War das wirklich das, wonach es aussah? Noch bevor Jendor sich sicher genug war, um zu handeln, kniete sich Iream bereits hin und ließ seine Finger durch die langen, frischen, grünen Grashalme gleiten. Kalt und feucht fühlten sie sich an, doch im Gegensatz zu allem drum herum schien in diesen wenigen Halmen noch richtig gesundes Leben zu stecken. Iream schloss seine Augen, atmete tief durch und merkte, wie ein kleines Stück seiner mittlerweile immer größer gewordenen Angst und Hoffnungslosigkeit verschwand. Nicht alles Leben schien in dieser Gegend verloren zu sein.
Doch schon wenige Augenblicke später verwarf er diesen Gedanken wieder. Der kühle Tau der Grashalme, der noch immer an seinen Fingern hing, wurde wärmer und biss ein wenig in seiner Haut. Erschrocken hielt er seine Hand vor sein Gesicht und sah, wie etliche kleine Bluttropfen aus einigen feinen Schnitten hervordrangen, während er zugleich im Augenwinkel sah, wie sich Nashyd gerade herabbeugte, um ebenfalls nach dem Gras zu greifen.

„NICHT!"
Ireams entsetzter Schrei hallte über die weite, offene Fläche und schien sich sogar durch den Nebel zu verstärken, während einige Momente später von Norden aus ein leises Echo zu hören war. Nashyd zog seine Tatze erschrocken zurück und sah, wie auch die anderen drei, erschrocken zu Iream herüber.
Angst und noch größere Verzweiflung als bereits zuvor stand Iream ins Gesicht geschrieben, während von seiner vom Schock zitternden Hand ein dicker Bluttropfen auf das Gras herabfiel. Da kam plötzlich Leben in die Halme, die sich nun wie Maden und Würmer schon fast tanzend auf den kleinen Tropfen zuwandten und nur durch ihre Wurzeln an ihrem Platz zurückgehalten wurden.
Einen kurzen Moment lang, wahrscheinlich nicht einmal einen ganzen Augenblick, waren die fünf Gefährten vor Schreck und Überraschung gebannt, doch schon kurz darauf wurden sie durch vereinzelte, schrille Schreie auf noch eine weitere, vielleicht gar noch größere Gefahr aufmerksam gemacht.
Langsam aber sicher schien die Situation aus ihren Fugen zu laufen, und während sie alle fast sekundlich zwischen Panik und Angststarre wechselten, wusste niemand von ihnen, was sie am Besten tun sollten. Immer wieder kam eines zum Anderen und nichts schien in letzter Zeit besser zu werden. Und jetzt kam auch noch dieses vielstimmige, markerschütternde Kreischen hinzu, das wohl am ehesten wie ein Todesschrei etlicher Kraniche beschrieben werden konnte. Wie ein erbarmungsloser Ausspruch eines Todesurteils hallte das Gekreische durch die nebelverhangene Sumpflandschaft.
Doch es war nicht nur, dass dieses Geräusch in ihren Ohren biss, es ließ vor allem auch die Lichter unter der Wasseroberfläche noch aktiver werden. Wie von diesen Schreien aufgeweckt, fing das Wasser wild an zu brodeln und verstärkte den widerlich modrigen Geruch von Verwesung und Tod um ein Vielfaches. Gleichzeitig fügte es sich wie der Ton einer extrem tief schwingenden Basssaite oder einer sehr tiefen Orgelpfeife unter das immer lauter und vielstimmiger werdende Kreischen. Es war ein widerlich tiefes Brummen und Rauschen, doch davon, dass es eigentlich das Blubbern sehr vieler, großer Wasserblasen war, war nichts mehr herauszuhören.
Immer noch standen die Fünf, wie an dem Platz verwurzelt, und hofften wohl unterbewusst darauf, dass sich der Lärm und die bedrohlichen

Bewegungen schnell wieder legen würden. Doch dafür schien es weit und breit kein Anzeichen zu geben. Im Gegenteil:
Als nun die immer noch lauter und vielzähliger werdenden Schreie immer näher kamen und die türkisblauen, wolkenartigen Lichter in Form von schmerzverzerrten, ausgemergelten Gesichtern aus dem brodelnden Wasser aufstiegen, wurde ihnen schmerzlich klar, dass es in allzu naher Zeit wohl eher nicht besser werden würde.
War nun also auch ihre letzte Hoffnung verloren? Offensichtlich nicht, denn obwohl ihre Lage zugegebener Maßen aussichtslos erschien, wollte keiner von ihnen aufgeben, solange sie noch laufen und sich verteidigen konnten.
Die Fünf setzten sich wieder in Bewegung und versuchten einfach die gespenstischen Wesen und die näher kommenden Schreie so gut wie möglich zu ignorieren. Ändern konnten sie ohnehin nichts mehr, und da die schreienden Wesen sowieso auf sie zu kamen, würden sie so oder so irgendwann auf sie stoßen.
So setzten sie ihre Schritte weiter nach Nordosten. Die Waffen fest in der Hand, suchten sie sich wieder ihren Pfad durch die Sumpflandschaft und hielten sich für einen jeden Moment für einen Kampf bereit. Nun waren es nicht mehr nur die Schreie, die immer näher kamen, nein auch die türkisblauen Wesen, die schmerzverzerrten, durchscheinenden, leuchtenden Köpfe kamen immer dichter auf sie zu. Schon bald schwebte der erste über dem Weg vor Jendor, der nach wie vor an der Spitze der Gefährten ging.
Kurz wagte er einen schnellen Blick und bereute diesen sogleich. Der Kopf sah wahrlich grauenhaft aus: Der Mund war weit aufgerissen, als wollte er vor Schmerz schreien, die Augen waren so weit offen, dass es fast aussah, als ob sie ohne Lider in den Augenhöhlen lagen und die Haut im gesamten Gesicht schien sich wie ein straff gespanntes, raues Ledertuch direkt über den knochigen Schädel zu ziehen. Selbst wenn es nicht so türkisblau leuchtend und durchscheinend gewesen wäre, hätte schon allein dieses knochige, ausgemergelte Gesicht davon überzeugt, dass kaum noch Leben in diesem Wesen steckte.
Doch es war nicht nur das Gesicht allein, dass die Erscheinung des Wesens unangenehm machte. Das nasse, lange, graue Haar hing starr, wie gefroren vom Kopf herab und verdeckte so den Rest des Kopfes, während dort, wo eigentlich der Hals seinen Platz hätte finden sollen, etliche Hautfetzen, Adern und Sehnen in verschiedenen Längen herabhingen. Ein bis zwei

Handbreiten waren sie noch gut zu sehen und zu erkennen, doch darunter wurden sie immer durchscheinender, je weiter sie vom Kopf entfernt lagen. Die letzten Adern und Sehnen verschwanden schließlich gänzlich in dem hellen, gespenstischen Schein, der den ganzen Kopf umhüllte. Von einem Körper war nichts zu sehen.

Doch trotz dieser annähernden Starre schien sich der Unterkiefer ganz langsam ein kleines Stück auf und ab zu bewegen, während immer wieder ein vereinzeltes Zittern durch die ledrige Haut glitt.

In ihnen allen stieg eine grausige Vermutung auf: Waren dies die unglücklichen Seelen der Verstorbenen dieser legendären, zerstörten Stadt? Die Seelen von Echsen, Elfen, Zwergen, Menschen oder sonst irgendeinem Volk? Falls dies tatsächlich der Fall sein sollte, so konnte jedenfalls bei diesem Kopf nur sicher gesagt werden, dass es kein Katzen- oder Wolfswesen war, denn von Haaren im Gesicht, die diese doch zuhauf an ihrem ganzen Körper trugen, war nichts zu erkennen. Doch welchem Volk diese Seele dann tatsächlich angehörte, war aufgrund der schrecklichen Entstelltheit schwer bis unmöglich bestimmbar.

Doch Jendors innere Angst und Panik stumpfte ihn ab. Ohne einen zweiten Blick zu verschwenden, setzte er einen größeren Schritt zur Seite, um dem Wesen auszuweichen und ging dann zwei Schritte voran. Doch der zweite Schritt war zu viel. Auch wenn er oder vielleicht auch gerade weil er versucht hatte das Wesen zu ignorieren, ließ er doch nicht mehr die gebotene Vorsicht walten und legte sein ganzes Gewicht auf den Boden vor sich, während der Schwung seines Schrittes ihn noch weiter nach vorne zog.

Der junge Fischer sackte ab. Seine Stiefel füllten sich mit dem eiskalten, dunklen Wasser des Tümpels, und noch bevor er sich richtig besinnen konnte, stand er schon bis zu den Knien im Wasser, und auch jetzt sackte er noch weiter ab. Gerade wollte er reagieren, wollte seine Hände auf den Damm vor sich stemmen und sich dort aus dem Wasser ziehen, als ihm plötzlich schwarz vor Augen wurde.

Das seltsame, durchscheinende Wesen hatte Jendors Kopf berührt und schwebte nun einen kurzen Moment neben ihm. Dann entfernte es sich langsam wieder und schien dabei einen zweiten, durchscheinenden Schädel aus Jendors Kopf herauszuziehen. Wollte es etwa Jendors Seele, seine Geist rauben? Fin hob seine Axt. Ohne lange zu überlegen, schlug er auf das angreifende Wesen ein, wobei seine Axt sehr nah an Jendors Kopf und Schulter vorbeisauste.

Ein Luftzug war zu spüren, als der durchscheinende Kopf durch die Wucht des Axtschlages durch die Luft sauste und schließlich unverletzt auf den Boden aufschlug. Jendor, der nun bereits bis zur Hüfte im Wasser stand, kam plötzlich wieder zu sich und vollendete seinen Plan, während sich der junge Brujin derweil glücklich schätzte, dass er die Köpfe zwar offensichtlich nicht verletzten, aber immerhin fortschlagen konnte.
Nun endlich stand der junge Fischer wieder auf festem Boden. Etliche tote Grashalme und schmale Wurzeln hingen an seiner Kleidung herab, während das braune Wasser des Tümpels aus allen Öffnungen seiner Kleidung wie in Strömen von ihm herabfloss. Er schaute etwas verwirrt um sich und entdeckte etwa drei Schritte von ihm entfernt den gerade wieder langsam aufsteigenden, türkisblauen Kopf, dem er, wie er meinte, gerade erst ausgewichen war.
Er wunderte sich für einen kurzen Moment, wie der Kopf so urplötzlich an diese Position gekommen war, doch noch während dieser Gedanke durch seinen Kopf fuhr, überholte Fin ihn bereits, ging vier Schritte voran und schlug dort einen weiteren, über dem Damm schwebenden Schädel in die Ferne. Diesmal nahm er die Breitseite der Axt, denn wenn er die Köpfe sowieso nicht verletzten konnte, brauchte er auch nicht die Klinge stumpf werden zu lassen. Ganz davon abgesehen, dass er auf diese Art sowieso viel besser treffen konnte. Jetzt wurde auch Jendor schlagartig klar, was wohl in den letzten Momenten passiert war. Schnell zupfte er die größten Wurzeln und Grasbüschel von seiner Kleidung und folgte Fin dann an zweiter Stelle durch den gespenstischen Sumpf.
Wieder vergingen etliche Minuten, in denen sie ihren Weg durch den dichten Nebel suchten. Immer wieder schlugen sie dabei zu nahe kommende Köpfe fort und schienen dadurch auch anfangs wieder etwas Hoffnung aufzubauen, denn diese Köpfe schienen für sie keine reelle Gefahr darzustellen. Doch je weiter die Zeit verging und je weiter sie gen Nordosten vorstießen, desto näher schien auch das vielstimmige, ohrenbetäubende Kreischen zu kommen. Bald merkten sie, wie kaum noch etwas von der eben erhaschten Hoffnung übrig war. Sie hätten sich nun wohl wesentlich besser gefühlt, wenn sie zumindest die Chance gehabt hätten, ein paar Worte mit ihren Freunden und Gefährten austauschen, doch keiner von ihnen wagte es, seinen Mund zu öffnen, geschweige denn ein Gespräch anzufangen.
Mochte der unbekannte Feind von vorne auch noch so laut sein, wer wusste

schon, ob er nicht doch zugleich auch gute Ohren besaß und selbst durch sein Gekreische hindurch ihre Stimmen wahrnehmen konnte?
Eine Antwort gab es, wie so oft, auch auf diese Frage nicht. Doch dafür zeigte sich schon kurz darauf der besagte Feind. Das Kreischen hatte mittlerweile eine Lautstärke erreicht, bei der es ihnen ohnehin nur noch mit lauten Schreien möglich gewesen wäre, sich untereinander zu verständigen, als sich plötzlich einzelne Konturen von humanoiden Wesen im Nebel vor ihnen abbildeten. Sofort ließ ein jeder von ihnen seinen Griff um seine Waffe fester werden. Dann blieb Fin stehen.
Der Damm unter ihren Füßen war hier ungünstig dünn. Mit etwas Glück reichte der Platz vielleicht gerade aus, damit drei Mann dicht nebeneinander stehen konnten, doch von purem Stehen sollte in nächster Zeit keine Rede sein. Jendor stellte sich direkt links neben Fin und machte sich für den Kampf bereit. Jetzt traute sich auch endlich wieder jemand den Mund aufzumachen, doch von Nashyds Stoßgebeten zu Majann war weiter vorne nichts mehr zu vernehmen. Nur das schrille Kreischen drang an ihre Ohren, als die Konturen langsam zu Schatten und schließlich zu grausigen Feinden wurden.
Sie kamen direkt auf sie zu. Und hatten die Gefährten zuvor nicht gewagt, die Frage nach den Körpern der durchscheinenden Köpfe zu stellen, so bekamen sie nun dennoch die Antwort: Es waren allesamt Leichen, Untote, dessen dunkle, grau-braune Haut anscheinend durch das faulige, saure Sumpfwasser mumifiziert worden war. Hier war es nun auch nicht mehr schwer zu erkennen, dass diese Wesen einst Menschen gewesen sein mussten, denn obgleich ihre Köpfe fehlten, schien sowohl ihre Statur, ihre Größe als auch ihre Kleidung – oder besser gesagt das, was von ihr übrig war – eindeutig auf Menschen hinzudeuten. Und während sie ihre uralten, stark verrosteten und verwitterten Schwerter, Degen, Säbel und Äxte leicht in ihren Händen hin und her wogen, drang dieses schrille, hohe Kreischen aus ihren zerfetzten Hälsen.
Es war wieder einer dieser Momente, wo ein jeder von ihnen normalerweise in eine Panik- und Angststarre verfiel, doch erstaunlicherweise schien sie die geballte Ansammlung von Gefahren und die immer wieder erneut aufkommende Panik abzustumpfen. So standen sie mit stark schlagenden Herzen zum Kampf bereit, als die Untoten sich mit langsamen Schritten auf sie zu bewegten. Für einen kurzen Moment blieben einige der Untoten noch einmal stehen und schienen tief Luft zu holen, um danach wieder mit

schrillem Gekreische weiter nach vorne zu gehen. Jetzt endlich erklang wieder ein lauter Schrei aus den Reihen der fünf Abenteurer.
Mit einem lang gezogenen „Maaah!" schlug Fin mit voller Wucht auf den Oberkörper des ersten Untoten, zersplitterte dabei den linken Teil seiner Brust und ließ ihn hart zu Boden gehen. Dann waren die anderen Untoten am Zuge.
Fin hatte seine Axt gerade so wieder zu Verteidigung hochgezogen, als die zwei vorderen wie aus einer Hand im selben Augenblick ihre Waffen niederfahren ließen. Ein knackendes Geräusch von zerberstendem Metall legte sich für einen kurzen Moment zu dem lauten Gekreische, als die verrostete Klinge des Langschwerts durch den Zusammenprall mit Fins Axt abbrach und mit voller Wucht gegen seine Schulter schlug. Doch Fin hatte Glück und blieb unverletzt. Jendor dagegen hatte den rostigen Säbel seines Feindes knapp verfehlt und wurde am Bauch getroffen.
Der Säbel war zwar viel zu stumpf, als dass er durch das dicke Tuch seiner Kleidung hätte schneiden können, doch das, was ihm an Schärfe fehlte, wurde durch die raue, rostige Oberfläche ersetzt. Bis in die Haut drang die Klinge vor, die wie ein Sägeblatt die Kleidung zerriss und einige rostige Splitter zurückließ.
Nun waren Fin und Jendor wieder am Zug, doch während Fin gegen seinen unbewaffneten Gegner einen direkten Schlag wagen konnte und auch diesen auf den Boden brachte, gelang Jendor nur ein leichter Schlag von rechts, der seinen Gegner lediglich taumeln ließ. Doch als dieser gerade mit seinem Säbel zum erneuten Schlag ausholen wollte, schnellte plötzlich ein Stab zwischen Jendor und Fin hindurch, der Jendors Gegner in den linken Sumpftümpel landen ließ.
Jendor und Fin hielten sich kampfbereit, als nun die nächsten zwei Untoten vorrückten. Noch bevor diese zum Schlag kamen, jagten Fins Axt und Jendors Schwert auf sie hernieder und ließen sie zu den anderen zwei auf den Boden gehen. Doch gerade in dem Moment griff plötzlich eine Hand nach Fins Bein und zerrte an ihm.
Zuerst dachte er noch, es wäre einer der bereits zu Boden gegangenen Untoten, die sich dort vor seinen Füßen hin und her wandten, als ob sie ein in der Mitte durchgeteilter Regenwurm wären, doch ein Blick zur Seite bewies ihm, dass die Hand aus dem Tümpel kam, und diese war nicht die einzige: Etliche Waffen und Hände ragten aus dem morastigen Wasser heraus und bewegten sich langsam aber sicher in ihre Richtung und selbst eini-

ge Meter hinter ihnen versuchten sich die Untoten bereits auf den Damm zu ziehen. Als Jendor nun die letzte lebende Leiche vor ihnen auf den Boden schlug, schüttelte Fin sich von der Hand frei und brüllte den anderen ein lautes „Los weg hier!" zu.
Jetzt wagte ein jeder von ihnen einen Blick zur Seite, denn während sich Fin und Jendor auf die Untoten vor ihnen konzentriert hatten, waren die drei anderen noch größtenteils damit beschäftigt gewesen, die näher kommenden Köpfe fortzuschlagen. Keiner von ihnen hatte auf die Tümpel geachtet, aus denen nun bereits die ersten Untoten auf das Dammstück hinter ihnen kletterten.
Es war abartig. Nicht nur, dass ihre Gegner ohne Kopf und so eigentlich auch ohne jeden Sinn in der Lage waren zu laufen, sie wahrzunehmen und gar zu kämpfen, vor allem schienen sie keinerlei Hindernisse zu sehen und auch vor den tiefen, brackigen Sumpftümpeln keinen Halt zu machen. Wie konnte man einem solchen Feind besiegen?
Fins Ausruf brauchte jedenfalls keine weitere Erklärung. Jendor suchte sich schon wenige Augenblicke später wieder einen Weg durch den Sumpf, wobei er diesmal weniger Vorsicht walten ließ und sich offensichtlich vor allem darum bemühte, so schnell wie möglich weiter zu kommen. Die anderen folgten ihm mit schnellen Schritten.
Erst nach einer guten Viertelstunde blieben sie wieder für einen kurzen Moment lang stehen und schauten sich um: Die Tümpel um sie herum waren ruhig geworden. Es schien ihnen fast so, als ob die Untoten nur in einer großen Reihe gelaufen wären, die sie nun bereits durchbrochen hatten. Trotzdem war das Gekreische in letzter Zeit nicht viel leiser geworden. Und während sie sich jetzt für nicht einmal eine Minute ausruhten und Jendor seine zum Glück nur oberflächliche Wunde mit etwas Trinkwasser aus seinem Wasserschlauch auswusch, tauchten die kopflosen Untoten schon wieder am Rande des Sichtbereichs auf.
„Geht bitte ein Stück zur Seite."
Zaram hatte einen seltsamen Klang in seiner Stimme, als ob er sich selbst nicht sicher war, dass das, was er nun machen wollte, einen positiven Ausgang finden würde. Doch die anderen vertrauten ihm, machten ihm Platz und beobachteten ihn dann dabei, wie er anfing irgendwelche Reime aufzusagen, die aber in dem lauten Gekreische untergingen. Bald schon waren die ersten Untoten zu erkennen. Sie waren kaum noch zwanzig Schritt von ihnen entfernt, als Zaram nun begann, seine Arme vor seinen

Bauch wie eine Walze zu drehen. Schon kurz darauf merkten sie alle, wie es heller und wärmer wurde und ein Windzug in Zarams Richtung einsetzte. So waren die Untoten wohl bereits auf etwa zehn Schritt herangekommen, als vor Zaram plötzlich große Flammenwirbel aufschlugen. Eine Hitzewelle traf auf sie, dann rollte die etwa einen Schritt breite und ebenso hohe Feuerwalze in der Geschwindigkeit eines galoppierenden Pferdes los. Schnell hatte sie die ersten lebenden Leichen erreicht, steckte ihre Leiber in Brand und schlug noch weit über die Untoten hinweg. Ihre Höhe und Breite hatte sich bereits jetzt enorm vergrößert, sodass sie schon nach gut zwanzig Schritt auf ein Dutzend Schritt angewachsen war. Doch keiner von ihnen konnte dieses Schauspiel beobachten. Die Hitze war bereits zu Beginn so stark gewesen, dass sie alle nackte Haut wegdrehen und verdekken mussten.

Dann waren die Flammen plötzlich wieder weg. Es roch nach verbrannten Haaren, und Jendors Kleidung, die immer noch sehr nass war, dampfte noch jetzt von der noch kurz zuvor vorhandenen Hitze. Immer noch war das Gekreische zu hören, doch es drang nur noch von rechts und links, aus etwas größerer Entfernung an ihre Ohren. Direkt hinter ihnen, wo sich die Flammenwalze ihren Weg gesucht hatte, schien nichts mehr zu sein. Selbst die dichten Nebelschwaden waren dort von der Hitze der Flammen vertrieben worden.

Die Fünf drehten sich wieder um und ließen ihre Blicke über den Damm streifen: Auf über fünfzig Schritt Länge waren dort über hundert verkohlte und immer noch rauchende Überreste der Untoten zu sehen, die nur vereinzelt noch Bewegungen zeigten. Doch es blieb ihnen auch jetzt nur sehr wenig Zeit, den Sieg zu genießen. Schon kurz darauf sahen sie in der Entfernung, durch die langsam wieder aufziehenden Nebelschwaden, auch auf der Feuerschneise wieder Untote ankommen und auch direkt neben ihnen ragten schon wieder Hände aus den Tümpeln, die sich daran machten, zu ihnen auf den Damm zu kommen.

Offensichtlich hatten sie keine andere Wahl als weiterzulaufen. Und so machten sie sich, so schnell es ging, wieder auf den Weg nach Nordosten. Die Schreie der Untoten hallten auch weiterhin durch die Nacht, doch langsam aber sicher schienen sie eine gewisse Distanz zu ihnen aufzubauen. Die Frage, ob Zaram diesen Zauber nicht noch einmal anwenden konnte, schlug er mit der Begründung, dass dies extrem viel Kraft koste und er zurzeit kaum noch welche besaß, ab. Doch auch so schien die Vielzahl der

Untoten viel zu gewaltig, als das sie wirklich eine reelle Chance gegen sie gehabt hätten.

Etwa zwei Stunden vergingen. Aus dem Dauerlauf wurde schon bald ein schneller Gang, der sie aber dennoch immer erschöpfter werden ließ. Auch ihre Müdigkeit kam nun trotz Angst und Aufregung zum Vorschein, und als es dann schließlich auch noch merklich dunkler wurde, zeigte sich ihre Erschöpfung noch viel stärker.
Die türkisblauen, schwebenden Köpfe, die zuvor von allen Seiten auf sie zugeströmt waren und so auch für etwas Licht gesorgt hatten, waren in der letzten Zeit immer weniger geworden und schienen in der Entfernung gar nicht mehr zu entdecken zu sein. War dort vorne vielleicht endlich der Sumpf zu Ende? Die Antwort auf diese Frage lag direkt vor ihnen:
Das also war diese sagenumwobene Stadt. Dzemarc hatte der alte Händler sie genannt und angeblich war sie durch irgendeine, eventuell gar göttergewollte Katastrophe zerstört worden und tatsächlich schien diese Darstellung gut mit dem Bild dieser Stadt zusammenzupassen:
Überall lagen Trümmer, Mauerreste ragten meterweit in die Höhe und einzelne, große, sumpfige Tümpel zeugten von großen, tiefen Kratern. Kaum etwas schien hier intakt geblieben zu sein und die ungewohnte Stille ließ sie sofort an die Chalmacorstadt zurückdenken. Doch von Grottenwürmern hatte der alte Händler zum Glück nichts erzählt, und so blieb ihnen die Hoffnung, dass die Gefahr hier zumindest etwas geringer war, als dort im Turian.
Sie betraten die Stadt, passierten vorsichtig und mit vorgehaltener Waffe einige Trümmer und hielten Ausschau nach einem möglichen Versteck und Nachtlager. Egal was in nächster Zeit kommen mochte, die Gefahr, dass sie versagen würden, würde weiter steigen, bis sie endlich einmal wieder ein wenig Ruhe gefunden hatten.
Doch das Glück war ihnen hold: Nachdem sie gut zweihundert Schritt durch die Ruinen gewandert waren, entdeckte Nashyd mit seinen scharfen Augen ein offensichtlich noch recht intaktes Gemäuer. Es schien nicht sonderlich groß zu sein und war früher wohl auch eher zwischen den großen, mehrstöckigen Häusern, Palästen, Hallen und Türmen untergegangen, doch dafür schien es einst mit Sorgfalt erricht worden zu sein:
Zwei dicke Säulen zierten den höher liegenden Eingang, der über fünf Treppenstufen zu erreichen und anscheinend von Schriftzeichen und

Bildnissen umrandet war. Doch selbst Nashyds Augen reichten in dieser Dunkelheit nicht aus, um auf die Schnelle etwas Genaueres zu erkennen. So stiegen sie die Stufen herauf, entzündeten eine Fackel und betraten das Gemäuer durch das schmale Tor.
Eine Welle der Verwunderung und positiver Überraschung drang durch ihre Reihen, als sie nun im Lichte der Fackel den kleinen Innenraum des Gebäudes betrachteten. Vor allem Nashyd war vor Freude außer sich, nahm Zaram – der fassungslos in der Mitte des Raums stand – die Fackel ab, entzündete mit ihr das ewige Licht auf dem Altar und kniete sich dann sogleich zum Dankgebet nieder.
Es war ein kleiner, aber doch recht prächtiger Schrein der sanften Wächterin, der anscheinend all die Jahre unbeschadet überstanden hatte. Dies schließlich schien die These, dass der Zorn der Götter über die einstige Stadt Dzemarc hergerollt war, absolut zu bestätigen und anhand der vergleichsweise verschwindend geringen Größe des Tempels war auch der Grund des Zorns einfach zu erraten. Es wäre schließlich nicht das erste Mal, dass die Götter ihre Kinder dafür bestraften, dass sie sich von ihnen abwandten.
Nashyd jedenfalls schien sich um solcherlei Geschichten zurzeit nur wenigen Gedanken zu machen. Eine knappe Viertelstunde betete er ununterbrochen, während sich auch die anderen zwischenzeitlich für etliche Augenblicke für Dankgebete und Bitten neben Nashyd vor den Altar knieten. Dann aber schaute sich der Jankar in seinem kleinen Schatz um und traute sich als geweihter Priester der sanften Göttin, auch dorthin zu schauen, wo ein Normalsterblicher nach üblicher Sitte nichts zu suchen hatte.
Eben dort, hinter dem Altar zeigte sich, dass dieser Tempel wahrlich ein echter Schatz in all den Trümmern war. Drei große, fein verzierte, offensichtlich mit Wasser gefüllte Kristallglasflaschen holte Nashyd zum Vorschein, deren Inhalt, wie er ihnen erklärte, für die sanfte Reinigung von Körper und Seele gedacht war. Es war sogenanntes Mondwasser, ein heiliges Wasser der Majann, dass den Gläubigen zum Heilen von seelischen und körperlichen Wunden und Krankheiten gegeben wurde, so sie denn Majann darum baten.
Es schien tatsächlich so, als ob dieser Tempel in all den Jahrhunderten unberührt geblieben war und sich nicht einmal ein Tier hierin verirrt hatte. Doch würde das so bleiben? Die grellen und schrillen Schreie der Untoten waren in den letzten Minuten wieder merklich lauter geworden und das

Tor des Tempels konnte sie zurzeit mangels einer Tür auch nicht zurückhalten. Sollten sie allein auf die Macht der Göttin hoffen oder lieber selbst versuchen, das Tor zu verrammeln? Selbst Nashyd wusste auf diese Frage keine sichere Antwort und so gingen sie denn auf Nummer sicher.
Nach einigen Augenblicken hatten sie alle tragbaren Trümmerteile der näheren Umgebung zusammengesammelt und diese daraufhin im unteren Bereich des Tors aufgeschichtet. Der Tempel war zwar auch jetzt noch mit einigen gewandten Bewegungen betretbar, doch das Tor komplett zu verschließen, schien mit ihren Mitteln beinahe unmöglich. Falls die Untoten tatsächlich nicht vor dem Tempel zurückschrecken sollten, hatten sie wohl so oder so keine große Chance zu überleben.

XXXI.

Es war bereits Vormittag, als die fünf Abenteurer durch den bläulichen Lichtschimmer, der von außen in den Schrein fiel, aus ihrem Schlaf geweckt wurden. Sie hatten sicherlich gut zehn Stunden geschlafen, waren so sehr ausgeruht wie schon seit Längerem nicht mehr und waren trotz der tristen und gefährlichen Umgebung guter Dinge. Von dem schrillen Gekreische war schon seit einiger Zeit nichts mehr zu hören gewesen.
Sicherlich war es sehr gewagt gewesen, als sie sich in der Nacht zuvor gemeinsam schlafen gelegt und niemand von ihnen Wache gehalten hatte. Doch ein jeder von ihnen war bis in die Knochen erschöpft gewesen und keiner von ihnen hätte die Kraft aufbringen können, sich noch viel länger wach zu halten. Und so hatten sie auf den Schutz der Göttin vertraut und darauf, dass die Trümmer am Eingang laute Geräusche verursachen würden, falls es doch irgendwer wagen sollte, in den Tempel vorzudringen.
Doch offensichtlich war es gar nicht erst dazu gekommen. Keiner von ihnen hatte mitbekommen, ob die Untoten überhaupt bis in die Nähe des Tempels vorgedrungen waren. Wann genau ihre Stimmen verstummt waren, war ebenso ein ungelöstes Rätsel für sich. Ein jeder von ihnen war schon, kurz nachdem sie sich hingelegt hatten, in tiefe Träume gefallen und hatte bis jetzt ohne Unterbrechung durchgeschlafen. So begann der

Morgen für sie alle mit einem weiteren Dankgebet an Majann, bevor sie dann schnell etwas aßen, ihre Sachen zusammenpackten, den Eingang wieder freiräumten und den von ihnen und der Zeit hereingetragenen Dreck vom Boden putzten.

Doch längst nicht alles schien an diesem Morgen so schön zu sein, wie es ihr Schlaf gewesen war: Ein Blick nach draußen zeigte unmittelbar den starken Regen und den grauen Himmel, der am heutigen Tag fast noch dunkler als am gestrigen Tage zu sein schien, und die grauen Trümmer und die gen Himmel aufstrebenden Mauerreste der Ruinenstadt, ließen das Ganze noch trister und trauriger erscheinen.

Vielleicht lag es einfach daran, dass sich an so ziemlich jedem anderen Ort die Natur schon längst der Ruinen angenommen hätte. Dort hätten große Bäume ihre Wurzeln zwischen dem Schutt verankert, lange Ranken und Efeu hätten die Mauern erklommen und die bunten Blüten der verschiedensten Wildblumen hätten einen farbenfrohen Kontrast zu dem vielen Grün des weichen, saftigen Grases gebildet. Doch hier war nur vereinzelt ein trockenes Grasbüschel oder ein kranker, nicht mehr als ein Dutzend Schritt hoher, schmaler Baum zu sehen und von bunten Blüten zeigte sich bisher auch noch nichts.

Doch mochte der Tempel der sanften Wächterin auch wesentlich angenehmer und schöner als seine Umgebung sein, den Fünfen blieb dennoch nichts anderes übrig, als sich erneut wieder auf den Weg zu machen und nach den beiden letzten Dunklen Kriegern zu suchen. Vielleicht hatten sie ja Glück und fanden sie irgendwo hier zwischen den Trümmern dieser alten Stadt.

Sie machten sich wieder auf und versuchten in etwa gen Nordosten zu gehen. Sicher konnten sie sich bei der Richtung bei den dichten, dunklen Wolken nicht sein. Doch eigentlich war es ihnen auch egal. Sie hatten nun schon seit über einem Tag keine Anzeichen mehr für die Dunklen Krieger gesehen, und wenn diese sich nicht hier in der Nähe aufhielten, war die Chance, dass sie ihre Feinde überhaupt irgendwann wiedersahen, wohl auch sehr gering. Und so suchten sie sich ihren Weg durch die tristen Trümmer und schauten sich ununterbrochen nach Anzeichen für die Dejia'Lar um.

Der Boden unter ihren Füßen schien, im Gegensatz zum umliegenden Sumpf, in der ganzen Stadt sehr fest zu sein und war auch an etlichen Stellen mit quadratischen Steinen gepflastert, doch eben dies brachte auch seine negativen Auswirkungen mit sich. Falls diese Stadt einst eine Kanalisation besessen hatte, so war diese offensichtlich mittlerweile verstopft oder gar ganz zerstört. Überall sammelten sich große Mengen an Wasser, die scheinbar keinen einzigen Weg zum Abfließen fanden, und immer wieder mussten die fünf Abenteurer diesen großen Pfützen ausweichen.

War ihre Kleidung auch über Nacht zumindest wieder grob trocken geworden, so hatte der Regen auch schon nach weniger als einer Stunde wieder ihre komplette Kleidung mit Wasser getränkt. Bald waren ihre Stimmung und ihre Hoffnung wieder so sehr herabgesunken, dass genug Platz für die Stimmung der letzten Tage blieb. Stunden vergingen, in denen sie in Ruinen herumkletterten, hinter Mauerreste schauten und den Boden nach Spuren absuchten. Immer wieder bestiegen sie Treppen, die ins Nichts führten, nur um sich von dort oben aus umzuschauen und wieder in allen Richtungen nach Spuren Ausschau zu halten. Doch ein jedes Mal zeigte sich ihnen dasselbe Bild.

Längst hatten sie die andere Seite der Stadt erreicht und hatten dort in einiger Entfernung das Meer gesehen, das ähnlich wie der gespenstische Wald durch die große Sumpffläche von der Stadt getrennt war. Doch die Wahrscheinlichkeit, dass sie dort weiter im Norden noch etwas fanden, erschien ihnen weitaus geringer, als hier in den Ruinen auf die Dunklen Krieger zu treffen, und so drehten sie wieder um und gingen eine andere Strecke durch die Stadt zurück.

Bald waren schon wieder einige weitere Stunden vergangen, Mittag war schon lange um, und so zwang sie nun der Hunger dazu, etwas von dem Brot und der Wurst des Händlers zu essen, um ihre Mägen endlich zu beruhigen. Den dazugehörigen Appetit konnte niemand von ihnen aufbringen. Entmutigt ließen sie sich in einer Ecke zwischen zwei Mauerresten nieder und packten ein paar ihrer Vorräte aus ihren Rucksäcken aus.

Auch diese Ruine war wie fast eine jede in dieser Stadt: Außer den Grundrissen waren lediglich zwei Mauerreste übrig, die die besagte Ecke formten. Weiter oben hielten diese beiden Mauern einen kleinen Rest des Fußbodens des einst darüber befindlichen Stockwerks, sodass diese Ecke immerhin für den Moment etwas Schutz vor dem andauernden Regen bot, doch bei ihrer Suche half es ihnen nicht weiter. Ihre Stimmung hatte wieder einmal einen neuen Tiefpunkt erreicht, und so blieb es während des Essens zwischen ihnen still. Ihre Blicke streiften in die Ferne zwischen die

vielen Mauern der zerstörten Häuser dieser Stadt und bemerkten dabei offensichtlich nicht, dass sich ihnen langsam jemand näherte.
„Hallo, wer seid ihr? Und was macht ihr hier?"
Die Fünf drehten sich bis ins Mark erschrocken ruckartig nach links, wo sie die Quelle dieser sanften, weiblichen Stimme glaubten. Und dort stand sie: mit goldenen, glatten, langen Haaren, die bis zu ihrer Hüfte reichten und sich durch die Nässe auf ihren schmalen, wunderschönen Körper legten. Ihre stark durchnässte, dunkelgrüne, feine Leinenkleidung lag wie ein enges Kleid dicht auf ihrer Haut und schien dabei ihre leicht hervortretende Hüfte und ihre prallen Brüste noch mehr zu betonen. Ihre mandelförmigen, strahlenden, graublauen Augen schienen die Liebe des Blicks eines Hundewelpen zu besitzen und war wohl der Teil des Körpers, auf dem der Blick von jedem von ihnen am längsten rastete. Ihre spitzen Ohren, die aus dem nassen Haar herausschauten, vollendeten schließlich das Bild und zeigte ihnen, welchem Volk dieses Wesen wohl angehörte.
Für sie alle war dies die erste Begegnung mit einer Elfe und ein jeder von ihnen konnte in diesem Moment verstehen, warum die Schönheit dieser Wesen in fast jeder Geschichte und Erzählung hervorgehoben wurde. So schien der Schock, der plötzlichen, unbekannten Stimme sofort wieder verflogen zu sein und selbst die Sorgen und die Ängste der vergangenen Tage waren scheinbar für den Moment nicht mehr existent. Doch schon bald wurden sie wieder aus ihrer gedankenlosen Bewunderung gerissen. Die Elfe hatte eine leicht rote Farbe im Gesicht bekommen und versuchte nun offensichtlich mit einer etwas beschämt und leicht schüchtern klingenden Stimme, die Stille zu durchbrechen:
„Verzeiht, aber äh ... aber ich bin es nicht gewohnt, hier auf lebende Personen zu treffen. Ich bin Flajala und wer seid ihr?"
Nun endlich bekam sie ihre Antwort, denn Nashyd schien aufgrund seiner Rasse lange nicht so viel Schönheit an der Elfe zu finden, wie es die anderen taten, denn während diese immer noch von Flajalas Schönheit gebannt waren, stand er auf, verneigte sich, zeigte mit seiner rechten Tatze auf seine vier Gefährten, dann auf sich selbst und stellte die Gruppe vor:
„Dies ist Zaram, das sein Jendor, dort sein Iream und Fin und ich sein Nashyd. Wir hier sein, weil auf der Suche nach etwas wir sind."
Die Elfe lächelte freundlich und war offensichtlich erleichtert, dass zumindest ein wenig des bedrückenden Gefühls des Begafftwerdens verflogen war.

„Und wonach sucht ihr in diesem unheiligen Gebiet?"
Nashyd überlegte für einen ganz kurzen Moment. Er war sich nicht sicher, ob es ratsam war, dieser unbekannten, wenn auch sehr schönen und lieblichen Person gleich alles zu erzählen. Bisher war er der Einzige gewesen, der von den Vieren die absolute Wahrheit von ihrem Auftrag gehört hatte und gerade hier, in diesem vergifteten, unheilsamen Gebiet, schien für ihn, hinter so ziemlich allem eine potenzielle Gefahr zu hocken. Und während ein jeder seiner vier Gefährten wohl ohne Bedenken sofort die Wahrheit erzählt hätte, gab Nashyd mit einem schelmischen Grinsen eine diplomatische Antwort:
„Das ich dich gerade auch fragen wollen, als du Frage stellen! Was eine so schöne Frau wie du in dieses schreckliche Gebiet machst? Mir es scheint beinahe, wie du bist schon längere Zeit hier."
Flajala hatte mit dieser Frage offensichtlich kein Problem und gab direkt die Antwort:
„Ich suche nach einem alten, elfischen Artefakt, das hier zwischen den Trümmern verschüttet liegen soll. Dieses ist für uns Eau'Albya sehr wichtig, denn es ist so etwas wie das Stammbuch unserer Ahnen."
Flajala holte kurz Luft, schaute einmal in die Runde und lächelte dann wieder Nashyd zu.
„Und ihr?"
Der Geweihte überlegte noch einmal für einen kurzen Augenblick, doch auch wenn ihre Antwort nur sehr oberflächlich gewesen war, hatte sie zumindest nicht gezögert. Es gab kein Anzeichen dafür, dass sie sich ihre Antwort noch schnell ausgedacht hatte, und in sich schlüssig war ihre Erklärung auch. Aber was sollte auch die Geheimnistuerei? Die anderen durften ihm so oder so nicht böse sein. Sie waren selbst noch von ihrer Schönheit gebannt und hätten wahrscheinlich noch viel mehr erzählt. Außerdem konnte Flajala ihnen eventuell sogar helfen, wenn er ihr die Wahrheit erzählte.
„Zwei Dejia'Lar, also zwei Dunkle Krieger, wir bis hierher verfolgen. Die Aufgabe von uns es ist, sie zu vernichten, sodass niemanden mehr ein Leid sie zufügen können. Du hast sie gesehen? Oder vielleicht hast gesehen eine Spur von ihnen?"
Nun überlegte sie für einen kleinen Augenblick und begann den nächsten Satz auch merklich langsamer, als sie ihre letzte Antwort gegeben hatte:
„Ja, ... ich bin mir nicht sicher, aber ich habe vor drei Tagen ein seltsames,

schwarzes Stück Stoff mitten in der Stadt gefunden, dessen Quelle ich nicht entziffern konnte. Ich habe es noch bei mir in meinem kleinen Unterschlupf in meinem Arbeitsraum. Wenn ihr wollt, könnt ihr mitkommen, dann zeige ich es euch."
Einen kurzen Moment sah Nashyd auffordernd zu seinen Freunden herüber und erwartete offensichtlich eine Entscheidung von ihnen. Doch diese starrten immer noch, wie gebannt auf die schöne Elfe und schienen Nashyd überhaupt nicht wahrzunehmen. So entschied der Jankar für die Gruppe und grinste Flajala bei der Verkündung seiner Entscheidung etwas schelmisch und doch freundlich an:
„Das wirklich sehr nett wäre von dir!"
„Gut, dann folgt mir."
Flajala drehte sich um und verschwand im nächsten Moment hinter der Mauer, was Nashyds menschliche Gefährten sofort wieder zu vollem Bewusstsein kommen ließ. Schon wenige Augenblicke später hatte jeder von ihnen wieder seinen Rucksack aufgeschnallt und machte sich dann auf, ihr zu folgen. Es war nicht so, dass sie ihr völlig erlegen waren, doch nach all den Strapazen schien ihnen diese hübsche Elfe wie ein Engel. Vielleicht war das auch der Grund, warum es keiner von ihnen wagte, Flajala anzusprechen. Aber vielleicht lag es auch allgemein einfach nur daran, dass keiner von den Vieren bisher Erfahrung mit dem Ansprechen von attraktiven, fremden Frauen hatte.
Eine knappe halbe Stunde liefen sie ungefähr in Richtung Osten durch die Ruinenstadt, dann schienen sie schließlich ihr Ziel erreicht zu haben. Flajala steuerte direkt auf die Treppe eines selbst jetzt noch recht prächtig aussehenden und einst wohl mindestens dreistöckigen Gebäudes zu und stieg diese dann herauf. Bei der grob geflickten, uralten Tür des Hauses angekommen, winkte sie den Fünfen schließlich zu.
„Kommt herein!"
Sie öffnete die nach außen aufgehende Tür und wies ihnen mit der Hand einzutreten. Die Fünf folgten dieser Einladung und kamen nun in einen, nur durch das Licht, das durch den Türrahmen fiel, erhellten Raum.
Ein alter fünfeckiger Tisch, mit etlichen Flecken und Rissen in der Platte, stand in der Mitte des Raumes, um den fünf ebenso alte und sicherlich auch sehr zerbrechliche Stühle standen. Von Wohnkomfort war ansonsten keine Rede, denn weder Teppich, noch Bilder oder andere Gegenstände, die das Raumklima freundlicher machen würden, waren zu sehen. Bloß

nackte Wände und auf der rechten Seite ein eckiger Durchgang, in einen weiteren komplett dunklen Raum. Ein paar Kerzen standen auf der Mitte des Tisches und über ihm hing ein alter Deckenleuchter. Der Geruch von etlichen wilden Kräutern lag in der Luft, doch keiner von ihnen schien sich in diesem Moment nach der Herkunft der Kräuter zu fragen.
Als alle drinnen waren, schloss Flajala vorsichtig und langsam die alte Tür. Doch noch bevor es gänzlich dunkel wurde, entflammten plötzlich einige Kerzen auf dem Tisch und am Deckenleuchter, die den Raum zumindest ein wenig angenehmer erscheinen ließen.
Ein Staunen ging durch die Runde, und während Nashyd, Fin und Jendor einfach nur von der Magie beeindruckt waren, fanden es Iream und Zaram äußerst interessant, dass offensichtlich auch die Auelfen – denn als solche hatte sie sich ja ausgegeben – die Magie des Feuers beherrschten, obgleich ihr Element eigentlich das Wasser sein sollte. Doch auch jetzt kam niemand von ihnen auf die Idee, an Flajala zu zweifeln.
„Setzt euch ruhig schon mal hin, ich werde kurz nach nebenan gehen und das besagt Stück Stoff holen. Aber seid bitte vorsichtig, die Stühle sind schon sehr alt und mögen wohl zerbrechen, wenn ihr zu grob seid."
Die Elfe lächelte die Fünf frech an, wartete so lange, bis sich ein jeder von ihnen auf den Weg zu den Stühlen gemacht hatte, und verschwand dann in dem dunklen Durchgang.
Es war äußerst angenehm, nach all dieser Zeit der Wildnis wieder auf einem Stuhl zu sitzen. Denn obgleich diese Stühle weder mit einem Polster überzogen waren, noch ein Kissen auf ihnen lag, schien ihnen das trockene, alte Holz wesentlich angenehmer als all die Orte, an denen sie in den letzten Wochen gerastet hatten: Die harten, rauen und kalten Felsen des Turian, der in alle Öffnungen vordringende Sand der Schlangenwüste, das pieksige Gras der anaider Savanne und die harten, kalten Trümmer dieser Stadt.
So versanken die Gefährten schon nach wenigen Augenblicken in ihren Gedanken. Nur Jendor kam nicht zur Ruhe und kämpfte innerlich immer noch mit der einen Frage: Wo hatte er diese wunderschöne Elfe zuvor schon einmal gesehen?
Immer wieder kam ihm das Bild eines gewaltigen, nach ihm schnappenden Mauls vor seine Augen und immer wieder riss das Bild kurz darauf wieder ab. Was konnte es bloß sein? In Wirklichkeit hatte er nie ein solches Maul gesehen, doch was bei den Göttern war es dann? Plötzlich schlug die

Erinnerung wie ein Blitz in seinem Kopf ein, sodass er unmittelbar aufstand und einen kleinen Schritt zur Tür hin tat. Sein Herz pochte mit gewaltiger Kraft und seine Brust war nach einem gewaltigen Atemzug prall mit Luft gefüllt.

Natürlich! Es war die Fee aus seinem Traum. Die, die ihn magisch, zu ihrer Größe geschrumpft und dann mit ihrem schönsten Lächeln bezirzt hatte. Die, die schließlich zu einer lebenden Leiche geworden war und ihn dann dem riesigen Maul zum Fraß vorgeworfen hatte. Jendor war außer sich und wusste für einen kurzen Moment nicht, was er machen sollte, und so entschied er sich erst einmal, den anderen von seinem Traum zu erzählen und sie dann um Rat zu fragen. Doch die anderen starrten nur mit leerem Blick vor sich her, ohne sich auch nur ein Stück weit zu bewegen. Offensichtlich hatten sie nicht einmal wahrgenommen, dass Jendor so rasant aufgestanden war und ihnen nun etwas Wichtiges erzählen wollte.

Da fiel es ihm plötzlich wie Schuppen von den Augen: Die ganze Zeit lang hatten sie unter einem großen Pentagram gesessen, an dessen Spitzen jeweils eine Kerze brannte. Unter jeder Kerze des Deckenleuchters saß jeweils einer von ihnen und von eben diesen Kerzen sank langsam aber sicher ein dunkler, grauer Rauch herab. Schon sehr bald würde der Rauch einen jeden seiner Gefährten am Kopf berühren.

Schnell ging Jendor um den Tisch herum, zog einen jeden Stuhl, mitsamt seinen darauf befindlichen Gefährten von dem Tisch weg und rüttelte dann an ihren Schultern. Da kam plötzlich wieder Leben in ihnen auf, das alle als Erstes dafür benutzten, ihre Hände auf ihren Kopf zu legen, um diesen zu beruhigen. Alle Vier spürten diesen beißenden Schmerz unter dem obersten Punkt ihrer Schädeldecke, als ob sie sich gerade vor wenigen Augenblicken an eben dieser Stelle den Kopf gestoßen hätten.

„Du meine Güte, was ist das denn?"

Fin konnte den Grund für seinen plötzlichen Kopfschmerz, der nun langsam wieder nachließ, nirgendwo finden. Doch die Tatsache, dass jeder außer Jendor sich vor Schmerz den Kopf hielt, zeigte ihm und den anderen, dass hier wirklich irgendetwas nicht stimmen konnte. Keiner von den Vieren konnte sich an das erinnern, was in den letzten Augenblicken passiert war, doch Jendor brachte es simpel und einfach auf den Punkt:

„Ich weiß nicht, wie ihr das seht, doch ich bin mir sicher, dass hier irgendetwas nicht stimmt."

Bei diesen Worten war plötzlich von nebenan ein lautes Poltern und

Klirren zu hören, als ob einige Töpfe und Messer auf einen steinernen Boden gefallen wären. Darauf folgten sogleich einige verärgert klingende Worte in einer ihnen unbekannten Sprache. Es war eine zischend klingende, raue Stimme, die diese Worte aussprach, doch sie erinnerte einen jede von ihnen an die sanfte Stimme von Flajala. Den elfischen Charm konnten sie dennoch nicht in ihr finden.
Das war nun wirklich genug! Ihre Kopfschmerzen hatten sich zum Glück bereits jetzt wieder fast komplett verflüchtigt und so kamen die Fünf schnell vor der Tür zusammen und besprachen flink und leise das weitere Vorgehen:
„Fin, du bist von uns der begabteste Kämpfer. Würdest du dich mit deiner Axt neben den Durchgang stellen und Flajala, sobald sie kommt, mit der Breitseite der Axt ohnmächtig schlagen? Ich würde vorschlagen, dass wir anderen bis dahin auf den Stühlen sitzen bleiben, damit sie nicht sofort misstrauisch wird, wenn sie in den Raum kommt."
Die vier anderen nickten Jendor zu und Fin ergänzte sogar noch ein paar Punkte:
„Verlöscht aber bitte vorher die Kerzen des Deckenleuchters, und den Rauch der Kerzen solltet ihr wohl auch besser fortwedeln. Ich weiß, dass Flajala dann sicherlich wesentlich schneller feststellen wird, dass ihr Plan missglückt ist, aber die Gefahr euch durch diese Magie zu verlieren möchte ich nicht eingehen."
Die anderen nickten zustimmend, gingen in Richtung des Tisches, machten sich an die Arbeit und versuchten dabei, so leise wie irgend möglich zu sein, und so war schließlich auch alles bereit, als kurz darauf einige, leicht schlürfende Schritte aus dem Durchgang zu hören waren. Die Vier am Tisch saßen ganz still und bewegten lediglich ihre Augen hin und her, um den anderen zu zeigen, dass sie immer noch bei vollem Bewusstsein waren. Fin hielt seine Axt währenddessen fest in seinen Händen.
Sie waren sich alle sicher, dass die Person, die im nächsten Moment durch die Tür kam, Flajala sein würde, um so mehr waren sie erstaunt, als plötzlich ein grau behaartes, aufrecht gehendes Wesen mit großen Tatzen, langen Krallen und einem kahlen, graugrün geschuppten Kopf – der wohl am ehesten dem einer Kobra ähnelte – durch die Tür kam. Für einen kurzen Augenblick schien diesem Wesen nichts aufzufallen, doch dann blieb es urplötzlich stehen und bemerkte offensichtlich, dass die Kerzen des Deckenleuchters verlöscht waren und nicht alle der Fünf an dem Tisch saßen.

Zu diesem Zeitpunkt hätte Fin längst mit seiner Axt zuschlagen können, doch er hatte für einen kurzen Moment lang gezögert und nicht recht gewusst, wie er nun reagieren sollte. Erst jetzt, als das Wesen ein lautes „Was?" von sich gab, das trotz der wesentlich rauer und zischender klingenden Stimme sehr nach Flajala klang, ließ Fin endlich seine Axt herabsausen. Doch das Wesen drehte sich noch während dieses Schlages leicht zur Seite, um sich so nach dem fünften der Gruppe umzusehen. Die Breitseite der Axt traf so nur noch den Rücken der Kreatur. Das Wesen kam kurz aus dem Gleichgewicht und stolperte zwei Schritte nach vorne auf den Tisch zu. Dann schrie es ein paar Worte in einer unbekannten Sprache und ließ daraufhin die geballte rechte Faust in die Richtung der vier sitzenden Gefährten sausen.

Für einen tatsächlichen Schlag, gegen einen von ihnen, stand das Wesen zwar viel zu weit weg, doch die wirkliche Auswirkung zeigte sich nun, als alle vier von ihrem Stuhl gerissen und weiter hinten gegen die Wand geschleudert wurden. Wieder hob Fin seine Axt zum Schlag aus und wollte sie gerade von hinten auf den Rücken des Wesens niederfahren lassen, als sich dieses eine Viertelumdrehung herumdrehte und seine linke Faust, die es direkt vor seiner Brust in etwa auf die Axt gerichtet hatte, öffnete. Plötzlich wurde die Waffe enorm schwer und Fin konnte das Gewicht nicht mehr oben halten. Scheppernd schlug sie auf dem Boden auf und riss nun auch den Griff aus seiner Hand.

Dann wurde es plötzlich extrem heiß. Zwei gleißend helle Flammenstrahlen aus Ireams und Zarams Händen trafen das Wesen im Gesicht und verbrannten die schuppige Haut, die Augen und etliches Fleisch. Doch das ließ das Wesen offensichtlich nur noch aggressiver werden. Wie wild schlug es seine Fäuste in den leeren Raum vor sich und ließ etliche Gegenstände und auch die vier Gefährten, die immer noch in der Nähe der Wand standen, durch Magie gegen die vier Wände des Raumes fliegen. Nur Fin gelang es, sich immer hinter dem Wesen aufzuhalten und so von seiner Magie verschont zu bleiben.

Etwa eine halbe Umdrehung drehte sich der Wüstensohn mit der Kreatur mit, dann griff er wieder nach seiner Axt und versuchte sie wieder aufzunehmen. Es gelang ihm problemlos, und so riss er die Axt in die Höhe und bereitete sich für den tödlichen Schlag auf den dicken, schuppigen Hals vor. Selbst als er nun plötzlich im Augenwinkel die beiden Dejia'Lar aus dem dunklen Durchgang herausstürmen sah, behielt er seine ganze Konzentration bei und führte sein Vorhaben aus.

Fins Axt sauste herab und drang tief in den Hals des Wesens ein, doch noch stand es auf festen Füßen. Flink zog er seine Waffe zurück, um unmittelbar darauf erneut auf genau dieselbe Stelle einzuschlagen. Diesmal drang die Axt noch tiefer ein und zerschlug mit einem knirschenden und knackenden Geräusch einen Halswirbel. Das Wesen ging zu Boden und ließ nun den Dunklen Kriegern freie Bahn. Eine große Menge Blut quoll aus der tiefen Wunde der geschuppten Kreatur und verteilte sich auf dem Boden. Immer noch zuckte sie leicht mit ihren Armen und Beinen, doch eine Gefahr schien sie nicht mehr darzustellen – Im Gegensatz zu den Dejia'Lar.
Die Waffen der Dunklen Krieger sausten plötzlich auf Fins Körper zu. Mit einem großen Schritt nach hinten rettete er sich fürs Erste vor der schwarzen Morgensternkugel und der ebenso schwarzen Schwertklinge, doch dann stand er vor dem umgestürzten Tisch, hinter dem in eben diesem Moment seine vier Gefährten hervorkamen. Wieder sauste die Kugel des Morgensterns herab und wurde diesmal von der Breitseite von Fins Axt kurz vor seinem Körper fortgeschlagen. Doch nun hatte Fin nichts mehr, was er gegen das Schwert des zweiten Dunklen Kriegers tun konnte. Hilflos zog er seinen Oberkörper ein kleines Stück zu Seite und hoffte, dass das Schwert so an ihm vorbeigleiten würde, doch das alleine würde ihn wohl nicht retten.
So war es nun fast dieselbe Situation, wie sie damals Jendor am Abhang hatte. Doch statt Jendor blickte nun Fin hilflos der Klinge entgegen. Beim letzten Kampf war das schwarze Schwert direkt auf Jendors Brust zugerast und hatte ihm im nächsten Moment den kompletten Oberkörper aufgeschnitten und wäre Nashyd damals nicht kurz darauf aufgetaucht und hätte Majann ihm nicht ihre Kraft zur Heilung geschenkt, so wäre Jendor nun wohl schon längst nicht mehr am Leben.
Doch diese Situation sollte sich nicht wiederholen. Iream stürzte sich dazwischen, legte seine gesamte Kraft auf seinen Stab und stieß ihn gegen den Oberkörper des Dunklen Kriegers. Er hoffte darauf, dass auch dieser Dejia'Lar wie die anderen am Abhang sein Gleichgewicht verlieren, nach hinten taumeln und dadurch seinen Schlag nicht mehr vollenden konnte, doch da lag er leider falsch.
Ein ganz kleines Stück schwankte seine Brust hin und her, was er aber sogleich durch einen kleinen Schritt nach hinten ausglich. Tatsächlich hielt er auch für einen kleinen Moment lang in seinem Schlag ein, doch schon einen Atemzug später holte er noch einmal kurz aus und ließ sein Schwert

nun auf Iream niederfahren. Dieser hielt seine Finger immer noch verkrampft um seinen Stab und stand so direkt vor seinem Feind.
Jendors flinker Hieb kam zu spät. Noch bevor sein Schwert in die linke Schulter des Dunklen Kriegers eindrang, schlug das Schwert des Dejia'Lar eine tiefe Wunde in Ireams Hals.
Der Körper des Adepten ging leblos zu Boden. Sein warmes, rotes Blut quoll in großen Mengen aus der Wunde und benetzte den harten, kalten Steinboden.
Für die vier verbliebenen Gefährten war es ein Anblick, der kaum schrecklicher sein konnte, ein Anblick, der augenblicklich eine unbändige Wut in ihnen aufsteigen ließ. Wochen lang hatten sie die Dejia'Lar über das Turian, durch die Wüste, durch die Savanne und nun bis in diesen verfluchten Sumpf verfolgt, sie hatten dabei kaum einen Moment der Ruhe finden können und fast durchgehend unter Ängsten gelitten. Und nun, da sie die letzten Dunklen Krieger endlich vor ihren Waffen hatten, war deren erste Tat, ihren geliebten Freund Iream zu töten.
Dies war nicht nur der Tropfen, der das Fass zum Überlaufen brachte, nein, dies war ein Axthieb, der das ganze Fass zerstörte. Alle Wut und aller Hass, die sich über die gesamte Zeit angesammelt hatten, fügten sich nun zu der Trauer um Iream und die Wut über seinen Tod. Sie alle schienen in den nächsten Momenten wie in einem Blutrausch. Weder Schmerzen noch Angst hatten in ihren Köpfen nun noch einen Platz. All ihre Kraft war nur noch auf den Tod der Dejia'Lar gelenkt und selbst eine tiefe Wunde in ihren eigenen Körpern wäre ihnen in diesen Momenten wohl entgangen.
Es dauerte noch einige Augenblicke, in denen Waffe auf Waffe und auch immer wieder Waffe auf Fleisch traf. Und als schließlich beide Dejia'Lar zu Boden gegangen waren und das schwarze Metall ihrer Waffen und Rüstungen in feinem, grauen Staub zu Boden rieselte, flossen die letzten, dickflüssigen Tropfen Blut der Dunklen Krieger von den Waffen der vier Verbliebenen herab und vereinten sich mit dem übrigen Blut, das sich wie eine riesige Pfütze über den ganzen Boden verteilt hatte.
Wutentbrannt schlugen sie alle noch zwei oder drei Mal auf die leblosen Körper der Dunklen Krieger ein, doch dann übermannte sie schließlich die Trauer über Ireams Tod. Und als sie sich nach etlichen, verzweifelten Versuchen, ihn wiederzubeleben absolut sicher waren, dass kein Leben mehr in seinem Körper steckte, flossen nun auch noch etliche Tränen auf den rot gefärbten Boden und vermischten sich mit dem Meer von Blut.

Die beiden Dunklen Krieger, die jetzt leblos am Boden lagen, zeigten nun auch ihre wahre Herkunft. Beide waren einst Menschen mit bronzefarbener Haut gewesen und hatten einen kahl rasierten Kopf. Bei beiden prangte eine blaue Tätowierung auf ihrer linken Schläfe und auch ihre Kleidung zeichnete sie eindeutig als Randranor aus. Diese Menschen waren von dem Volk, das Nashyds Dorf versklavt hatte, und nun hatten sie auch noch Iream auf dem Gewissen.

XXXII.

Nach dem Ende des Kampfes waren noch etliche Momente der Benommenheit und Fassungslosigkeit vergangen, bevor Jendor und Zaram schließlich Ireams Leichnam auf ihre Schultern genommen und ihn auf direktem Wege zum Schrein Majanns gebracht hatten. Doch alle Gebete, alles Flehen, Bitten und auch alles Mondwasser hatten den Adepten nicht zurück in das Reich der Lebenden gebracht.
Verzweifelt und von ihren Gefühlen übermannt hatten sie eine lange Zeit nicht gewusst, wie sie weiter handeln sollten. Erst Stunden später waren Fin, Jendor und Zaram aufgestanden und hatten sich auf den Weg zu Flajalas Unterkunft gemacht. Nashyd blieb derweil bei Iream im Schrein und betete weiter um Majanns Gnade.
Die drei Jungen hatten bis kurz vor Einbruch der Nacht Flajalas komplettes Gebäude auf den Kopf gestellt und in jeder noch so kleinen Ecke nach Dingen gesucht, die ihnen entweder helfen konnten, Iream doch noch wiederzubeleben oder ihnen zumindest erklären konnten, was für ein Wesen Flajala gewesen ist und was sie hier in Dzemarc getrieben hatte. Doch zwischen all den getrockneten Kräutern, Küchenwerkzeugen, Knochen, gegerbten Häuten und Fellen, Töpfen, Wurzeln, eingelegten Fleischbrocken und Kleidungsstücken fanden sich lediglich ein paar Zeichnungen und Texte, die zwar zeigten, dass Flajala tatsächlich nach etwas gesucht hatte, aber nicht wo nach.
Auf den Papieren waren lediglich Orte aufgelistet, an denen sie bereits gesucht aber nicht das Gesuchte gefunden hatte. Die Dinge, die ihr statt-

dessen in die Hände gefallen waren, hatte sie lieblos in eine alte Holzkiste in einer Ecke verstaut und weder nach Wert noch nach anderen Kriterien sortiert. Große Reißzähne von irgendeinem riesigen Raubtier lagen direkt neben einem goldenen Amulett und einem rostigen Dolch. Kristallene Flaschen lagen neben Bernsteinfiguren und ein mit Blumengravur verzierter Messinglöffel war unter all den anderen für Flajala scheinbar wertlosen Dingen vergraben.

In diesem Gebäude schien ihnen nichts, aber auch wirklich gar nichts einen Aufschluss über Flajala geben zu können. Und so stieg schließlich wohl in ihnen allen drei dieselbe Frage auf: Sollten sie dieses Gebäude mitsamt den Leichen der Dejia'Lar und Flajala einfach so zurücklassen? Jendor hatte schon bald seine Lösung auf diese Frage gefunden:

„Lasst uns dieses verfluchte Haus einfach anzünden und es dann bis auf die Grundmauern abbrennen lassen!"

Die beiden anderen nickten und zeigten in ihren Blicken keinerlei Überraschung. Sie hatten wohl beide schon zumindest kurz selbst darüber nachgedacht und sich so auch schon überlegt, wie dieser Plan am besten vonstattengehen konnte. Ohne weitere Diskussion ließen sie ihre Wut und den Hass auf Flajala und die Dunklen Krieger an allen brennbaren Dingen aus, zerschlugen Tische und Stühle, rissen Regale von den Wänden, tränkten Kleidungsstücke mit Öl und Alkohol, hoben die Tür und die Fensterläden aus ihren Angeln, verteilten große Haufen von trockenen Kräutern und zerrissen jegliches Papier. Die Leichen ihrer einstigen Feinde schmissen sie auf einen großen Scheiterhaufen, der als Grundlage mit Flajalas Feuerholzvorrat aufgeschichtet wurde.

Dann standen sie schließlich vor der Kiste mit den Dingen, die Flajala in dieser Stadt gefunden hatte. Einige fragende Blicke kreisten umher, bis Fin schließlich die Frage in den Raum warf, die sie sich alle stellten:

„Sollen wir die wertvollsten Dinge mitnehmen? Oder meint ihr, sie könnten verflucht sein? Wegen Flajala mache ich mir da weniger Gedanken, als eher wegen dieser Stadt."

Für einen Moment blieb es still, dann ergriff Zaram das Wort:

„Ich bin mir nicht sicher, ob ein Fluch auf Ihnen lastet, nur weil sie aus dieser Stadt stammen. Doch letztlich ist diese Stadt auch der Grund, warum diese Dinge für die Forschung von besonderem Wert sein könnten. Ich schlage vor, ich nehme sie alle mit zur Akademie, wo sie ausgiebig untersucht werden können."

Fin und Jendor schienen von diesem Vorschlag im ersten Moment nicht sehr überzeugt zu sein. Sie hatten innerlich doch ein wenig Hoffnung gehabt, ihren eigenen Geldbeutel etwas aufbessern zu können. Doch Zaram hatte wohl recht, vielleicht konnten die Magier an der Akademie tatsächlich am besten etwas damit anfangen, und wenn sie die Gegenstände stattdessen verkaufen würden und sie doch verflucht wären, hätten sie sich ohnehin ewig Vorwürfe gemacht. Wenn jetzt Zaram die Dinge mitnahm, waren sie letztlich beide aus dem Schneider, und wenn er sie auch noch selbst trug, wurden ihre Rucksäcke auch nicht schwerer. Sie nickten dem Adepten zu.

„Gut, dann lasst uns das hier ein für alle Mal zu Ende bringen!"

Zaram Griff nach der Kiste und trug sie nach draußen vor das Gebäude, dann kehrte er zu Fin und Jendor zurück, die bereits Kerzen in ihren Händen hielten und die ersten Kleidungshaufen in den Ecken ansteckten. Wenige Momente später standen sie dann gemeinsam vor Flajalas einstiger Unterkunft und schauten auf die aus dem Fenster schlagenden Flammen.

Als die Vier sich am nächsten Morgen auf den Weg aus den Ruinen Dzemarcs und die umgebenden Sümpfe machten, war kein Anzeichen von Erleichterung oder Siegesstolz zu erkennen. All Ihre Gedanken drehten sich nach wie vor nur um den Verlust ihres gemeinsamen Freundes, dessen Leichnam sie in seine Decke gehüllt und auf dünnen Baumstämmen gebahrt mit sich trugen.

Die Entscheidung über den Ort seines Begräbnisses hatten sie aufgeschoben und sich darauf geeinigt, diese Frage direkt nachdem sie den gespenstischen Wald durchquert hatten zu klären. Doch als sie dann am frühen Abend aus der letzten Baumreihe heraustraten und vor sich bereits das saftige, grüne Gras in der Entfernung sahen, dachte keiner von ihnen daran, auch nur für einen ganz kurzen Moment stehen zu bleiben. Die Schrecken der letzten Tage saßen tief und so wollte ein jeder von ihnen die Ruinen Dzemarcs, den Sumpf und auch den Baumkranz so schnell wie möglich aus den Augen verlieren. Nur so konnten sie sich sicher sein, dass sie eine ausreichend große Entfernung zu ihm hatten.

Ireams Begräbnis fand schließlich am nächsten Vormittag statt. Seine vier Gefährten hatten in einem Hain aus Akazien, an einem kleinen Teich, am Fuße eines alten Dattelbaums eine Kuhle gegraben und sich mit einer von

Nashyd geführten Zeremonie von ihrem Freund verabschiedet. Sein Grab füllten sie mit schweren Ästen, Steinen und Sand auf, um es möglichst gut vor Aasfressern zu sichern. An den Kopf seines Grabes stellten sie einen schweren, spitzen Stein.

Sie zweifelten alle daran, dass sie es schaffen würden, je wieder zu Ireams Grab zurückzukehren, und so lag ihnen allen sehr viel daran, dass der Ort für möglichst lange Zeit für jede Person, die vorbei kam, als Grab identifizierbar war. Doch auch nachdem das Grab verschlossen und verziert war, vergingen noch einige Stunden, in denen sie still um die Ruhestätte saßen und in der Stille trauerten. Zaram war dann schließlich der Erste, der aufstand, seine Sachen packte und sich zur Weiterreise bereit machte. Seinen fragenden, aber nicht auffordernden Blick, den er seinen Gefährten zuwarf, nahmen diese offensichtlich als Anstoß, sich nun endlich ebenfalls aufzuraffen. Und so begaben sie sich am frühen Nachmittag auf ihren Weg nach Westen.

Nach ihrer wochenlangen Reise durch die Wildnis folgten sie nun dem ausgetretenen und leicht befestigten Weg, auf dem sie noch vor ein paar Tagen die fahrenden Händler getroffen hatten. Für die vier Freunde war es erstaunlich angenehm nicht mehr bei jedem Schritt auf die Füße achtzugeben und die Beine auch längst nicht so hoch heben zu müssen, wie sie es sowohl im Schnee, als auch in der Wüste oder der Savanne hatten machen müssen.

Doch auch dieser Abschnitt ihrer gemeinsamen Reise ging schon schnell ihrem Ende entgegen. Fünf Tage wanderten die Vier noch gemeinsam durch Anaid nach Westen, bis sich schließlich ihre Wege trennten. Und während Zaram einen Karawanenpfad durch die Schlangenwüste nach Südwesten nahm, um durch die Wurmpforte und das nördliche Stromland zu seiner Akademie zurückkehren, blieben Fin, Jendor und Nashyd auf dem Weg nach Westen. Sie wollten von der westlichen Küste Malchoms ein Schiff nach Lemena nehmen, um dort nach Nashyds Dorfgemeinschaft zu suchen.

Glossar & Lexikon

Theologie Telibs

Die Völker Telibs leben von dem Glauben an die Götter. Und auch wenn einzelne Völker den Göttern verschiedene Namen geben, oder gar weitere Götter oder Naturgeister anbeten, so stehen doch in einem jedem götterfürchtigen Volk, über all diesen anderen Geistern und Götzen, die sieben Götter Telibs:

Die rechtschaffende Helligkeit: Silja

Silja ist zuallererst die Göttin des Lichts, des Tages und der Helligkeit, doch noch über diese, schon sehr wichtige Aufgabe hinaus, steht sie auch für das Gesetz, die Wahrheit und die Gerechtigkeit. Verkörpert wird Silja durch die Sonne.

Die Wächterin: Majann

Majann ist die sanftmütige Göttin des Friedens, der Liebe und Geborgenheit, steht aber auch für den Geleitschutz der Toten in das Reich der Ewigkeit. Verkörpert wird sie durch den kleinen, silbernen Mond.

Der goldene Krieger: Gjord

Gjord ist der Gott der Ehre und des Kampfes für diese. Genau wie Majann erhellt auch er Telib des Nachts, um so hinterhältige und unehrenhafte Übergriffe zu verhindern. Nach der Mythologie ist er Siljas Bruder und übernimmt daher des Nachts ihre Aufgabe. Doch seine Rechtsprechung ist meist wesentlich härter und wird von vielen zwielichtigen Gestalten gefürchtet. Verkörpert wird Gjord durch den größeren, goldenen Mond.

Die temperamentvolle Schönheit: Aiîra

Aiîra ist die Göttin der Luft und des Windes, des Sturms und des Gewitters. Sie ist die Herrin der Magie der Luft und eine der vier Gottheiten der Veränderung.

Der wilde Philosoph: Eaurellus

Eaurellus ist der Gott des Wassers, des Regens, der Flüsse, Seen und

Meere. Eaurellus ist der Herr der Magie des Wassers und gehört zu den Gottheiten der Veränderung.

Der entschlossene Gelehrte: Fyrjar

Fyrjar ist der Gott des Feuers und der Asche und wird aufgrund der Endgültigkeit seiner Entscheidung auch als Gott der Entschlüsse und Beschlüsse gesehen. Fyrjar ist der Herr der Magie des Feuers und ebenfalls eine der Gottheiten der Veränderung.

Der unberechenbare Handwerker & Bauer: Telib

Telib ist zuallererst der Gott, der die Macht über alles Feste auf dem Planeten Telib besitzt, und wird aufgrund seiner elementaren Wichtigkeit häufig gleichwertig mit der Göttin Silja oder gar höher gestellt, genannt. Gerade die Völker der südlichen Hemisphäre, die nur wenig von Siljas Licht bekommen, haben häufig einen starken Telib-Kult.
Des Weiteren ist Telib der Gott der Wärme und der Kälte und somit gleichzeitig auch der Gott der Jahreszeiten. Er ist der oberste Gott der Veränderung und wird durch den Planeten Telib verkörpert.

Zeitrechnung

Die Tageszeiten

Wie auf der Erde, ist auch ein Tag auf Telib 24 Stunden lang, was die Normalbevölkerung aber mangels der sehr teuren Uhren häufig nicht weiß und auch nicht interessiert. Besitzt eine Stadt eine Turmuhr am Rathaus oder an einem Tempel, so ist der Fall natürlich schon ein ganz anderer.
Da dies aber nur für sehr wenige, sehr reiche Städte zutrifft, wird der Tag meist nur in Tageszeiten (Dämmerung, Morgen, Vormittag, Mittag, Nachmittag, Abend, Abenddämmerung, Nacht) aufgeteilt. Abhängig von der Region, werden diese Tageszeiten dann noch weiter unterteilt und manchmal auch vereinfacht. Ein typisches Beispiel ist der Bereich des Stromlandes, wo der Vor- und Nachmittag jeweils in frühen und späten Vor-, bzw. Nachmittag aufgeteilt wird. Natürlich scheint dies schon sehr kompliziert, wer aber bedenkt, dass eine jede dieser Tageszeiten zwei bis drei Stunden lang ist, mag am folgenden Beispiel sehen, dass selbst dieses

Modell noch sehr ungenau ist:
Ein Bauer, der sich nachmittags mit einem Viehhändler verabredet hat, kann sicherlich einige Zeit auf diesen warten, obgleich der Viehhändler immer noch pünktlich erscheint.

Die Jahreszeiten und Wochen

Auf Telib sind Kalender, im Gegensatz zu Uhren, relativ weit verbreitet. Diese funktionieren allerdings etwas anders als unsere gebräuchlichen, irdischen:
Der größte Unterschied ist hierbei, dass man im telibschen Kalender keine Monate kennt. Ähnlich wie bei den Tageszeiten werden auch im Kalender die Jahre in offensichtliche Kategorien aufgeteilt. Und so hat sich über die Jahrhunderte das Jahreszeitenmodell entwickelt, bei welchem das Jahr mit dem Frühling beginnt und mit dem Winter endet.
Und da das Jahr in Telib 352 Tage lang ist, ist in der Folge dessen eine jede Jahreszeit 88 Tage lang, welche wiederum auf 12 4/7 Wochen mit jeweils sieben Wochentage aufgeteilt werden.
Ein jeder Wochentag trägt dabei den Namen einer Gottheit, wobei die Woche durch die Sonnengöttin Silja eingeleitet und durch Telib beendet wird.
Des Weiteren ist es in Telib im Allgemeinen unüblich, das Datum einer Jahreszeit anzugeben und also einen jeden Tag des Monats zu nummerieren. Geläufiger ist hierbei das Modell, einen jeden Wochentag zu nummerieren, worauf sich auch, nach dem Glauben der telibschen Völker, die Stärke einer Gottheit in jener Jahreszeit widerspiegelt: Die ersten vier Tage – und somit Gottheiten – der Jahreszeit treten 13 Mal auf, während die anderen drei Tage nur 12 Mal auftreten.

Die Jahre

Bereits vor dem Fall Gol Dorms gab es zwei offizielle Zeitrechnungen, die auch beide immer noch in manchen Regionen offiziell verwendet werden. Die erste Zeitrechnung bezieht sich auf den Tod des dunklen, schattenhaften Magiers Furdigor, der über Jahrhunderte hinweg die Völker Telibs mit seinen dunklen Schergen terrorisiert hatte und schließlich durch ungeklärte Umstände verschwand. Seine Leiche wurde nie gefunden, da aber seitdem nichts mehr von ihm zu sehen und hören war, erklärte man ihn kurzerhand für tot.

Die zweite weit bekannte Zeitrechnung bezieht sich auf das allererste Völkertreffen, bei dem sich etliche Herrscher der telibschen Länder trafen und über die Vereinfachung des Handels zwischen den Ländern diskutierten. Viele Gelehrte behaupten sogar, dass dieses Treffen ein ausschlaggebender Grund war, warum die Völker Telibs schließlich genug Mut und Vertrauen, den anderen Völkern gegenüber, aufbringen konnten, um sich gegen Gol Dorm zusammenzuschließen.

Die Umrechnung zwischen den verschiedenen Modellen sieht wie folgt aus:

	FT	VT	GDF
Nach Fuldigors Tod (FT)	0	-948	-1298
Nach dem Völkertreffen (VT)	948	0	-350
Nach Gol Dorms Fall (GDF)	1298	350	0

Der Roman beginnt beispielsweise im Jahre 18 nach Gol Dorms Fall, was 368 nach dem Völkertreffen entspricht.